XUESHU LUNWEN XIEZUO SHI JIANG

学术论文写作十讲

徐有富 / 著

北京大学出版社
PEKING UNIVERSITY PRESS

图书在版编目(CIP)数据

学术论文写作十讲/徐有富著. —北京：北京大学出版社，2019.11
ISBN 978-7-301-30827-1

Ⅰ.①学… Ⅱ.①徐… Ⅲ.①论文—写作 Ⅳ.①H152.3

中国版本图书馆 CIP 数据核字(2019)第 219418 号

书　　名	学术论文写作十讲 XUESHU LUNWEN XIEZUO SHI JIANG
著作责任者	徐有富　著
责 任 编 辑	徐迈　延城城
标 准 书 号	ISBN 978-7-301-30827-1
出版发行	北京大学出版社
地　　址	北京市海淀区成府路 205 号　100871
网　　址	http://www.pup.cn　新浪微博：@北京大学出版社
电子邮箱	编辑部 wsz@pup.cn　总编室 zpup@pup.cn
电　　话	邮购部 010-62752015　发行部 010-62750672　编辑部 010-62752022
印 刷 者	大厂回族自治县彩虹印刷有限公司
经 销 者	新华书店
	965 毫米 × 1300 毫米　16 开本　23.5 印张　373 千字 2019 年 11 月第 1 版　2024 年 8 月第 8 次印刷
定　　价	72.00 元

未经许可，不得以任何方式复制或抄袭本书之部分或全部内容。
版权所有，侵权必究
举报电话：010-62752024　电子邮箱：fd@pup.cn
图书如有印装质量问题，请与出版部联系，电话：010-62756370

目录

开头的话/1

第一讲　怎样选题/1
　　一　选题的原则/1
　　二　选题的方法/41

第二讲　怎样查资料/55
　　一　查资料的意义/55
　　二　查资料应从目录索引入手/62
　　三　查资料的一般程序/73
　　四　查资料的其他方法/79

第三讲　怎样作社会调查/98
　　一　社会调查的意义/98
　　二　社会调查的方法/106
　　三　怎样搞好社会调查/114

第四讲　怎样读书/123
　　一　泛读/123
　　二　精读/136
　　三　读书要思考/142
　　四　读书要有目的/153

第五讲　怎样写读书笔记/158
　　一　写读书笔记的意义/158
　　二　写读书笔记的方法/161
　　三　读书笔记的载体/167
　　四　写读书笔记的注意事项/174

目录

第六讲 怎样判断资料的价值/181
    一 看是否原始/181
    二 看是否完备/191
    三 看是否可靠/196
    四 看是否有影响/207

第七讲 怎样鉴别资料的真伪/217
    一 资料真伪的含义/217
    二 鉴别资料真伪的意义/219
    三 资料辨伪的方法/222

第八讲 治学方法举要/235
    一 考证/235
    二 归纳法/254
    三 综合研究法/261
    四 比较研究法/283

第九讲 论文写作方法/294
    一 关于标题/294
    二 关于论点/295
    三 关于论据/301
    四 关于论证/316
    五 关于引文注释/323
    六 关于投稿/329

第十讲 治学态度/335
    一 要有恒心/335
    二 要认真/341
    三 要有学术道德/345
    四 要谦虚/350

参考书目举要/362

后　记/367

修订本后记/369

开头的话

我们已经学习了许多课程,掌握了许多知识。本书的目的是讲授获取知识的本领,告诉大家如何去读书治学。梁启超1923年1月13日作《东南大学课毕告别辞》[①]和程千帆1996年10月9日在南京大学中文系所作的讲演,都讲了这样一个故事,吕洞宾游戏人间,在一个人家里住了很久,临走时,他问主人:"你有什么需要的东西我可以帮助你。"那主人没有回答他,吕洞宾就把手一指,一块石头变成了金子。再问要不要,他不要。吕洞宾就把一块更大的石头点化成金子,诸如此类,主人都说不要。吕洞宾就问他到底要什么,那个人想了半天,说:"我要你点石成金的指头,我要了这块金子就只有这块金子,而有了这个指头,我就什么都可以点。"程千帆指出:"这个故事给我们的启发就是,我们所需要的不是个别的知识,而是要得到那个研究学问的方法,只有这样,才能取之不尽,用之不竭。"[②]

唐代诗人高骈写过一首题为《闻河中王铎加都统》的诗:"炼汞烧铅四十年,至今犹在药炉前。不知子晋缘何事,只学吹箫便得仙。"[③]诗的作者听说别人升了官,很嫉妒,在发牢骚。如果我们把读书治学比作诗中的炼丹修行,没有掌握正确的方法,花四十年的时间也未将金丹炼出来,而掌握了正

---

① 梁启超:《东南大学课毕告别辞》,见《饮冰室文集》之四十,《饮冰室合集》,中华书局,1936年,第8页。
② 程千帆:《两点论——古代文学研究方法漫谈》,见《程千帆全集》第15卷,河北教育出版社,2000年,第176—177页。"点石成金"故事见[清]方飞鸿《广谈助》卷三〇《谐谑》,亦见王利器辑录《历代笑话集》,上海古籍出版社,1981年,第512页。
③ [唐]高骈:《闻河中王铎加都统》,见[清]彭定求等编《全唐诗》卷五九八,中华书局,1960年,第6924页。

确的方法,选择了正确的目标,就会事半功倍。

学术论文是一个人的学术水平的重要标志。王充《论衡·超奇》篇谈道:"故夫能说一经者为儒生,博览古今者为通人,采撷传书以上书奏记者为文人,能精思著文连结篇章者为鸿儒。故儒生过俗人,通人胜儒生,文人逾通人,鸿儒超文人。故夫鸿儒,所谓超而又超者也。"①因为学术论著体现了一个人的创造性,优秀的学术论著可以推动历史的前进,加快人类文明的进程。在五四新文化运动中,陈独秀主编的《新青年》杂志上所发表的论文,对中国的现代化无疑起了巨大的促进作用。1978年5月11日,《光明日报》以特约评论员的名义发表的,以南京大学哲学系教师胡福明为主要撰稿人的论文《实践是检验真理的唯一标准》,对推动解放思想、实事求是的贡献也是很大的。所以,那些在著书立说方面卓有成就的人受到社会的肯定,是可以理解的。《左传·襄公二十四年》有云:"其次有立言,虽久不废,此之谓不朽。"②可见著书立说,凡有益于社会进步者,往往具有很长的生命力。

写论文也是学习知识的好方法。胡适尝云:"发表是吸收的利器,又可以说手到是心到的法门。"③因为,为了写论文而去读书,就会学得积极主动,深入细致,针对性强,而且会一边读书一边思考,同为学习而学习,为读书而读书比起来,效果当然要好得多。

读书治学也是一种高雅的生活方式,是一种享受。欧阳修在《读书》诗中深有体会地说:"至哉天下乐,终日在几案。"④苏轼也说过:"某平生无快意事,惟作文章,意之所到,则笔力曲折,无不尽意。自谓世间乐事,无逾此者。"⑤他们说的可能侧重于文学作品的阅读与写作,学术论著的阅读与写作也一样。从事科学研究的人,特别是文科,到了年龄,也可能退休,但是他们在退休以后,仍然照样研究,照样写作,生活内容非常充实。

---

① 黄晖:《论衡校释》卷一三,中华书局,2006年,第607页。
② 《春秋左传正义》卷三五,见[清]阮元校刻《十三经注疏》,中华书局,1980年,第4297页。
③ 胡适:《读书》,见《胡适文集》第4卷,北京大学出版社,1998年,第127页。
④ [宋]欧阳修:《读书》,见北京大学古文献研究所编《全宋诗》卷二九〇,北京大学出版社,1991—1998年,第3660页。
⑤ [宋]何薳:《东坡事实》,见《春渚纪闻》卷六,《丛书集成初编》文学类,商务印书馆,1940年。

中华人民共和国国家标准《科学技术报告、学位论文和学术论文的编写格式》(GB 7713—1987)指出:"学术论文是某一学术课题在实验性、理论性或观测性上具有新的科学研究成果或创新见解和知识的科学记录;或是某种已知原理应用于实际中取得新进展的科学总结,用以提供学术会议上宣读、交流或讨论;或在学术刊物上发表;或作其他用途的书面文件。"照学界的一般理解,读书治学的水平主要是通过学术论文、论著来体现的,你写出了高质量的学术论文,也就说明你已经比较好地掌握了治学方法。所以本书将重点探讨怎样写学术论文。本书的主要目的是培养学生的创新精神、科研能力,并使读者了解与掌握学术论文写作规范。

第一讲　怎样选题

经验告诉我们,治学的首要问题是选题。有一个好的选题,我们的科学研究工作就会目标明确,进展顺利,容易出成果,而且很快能产生社会效益;反之则会困难重重,难以出成果,甚至会出现半途而废的现象。那么一个好的选题应当具备哪些因素呢?我们又如何确定自己的论文选题呢?

一　选题的原则

对选题的原则可能有不同看法,我们认为选题要有用,要新,要力所能及,现分别述之如下:

1. 选题要有用

我们写文章总希望推动社会进步,有利于自身的发展。我们写课程论文、学年论文、毕业论文,总希望获得好成绩,以表明自己的学术水平与自身价值,那我们的论文题目就应当贯彻有用的原则,或者说我们的论文选题要有意义。林庚认为:"选题有没有意义是至关重要的。选题如果没有多大意义,即使做得很用功,做出来价值也不大。假如古诗中有那么一首作品,过去不知道作者,通过考证,知道了某一首诗的作者是谁。这种考证固然增加了知识,也可以算是学问。但如果作者既很平常,作品也很一般,本来就没有人过问,文学史也不提它,那这种研究会产生什么影响呢?任何影响也不会产生。这虽然也解决了一个问题,但这个问题是孤立的,根本不和其他问题发生任何关系,好比一潭死水,没有波澜,也就起不了什么作用。我们选择一个题目,这个问题研究出来,最好希望它富于生命。"①

经世致用是我国知识分子著书立说的传统观点。孔子论《诗》就特别注意发挥《诗》的社会价值,《论语·阳货》篇记载了他对学生们说的一段话:"小子何莫学夫《诗》,《诗》可以兴,可以观,可以群,可以怨。迩之事父,远之事君;多识于鸟兽草木之名。"

后来学者写论文也注意贯彻有用的原则,如东汉时有人嫌王充的书篇幅太多,王充在《论衡·自纪》篇中回答道:"为世用者,百篇无害;不为用者,一章无补。如皆为用,则多者为上,少者为下。"②北宋司马光写《资治通鉴》也是为了经世致用,其《进书表》自称:"每患迁、固以来,文字繁多,自布衣之士,读之不遍,况于人主,日有万机,何暇周览?臣常不自揆,欲删削冗长,举撮机要,专取关国家盛衰,系生民休戚,善可为法,恶可为戒者,为编年一书。"③该书的书名也充分地说明了这一点。南宋的真德秀还强调了文学研究也应当经世致用,他说:"夫士之于学,所以穷理而致用也。文虽学之一事,要亦不外乎此。"④

明末清初的大学者顾炎武的观点尤为鲜明,指出文须"有益于天下,有益于将来,多一篇,多一篇之益矣。若夫怪力乱神之事、无稽之言、剿袭之说、谀佞之文,若此者,有损于己,无益于人,多一篇,多一篇之损矣"。⑤他还说:"凡文之不关于六经之指、当世之务者,一切不为。"⑥因此有人请他写谀墓的文章,他一概拒绝。

近人黄侃认为:"人类的一切学问都应当以'正德、利用、厚生'为目的,因此,做学问是'为天地立心,为生民立命,为往圣继绝学,为后世开太平'。"他的学生殷孟伦认为:"研究学术不是为研究而研究,而是为了国计

---

① 《发现问题和职业敏感——林庚先生访谈录》,见《文史知识》1999 年第 7 期。
② 黄晖:《论衡校释》卷三○,第 1202 页。
③ [宋]司马光:《进书表》,见《资治通鉴》卷末,中华书局,1956 年,第 9607 页。
④ [宋]真德秀:《文章正宗纲目》,见《文章正宗》卷首,《景印文渊阁四库全书》集部总集类,台湾商务印书馆,1983—1986 年。
⑤ [清]顾炎武:《日录录》卷一九"文须有益于天下",《景印文渊阁四库全书》子部杂家类。
⑥ [清]顾炎武:《与人书三》,见《亭林文集》卷四,《四部备要》集部,中华书局,1920—1936 年。

民生的利益。这正是黄先生治学的根本目的。"①

当然,治学是否贯彻致用的原则,主要不是看他的宣言,而是看他的学术论著。陈寅恪虽然没有什么宣言,但是他的论著告诉我们,他也是主张做学问应当对社会的发展起一点作用。比如他在《莲花色尼出家因缘跋》中谈道:"北平图书馆藏敦煌写本诸经杂缘喻因由记第一篇,其末云'号称莲花色尼'。盖莲花色尼出家因缘也。佛教故事中关于莲花色尼者颇多。此写本所述,即其一种。寅恪初取而读之,见所谓七种咒誓恶报仅载六种。"于是他查了巴利文有关经书,发现"所载此尼出家因缘,与敦煌写本大抵相同,惟其中有一事绝异而为敦煌写本所无者,即莲花色尼屡嫁。而所生之子女皆离夫,不复相识,复与其所生之女共嫁于其所生之子。迨既发觉,乃羞恶而出家焉"。这个故事内容显然与中国传统伦理观念相冲突,所以被故意删掉了。② 他还总结出这样一个结论:

> 释迦之教义,无父无君。与吾国传统之学说,存在之制度,无一不相冲突。输入之后,若久不变易,则决难保持。是以佛教学说,能于吾国思想史上,发生重大久远之影响者,皆经国人吸收改造之过程。其忠实输入不改本来面目者,若玄奘唯识之学,虽震动一时之人心,而卒归于消沉歇绝。……窃疑中国自今日以后,即使能忠实输入北美或东欧之思想,其结局当亦等于玄奘唯识之学,在吾国思想史上,既不能居最高之地位,且亦归歇绝者。其真能于思想上自成系统,有所创获者,必须一方面吸收输入外来之学说,一方面不忘本来民族之地位。③

他还在《与刘叔雅论国文试题书》中,对《马氏文通》死搬硬套印欧语系语法的做法作了分析批评,指出:"夫印欧系语文之规律,未尝不间有可供中国之文法作参考及采用者",但是"其他属于某种语言之特性者,若亦同视为天经地义,金科玉律,按条逐句,一一施诸不同系之汉文,有不合者,即指为不通。呜呼! 文通,文通,何其不通如是耶?""由是言之,从事比较语言之学,

---

① 殷孟伦:《谈黄侃先生的治学态度和精神》,见程千帆、唐文编《量守庐学记》,生活·读书·新知三联书店,1985 年,第 40—41 页。
② 陈寅恪:《莲花色尼出家因缘跋》,见《寒柳堂集》,生活·读书·新知三联书店,2001 年,第 169—175 页。
③ 陈寅恪:《冯友兰中国哲学史下册审查报告》,见《金明馆丛稿二编》,生活·读书·新知三联书店,2001 年,第 283—284 页。

必具一历史观念,而具有历史观念者,必不能认贼作父,自乱其宗统也"。①

需要特别强调的是,我们不能将选题要有用的原则简单地理解成为政治服务,"文化大革命"中的那一套做法,恰恰是应当摒除的。也不能像汉代今文学家那样直接将古书应用于现实。梁启超指出:"两汉之间,儒者通经,皆以经世,以《禹贡》行水,以《洪范》察变,以《春秋》折狱,以《诗》三百五篇当谏书。盖六经之文,无一字不可见于用。"②孙钦善进一步分析道:

> 今文家标榜"经世致用",即强调经书的直接的、简单化的实用目的。如前汉今文家以《尚书·禹贡》治河(见《汉书·平当传》),以《尚书·洪范》察变(见《汉书·夏侯胜传》),以《春秋》治狱(《汉书·艺文志》著录:《公羊董仲舒治狱》十六篇),以《诗经》当谏书(见《汉书·儒林传·王式传》),或当规戒(如《韩诗外传》)等;此外,今文学多言阴阳灾异,宣扬天人感应的迷信思想,把儒学神化,为巩固现实统治服务。③

在我们看来"有用"的含义是相当宽泛的,凡有益于人类进步、社会发展的选题,即使是提倡一种科学的研究方法,甚至编一部工具书,应当说都符合有用的原则。胡适曾举例道:

> 我为什么要考证《红楼梦》?
> 在消极方面,我要教人怀疑王梦阮、徐柳泉、蔡孑民一班人的谬说。
> 在积极方面,我要教人一个思想学问的方法。我要教人疑而后信,考而后信,有充分证据而后信。④

清人王梦阮和沈瓶庵写过一本《红楼梦索隐》,认为《红楼梦》全为清世祖与董鄂妃而作,兼及当时诸名王奇女。董鄂妃即秦淮名妓董小宛,历经波折,后为顺治皇帝纳之宫中,宠之专房,封贵妃。妃不得志,乃怏怏死。世祖痛妃切,至落发为僧,去之五台不返。诚千古未有之奇事,史不敢书。此《红楼梦》一书所由作也。鲁迅指出:"董鄂妃是满洲人,并非就是董小宛,

---

① 陈寅恪:《与刘叔雅论国文试题书》,见《金明馆丛稿二编》,第251—252页。
② 梁启超:《西学书目表后序》,见《饮冰室文集》之一,《饮冰室合集》,第129页。
③ 孙钦善:《中国古文献学史》,中华书局,1994年,第63页。
④ 胡适:《庐山游记》,见《胡适文集》第4册,北京大学出版社,1998年,第152页。

清兵下江南的时候,小宛已经二十八岁了;而顺治方十四岁,决不会有把董小宛做妃的道理。"①清人徐柳泉尝云:"小说《红楼梦》一书,即记故相明珠家事。金钗十二,皆纳兰侍御所奉为上客者也。宝钗影高澹人,妙玉即影西溟先生。妙为少女,姜亦妇人之美称,如玉如英,义可通假。"②鲁迅指出:"这是因为性德是词人,是少年中举,他家后来也被查抄,和宝玉的情形相仿佛,所以猜想出来的。但是查抄一事,宝玉在生前,而性德则在死后,其他不同之点也很多,所以其实并不很象。"③蔡子民《石头记索隐》称:"《石头记》者,清康熙朝政治小说也。作者持民族主义甚挚。书中本事,在吊明之亡,揭清之失……书中'红'字,多影'朱'字。朱者,明也,汉也。宝玉有'爱红'之癖,言以满人而爱汉族文化也;好吃人口上胭脂,言拾汉人唾余也。"④鲁迅指出:"此说未免近于穿凿,况且现在既知道作者既是汉军旗人,似乎不至于代汉人来抱亡国之痛的。"⑤

王梦阮、徐柳泉、蔡子民是《红楼梦》研究中索隐派的代表人物。他们都把《红楼梦》与清朝政治作简单的比附,而不要任何的证据。胡适撰《红楼梦考证》的一个重要目的就是为了反对他们唯心的研究方法。顾颉刚曾经谈到胡适的《红楼梦考证》有两点成就:"适之先生第一个从曹家的事实上断定这书是作者的自述,使人把秘奇的观点变成了平凡;又从版本上考定这书是未完之作而经后人补缀的,使人把向来看作一贯的东西忽地打成了两橛。"⑥胡适在方法论上最重要的成绩是运用了考证的方法,一切凭材料说话。胡适所倡导的方法产生了巨大影响。再如陈垣编纂《中西回史日历》,花了四年时间,修改了五次,他在《自序》中说:"兹事甚细,智者不为,然不为终不能得其用。余之不惮烦,亦期为考史之助云尔,岂敢言历哉!"⑦应当说编纂这样的工具书,其选题也是非常有意义的。

---

① 鲁迅:《中国小说的历史的变迁》,见《鲁迅全集》第 8 卷,人民文学出版社,1981 年,第 349—350 页。
② [清]陈康祺:《燕下乡脞录》卷五,见上海文明书局辑《清代笔记丛刊》,上海文明书局民国石印本。
③ 鲁迅:《中国小说的历史的变迁》,见《鲁迅全集》第 8 卷,第 349 页。
④ 蔡元培:《石头记索隐》,上海书店出版社,2008 年,第 6—7 页。
⑤ 鲁迅:《中国小说的历史的变迁》,见《鲁迅全集》第 8 卷,第 350 页。
⑥ 顾颉刚:《自序》,见《古史辨》第 1 册卷首,上海古籍出版社,1982 年。
⑦ 陈垣:《自序》,见《中西回史日历》卷首,中华书局,1962 年。

我们的选题有用,就容易引起社会的关注,产生比较大的社会影响。章太炎的学生鲁迅就说过:"清末,治朴学的不止太炎先生一个人,而他的声名远在孙诒让之上者,其实是为了他提倡种族革命,趋时,而且还'造反'。"①近现代许多有影响的学者如梁启超、胡适、鲁迅、闻一多、朱自清、郭沫若等都是社会活动的积极参与者,他们的学术论著也是与推动中国现代文明息息相关的。当然这种参与,也不局限于政治方面,例如北方许多城市严重缺水,陕西师范大学历史地理学教授史念海专门研究了西安缺水问题。认为唐代长安城内可以行船,现在西安严重缺水与终南山的森林受到破坏有关。如今之计,应培育终南山的森林,增加河流流量。史念海教授谈道:

> 1992年,我将这个设想和建议向陕西省人民政府提出,经陕西省林业厅和西安市林业局邀集西安林业专家审议,认为这是"根本解决用水困难问题的重要措施,建设这项工程意义深远",并责成西安市林业局成立水源涵育林工程建设领导小组及办公室,负责秦岭北坡,即蓝田、长安、户县和周至四县山区部分水源涵养林的建设工程。后来听说,中央林业部过问此事,并规定林业部拨款两百万元人民币作为建设经费。②

20世纪80年代初,有感于借书难,而南京大学图书馆的老馆长、著名图书馆学家李小缘一贯主张全心全意为读者服务,并且有许多为读者服务的感人事迹,于是我就写了篇《对读者应具摩顶放踵精神》③的文章。文章很快就发表了出来,因为李小缘所提倡的这种精神,正是广大读者和图书馆工作者所迫切需要的。正如严耕望所说:"假若你想你的工作对于别的研究者有较大用处,甚至对于一般人也有用,换言之,希望有较大影响力,那就不能不考虑实用问题。"④

当然也有不同观点,如章太炎、梁启超、胡适、顾颉刚等著名学者,都曾反对过学以致用。但是他们的观点往往前后矛盾,难以为据。如章太炎

---

① 鲁迅:《趋时和复古》,见《鲁迅全集》第5卷,第536页。
② 史念海:《我与中国历史地理学的不解之缘》,见张世林编《学林春秋》初编,朝华出版社,1999年,第325页。
③ 徐有富:《对读者应具摩顶放踵精神》,见《大学图书馆通讯》1984年第1期。
④ 严耕望:《治史经验谈》,台湾商务印书馆,1981年,第72页。

1906年《与王鹤鸣书》云:"仆谓学者将以实事求是,有用与否,固不暇计。……学者在辨名实,知情伪,虽致用不足尚,虽无用不足卑。"①后来在《与钟君论学书》中又说:"学在求是,不以致用;用在亲民,不以干禄。"②这两句话的意思都不那么周密,"不暇计"并不等于不计;"用在亲民"也还是用,而且是更重要的用。当他在谈到学以致用的时候,措辞倒是非常明确的,如他对顾炎武就非常推崇,曾于1908年《答梦庵》云:"若顾宁人者,甄明音韵,纤悉寻求,而金石遗文,帝王陵寝,亦靡不殚精考索,惟惧不究,其用在兴起幽情,感怀前德,吾辈言民族主义者犹食其赐。"③20世纪20年代初,他在《说求学》的演讲中谈道:"求学之道有二:一是求是,一是应用。前者如现在西洋哲学家康德等是,后者如我国之圣贤孔子、王阳明等是。顾是二者,不可得兼,以言学理,则孔子不及康德之精深;以言应用,则康德不及孔、王之切近。要之二者各有短长,是在求学者自择而已。然以中国之时势言之,则应用之学,先于求是。"④这段话强调学以致用的态度非常明确,但是认为求是与应用二者不可得兼的观点却是有问题的,实际上两者应当是相辅相成的关系,求是是为了更好的应用,而应用也应当求是。

胡适1919年8月16日《论国故学(答毛子水)》云:"我以为我们做学问不当先存这个狭义的功利观念。做学问的人当看自己性之所近,拣选所要做的学问,拣定之后,当存一个'为真理而求真理'的态度。研究学术史的人更当用'为真理而求真理'的标准去批评各家的学术。学问是平等的。发明一个字的古义,与发现一个恒星,都是一大功绩。"⑤首先,胡适是在强调整理国故的重要性时说这番话的,未免过于夸张。其次,如前所说,他在从事《红楼梦》考证时,特别强调了它在治学方法方面的示范作用。后来,他在1928年9月写的《治学的方法与材料》又改口说:"虽然做学问的人不应该用太狭义的实利主义来评判学术的价值,然而学问若完全抛弃了功用的标准,便会走上很荒谬的路上去,变成妄费精力的废物。这三百年的考证学固然有一部分可算是有价值的史料整理,但其中绝大的部分却完全是枉

---

① 章太炎:《与王鹤鸣书》,见《章太炎全集》,上海人民出版社,1982年,第151页。
② 章太炎:《与钱君论学书》,见《文史》第2辑,中华书局,1963年。
③ 章太炎:《答梦庵》,见《章太炎政论选集》,中华书局,1977年,第398页。
④ 章太炎:《说求学》,见汤志钧编《章太炎年谱长编》,中华书局,1979年,第620页。
⑤ 胡适:《论国故学(答毛子水)》,见《胡适文集》第2册,第327—328页。

费心思。"①

　　章太炎与胡适的学生顾颉刚也说过:"如果我们要求真知,我们便不能不离开了人生的约束而前进。所以在应用上虽是该作有用与无用的区别,但在学问上则只当问真不真,不当问用不用。学问固然可以应用,但应用只是学问的自然的结果,而不是着手做学问时的目的。从此以后,我敢于大胆无用的研究,不为一班人的势利观念所笼罩了。"②顾颉刚毕竟离开不了人生的约束,他于1936年正式成立的禹贡学会终于高举起经世致用的旗帜,该学会之《本会此后三年中工作计划》有云:"士居今日,欲求经世致用救亡图存之学,其道固有多端,而于吾国地理之研究,实属重要之一,盖研究吾国地理之目的,端在明了古今疆域的演变、户口之增损、民族之融合、山川之险易,以及郡县建置、道路修筑、边城关堡之创设,运河沟洫之浚凿、土地物产之利用,其所关于民生经济及国家之大计者为至重且巨也。"③我们再看看顾颉刚在古史辨、民俗学、历史地理、《尚书》研究等方面的成果,又有哪一项是无用的研究呢?

　　下面我们再讨论一下梁启超的观点,梁氏认为:"凡真学者之态度,皆当为学问而治学问。夫用之云者,以所用为目的,学问则为达此目的之一手段也。为学问而治学问者,学问即目的,故更无有用无用之可言。……其实就纯粹的学者之见地论之,只当问成为学不成为学,不必问有用与无用,非如此则学问不能独立,不能发达。"④复称:"所谓'学者的人格'者,为学问而学问,断不以学问供学问以外之手段。故其性耿介,其志专一,虽若不周于世用,然每一时代文化之进展,必赖有此等人。"⑤并强调指出:"吾前文所屡说之'求真'两字,即前清乾嘉诸老所提倡之'实事求是'也。"⑥

　　怎样看待这个问题呢?我们认为纯粹的为学问而治学问的人是没有的,即以梁启超用作例证的乾嘉学者而言,他们做学问同现实保持较远的距

---

① 胡适:《治学的方法与材料》,见《胡适文集》第4册,第112页。
② 顾颉刚:《自序》,见《古史辨》第1册卷首。
③ 史念海:《顾颉刚创立禹贡学会及其以后的二三事》,见顾潮编《顾颉刚学记》,生活·读书·新知三联书店,2002年,第370页。
④ 梁启超:《清代学术概论》十三,见《饮冰室专集》之三十四,《饮冰室合集》,第36页。
⑤ 梁启超:《清代学术概论》三十三,见《饮冰室专集》之三十四,《饮冰室合集》,第78页。
⑥ 梁启超:《中国历史研究法》,见《饮冰室专集》之七十三,《饮冰室合集》,第99页。

离也是迫不得已的事。正如柳诒徵所说:"前代文人受祸之烈,殆未有若清代者,故雍、乾以来,志节之士,荡然无存。有思想才力者,无所发泄,惟寄之于考古,庶不干当时之禁忌。"①清代一些汉族官员埋头校经考史,其实也是一种姿态,表明自己对政治是漠不关心的,而这正好也表明了他们对文字狱顾虑重重。其实梁启超也清楚地认识到了这一点,指出:"其后文字狱频兴,学者渐惴惴不自保,凡学术之触时讳者,不敢相讲习。然英拔之士,其聪明才力,终不能无所用也。诠释故训,究索名物,真所谓'于世无患,与人无争',学者可以自藏焉。"②借做学问来作自我保护,这也是致用的表现形式之一。

当时不少学者还把治学教书,修志纂谱当作终老送穷的一种手段。梁启超即指出:"其学成名著而厌仕宦者,亦到处有逢迎,或书院山长,或各省府州县修志,或大族姓修谱,或有力者刻书请鉴定,皆其职业也。"③顾千里帮人校书,章学诚帮人修志就是典型例子。只是在这些人当中,有人厌于仕宦,有人却没有条件当官,只好替人帮忙或帮闲。

乾嘉学者校雠古籍,为后人提供了许多较为正确的文本或校勘资料,当然也是很有意义的。如王鸣盛《十七史商榷·序》云:"以予之识暗才懦,碌碌无可自见,猥以校订之役,穿穴故纸堆中,实事求是,庶几启导后人,则予怀其亦可稍自慰矣夫。"④钱大昕《廿二史考异·序》亦称:"予弱冠时,好读乙部书,通籍以后,尤专斯业。自《史》《汉》迄《金》《元》,作者廿有二家,反覆校勘,虽寒暑疾疢,未尝少辍,偶有所得,写于别纸。丁亥岁,乞假归里,稍编次之,岁有增益,卷帙滋多。戊戌,设教钟山,讲肆之暇,复加讨论。……廿二家之书,文字烦多,义例纷纠,舆地则今昔异名,侨置殊所;职官则沿革迭代,冗要逐时。欲其条理贯串,了如指掌,良非易事,以予儜劣,敢云有得?但涉猎既久,启悟遂多,著之铅椠,贤于博弈云尔。且夫史非一家之书,实千载之书,祛其疑,乃能坚其信;指其瑕,益以见其美。拾遗规过,非为齮龁前

---

① 柳诒徵:《中国文化史》第三编"近代文化史"第八章"康乾诸帝之于文化",东方出版中心,1988年,第731页。
② 梁启超:《清代学术概论》九,见《饮冰室专集》之三十四,《饮冰室合集》,第22页。
③ 梁启超:《清代学术概论》十八,见《饮冰室专集》之三十四,《饮冰室合集》,第47页。
④ [清]王鸣盛:《十七史商榷》卷首,《丛书集成初编》本,商务印书馆,1937年。

人,实以开导后学。"①王氏欲"启导后人",钱氏欲"开导后学",看来他们也都不是为校史而校史。事实上,商务印书馆在出版《百衲本二十四史》,中华书局在出版点校本《二十四史》的过程中,都把他们的著作当作重要的校勘参考资料。

然而,对乾嘉学者偏重于文字校勘的考据之学的评价也不宜过高。曾国藩曾说:"嘉道之际,学者承乾隆季年之流风,袭为一种破碎之学,辨物析名,梳文栉字,刺经典一二字,解说或至数千万言,繁称杂引,游衍而不得所归。张己伐物专抵古人之隙。"②梁启超也指出:"国朝自顾(亭林)阎(百诗)以后,学者多务碎义,戴(东原)阮(云台)承流,益畅斯风,斤斤辨诘,愈出愈岐,置经义于不顾,而务求之于字句之间,于是《皇清经解》之书汗牛充栋,学者尽数十寒暑,疲力于此,尚无一心得,所谓博而寡要劳而少功也。"③陈寅恪批评道:

> 清室所最忌讳者,不过东北一隅之地,晚明初清数十年间之载记耳。其他历代数千岁之史事,即有所忌讳,亦非甚违碍者。何以三百年间,史学之不振如是?是必别有其故,未可以为悉由当世人主摧毁压抑之所致也。……独清代之经学与史学,俱为考据之学,故治其学者,亦并号为朴学之徒。……以谨愿之人,而治经学,则但能依据文句各别解释,而不能综合贯通,成一有系统之论述。以夸诞之人,而治经学,则不甘以片段之论述为满足。因其材料残阙寡少及解释无定之故,转可利用一二细微疑似之单证,以附会其广泛难征之结论。……于是一世才智之士,能为考据之学者,群舍史学而趋于经学之一途。其谨愿者,既止于解释文句,而不能讨论问题。其夸诞者,又流于奇诡悠谬,而不可究诘。虽有研究史学之人,大抵于宦成以后,休退之时,始以余力肆及,殆视为文儒老病销愁送日之具。当时史学地位之卑下若此,由今思之,诚可哀矣。④

---

① [清]钱大昕:《廿二史考异》,见《嘉定钱大昕全集》第2册,江苏古籍出版社,1997年,第1页。
② [清]曾国藩:《曾文正公文集》卷一《朱慎甫遗书序》,《四部备要》集部,中华书局,1920—1936年。
③ 梁启超:《读书分月课程》,见《饮冰室专集》之六十九,《饮冰室合集》,第2页。
④ 陈寅恪:《陈垣元西域人华化考序》,见《金明馆丛稿二编》,第269—270页。

胡适也批评道:"那班崇拜两汉陋儒方士的汉学家固不足道。那班最有科学精神的大师——顾炎武、戴震、钱大昕、段玉裁、孔广森、王念孙、王引之等——他们的科学成绩也就有限得很。他们最精的是校勘、训诂两种学问,至于他们最用心的声韵之学简直是没有多大成绩可说。"①张舜徽对清代经学的评价也不高,他指出:"清儒专门治经,自惠(栋)戴(东原)开其先,天下景从而响和者,无虑皆能尽精微而不克自致于广大。至于乾隆之季,其隘已甚,微扬州诸儒起而廓之,则终清之世,士子疲老尽气以从事者,杂猥而已耳,破碎而已耳。"②他还总结了乾嘉学者不如顾炎武之处有三点:

  乾、嘉诸儒治学之规,固得诸亭林启迪之益为多,然校其所至,则去亭林犹远。扬榷而言,不同之故,盖有三焉。亭林志在经世,于历代典章沿革、政教利弊,了如指掌。凡所考证,皆引古以筹今,留意民瘼,不忘当代。乾、嘉诸儒,则知古而不知今,为考证而考证。专意精研,转成无用,一也。亭林论学,恒以"行己有耻,博学于文"二语并举。即以"博学于文"而言,亦所该甚溥,乾、嘉诸儒治学,仅能得其一体。取径既狭,所就便小,二也。亭林虽尝言"读《九经》自考文始,考文自知音始"(《答李子德书》),然仅以考文、知音为治经之始,明此二者之外尚大有事在。乾、嘉诸儒,辄相率以考文始,以知音终。画地自囿,徒形弇陋,三也。③

总之,不少清代学者迫于政治压力,做学问与现实生活保持距离是可以理解的,我们今天做学问不应当为研究而研究,而要充分考虑我们的研究课题的实用价值。当然有用的含义是十分宽泛的,不能简单地理解为直接为政治服务。

2. 选题要新

程千帆说:"究竟什么叫科学研究,我想,就是从现在已经有的研究成绩,向前发展。如果没有发展,那就不能叫做研究。"④他还指出:"创新,就

---

① 胡适:《治学的方法与材料》,见《胡适文集》第4册,第112—113页。
② 张舜徽:《广校雠略》,中华书局,1963年,第139页。
③ 张舜徽:《清人笔记条辨》卷一《日知录》条辨,中华书局,1986年,第3页。
④ 程千帆:《关于治学方法》,见《治学小言》,齐鲁书社,1986年,第1页。

是要在某个问题上取得前人所未有的进展。"①所以创新是科学研究最本质的特征。我们从小学到大学读书,参加考试,特点是求同,即你的考卷的答案要尽量同老师讲的、书上写的、标准答案上规定的一样,才能得高分。我们在大学,特别是研究生阶段读书、写文章的特点是求异,即尽量要同老师讲的、书上写的不同。如果完全相同,那就可能是抄袭,成绩就会不及格。当然既要新异,又要力求正确,至少应当做到言之有据,言之成理。这就是学习与研究的不同要求。

许多学者都强调了学术研究应当创新的问题。如梁启超说:"学问之价值,在善疑,在求真,在创获。所谓研究精神者,归著于此点。不问其所疑所求所创者在何部分,亦不问其所得之巨细,要之经一番研究,即有一番贡献。必如是始能谓之增加遗产,对于本国之遗产当有然,对于全世界人类之遗产亦当有然。"②梁氏讲了三点,实际上归根结底只有一点,就是做学问应当有新收获。"善疑"与"求真"都是为"创获"服务的。陈寅恪在《王静安先生遗书序》中说:"自昔大师巨子,其关系于民族盛衰学术兴废者,不仅在能承续先哲将坠之业,为其托命之人,而尤在能开拓学术之区宇,补前修所未逮。故其著作可以转移一时之风气,而示来者以轨则也。"③陈氏既谈了继往,又谈了开来,显然他更加注重开来。而王国维之所以成为一代学术大师,也主要是因为他在开拓新的领域,吸收新的观点,利用新的材料,运用新的方法等方面做出了突出贡献。所以,我们选题应当求新。顾炎武在谈到"著书之难"时指出:"其必古人之所未及就,后世之所不可无,而后为之,庶乎其传也与?"④那么,我们的选题怎样才能做到新呢?

(1) 新的领域

有些人在选择科研题目时喜欢赶时髦,凑热闹。其实早就有人批评过这种做法,如清人章学诚说:"学问经世,文章垂训,如医师之药石偏枯,亦视世之寡有者而已矣。以学问文章徇世之所尚,是犹既饱而进粱肉,既暖而

---

① 程千帆:《贵在创新——关于学术论文写作的问答》,见《程千帆全集》第15卷,河北教出版社,2001年,第187页。
② 梁启超:《清代学术概论》三十三,见《饮冰室专集》之三十四,《饮冰室合集》,第78页。
③ 陈寅恪:《王静安先生遗书序》,见《金明馆丛稿二编》,第247页。
④ [清]顾炎武:《日知录》卷一九"著书之难",见《景印文渊阁四库全书》子部杂学类。

增狐貉也。"①我们应当努力在前人没有开垦过的领域开展科研工作,不论成绩大小都会做出新的贡献。程千帆谈道:

> "新"的具体内容是什么呢?首先要注意在你这个研究范围里的新的领域,要注意别人注意得比较少的问题或方面。比如研究唐诗的人很多,研究金朝诗的人就比较少了。我们到现在为止,还没有一部专门研究金诗的著作,真正研究金朝人的诗,顶多只是偶然有人写文章谈到元好问。整个金朝的诗是个什么情况呢,很多文学史里面,没有提到这个问题,我以前讲文学史,也没有谈这个问题。你如果能够在这个领域里面,做一个非常详细的研究,那就是你在文学矿藏的地质图中某个空白点上,标上了一个号。②

许多著名学者都在新的领域辛勤开垦而获得可喜的成就。例如清代学者章学诚在史学理论、校雠学理论研究方面卓有建树,但是在当时却不被人们所理解。他在一封家书中谈到过这种情况:

> 吾于史学,盖有天授,自信发凡起例,多为后世开山。……至论学问文章,与一时通人全不相合。盖时人以补苴襞绩见长,考订名物为务,小学音画为名,吾于数者皆非所长,而甚知爱重……时人不知其意而强为者,以谓舍此无以自立,故无论真伪是非,途径皆出于一。吾之所为,则举世所不为者也。如古文辞,近虽为之者鲜,前人尚有为者;至于史学义例,校雠心法,皆前人从未言及,亦未有可以标著之名。爱我如刘端临,见翁学士询吾学业究何门路,刘则答以不知。……故吾最为一时通人所弃置而弗道,而吾于心未尝有憾。③

随着时间的推移,章学诚的学术成就,越来越为人们所认识。内藤虎次郎、胡适曾先后编纂了《章实斋先生年谱》。梁启超称他为"清代唯一之史

---

① [清]章学诚著,叶瑛校注:《说林》,见《文史通义校注》内篇四,中华书局,1994年,第354页。
② 程千帆:《关于治学方法》,见《治学小言》,第13页。
③ [清]章学诚著,仓修良编:《家书二》,见《文史通义新编》外篇三,上海古籍出版社,1992年,第688页。

学大师",①又说"其所著《文史通义》,实为乾嘉后思想解放之源泉"。② 现代学者罗振玉、王国维在甲骨文等领域的研究,胡适在中国古代通俗小说研究等领域的研究,吴梅在词曲研究领域的研究,都有开疆拓土的意义。如王国维曾在《宋元戏曲考自序》中自豪地说:"凡诸材料,皆余所搜集,其所说明,亦大抵余之所创获也。世之为此学者,自余始,其所贡于此学者,亦以此书为多。非吾辈才力过于古人,实以古人未尝为此学故也。"③朱士嘉研究地方志也是一个突出的例子。顾颉刚《中国地方志综录序一》称:"今之学者莫不知史书之不足以尽史,故毕力搜求地下遗物、官署档案、私人书牍,以资实证。然而即在史书之中,固尚有未辟之山林,未发之金锡在:家谱与方志是已。……朱君士嘉学于燕京大学研究院,即以方志为题,嗣主辅仁大学讲席,又以方志设教。竭五年之力,博采旁罗,得国内外现存方志五千余种,作此《综录》,以示大凡,盖直接为目录学家创一新例,间接为史地学者开一大道,可谓盛事也矣!"④今人蒋礼鸿在敦煌俗语词研究方面也有筚路蓝缕之功。向熹教授在给杭州大学中文系的信中说:"我觉得一位学者写几本书不难,要开创一个学术研究领域就不容易。蒋先生在敦煌变文字义研究中开创了一个新的学术研究领域,他的著作荣获吴玉章一等奖,当之无愧。"⑤

即使研究得比较多的领域,我们也要注意其中被人们忽略的内容。程千帆在一封信中谈道:"大凡一个作家,一个流派,一段历史,总有其前进中的转折点。而这些转折点,又往往不立招牌,暗暗地在不知不觉中出现,又默默地站在那里,后人逛文学之街,只注意霓虹灯下的大橱窗,源流、起伏、正变便都被忽略了,欣赏者姑无妨,研究者就不可,历史家更不能这样。"⑥而程千帆本人就十分注意研究被人们忽略的内容,他的《从唐温如〈题龙阳县青草湖〉看诗人的独创性》就是这样一篇论文。我们先读一下唐温如的诗:

---

① 梁启超:《中国近三百年学术史》十五,见《饮冰室专集》之七十五,《饮冰室合集》,第304页。
② 梁启超:《清代学术概论》十九,见《饮冰室专集》之三十四,《饮冰室合集》,第50页。
③ 王国维:《宋元戏曲考自序》,见《王国维遗书》第4册,上海古籍书店,1983年,第18页。
④ 顾颉刚:《中国地方志综录序》,见朱士嘉编《中国地方志综录》卷首,商务印书馆,1935年。
⑤ 方一新:《蒋礼鸿先生漫记》,见《文教资料》1995年第4—5期。
⑥ 程千帆:《致蒋寅》,见陶芸编《闲堂书简》(增订本),上海古籍出版社,2013年,第347页。

西风吹老洞庭波,一夜湘君白发多。
　　醉后不知天在水,满船清梦压星河。

　　此诗写洞庭波被西风吹老,写水神湘君也像凡人一样一夜之间白发增多,都是颇为独特的。后两句诗尤为精彩,程先生分析道:唐温如"不但通过描绘水中倒影,颠倒了空间,而且进一步,利用梦境,创造了幻中有幻的境界。由于天在水中即星河倒影,而梦见船不在水面而在星河之上,是幻。又从而联想到不仅是人睡在船上,而且自己所做的梦,也像人身一样,船只一样,是有体积的,有重量的,它也直接压在船上,因而间接压在星河之上,这就形成了幻中之幻。还不止于此。诗人在梦境的描写上也下了功夫。说'满'船,则梦之广阔可见。说'压'星河,则梦之沉重可知。梦境在此,可见可触。这是化虚为实。可是这满船的压星河之梦,却又是'清'梦,……又于实中见虚了。这样写梦,就显得它的境界缥缈而分明。亦真亦幻,亦实亦虚"。① 这个例子告诉我们,不但有一些处女地需要我们去开垦,即使一些被开垦过的领域,也有一些遗珠剩金,有待我们去拾取。

　　有人写过的题目,但我的角度不同,同样也会出新。卞孝萱所著《唐传奇新探》究竟新在何处呢?作者在《引言》中谈到了自己的思路:

　　　　五四以来唐传奇的研究,主要是:考证作者生平、写作年代;进行分类(如分为神怪、爱情、豪侠等类);探讨思想性与艺术性;进行注释、辑佚、赏析等。我另辟蹊径,以小说写作的政治背景为出发点,从传奇作者的政治态度入手,专与通结合,文与史互证,旁推曲鬯,以意逆志,透过表面的藻绘,进入作者的心胸,探索作者的创作意图亦即作品的真正寓意。②

　　再如杜甫和陶渊明,学界都研究得非常多了,但是杜甫学习陶渊明风格而又学得不像仍然是一个新题目。陶渊明《归园田居》五首之四有"带月荷锄归"一句,就写得很自然,很符合陶渊明锄地的特点。因为像陶渊明这样的人当然不会如同一个普通农民那样全身心地投入农业生产中去,以至于

---

① 程千帆:《从唐温如〈题龙阳县青草湖〉看诗人的独创性》,见《程千帆全集》第8卷,第349—350页。
② 卞孝萱:《引言》,见《唐传奇新探》,江苏教育出版社,2001年,第1页。

"种豆南山下,草盛豆苗稀"。但是作为一个诗人,当他心血来潮的时候,也会"晨兴理荒秽,带月荷锄归"。杜甫的"细雨荷锄立"(《暮春题瀼西新赁草屋五首》)显然模仿了"带月荷锄归",萧涤非说:"'细雨荷锄立'和陶渊明'带月荷锄归'的形象,同其美妙。"①但是我感到模仿得很不像。农民锄地遇到了细雨,要么抓紧时间干活,干完了回家;要么赶紧回家,以免衣服被弄湿了。像杜甫那样在细雨中还扛着锄头立在那里欣赏周围的景色可以说是绝无仅有的。再如陶渊明《饮酒》之九前六句云:"清晨闻叩门,倒裳往自开。问子为谁欤?田父有好怀。壶浆远见候,疑我与时乖。"从中我们可以看到陶渊明田居时交游比较少,因此盼望客人来访的迫切心情,以及他与田父之间的关系是十分融洽的,当然这首诗的主题与写法都受到楚辞《渔父》的影响。杜甫的《遭田父泥饮美严中丞》显然就是模仿陶渊明的这一首诗,但是模仿得也不像。首先题目就有点问题,田父殷勤地请他喝酒,他写了一首诗,不是赞美田父,而是赞美了另外一个人。诗的最后六句是:"久客惜人情,如何拒邻叟。高声索果栗,欲起时被肘。指挥过无礼,未觉村野丑。"有的《中国文学史》以"指挥过无礼,未觉村野丑"为例分析道:"在一千二百多年前,一个曾经侍候过皇帝的人,对待劳动人民竟能如此平等亲切,是极为少见而可贵的,也是富有进步意义的。"②其实"指挥过无礼"才是杜甫的真实感受,而"未觉村野丑"不过是此地无银三百两,真的"未觉村野丑",就不可能会想到把它写到诗里了。陶渊明本来是可以当官的,因为对刘裕采取不合作的态度,所以选择了隐居生活,穷困潦倒,不得不亲自参加农业生产劳动。这与那些在仕途上遇到挫折,用隐居来做做样子是有本质不同的。这些人写的和陶诗,并没有达到陶渊明的水平。③

  前人完全没有涉及过的领域毕竟是很少的,程千帆说:"除了去开创前人完全未涉及过的领域之外,我们在研究中所遇到的更多的一种情况,还是前人已作过一些研究,但作得不够充分,有继续补充和扩展的必要;或者是前人的解释尚不圆满,不能让人完全信服,有必要作进一步的阐释。这种在前人研究基础上的进一步扩充和重新解释,也是一种创新,而且是现在科学

---

  ① 萧涤非:《杜甫诗选注》,人民文学出版社,1979年,第288页。
  ② 游国恩、王起、萧涤非、季镇淮、费振刚:《中国文学史》,人民文学出版社,1964年,第420页。
  ③ 徐有富:《杜甫学习陶诗风格问题》,见《草堂》1983年第1期。

研究中最多的一种命题。"①

（2）新的见解

学术论文应该提出一些新的见解，我们本科生、研究生写学位论文当然要注意这一点。1948 年，黎锦熙在华北文法学院上中国声韵学课，"第一堂课便宣布：听完课，要动脑筋，提问题，有自己的看法。期末考试，'如果完全按照我讲课的笔记背，一字不错，别人给你一百分，我给零分！'"②早些年杭州大学曾发生过这么一件事："一位选了'《史记》研究'为毕业论文题的研究生，花了许多时间，收集了所有论《史记》的专著、文章来读，由此而写成了一篇洋洋洒洒数万字的论文。但他的指导老师勉强给了他一个'及格'，并加了批语，大意说：别人谈到的见解，你的文章里都有；别人没有谈到的，你的文章里也没有。"③这些老师都强调了读书治学一定要有新的见解。

首先，我们要注意总结出一些带规律性的东西来。如清人汪中《释三九》云："生人之措辞，凡一二之所不能尽者，则约之三以见其多；三之所不能尽者，则约之九以见其极多。"④这段话科学地概括了此类语言现象的规律，已为学界普遍接受。

大家都很佩服陈寅恪，我认为陈寅恪的过人之处不仅是考证，而且能通过考证总结出一些历史规律。如他的论文《天师道与滨海地域之关系》在用大量的事实证明天师道之流传多起于海滨地域，颇疑接受外来之影响以后，又指出："盖二种不同民族之接触，其关于武事之方面者，则多在交通阻塞之点，即山岭险要之地。其关于文化方面者，则多在交通便利之点，即海滨湾港之地。……吾国政治革命，其兴起之时往往杂有宗教神秘性质，虽至今日，尚未能尽脱此历史之惯例。好学深思之士当能心知其意也。"⑤他所总结出来的这两种历史规律应当说是被历史反复证明了的，特别是对于后

---

① 程千帆：《贵在创新》，见《程千帆全集》第 15 卷，第 188 页。
② 祝总斌：《我与中国古代史》，见张世林编《学林春秋》二编，朝华出版社，1999 年，第 637—638 页。
③ 蔡义江：《忆夏承焘师》，见《文史知识》1992 年第 8 期。
④ ［清］汪中：《释三九》，见《述学》内篇卷一，《四部备要》集部清别集，中华书局，1920—1936 年。
⑤ 陈寅恪：《天师道与滨海地域之关系》，见《金明馆丛稿初编》，生活·读书·新知三联书店，2001 年，第 45 页。

者,作为成熟的政治家从来是不敢掉以轻心的。又如一般人对司马氏篡夺曹魏政权,并没有特别留意其政治背景,但是陈寅恪经过分析得出这样一个结论:"魏为东汉内廷阉宦阶级之代表,晋则外廷士大夫阶级之代表。故魏、晋之兴亡递嬗乃东汉晚年两统治阶级之竞争胜败问题。自来史家惟以曹魏、司马晋两姓之关系目之,殊未尽史事之真相也。""东汉之季,其士大夫宗经义,而阉宦则尚文辞。士大夫贵仁孝,而阉宦则重智术。盖渊源已异,其衍变所致,自大不相同也。"①即使是一些很具体的问题,陈寅恪也能注意总结出其中的规律来,例如唐代的皇帝很多是通过政变上台的,政变成败的关键在什么地方呢?陈寅恪分析道:"唐代之长安,其宫在城北,故北军为卫宫之武力。苟明乎此,则唐代历次中央政治革命之成败,悉决于玄武门即宫城北门军事之胜负,而北军统制之权实即中央政柄之所寄托也。"即以武德九年六月四日玄武门事变为例,"玄武门地势之重要,建成、元吉岂有不知,必应早有所防卫,何能令太宗之死党得先隐伏夺据此要害之地乎?今得见巴黎图书馆藏敦煌写本伯希和号贰陆肆拾李义府撰常何墓志铭,然后知太宗与建成、元吉两方皆诱致敌对之勇将。常何旧曾隶属建成,而为太宗所利诱。当武德九年六月四日常何实任屯守玄武门之职,故建成不以致疑,而太宗因之窃发。迨太宗既杀其兄弟后,常何遂总率北门之屯军矣。此亦新史料之发见,足资补释旧史所不能解之一端也。"②

文学当然也有规律可寻,如清焦循云:"一代有一代之所胜,舍其所胜,以就其所不胜,皆寄人篱下者耳。余尝欲自楚骚以下,至明八股撰为一集。汉则专取其赋,魏晋、六朝至隋则专录其五言诗,唐则专录其律诗,宋专录其词,元专录其曲,明专录其八股,一代还其一代之所胜,然而未暇也。偶与人论诗,而纪于此。"③当中的个别提法容有争论,但是"一代有一代之所胜"的论点却产生了深远影响。胡小石在讲中国文学史课时就接受了这一观点。陈中凡在《悼念胡小石学长》一文中回忆道:

  其时北京大学开有文学史课,由朱逖先生主讲,看他的讲稿,分经

---

 ① 陈寅恪:《书世说新语文学类钟会撰四本论始毕条后》,见《金明馆丛稿初编》,第48页。
 ② 陈寅恪:《隋唐制度渊源略论稿 唐代政治史述论稿》,生活·读书·新知三联书店,2001年,第239、241页。
 ③ [清]焦循:《易余籥录》卷一五,清光绪十二年(1886)德化李氏木犀轩刊本。

史、辞赋、古今体诗等篇,近于文学概论,非文学所能包括。小石因举焦循《易余籥录》说,大意谓:"一代文章有一代文章之胜,《诗经》、楚辞、汉赋、汉魏南北朝乐府诗,以及唐诗、宋词、明制义,各有它的特色。至后代模拟之作,便成了余气游魂,概不足道。"①

胡小石用"一代文章有一代文章之胜"的观点讲文学史课,对这门课的课程建设无疑起了巨大的促进作用。

胡适在文学史的研究中提出过双线文学的观念,他在1926年发表的《〈词选〉自序》中,对此作过比较完整的表述:

> 文学史上有一个逃不了的公式:文学的新方式都是出于民间的。久而久之,文人学士受了民间文学的影响,采用这种新体裁来做他们的文艺作品。文人的参加自有他的好处:浅薄的内容变丰富了,幼稚的技术变高明了,平凡的意境变高超了。但文人把这种新体裁学到手之后,劣等的文人便来模仿;模仿的结果,往往学得了形式上的技术,而丢掉了创作的精神。天才堕落而为匠手,创作堕落而为机械。生气剥丧完了,只剩下一点小技巧,一堆烂书袋,一套烂调子! 于是这种文学方式的命运便完结了,文学的生命又须另向民间去寻新方向发展了。②

后来他在《白话文学史》中又用简洁生动的语言强调了这一点:"一切新文学的来源都在民间。民间的小儿女、村夫农妇、痴男怨女、歌童舞妓、弹唱的、说书的,都是文学上的新形式与新风格的创造者。这是文学史的通例,古今中外都逃不出这条通例。"③他对总结出这一规律是引以为自豪的,在《胡适口述自传》的最后一章,还很得意地提到了这件事:"这一个由民间兴起的生动的活文学,和一个僵化了的死文学,双线平行发展,这一点在文学上有其革命性的理论实在是我首先倡导的,也是我个人(对研究中国文学史)的新贡献。"④

钱锺书论通感也是一个突出例子,他谈道:"在日常经验里,视觉、听觉、触觉、嗅觉、味觉往往可以彼此打通或交通,眼、耳、舌、鼻、身各个官能的

---

① 陈中凡:《悼念胡小石学长》,见《雨花》1962年第4期。
② 胡适:《〈词选〉自序》,见《胡适文集》第4册,第550页。
③ 胡适:《白话文学史》,见《胡适文集》第8册,第160页。
④ 胡适英文口述,唐德刚译注:《胡适口述自传》,见《胡适文集》第1册,第424页。

领域可以不分界限。颜色似乎会有温度,声音似乎会有形象,冷暖似乎会有重量,气味似乎会有体质。"①钱锺书有关通感的观点,对我们正确理解诗歌中有关感觉挪移的描写,显然具有指导意义。

对已有观点提出不同看法,同样也具有新意。程千帆说过:"前人对某一问题已有涉及和论述,但其论断并不正确,需要加以修正。这同样可以认为是一种创新。"②例如许慎的《说文解字》在前人的基础上,进一步总结了汉字的六条造字规律,即"六书",对后世产生了巨大影响,但是也有人对他的一些提法,发表了不同意见。如许慎在《说文解字·序》中将"武"作为会意的代表字。《说文解字》戈部还引用《左传》中楚庄王的话解释道:"止戈为武。"郑樵在《通志·六书略五·论谐声之惑》中谈到"武"字不是会意字而是形声字,武字中的"止"字实际上读"无",他反对用后世形成的义理来说解古代早就出现的汉字。应当说他的看法很有道理,因为先民在创造"武"字时,是否具有用战争消灭战争为武这么深刻的思想确实是值得怀疑的。

再如王国维的《人间词话》发表后,颇受推崇,唐圭璋在《评〈人间词话〉》一文中提出了一些不同看法,今录两点如下:

> 王氏论词,首标"境界"二字。……予谓境界固为词中紧要之事,然不可舍情韵而专倡此二字。境界亦自人心中体会得来,不能截然独立。……上乘作品,往往情景交融,一片浑成,不能强分。

> 王氏既倡境界之说,而对于描写景物,又有隔与不隔之说,此亦非公论。推王氏之意,在专尚赋体,而以白描为主,故"池塘生春草""采菊东篱下"为不隔之例。夫……比、兴从来亦是一法,用来言近旨远,有含蓄,有寄托,香草美人,寄慨遥深,固不能谓之隔也。③

人们的认识是不断提高的,对已有观点提出不同看法属正常现象,当然要力求正确,言之成理。有一篇题为《宋诗怎样一反唐人规律》的论文,对宋诗持全盘否定的态度,拙作《简谈宋诗中的议论》④一文认为许多优秀的宋诗寓议论于形象之中,而且充满感情,仍然是我国古代文学宝库中的优秀

---

① 钱锺书:《通感》,见《七缀集》,生活·读书·新知三联书店,2002年,第64页。
② 程千帆:《贵在创新——关于学术论文写作的问答》,见《程千帆全集》第15卷,第186页。
③ 唐圭璋:《评〈人间词话〉》,见《斯文》1938年第3期。
④ 徐有富:《简谈宋诗中的议论》,见《南京大学学报》1981年第1期。

遗产,此文被人大复印资料《中国古代、近代文学研究》月刊1981年第6期以头版位置转载,可见受到了社会重视。

(3) 新的方法

求新还表现在新方法的运用方面。由于运用了新方法,往往也能推动学术研究的进步,并且能得出一些新的结论。例如胡适、顾颉刚等人运用历史演进的方法,将文史研究提高到一个新的水平。胡适将这种方法概括为:

一、把每一件史事的种种传说,依先后出现的次序,排列起来。

二、研究这件史事在每一个时代有什么样子的传说。

三、研究这件史事的渐渐演进:由简单变为复杂,由陋野变为雅驯,由地方的(局部的)变为全国的,由神变为人,由神话变为史事,由寓言变为事实。

四、遇可能时,解释每一次演变的原因。①

他在《〈三侠五义〉序》中作了进一步的说明:"传说的生长,就同滚雪球一样,越滚越大,最初只有一个简单的故事作个中心'母题'(motif),你添一枝,他添一枝,便像个样子了。后来经过众口的传说,经过平话家的敷演,经过戏曲家的剪裁结构,经过小说家的修饰,这个故事便一天一天的改变面目:内容更丰富了,情节更精细圆满了,曲折更多了,人物更有生气了。"②胡适指出:"古史上的故事没有一件不曾经过这样的演进,也没有一件不可用这个历史演进的(revolutionary)方法去研究。尧、舜、禹的故事,黄帝、神农、庖牺的故事,汤的故事,伊尹的故事,后稷的故事,文王的故事,太公的故事,周公的故事,都可以做这个方法的实验品。"③就以孟姜女故事的演变为例,《孟子·告子下》云:"华周、杞梁之妻,善哭其夫,而变国俗。"汉代赵岐《孟子注》云:"华周,华旋也;杞梁,杞殖也。二人,齐大夫死于戎事者。其妻哭之哀,城为之崩,国俗化之,则效其哭。"增加了二人的名字,官职,死亡的原因,并采用夸张的手法,说明了其妻哭泣的效果。至唐敦煌曲子词《捣练子》词云:"孟姜女,杞梁妻,一去燕山更不归。造得寒衣无人送,不免自家

---

① 胡适:《古史讨论的读后感》,见《胡适文集》第3册,第82页。
② 胡适:《〈三侠五义〉序》,见《胡适文集》第4册,第382页。
③ 胡适:《古史讨论的读后感》,见《胡适文集》第3册,第83页。

送征衣。"则赋予杞梁妻以名字,省略了华周夫妇,增加了孟姜女送寒衣的内容。宋周煇《北辕录》云:"次过范郎庙,其地名孟庄。庙塑孟姜女,偶坐配享者,蒙恬将军也。"则孟姜女丈夫变成了范姓,死亡原因也由战争变为修长城,时代由先秦变为秦代。此外唐有《孟姜女变文》,宋有《孟姜女》院本,宋元戏曲有《孟姜女送寒衣》,明传奇有《长城记》《杞梁妻》,清时调有《孟姜女》,弹词有《孟姜女寻夫》《孟姜女寻夫哭倒万里长城贞烈全传》,宝卷有《孟姜女宝卷》《长城宝卷》等等。从中我们可以清楚地看出雪球是怎样越滚越大的。① 下面我们再举一个简单的例子,顾颉刚的儿子说:

  《黄妳余话》记高邮州南有露筋祠,相传三种说法:一、有女与嫂过此,天阴蚊甚,嫂投宿田舍,女谓宁死不可失节,乃露坐草中,被蚊虫叮咬一夜,至旦血竭筋见而死,人们为之立祠。二、有鹿过此,一夕为蚊所食,至晓见筋,因以为名。三、有人醉止其处,一夕白鸟咕嘬,血滴筋露而死。父亲认为这正是故事转变的好例,"其规律则要使此故事变得美,变得更能吸引听者之同情。因此,同样不胜蚊咬,露筋而死,然鹿不如人,男不如女之有吸引力,故不容其不变。其后果塑女像矣"(《郊居杂记十》)。②

再如我国古代普遍采用治经的方法来研究《诗经》,这就限制了《诗经》的研究水平,而闻一多运用社会学的方法来研究《诗经》,从而使《诗经》研究达到了一个崭新的水平。梁实秋在论及闻一多时指出:

  他的研究的初步成绩便是后来发表的《匡斋尺牍》。在《诗经》研究上,这是一个划时代的作品,他用现代的科学方法解释《诗经》。他自己从来没有夸述过他对《诗经》研究的贡献,但是作品俱在,其价值是大家公认的。清儒解诗,王引之的贡献很大,他是得力于他的音韵训诂的知识之渊博,但是一多则更进一步,于音韵训诂之外,再运用西洋近代社会科学的方法。例如《匡斋尺牍》所解释的《芣苢》和《狼跋》两首,确有新的发明,指出一个崭新的研究方向。有人不满于他的大量使用佛洛伊德的分析方法,以为他过于重视性的象征,平心而论,他相当

---

① 参见顾颉刚《孟姜女故事研究集》,上海古籍出版社,1984年。
② 顾洪:《关于顾颉刚先生读书笔记的特色》,见《文史哲》1993年第2期。

重视佛洛伊德的学说,但并未使用这一个学说来解释所有的诗篇。①

举个例子说吧。《芣苢》一诗看起来很简单,没有多少诗意,但是闻一多从新的角度进行考证和分析就大不相同了,芣苢(车前子)有"宜子"的功能,采芣苢的习俗,便是性本能的演出,而《芣苢》这首诗便是那种本能的呐喊了。在宗法社会里是没有"个人"的,一个人的存在是为他的种族而存在的,一个女人是在为种族传递并繁衍的功能而存在着。如果她不能证实这种功能,就得被她的侪类贱视,被她的男人诅咒,以致驱逐。而尤其令人胆战的是据说还得遭神——祖宗的谴责。接着,闻一多又为我们拨动了想象的齿轮:

> 现在请你再把诗读一遍,抓紧那节奏,然后合上眼睛。揣摩那是一个夏天,芣苢都结子了,满山谷是采芣苢的妇女,满山谷响着歌声。这边人群中有一个新嫁的少妇,正捻那希望的玑珠出神。羞涩忽然潮上她的靥辅,一个巧笑,急忙的把它揣在怀里了,然后她的手只是机械似的替她摘,替它往怀里装,她的喉咙里只随着大家的歌声哼着歌声——一片不知名、没遮拦的狂欢。②

今人史念海在历史地理学的研究中,采用文献调查与实地考察相结合的方法,也取得了可喜的成果。谭其骧在为其所著《河山集》第四集写的序中说:

> 《河山集》初集所收论文,基本上还和包括我在内的一般老历史地理工作者一样,都是利用历史文献写成的。从第二集起,就一变而为一部全是用历史资料(包括文献与遗址遗物)与实际调查考察密切结合的研究成果。这就使中国历史地理学开辟了一个新的阶段,其意义的重大,可不言而喻。第二集的论文,主要是论述黄河流域地貌和植被的变迁那几篇,篇篇都取得惊人的成就。……在第二集《自序》中举了若干文献考证无法解决的问题,因而一经实地考察便迎刃而解的例子中,

---

① 梁实秋:《谈闻一多》,见方仁念编《闻一多在美国》,华东师范大学出版社,1985年,第148—149页。
② 闻一多:《匡斋尺牍》三《芣苢》,见《闻一多全集》第3册,湖北人民出版社,1993年,第208页。

就有永乐城、仙人关、萧关、祁山、函谷关、潼关,以及战国与秦代长城遗址等军事上极关重要的条目。①

即以仙人关为例,史念海曾概括地叙述道:

> 南宋时,吴玠、吴璘,据守仙人关,抵抗金兵的侵略。由于吴玠、吴璘作战的英勇和仙人关的险要,金兵到底没有能突破这座雄关,巴蜀得到保障。可是有些考证学家把这座关置于秦岭之上。这就使人迷惑不解。当我亲自到了仙人关的遗址时,看到嘉陵江畔,处于群山环绕之中的关城废墟,深深感到《宋史·吴玠传》所记载当年英勇的守关战争是确实的,只是后来的考证学者把地方考错了。这座关城在宝成铁路虞关车站和白水江车站之间,现在称为吴王城。吴王城显然是因吴玠、吴璘在这里驻兵而得名的。修筑宝成铁路时,在这里泥土中掘出《仙人关重建宣相安公生祠碑》。宣相安公是指南宋时平定吴曦叛乱的四川宣抚使安丙。碑文明说是立在仙人关,应该是了无疑义的。②

应当说明,史念海采用社会调查与文献调查相结合的方法研究历史地理学也继承了前人的优良传统。他本人就谈到过这一点:"在禹贡学会成立之前,研究舆地之学的学人就已有重在目验的传统,所谓目验,就是实地考察,甚至正当考据工作最为盛行的乾嘉时期,有的学人也不以仅翻检征引旧籍为然。禹贡学会成立之后,顾刚先生就感到从事历史地理的研究不能不实地考察,并以之为解决问题的必要的基础。这样的创见使多少世代以来,一直作为历史学辅助学科的历史地理,更接近于地理学。"③可见史念海所采用的这一研究方法是继承并发扬了该学科的优良传统。

目前,我们要特别注意利用检索电子文献的方法来为科学研究服务,"中研院"历史语言研究所所长王汎森尝举一例:"有一次我想了解政治压力对日常语言的影响,因为清代头发是敏感的问题,所以我设想在明代常用的'一发千钧'或'千钧一发'应该是犯忌讳的。但是我不可能通读所有的

---

① 谭其骧:《序》,见史念海《河山集》四集卷首,陕西师范大学出版社,1991年。
② 史念海:《我研究中国历史地理学的过程》,见《文史知识》1991年第11期。
③ 史念海:《顾颉刚创立禹贡学会及其以后的二三事》,见顾潮编《顾颉刚学记》,第389页。

文献去印证这个假说,于是我请助理查询本所的"汉籍全文数据库"中的《明史》部分,在很短的时间内便确定它从未出现过。当我想确定《扬州十日记》或《嘉定屠城记》等敏感的书籍是否曾被公开提及或公开流传的记录时,电子文献库也可以很快地解决这方面的问题。我们的电子文献库当然未包括所有清代文献,但是光从特定字眼出现的频率也可以说明许多历史事实。"①显然,计算机运用技术正在迅速推进科学研究的快速发展。

(4) 新的材料

在相关的科学研究中,还没有被运用过的材料,均可视为新材料。材料是科学研究的基础,有新的材料往往会得出新的结论,即使新的结论不正确,新的材料本身也具有很高的参考价值。傅斯年曾强调指出:"我们要得到前人所得不到的史料,然后可以超越前人;我们要使用新得材料于遗传材料之上,然后可以超越同见这材料的同时人。"②

胡适在红学研究中所取得的成就就足以说明这一点,他说过:"因为考证《红楼梦》的关系,许多大家不知道的抄本出现了。此外,还有许多关于曹雪芹一家的传记材料。最后又发现脂砚斋的详本《红楼梦》;虽然不完全,但的确是最早的本子——就是现在我自己研究的一本。后来故宫博物院开放了,在康熙皇帝的一张抽屉里发现曹雪芹的祖父曹寅的一张秘密奏折。这个奏折说明当时曹家地位的重要。……如果没有这些新的材料,我们的考证就没有成绩。我研究这部书,因为所用的方法比较谨严,比较肯去上天下地动手动脚找材料,所以找到一个最早的脂砚斋抄本,以及无疑的最早印本——活字本,再加上曹家几代的传记材料,所以我们的研究才能有点成绩。"③

首先要注意新发现的材料。陈寅恪认为不注意使用新发现的材料,就很难参与此时代学术之新潮流。他在《陈垣燉煌劫余录序》中指出:

  一时代之学术,必有其新材料与新问题。取用此材料,以研求问

---

① 王汎森:《重读傅斯年先生〈历史语言研究所工作之旨趣〉》,见布占祥、马亮宽主编《傅斯年与中国文化——"傅斯年与中国文化"国际学术研讨会论文集》,天津古籍出版社,2006年,第35—36页。
② 傅斯年:《史料论略(史学方法导论)》,见《史料论略及其他》,辽宁教育出版社,1997年,第5页。
③ 胡适:《治学方法》,见《胡适文集》第12册,第162—163页。

题,则为此时代学术之新潮流。治学之士,得预于此潮流者,谓之预流(借用佛教初果之名)。其未得预者,谓之未入流。此古今学术史之通义,非彼闭门造车之徒,所能同喻者也。①

王国维之所以在学术研究中作出杰出贡献,是因为他能够注意运用甲骨文等新发现之资料。他在《古史新证》第一章"总论"中提出了运用材料的二重证据法:

> 吾辈生于今日,幸于纸上之材料外,更得地下之新材料。由此种材料,我辈固得以据以补正纸上之材料,亦得证明古书之某部分全为实录,即百家不雅驯之言,亦不无表示一面之事实。此二重证据法,惟在今日始得为之。②

在王国维看来,有了新材料,往往就会产生新学问。他在《最近二三十年中中国新发见之学问》一文中,专门谈了新发现的材料与新学问的关系问题:

> 古来新学问,大都由于新发见。有孔子壁中书出,而后有汉以来古文家之学;有赵宋古器出,而后有宋以后古器物、古文字之学。惟晋时汲冢竹简出土后,即继以永嘉之乱,故其结果不甚著。然同时杜元凯注《左传》;稍后郭璞注《山海经》,已用其说。而《纪年》所记禹、益、伊尹,至今成为历史上之问题。然则中国纸上之学问,赖于地下之学问者,固不自今日始矣。自汉以来,中国学问上之最大发见有三:一为孔子壁中书;二为汲冢书;三则今之殷墟甲骨文字、敦煌塞上及西域各处之汉晋木简、敦煌千佛洞之六朝及唐人写本书卷、内阁大库之元明以来书籍档册。此四者之一,已足当孔壁、汲冢所出,而各地零星发见之金石书籍,于学术大有关系者,尚不及与焉。故今日之时代,可谓之发见时代,自来未有能比者也。③

陈寅恪曾专门分析过王国维在学术研究中,运用新材料所取得的新成就,指出:

---

① 陈寅恪:《陈垣燉煌劫余录序》,见《金明馆丛稿二编》,第266页。
② 王国维:《古史新证》,来薰阁影印本,1935年。
③ 王国维:《最近二三十年中中国新发见之学问》,见《王国维遗书》第5册《静庵文集续编》,第65—66页。

> 先生之学博矣、精矣。几若无涯岸之可望,辙迹之可寻;然详绎遗书,其学术内容及治学方法,殆可举三目以概括之者:一曰取地下之实物与纸上之遗文互相释证。凡属于考古学及上古史之作,如《殷卜辞中所见先公先王考》及《鬼方昆夷狁考》等是也。二曰取异族之故书与吾国之旧籍互相补正。凡属于辽金元史事及边疆地理之作,如《萌古考》及《元朝秘史之主因亦儿坚考》等是也。三曰取外来之观念与固有之材料互相参证。凡属于文艺批评及小说戏曲之作,如《红楼梦评论》及《宋元戏曲考》《唐宋大曲考》等是也。①

今人杨向奎还联系当时的学术背景对王国维运用新材料作了充分的肯定,他说:"王国维是利用甲骨、金文解释中国古代史的创始人。这种方法,现在来看是平常的而且是应当的,但在当时来说,这是新奇的事。我们看一看和王国维同时的学术权威,经学今古文大家康有为和章太炎的学风,就更加清楚。康有为主张变法,提倡'托古改制',因而他不相信某些典籍中的古史记载,认为是出于刘歆的伪造,他不相信出土的钟鼎彝器。章太炎的政治主张和康有为不同,他不相信传统的三皇五帝的古史体系,但他也不相信甲骨、金文。在当时,经学就是国学,两位经学大师垄断了当时的国学界。而王国维先生冲破这种垄断,以甲骨证商史,用金文证周史,在中国古代史的研究上或者说是在中国古代史料的训诂考据工作上,作出了卓越的贡献。"②

对于王国维二重证据法中的"地下之材料"也不要看得过死,文物无论是否来自地下,均可用作史料。张舜徽尝云:"王氏《观堂集林》卷一九所载《晋前尺跋》《六唐尺跋》《宋三木尺跋》《宋布帛尺跋》《新莽嘉量跋》诸篇都是极有价值的文字。特别是《记现存历代尺度》一文,搜集自汉至清十七种尺,以证古今尺度的变化,指出了历代尺度由短而长的原因,揭发了统治阶级加重剥削的具体事实。王氏所用方法,无疑是遵循前人遗轨,但是由一器物形制,推论到历代政治得失,这是前人没有做过的。"③王国维所搜集到的这十七种尺,很难说均为出土文物。

---

① 陈寅恪:《王静安先生遗书序》,见《金明馆丛稿二编》,第247页。
② 杨向奎:《论"古史辨派"》,见顾潮编《顾颉刚学记》,第74页。
③ 张舜徽:《考古学者王国维在研究工作中所具备的条件方法和态度》,见《张舜徽集·䚡庵学术讲论集》,华中师范大学出版社,2008年,第324页。

王国维运用"二重证据法"是卓有成效的,也产生了很大影响。今人郁贤皓在李白研究与唐刺史考方面成绩突出,用的就是"二重证据法"。他谈道:

> 想学习王国维先生倡导的"二重证据法",将纸上的材料(典籍)和地下的材料(出土墓志)结合起来进行综合研究,希冀从中发现新材料。后来的实践证明,我用这种死办法倒也有不少新收获。例如我通过阅读张九龄的《张说墓志》,考出李白《玉真公主别馆苦雨赠卫尉张卿》中的"卫尉张卿"乃张说之子张垍,张说卒于开元十八年十二月,张九龄写此志在开元二十年,这就为李白开元年间到过长安提供了切实的证据……至于唐代的刺史,可以说很大一部分是运用"二重证据法"考证出来的。①

其次要注意运用那些被人忽略的资料。前人已经注意到了这个问题,比如宋代的欧阳修专门为金石文献编了个目录叫《集古录》,他在序中说要将"可与史传正其阙谬者以传其后"。他的儿子欧阳棐在《集古录序》作了进一步说明:"集古录既成之八年,家君命棐曰:吾集录前世埋没缺落之文,独取世人无用之物而藏之者,岂徒出于嗜好之僻而以为耳目之玩哉?其为所得亦已多矣。故常序其说而刻之,又跋于诸卷之尾者二百九十六篇,序所谓可与史传正其阙谬者已粗备矣。"②如《集古录》卷五《唐裴光庭碑》按曰:"《唐书》列传云光庭……谥曰光宪,今碑及题额皆为忠献……玄宗自书不应误,皆当以碑为是。"后来赵明诚编纂《金石录》也出于同样的目的,其序云:

> 余之致力于斯,可谓勤且久矣,非特区区为玩好之具而已。盖窃尝以谓《诗》《书》以后君臣行事之迹悉载于史,虽是非褒贬,出于秉笔者私意,或失其实,然至其善恶大节,有不可诬而又传诸既久,理当依据。若夫岁月地理官爵世次以金石刻考之,其抵牾十常三四,盖史牒出于后人之手不能无失,而刻词当时所立,可信不疑。则又考其异同,参以他书,为《金石录》卅卷。

---

① 郁贤皓:《我与唐代文史》,见张世林编《学林春秋》三编,朝华出版社,1999 年,第 174 页。
② [宋]欧阳棐:《集古录序》,见[宋]欧阳修《集古录》卷首,《景印文渊阁四库全书》史部目录类。

现代学者的视野更加开阔,凡与自己学术研究有关的一切材料,都在搜求之列。如顾颉刚《购求中国图书计划书》谈道:"新的学问,靠新的材料。一科学之成立,靠一科学事件之搜集。我们要以新观点所支配之材料搜集,成就研究本国各问题之科学化。""现在我们的目的是在增进知识了,只要我们认为是一种材料就可以收下,不但要好的,并且要坏的。"他提到的需要购求的材料有以下十六种:一、经史子集及丛书,二、档案,三、地方志,四、家族志,五、社会事件之记载,六、个人生活之记载,七、账簿,八、中国汉族以外各民族之文籍,九、基督教出版之书籍及译本书,十、宗教之迷信书,十一、民众文学书,十二、旧艺术书,十三、教育书,十四、古存简谱,十五、著述稿本,十六、实物的图像。① 这些资料类型确实打开了我们的眼界。

利用新材料对学术研究的作用是十分明显的,如一提到建国前的中国文学批评史研究,人们都会想起郭绍虞、罗根泽、朱东润。其中郭绍虞、朱东润都出版过首尾完整的中国文学批评史专著,而罗根泽的中国文学批评史著作没有完成,生前只写作出版了计划的一半。他之所以能与郭绍虞、朱东润相提并论,主要是因为他发掘出了许多新材料。周勋初指出:

> 过去人们收集我国文学批评史的材料时,不出诗文评、各家诗文集和各朝正史文苑传的范围;罗先生则扩展到有文字的一切领域,诸如经、子、史和佛道二典等等。凡与文论有关者,涓滴无遗,尽行辑录。他所用的材料,都是通过自己的辛勤劳动细心抉择而得。②

吴新雷是戏剧研究专家,在《红楼梦》研究中也取得了骄人的成绩。他谈道:

> 在《红楼梦》的研究和教学过程中,我为了探讨曹雪芹背叛封建贵族家庭的历史情况,曾对清代曹家在南京的事迹进行了调查,发现了《乾隆上元县志》关于曹雪芹曾祖曹玺的传记,后来又看到了《道光上元县志》有同样的内容,因此寻根溯源,终于在复旦大学图书馆的协助下,访见了《康熙上元县志·曹玺传》。③

---

① 顾颉刚:《购求中国图书计划书》,见《文献》第八辑,书目文献出版社,1981年,第18—25页。
② 周勋初:《罗根泽先生在三大学术领域中的开拓》,见《周勋初文集》第6册,江苏古籍出版社,2000年,第107页。
③ 吴新雷:《谈〈红楼梦〉研究中的两个问题》注⑤,见《南京大学学报》1975年第3期。

对于曹雪芹家世研究来说,这是一项突破性的发现,再结合社会调查,吴新雷为推进曹学研究作出了自己的贡献。

如果我们掌握外语与国内少数民族语言文字,我们就可以利用这些语言文字撰写的材料。例如韩儒林于 1935 年春至 1936 年上半年在德国柏林大学东方语言研究所学习波斯文、蒙文,晚间到普鲁士科学院学习突厥文。1935 年 10 月他完成了《阙特勤碑译注》一文,随后又完成了《苾伽可汗碑译释》及《暾欲谷碑译文》两篇。文章涉及的三篇碑文都是用突厥文写的,均为研究突厥早期历史资料,韩儒林的三篇译文及解释为我国最早的汉文译释。后来韩儒林以译释此三碑所积累的丰富资料,对突厥祖先传说及官号等展开了研究,推动了我国突厥史研究的进展。① 他利用外文资料以及少数民族语言文字资料,在元史研究中做出了更大的贡献。

我们从事科研工作还要注意那些常见的然而被人们忽略的材料。如前所说,陈寅恪是非常重视运用新材料的。但是,令人佩服的是,他又非常善于利用常见材料。听过他课的许世瑛回忆道:

> 他讲课都是讲他的心得和卓见,所以同一门功课可以听上好几次,因为内容并不全同。他最令同学们敬佩的,就是利用一般人都能看到的材料,讲出新奇而不怪异的见解。大家听完以后都会有"我们怎么竟想不出"的感觉。②

其实他的科研论著也注重使用常见史料。如他在《唐代政治史述论稿》上篇《统治阶级之氏族及其升降》中提到"若以女系母统言之,唐代创业及初期君主,如高祖之母为独孤氏,太宗之母为窦氏,即纥豆陵氏,高宗之母为长孙氏,皆是胡种,而非汉族"。本篇主要说明"李唐血统其初本是华夏,其与胡夷混杂,乃一较晚之事实也"。所据材料主要就是《旧唐书》《新唐书》《隋书》一类正史,《唐会要》《通典》一类政书,《元和郡县志》《西域记》一类地理书,《元氏长庆集》《白氏长庆集》一类文集,《册府元龟》一类类书,还有《资治通鉴》等。"他最令同学们敬佩的,就是利用一般人都能看到的材料,讲出新奇而不怪异的见解。"但是要充分利用这些常见书,也不是一件

---

① 参见韩朔眺、陈得芝《韩儒林传》,见陈得芝、丁国范、朝朔眺编《朔漠情思——历史学家韩儒林》,南京大学出版社,2000 年,第 7 页。
② 许世瑛:《敬悼陈寅恪老师》,见《传记文学》第 16 卷第 3 期。

容易的事。严耕望将这一点归纳成两句话:"看人人所能看到的书,说人人所未说过的话。"①他还谈道:

> 例如钱宾四师,很少能有接触到新史料的机会,利用新的稀有的史料所写的论文也极少;他一生治学,主要的是利用旧的普通史料;然而他能研究出很多新的结论。例如他撰《刘向歆父子年谱》,所根据的都是人人所能看得到的史料,没有一条是新的史料,然而他能得出举世佩服的结论,使今古文之争顿告平息。……再如汤用彤先生所撰《汉魏两晋南北朝佛教史》,我认为是近五十年来就某一时代的某一方面问题作研究中最有成就的几部论著之一,日本学人研究中国佛教史的太多了,就我所知(以二十年前出版的为限),没有一部能及得上这部书。然而他用的材料,也没有什么新的!据说他衣袋中随时都带着一本《高僧传》,正可见他的研究基础是建筑在旧史料上!②

周勋初也曾谈到过这个问题:

> 客观地说,研究魏晋南北朝文学而要发掘出大批前人未见的材料,那是不现实的,但现存材料是否已经多方发掘了呢?怕也未必。还是以《文选》和《玉台新咏》为例来说明吧。《文选》中的文体究竟分为多少类,各家意见分歧很大。有的学者据陈八郎本五臣注《文选》与唐抄《文选集注》卷八八司马长卿《难蜀父老文》中的陆善经注,以为《文选》中尚有"难"类。实则古代文献中于此早有明确记载。《玉海》卷五四引《中兴书目》,记《文选》中有赋、诗……碑、志、行状等为三十卷,其中就列有"难"类,可见宋代内府所藏《文选》中即有此类。这一上好材料,可惜大家还未注意。……《南史》卷五一《梁宗室上·长沙宣武王懿(附猷子韶)传》中有"庾信爱之,有断袖之欢"的记载,这不是证明庾信即有同性恋的问题么?颇怪那些论证《玉台新咏》中的同性恋问题的学者何以不注意这类材料?③

下面再举一个我碰到的例子。唐代女诗人鱼玄机的丈夫是李亿,但是

---

① 严耕望:《治史经验谈》,第26页。
② 同上书,第27—28页。
③ 周勋初:《〈魏晋南北朝文学论丛〉后叙》,见《周勋初文集》第7卷,第111—112页。

她却写了好几首诗给子安,有的学者认为子安是鱼玄机最要好的情人。而《说文解字》明确地说:"亿,安也。"中国古代人名与字的含义相呼应,可见子安是李亿的字,李亿与子安是同一个人,这就为我们正确理解鱼玄机的诗扫清了障碍。《说文解字》是一部常见的书,但是我们不少人研究鱼玄机时,都忽略了这条重要的材料。①

在材料运用方面,我们还应做到以故为新。有些材料在一个领域可能是常见资料,在其他领域可能就是比较新颖的材料。譬如研究古代杀殉问题,张舜徽谈道:

>《墨子·节葬篇》说过:"天子诸侯杀殉,众者数百,寡者数十。将军大夫杀殉,众者数十,寡者数人。"这不是周代的实录吗?大约殉葬是古代最残酷的制度,殷周相因,为时已久。墨子主张兼爱,看到这种不平的现象,所以便发出"薄葬"的呼声,他的书中所说"数百""数十"的数字当然是可贵的史料。我不解研究殉葬的先生们何以都把这宝贵的材料忽略了。这分明是由于大家将周秦诸子看成纯粹理论的书籍,没有注意到有些可以证史的地方,所以弄成"失之眉睫之内而求之千里之外"的疏漏。②

文史哲三门学科关系密切,其资料自然可以相互利用。还有些学科差别较大,其资料也是可以相互利用的。比如我们可以将美术领域的常见资料,用来说明文学与史学问题,并能让人产生新鲜之感。梁启超就说过:"唐画中之屋宇、服装、器物及画中人之仪态,必为唐时现状或更古于唐者,宋画必为宋时现状或更古于宋者,吾侪无论得见真本或摹本,苟能用特殊的观察,恒必有若干稀奇史料可以发见。"③张舜徽也指出:

>古代画迹,多可考史。非特存诸缣素者然也。近世河南汲县出土之铜鉴,上有水陆攻战图,多至二百九十余人,格斗射杀之状,历历具在。保存于汉代墓葬中之画像石与画像砖,有劳动者煮盐、渔猎、收获之图,出土于四川成都。有地主收租图,出土于河南密县。保存在汉代

---

① 徐有富:《论鱼玄机》,见《诗学问津录》,中华书局,2013年,第102—112页。
② 张舜徽:《关于研究中国古代史的材料问题》,见《张舜徽集·讱庵学术讲论集》,第179页。
③ 梁启超:《中国历史研究法》,见《饮冰室专集》之七十三,《饮冰室合集》,第45页。

墓室中之壁画,有乐舞百戏图,出土于内蒙古和林格尔。至于敦煌石窟,集壁画之大成,固以图绘佛教故事者为多,亦有不少描写劳动者进行生产之情景,皆可据为典要,上证古史。即以见之豪素之绘画而言,如五代时顾闳中所作韩熙载夜宴图,绘出南唐贵族官僚奢侈享乐之状;北宋张择端所作清明上河图,绘出当时首都汴梁繁荣景象;皆为极形象之史料,可补书本记载之所不及。①

下面就举一个文学方面的例子,如白居易的《时世妆》提到某些时髦妇女"双眉画作八字低",诗中的八字眉究竟作何解释,很难找到有关的文字材料,但是只要我们看一下唐代名画《簪花仕女图》,就会立即一清二楚。又如唐人张仲素的《春闺思》:"袅袅城边柳,青青陌上桑。提笼忘采叶,昨夜梦渔阳。""笼"的形制如何,我们还真的不容易说清楚,但是只要我们看一下嘉峪关新城魏晋墓砖画,立刻就明白了。再如唐末词人温庭筠《菩萨蛮》词描写贵族妇女的衣服说:"新帖绣罗襦,双双金鹧鸪。""我们对这种花纹很难凭空想象,敦煌莫高窟唐代壁画中女供养人像,外衣大翻领上绣着两对对称的鹧鸪鸟,袖口上绣着一对。艺术史研究者认为,这种花纹和温庭筠所描写的应有相似之处。"②《簪花仕女图》与莫高窟壁画中女供养人像,在美术界都是为人们所熟知的资料,但是用来解释唐代诗词能给人以新颖之感,而且有着较强的说服力。

今天我们使用图像资料已经越发容易,王汎森2004年说过:"大概五年前,电子化的图像数据开始出现,以前只作为插图的东西,现在比较容易获得并且成为主要的解读材料;以前可能只有艺术史家比较容易入手的,现在经济史、文化史等学者也可以随手运用,而且还可以借助计算机,对图像作细部的了解与分析。"③可见,我们使用不同学科的史料,不仅是必要的,而且也是大有可为的。

有些学者运用的资料在学科之间的跨度非常大。如"竺可桢同志是我国和世界著名的气象学家和物候学家,他从青少年时代起就对我国古典文

---

① 张舜徽:《书画鉴赏丛谈》,见《张舜徽集·䎚庵学术讲论集》,第688页。
② 阴法鲁:《古代文献知识漫谈》,见《文献》1981年第8期。
③ 王汎森:《重读傅斯年先生〈历史语言研究所工作之旨趣〉》,见布占祥、马亮宽主编《傅斯年与中国文化——"傅斯年与中国文化"国际学术研讨会论文集》,第35页。

献十分爱好,广泛阅读,至老不衰。他在专业的研究中,引用了许多古代的诗句作为证明。例如,在谈到长江黄河流域海拔超过四千米的地方不但无夏季而且无春秋时,就引李白《塞下曲》:'五月天山雪,无花只有寒。笛中闻《折柳》,春色未曾看。'这说明是事实"。① 研究自然科学可以利用文学史料,反过来研究文学当然也可以利用自然科学文献。如卞孝萱先生"从医书中发现《唐刘禹锡纂柳州救三死方》记载着元和十一年(816)十月柳宗元'得干霍乱',十二年'得疔疮',又'得脚气,夜半痞绝,胁有块,大如石。且死,因大寒不知人三日,家大号哭'。从而对柳宗元贬谪柳州以后的不幸情况,有更多的了解"。②

3. 选题要力所能及

严济慈说:"什么叫能做研究工作,能独立进行研究工作,或者能指导研究工作呢?我认为最主要的标志是看他能不能找到一个合适的研究题目,就是找到一个经过努力近期能够解决的研究题目。"③选题再好完不成也不行,所以我们的选题还要考虑经过努力是否能够完成。以下几点应当注意:

(1) 选题要小,要具体明确

题目小容易写得深,题目所涉及的范围具体明确,容易把握,内容也会比较集中。一些成功的论文选题都做到了这一点。例如王国维的《释史》《五代两宋监本考》,我的老师黄景欣在本科生阶段写的《秦汉以前古汉语中的否定词"弗""不"研究》也是如此。

谈到选题要小时,人们特别强调"小题大做"。所谓"小题大做"至少有两层意思。一是题目表面上看起来很小,而所阐发的意义却很大,也即以小见大。我们在选题时,应当从大处着眼,从小处入手,最好讨论一些具体的问题。如中外文化交流的问题,史书中运用故事是否有悖史实的问题,以及辨伪方法的问题等都是一些比较大的问题。在一篇论文中如何探讨这些问题呢?陈寅恪的《三国志曹冲华佗传与佛教故事》是从一两个具体问题入手的。如《三国志》卷二〇《魏书·邓哀王传》记载了曹冲称象的故事:"邓

---

① 周培源:《自学成才要有文史知识》,见邓九平编《谈治学》,大众文艺出版社,2000年,第368页。
② 卞孝萱:《治学答问》,见《文史知识》1990年第12期。
③ 严济慈:《读书·教书·写书·做研究工作》,见邓九平编《谈治学》,第306页。

哀王冲字仓舒。少聪察歧嶷,生五六岁,智意所及,有若成人之智。时孙权曾致巨象,太祖欲知其斤重,访之群下,咸莫能出其理。冲曰:'置象大船之上,而刻其水痕所至,称物以载之,则校可知矣。'太祖大悦,即施行焉。"陈寅恪在北魏吉迦夜共昙曜译《杂宝藏经》卷一《弃老国缘》中发现一条材料:"天神又问,此大白象有几斤?而群臣共议,无能知者。亦募国内,复不能知。大臣问父。父言,置象船上,著大池中,画水齐船,深浅几许,即以此船量石著中,水没齐画,则知斤两。即以此智以答天神。"陈寅恪按:"杂宝藏经虽为北魏时所译,然其书乃杂采诸经而成,故其所载诸国缘,多见于支那先后译出之佛典中。……或虽未译出,而此故事仅凭口述,亦得辗转流传至于中土,遂傅会为仓舒之事,以见其智。但象为南方之兽,非曹氏境内所能有,不得不取其事与孙权贡献事混成一谈,以文饰之,此比较民俗文学之通例也。"①在陈寅恪看来《三国志·华佗传》具有神话色彩,也是受到佛教故事影响的结果。我们就不再引述了。陈氏在论文的最后指出:"夫三国志之成书,上据佛教入中土之时,犹不甚久,而印度神话传播已若是之广,社会所受之影响已若是之深,遂致以承祚之精识,犹不能别择真伪,而并笔之于书。则又治史者所当注意之事,固不独与此二传之考证有关而已也。"他还总结出一个辨伪的方法:"此因名词之沿袭,而推之事实之依托,亦审查史料真伪之一例也。"②

而在以小见大方面,程千帆的诗学研究堪称我们的榜样。张伯伟谈道:"他解剖问题的切入口往往是某一作家、某一作品甚至是某一诗句。他往往是将某一问题放在一个大背景中加以考察,再从一个别问题中导引出一般的、带有普遍意义的结论。""程先生解决问题,往往从个别到一般,由具体见普遍。"③程千帆也说:"伯伟编《(程千帆)诗论选集》,谈到我治学撰文,不作空泛之论,能从某一不为人所注意的侧面切入,以微见著,既微观又宏观,通融无碍。如此能进而达于化境的,当以王国维、陈寅恪先生为显例。"④

"小题大做"还有一层意思是说题目表面上看起来很小,但是我们在收

---

① 陈寅恪:《三国志曹冲华佗传与佛教故事》,见《寒柳堂集》,第176—177页。
② 同上书,第180—181页。
③ 张伯伟:《程千帆先生的诗学研究》,见《程千帆全集》第15卷,第286页。
④ 蒋寅、巩本栋、张伯伟:《书绅录》,见《程千帆全集》第15卷,第125页。

集资料,进行严密论证方面,同样要花大力气去完成。胡适就说过:"我们要'小题大作',切忌'大题小作'。例如顾亭林举一百多个例来证明'服字古音逼',这是小题大作。若作二三百字来说'统一财政',或'分治合作',那便是大题小作,于己于人都无益处。"① 上面提到的黄景欣的那篇论文就是小题大做的结果,丁声树写过一篇论文《释否定词"弗""不"》,所得出的四条结论被语言学界视为定论。黄景欣认为"丁先生的文章虽然拥有许多例证,但这些例证却是经过选择,而不是全面的"。② 因此,他尽可能全面地考察了从甲骨文到《史记》中的有关否定词"弗"与"不"的语言资料,以及今人的有关论著。例如有关甲骨文的材料采自罗振玉《增订殷墟书契考释》等七种图书,有关金文的材料采自郭沫若《两周金文辞大系考释》等九种图书,并通过周密的分析,指出丁声树在《释否定词"弗""不"》一文中所提出的通则是不符合实际,不能成立的。黄景欣在本科生阶段写出来的这篇高质量的论文,受到了广泛好评。

下面我们再举一个"小题大做"的突出例子。严耕望曾在齐鲁研究所做过一个学术报告,题目是《两汉地方官吏之籍贯限制》,他根据一千多条事例作统计,结论是:(1) 自武帝以后,凡是朝廷任命的长官都非所统辖地区的本地人,县令不但不用本县人,也不用本郡人。(2) 顾炎武说,州县长官自由任用的属吏,都是本地人。严先生检查过,发现有几个例外,但不是有特殊原因,就是正史所记载有误。严先生接着说:

> 我本以为这不过是些小小的结论,(钱穆)先生听了我的报告,精神为之一振,说是这是一个极重要的,具有深刻意义的大发现,怎么是个小问题!秦汉时代,中国刚由分裂局面进入大一统的局面,封建潜势力仍存在,而交通不便,极易引发割据观念。若任本地人做本地长官,则名为统一国家,其实在文化意识上并不统一,对于大一统的局面,甚为不利。汉制地方长官全用外地人,自不易发生割据自雄的观念。但本地民情只有本地人最清楚,规定地方长官任用的属吏必须为本地人,既可避免长官任用私人,复可使地方行政推行顺利。所以这一条法规

---

① 胡适:《〈吴淞月刊〉发刊词》,见《胡适文集》第4册,第544页。
② 黄景欣:《秦汉以前古汉语中的否定词"弗""不"研究》,见《黄景欣语言研究论文集》,江苏教育出版社,1995年,第142页。

极有意义,不可等闲视之。这一席话启示我们研究问题时,不但要努力搜取具体丰富的材料,得出真实的结论,而且要根据勤奋的成果,加以推论,加以发挥,使自己的结论显得更富意义。①

还应当说明一点,如果你想做一个大题目,最好先完成一些小题目,由小到大,逐步实现自己的最终目标。当然也可以采取滚雪球的方法,在某一条线上或在某一面上,做完了一个小题目再做一个小题目,逐步形成自己的研究范围、研究重心。切忌东做一个题目,西做一个题目,打一枪换一个地方,因为这样做你搜集的资料和掌握的知识难以再次利用,往往会费力多而收效微。我们从一些著名学者的论文集中,大致可以看出其中的诀窍。如王运熙围绕乐府诗,先写了七篇论文,编成论文集《六朝乐府与民歌》。又写了十一篇论文,编为《乐府诗论丛》。后来又写了十多篇论文,编为《乐府诗再论》。作者感慨道:"人的一生很短暂,贵在有所创造,留下若干值得纪念的东西。如果我在乐府诗研究方面取得的一点微薄成果,今后能比较长期地为学人所参考和利用,那将是我最大的荣幸。"②

周勋初的论文集《诗仙李白之谜》也是一个例子。1989 年 6 月 2 日至 4 日,他到安徽九华山参加李白学会主办的第二次年会,提交的论文为《李白家人及其名字寓意之推断》,他介绍道:

> 是年 4 月 2 日,我在构思有关李白的文章时,觉得其子女的名字颇为怪异,本人也颇有异端作风,遂列出几点,待日后慢慢写成一书:(1)子女命名,(2)籍贯与指树为姓,(3)剔骨葬法,(4)不尊王攘夷,(5)不崇儒,有战国余风,纵横游侠,(6)从永王璘乃必然,(7)商人家庭,散千金,(8)弃女人。后在商人家庭一点上一直不敢下结论。③

后来作者为了解析这些疑点写了十篇论文,并且结集成了《诗仙李白之谜》一书,此后又写出了专著《李白评传》。

目前我们的大学生、研究生选择论文题目时,比较喜欢选择大题目。下面是某校中文现代文学专业研究生设计的几个选题:①《新时期女性文学

---

① 严耕望:《钱穆宾四先生与我》,台湾商务印书馆,1992 年,第 56—57 页。
② 王运熙:《自序》,见《乐府诗述论》,上海古籍出版社 1996 年,第 6 页。
③ 周勋初:《周勋初学术年表》,见《周勋初文集》第 7 卷附录,第 12 页。

研究》,②《论张爱玲的小说》,③《张爱玲小说的通俗品位和现代色彩》。显然,第一个题目大而无当,不可能在几千字的篇幅内将这么大的一个课题论述清楚。第二个题目写起来也不容易,因为张爱玲的小说很多,又涉及方方面面。第三个题目只谈张爱玲小说中的一两个特点,这样就容易奏效。其实在"通俗品位"与"现代色彩"两个特点中,只要集中力量先研究其中的一个也就够了。总之我们在选择论文题目时,要从大处着眼,从小处着手,小题大做,以小见大。

(2) 要发挥自己的专业特长

《论语·述而》云:"子曰:'盖有不知而作之者,我无是也。'"学问之大,无所不包。我们在写学术论著时,全面出击,事实上是不可能的也是难以奏效的。章学诚说得好:"学在自立,人所能者,我不必以不能为愧也。因取譬于货殖;居布帛者,不必与知粟菽,藏药饵者,不必与闻金珠。患己不能自成家耳。"①又说:"人之有能有不能者,无论凡庶圣贤,有所不免者也。以其所能而易其所不能,则所求者,可以无弗得也。"②一个人的时间和精力总是有限的,不可能在许多领域都有独到见解,我们在选题时应当扬长避短,这样才能有所贡献。所以章学诚又说:"大抵文章学问,善取不如善弃。天地之大,人之所知所能,必不如其所不知不能,故有志于不朽之业,宜度己之所长而用之,尤莫要于能审己之所短而谢之。是以舆薪有所不顾,而秋毫有所必争。"③

在这方面有不少成功例子,善取的例子如孙殿起的经历。他是河北省冀县人,出生在一个贫苦的农民家庭里,只读过两年私塾、一年小学,就因生活艰难而辍学,于十五岁那年到琉璃厂当学徒。由于长期实践,并且得到了伦明等专家学者的指点,他在清代版本目录学方面有很深的造诣,先后编著了《丛书目录拾遗》十二卷、《贩书偶记》二十卷、《清代禁书知见录》《琉璃厂小志》《贩书偶记续编》《北京风俗杂咏》等作品,颇受好评。如果他勉强地去做其他研究工作,就不一定能够取得如此突出的成绩。

在文学研究领域也有不少例子,夏承焘在《我的治学道路》一文中说:

---

① [清]章学诚著,叶瑛校注:《博约上》,见《文史通义校注》内篇二,第157页。
② [清]章学诚著,叶瑛校注:《说林》,见《文史通义校注》内篇四,第351页。
③ [清]章学诚著,仓修良编:《与周次列举人论刻先集》,见《文史通义新编》外篇三,第621—622页。

我的设想很多,计划十分庞大。我一度曾发愿研究《宋史》,并且花了五六年工夫,看了许多有关资料,后来知道这个巨大工程决非个人力量所能完成,方才放弃。但是,我又想编撰《宋史别录》《宋史考异》,想著《中国学术大事表》等等。……经过反复思索,我发现了自己"贪多不精"的毛病。根据平时的兴趣爱好和积累,决定专攻词学。……研究词学,我是从校勘和考订入手的。当时,我所做的工作,似乎有点"不入时",但我想:"人生在世,能各发挥其一己之才性,何必阿附流俗,强所不能,我国文学待掘发根植之地尚多,只看其方法当否耳,不入时何足病哉。"我已认定目标,决心向词学高峰攀登。①

善弃的例子如孔凡礼的经历。1953年8月他在《北京日报》上发表了一篇散文,于是想当作家,但很快发现自己缺乏这方面的才能。后来他想结合自己的中学语文教学工作研究鲁迅,又发现鲁迅思想博大精深,非自己能力所能及。1954年开展《红楼梦》大讨论,他又想研究《红楼梦》,文章寄出不久被退回,因而放下了对《红楼梦》的研读。此外,他还想研究《水浒》《儒林外史》,终因研究的人很多,不易提出创见而作罢。后来,他见到科学出版社出版的陈友琴的《白居易诗评述汇编》,很受启发,决定以陆游为突破口,做古籍整理工作。1963年中华书局出版了他和齐治平合编的《古典文学研究资料汇编·陆游卷》,1984年中华书局出版了他的《范成大佚著辑存》,1985年齐鲁书社出版了他的《范成大年谱》,他的《全宋词补辑》《宋诗纪事续补》也已出版,并且为《全宋诗》的编纂作出了自己的贡献。②

如果我们过多地涉及自己不熟悉的领域,就难免犯常识性错误。胡适晚年名气大,许多人请他讲演、写序,难免说了一些外行话而受到嘲笑。所以他告诫自己"切不可轻谈自己本行以外的专门问题"。③

(3) 要能找到资料

写论文没有资料就等于无米之炊,所以我们在确定选题时还要考虑能否找到资料的问题。陈寅恪将中古史作为研究对象,是考虑到了资料的因素。他对清代经学批评道:

---

① 夏承焘:《我的治学道路》,见邓九平编《谈治学》,第287—289页。
② 孔凡礼:《我治学的三部曲》,见《文史知识》1989年第5期。
③ 胡颂平:《胡适之先生年谱长编初稿》,台北,联经出版公司,1984年,第3655页。

> 其材料往往残缺而又寡少，其解释尤不确定。以谨愿之人，而治经学，则但能依据文句各别解释，而不能综合贯通，成一有系统之论述。以夸诞之人，而治经学，则不甘以片段之论述为满足。因其材料残缺寡少及解释无定之故，转可利用一二细微疑似之单证，以附会其广泛难征之结论。其论既出之后，固不能犁然有当于人心，而人亦不易标举反证以相诘难。譬如图画鬼物，苟形态略具，则能事已毕，其真状之果肖似与否，画者与观者两皆不知也。①

虽然与某一课题有关的资料不少，但是你没有能力、没有条件获得，也不宜将其作为自己的研究课题。譬如域外汉文化研究，你目前尚无机会出国收集国外有关资料，外文水平又不太高，做这方面的科研工作就十分困难。严耕望曾谈道：

> 就我而言，在汉唐时代，边疆问题很明显的是响亮的好问题，但是我绝不插手，除非研究其他问题时牵涉到边疆，不能不去搞一下！因为我对于边疆民族语言一窍不通，西方语文知识也极贫乏，谈不上利用他们的资料，若真讲边疆问题，一定要闹笑话。上层建筑的意识形态方面，我也不讲，尤其思想问题，绝不插手，因为自觉天分不高。而又太客观，太谨慎，不敢讲无把握的话。我想以我这样个性与工作方式，若讲这些难以捉摸的问题，势必被材料困住，作茧自缚，钻不出来；纵然能讲一点东西出来，仍不会自信其必定正确，更不能自我满足，这不是自寻烦恼吗？②

再譬如你目前尚无条件借阅大量的珍本、善本，你要研究涉及许多珍本、善本的课题，往往也会吃力不讨好。程毅中先生说他"也曾设想过重新整理一下百卷本的《说郛》，可是有许多见不到的版本，如原藏汲古阁的抄本和香港中文大学冯平山图书馆的藏本，当然望洋兴叹了"。③ 就我个人的写作体会来说，有的论文题目很好，也很有意义，但是难以找到资料，便迟迟未能动笔；而有的论文，例如《论清高宗的目录学思想》④《论办理〈四库全

---

① 陈寅恪：《陈垣元西域人华化考序》，见《金明馆丛稿二编》，第269—270页。
② 严耕望：《治史经验谈》，第83—84页。
③ 程毅中：《我和古代小说》，见张世林编《学林春秋》二编，第646页。
④ 徐有富：《论清高宗的目录学思想》，见《上海高校图书情报学刊》1995年第1期。

书〉的组织管理工作》①刚写起来比较顺利。其关键的一点是《四库全书》《办理四库全书档案》《清实录》《(乾隆朝)东华录》《御制文初集》《续集》等相关资料,南京大学图书馆都有收藏,很容易找到。把完成课题的材料寄托在到外地去寻找的基础上是不大可靠的。

二 选题的方法

有人说有了好的选题,论文就等于成功了一半。那么,好的选题从何而来? 选题好与不好如何判断呢? 这些正是本节所要讨论的问题。

1. 选题从何而来

选题无非来自于自己、师友,以及学术刊物与学术会议的约稿,现分别述之如下:

(1) 来自自己

以上我们谈了选题的原则,那么选题究竟是怎样形成的呢? 我想主要靠自己留心、发现、积累。我们平常在读书、听课与人谈话时常感到某个问题值得研究,就应当用本子或卡片随手把它记下来。拟做的题目积累多了,我们可以参考上述原则选择一个最恰当的选题(如最容易完成,可持续研究,与自己的研究方向密切相关等)来做。这种方法既能避免遗忘,又能培养自己的选题意识,提高自己的选题能力。

举个实际的例子,顾颉刚曾介绍过他的代表作《孟姜女故事的转变》的写作经过,宋代的郑樵在《通志·乐略》里谈到《琴操》时说:"稗官之流,其理只在唇舌间,而其事亦有记载。虞舜之父,杞梁之妻,于经传所言者数十言耳,彼则演成万千言。"顾颉刚读了这段话,对杞梁之妻的故事多有注意。过了一年多,他点读姚际恒的《诗经通论》,在《郑风·有女同车》的注释中,姚氏写道:"当时齐国有长女美而贤,故诗人多以'孟姜'称之耳。"顾颉刚说:

这几句话又给与我一个暗示,就在简端批道:"今又有哭长城之孟

---

① 徐有富:《论办理〈四库全书〉的组织管理工作》,见《南京大学学报》1995年第2期。

姜。"经了这一回的提醒，使我知道在未有杞梁之妻的故事时，孟姜一名早已成为美女的通名了。我惊讶其历年的久远。引动了搜辑这件故事的好奇心。事情真奇怪，我一动了这个念头，许多材料便历落地奔赴到我的眼前来。我把这些材料略略整理，很自然地排出了一个变迁的线索。十三年冬间，研究所中歌谣研究会出版的《歌谣周刊》要出歌谣和故事的研究专号，嘱我撰文，我就选定了《孟姜女故事的转变》一题，费了三天工夫，写成一万二千字，一期的《周刊》撑满了，但故事还只叙述到南宋的初叶。①

显然，该选题是作者在读书的过程中，多次受到启发而逐渐形成的，而一旦有发表的机会，就立即将它加工成篇。这也是许多学者的共同经验，如今人敏泽在《研究古代文论点滴谈》中也介绍道：

尝读《全上古三代秦汉三国六朝文》。于六朝释氏文，以及有关当时雕塑的记叙中，不时有形象一词出现，遂留心采撷，所得颇为不少，仔细加以研究，才发现佛教输入我国后，在建立寺院的同时，广建佛像，以像为教。故亦称为"像教"。既以像为教，则像之制作雕塑是否给人以美感，就至关紧要。可见"形象"一词是佛教输入后人们对佛教雕塑进行评价使用的语汇，和前此我国古代文论中偶见之"形相"一词用法各异，含义不同，并渐及于文学艺术。实即启迪了对艺术形象问题的认识。这就是拙著《魏晋至唐关于艺术形象的问题——兼及佛学输入对于文学理论的影响》(《文学评论》1980年第一期)，提出了一个前人未曾提及的问题。文章发表后，受到了许多时贤的鼓励。②

他还谈到了另一篇文章的写作过程：

自"五四"以来，西方意象主义(imagism)理论介绍到中国后，前辈学者一直认为"意象"一词来自异域，禹域之内从无这类理论。我在读明清笔记及诗文论著中，开始遇到"意象"问题，其始也未注意，后来越积越多，才逐步发现并肯定"意象"问题，其实是明、清人在探讨文学创

---

① 顾颉刚：《自序》，见《古史辨》第1册卷首。
② 敏泽：《研究古代文论点滴谈》，见《文史知识》编辑部编《文史专家谈治学》，中华书局，1994年，第219—220页。

作时一种十分自觉的认识,并由此上溯至唐宋,再至魏晋,至先秦,清理其脉理源流,这就是拙著《中国古典文学意象论》(《文艺研究》1983年第3期)的成因,推翻了"五四"以来的一个公认的论断。没有一点一滴的积累,就不可能提出这类问题来。①

如果暂时没找到明确的选题,也可以为自己划定一个研究范围,然后一边读书,一边寻觅恰当的选题。王运熙曾介绍过这方面的经验:事先没有确定的研究对象,那么可以划定一个范围(不宜太大),在此范围内有系统地阅读有关文献,留心考察,积累有价值的材料和心得体会,然后从中获得并确定论文的题目。他在20世纪40年代后期刚开始做研究工作时,以汉魏六朝诗歌为范围有系统地读书,在阅读中于六朝乐府诗《吴声歌曲》《西洲曲》方面,发现材料、问题较多,于是就以它为专题研究对象,后来写成了他的第一本著作《六朝乐府与民歌》。②

有的选题也来自工作实践,王季思谈到自己的科研时说:"我大学中文系毕业后长期从事语文教学工作。为了教好书,必须认真备课提出自己的一点看法,并在课堂上把它说清楚。偶尔有些新的见解为同学们所乐意接受,引起我写作的兴趣,就以此为基础,加以引申、推论、充实、提高,写成稿子发表。我的一些单篇论文大多是这样来的。至于系统性的专门著作,有的是为讲课编的讲义,有的是在课余日积月累的成果。"③

在读书的过程中能不能发现值得研究的选题,关键在于你是否有选题意识,并做到读书有间。而要读书有间,就要做到一边读书一边认真思考。梁启超在论及高邮王念孙、王引之的成功经验时说:"吾尝研察其治学方法,第一曰注意。凡常人容易滑眼看过之处,彼善能注意观察,发现其应特别研究之点,所谓读书得间也。如自有天地以来,苹果落地不知凡几,惟奈端(牛顿)能注意及之;家家日日皆有沸水,惟瓦特能注意及之。《经义述闻》所厘正之各经文,吾辈自童时即诵习如流,惟王氏能注意及之。凡学问上能有发明者,其第一步工夫必恃此也。"④

---

① 敏泽:《研究古代文论点滴谈》,见《文史知识》编辑部编《文史专家谈治学》,第220页。
② 王运熙:《搜集积累材料》,见《望海楼笔记》,东方出版中心,1999年,第28页。
③ 王季思:《研究古典文学的点滴体会》,见《浙江日报》编辑部编《学人谈治学》,浙江人民出版社,1982年,第343页。
④ 梁启超:《清代学术概论》十二,见《饮冰室专集》之三十四,《饮冰室合集》,第33页。

因为注意,就会发现问题,如果你想解决这个问题,你就可以把它当作自己的课题了。周勋初在《我与传统的文史之学》一文中曾谈到过自己在这方面的心得体会:

> 有人认为我的文章选的角度一般都比较好,我想这与读书时注意发掘疑点有关。既有疑点,就得解疑。如我在阅读《三国志》时,发现内有曹氏"三世立贱"之说,这与历代帝王之家情况大异。何以如此?我从曹氏家世论及曹操的突出之处,说明他改变社会风气的努力,从而对建安文学作出新的解释。①

傅衣凌在中国社会经济史的研究方面卓有成就。他具有强烈的选题意识,他读到明谢肇淛《五杂俎》中"富室之称雄者,江南则推新安,江北则推山右"数句,受到启发,便写了《明代徽商考》一文。他看到清严如熤《三省边防备览》一书记载了清代乾嘉时期四川、陕西、湖北三省边区手工业生产发达的情况,便写了《清代中叶川陕湖三省边区手工业形态及其历史意义》一文。傅衣凌深有体会地说:"我们研究历史的人在进行选题时,应该像地质探测家一样,能够发现好矿苗,就可以得到好收成。这个本领,只能靠作者平日的留心。说句笑话,就是你在读书时,风声、雨声,都要声声入耳,事事关心,这样,便会把你所需要的材料跃现于纸上,所谓'读书得间',做学问的甘苦,即在于此。"②

(2)来自师友

对于本科生、研究生来说,一开始就独立确定一个有意义的课题,可能会有些困难,因此可以请教自己的师友。王国维曾说过:"古今之成大事业大学问者,必经过三种之境界。'昨夜西风凋碧树,独上高楼,望尽天涯路',此第一境也。"③那些在某一领域能够"独上高楼,望尽天涯路"的专家学者,对于该领域学术研究的历史、现状、发展趋势了若指掌,他们为你指出研究方向与研究课题,当然具有很高的参考价值与实践意义。举个例子说吧,我们在读研究生时,需要写学位论文,程千帆先生一下子给我们出了十个题目供我们挑选。后来我们在指导研究生时,往往也在选题方面给学生们一

---

① 周勋初:《我与传统的文史之学》,见《周勋初文集》第7卷,第376页。
② 傅衣凌:《治史琐谈》,见《书林》1984年第1期。
③ 王国维:《人间词话》,见《王国维遗书》第15册,第3页。

些建议,供他们参考,效果也十分明显。所以写学年论文、毕业论文,哪怕是课程论文,不妨征求一下老师们的意见,我想一定是会有收获的。

此外,征求一下同学、朋友的意见,做到集思广益,自然也大有好处。譬如扬州市图书馆藏有一部《同光间扬州名人文稿》,据称为刘寿曾抄本。首页天头题"道光间乡先辈有邗上精舍之集,同人今立此社以继之,所为文称《邗上精舍后集》"。该文稿所载同声社每月社集活动之一是交流各人所拟诗文题目,如戊寅(1878)正月求声社课附录社中同人本月所拟各题,其中学术论文题目有《春秋经字数三传不同说》(梅延祖拟)、《韩城属雍州考》(李颐园拟)、《国朝师儒宗派说》(刘恭甫拟)、《论〈算术启蒙〉古法方程相消之理》(刘谦甫拟)、《古韵分部异同考》《摹印源流数》(均为刘诚甫拟),等等。这样的活动,相互启发的作用是十分明显的。①

(3) 来自学术刊物、学术会议的约稿

此外,我们还应当注意学术刊物、学术会议的稿约。一般的学术刊物都要分成一些栏目,有的还附有稿约。学术会议的稿约一般都要交代会议的主题及选题范围。这些对我们的论文选题当然也有参考价值。例如我发现新刊的《中国典籍与文化》的栏目中有"藏书家与藏书楼",我当时正在写《校雠广义·典藏编》,感到清代大藏书家黄丕烈除喜欢收藏宋本、元本、旧抄本、未见书外,还有许多过人之处,比如主张流通利用,他在校元本《辛稼轩长短句十二卷》的题识中说:"昔人不轻借书与人,恐其秘本流传之广也,此鄙陋之见,何足语藏书之道。"②他在《孟东野集十卷》的题识中又说:"古人藏书最重通假,非特利人,抑且利己,如予与香严居士为忘年交,所藏书必通假。"③一般人都不愿意收藏重本与残本,他却特别重视收藏重本与残本,如他在《庆湖遗老诗集九卷拾遗一卷补遗一卷》的题识中得意地说:"蓄重出之本及不全之本,此余一己之独见也。"复称:"余喜蓄书,兼蓄重出之本,即破烂不全者亦复蓄之,重出者取为雠勘之具,不全者或待残缺之补也。"④当然,他对版本的鉴定水平也是首屈一指的。所以我就写了篇《黄丕烈的

---

① 这条材料为扬州大学文学院郭院林教授提供。
② [清]黄丕烈:《荛圃藏书题识》卷一〇集类,上海远东出版社,1999年,第849页。
③ [清]黄丕烈:《荛圃藏书题识》卷七集类,第536页。
④ [清]黄丕烈:《荛圃藏书题识》卷八集类,第622页。

藏书特色》①的论文寄了去,很快就发表了。

我们依据学术刊物、学术会议的约稿确定选题时,也要考虑选题的原则。比如参加第二届宋代文学国际学术研讨会,我的论文题目是《论宋诗的理趣》。为什么做这个题目呢? 主要是考虑到富有理趣是宋诗的特点,富有理趣的宋诗是中国诗歌的瑰宝,由于说理非诗歌所长,所以对于这一点至今一直缺乏系统、全面、深入的研究。如果通过我们的研究,引起读者的注意,对于挖掘与利用这一部分宝贵的遗产,显然是有好处的。我早年曾发表过《简谈宋诗中的议论》一文,对这个题目比较关心,当时《全宋诗》已经出版了,为我完成这篇论文创造了条件。

2. 对选题进行检验

程千帆说过:"有了命题,但是这个命题有没有价值,别人做过没有,基本上可以得出一个什么结果来,这也许自己很不清楚。这就要同师友商量,也要检查文献。"②如果对选题不作检验,就会出现与前人撞车的现象。你的论文与已有的论著相比,没有新颖独到之处,那你所付出的劳动除换回一个教训外,算是白费了。需要强调指出的是,选题重复的现象在国内外各个学术研究领域中,是普遍存在的,其结果是浪费了大量的人力和物力。有些选题重复现象是相互保密造成的;而大量的选题重复现象,则是缺乏选题检验意识,没有选题检验习惯,未作选题检验工作,或者说不会作选题检验工作造成的。

我们通常写论文,也要对选题做检验工作。检验的方法主要是查目录索引,譬如有位研究生将《史记》通读了一遍,发现《史记》中多次引用了《诗》,于是想研究一下《史记》与《诗经》的关系。要查询这个题目前人做过没有,我们不妨查一下寇淑慧编的《20世纪诗经研究文献目录》,结果在该目录的上编《诗经通论》八"诗经解释学史"(二)"历代诗经学"的"两汉"部分"司马迁"条下发现已有12篇论文,③类似的题目别人已经做过了。我们在初步选择博士学位论文与硕士论文选题后,检索一下"中国知网"的博

---

① 徐有富:《黄丕烈的藏书特色》,见《中国典籍与文化》1995年第3期。
② 程千帆:《关于治学方法》,见《治学小言》,第15页。
③ 寇淑慧:《20世纪诗经研究文献目录》,学苑出版社,2001年,第237页。

士硕士学位论文数据库,看看有没有选题相同或相近的论文是非常必要的。

别人做过的题目,你认为自己可能有新的突破,当然也可以做。这样,你在检查文献时,除翻目录索引、文摘杂志外,还要把有关的论著找出来看一看。如此这般,我们所确定的选题成功率就会高得多。此外,征求一下老师、同学和其他专家的意见,也是大有好处的。例如,有位博士生想以《岭西五大家研究》为自己的学位论文题目。这个题目能不能做呢,她请教了程千帆先生,程先生对这个题目作了充分的肯定。后来在答辩的时候,答辩委员一致认为这个题目很新,地域特色很鲜明,既能填补桐城派古文研究的空白,又能反映内地与沿海省份的文化交流。由于该博士论文选题好,写得也不错,已由凤凰出版社于 2003 年出版。

事实上,研究生在确定学位论文选题时,通常都要作开题报告,这实际上也就是对选题做检验工作。选题开题报告应当有一个明确的题目,题目明确与否是衡量选题是否适合的重要标志,如果没有一个明确的题目,就说明你对选题的研究与思考是不成熟的,因此你的开题报告也是不符合要求的。开题报告所拟题目也许会修改,但是它基本上反映了你的研究方向与研究范围,所以是非常重要的。

开题报告首先应当说明一下你的选题的意义,也就是要说一下你为什么要研究这个课题?如前所说,主要从适用性、新颖性、可行性等方面谈一下,只要在某个方面能有所突破就行了,也不要面面俱到。第二部分谈一下写作设想,也即拟定论文大纲。因为有了论文的框架结构,就说明你对论文已经有了比较深入的思考,人们从你的论文框架中,就会知道你论文的大致内容,价值何在,值得不值得作。这样就会避免为完成作开题报告这一程序而作开题报告的现象。第三部分,罗列一下参考文献。从中可以看出该选题原有研究基础,论文的资料来源,你的研究可能会在哪些方面有所突破,有无可行性。目前有些开题报告将这一部分省略了,这是不符合要求的。因为编制参考文献实际是高质量完成论文写作的基础性工作,是不能省略的,而且参考文献也为你查找资料提供了方便。

作业：请设计一个论文选题，并写出论证报告。
实例1：《夏敬观研究》论文开题报告/陈谊

按：作者对选题有着比较清楚的认识，这是一个研究得比较少而又相当有意义的课题。通过该研究，读者会对夏敬观的生平事迹、诗词理论、创作成就及特点，有较为全面深入的了解，从中还可窥见传统文人在近代思潮的影响下的心态。作者的写作设想也相当清晰，这表明作者对本课题的思考已经相当成熟，然而涉及面太广，作为一篇硕士学位论文，恐怕难以完成，作者所收集的参考文献已相当丰富，这为选题的论证与写作创造了条件。就参考文献而言，还可以在著录项目规范化与编排的有序化方面进一步提高。

又按：《夏敬观研究》后更名为《夏敬观年谱》，于2007年由黄山书社出版。卞孝萱《序》云："《夏敬观年谱》初稿，是陈君在南京大学攻读古典文学专业硕士学位的论文，2002年答辩时，获得答辩委员会的一致好评。"

《夏敬观研究》论文开题报告
南京大学中文系1999级硕士研究生　陈谊

一、选题意义

夏敬观（1875—1953），字剑丞，晚号映庵，室名忍古楼，江西新建人。十八岁师从晚清经学大师皮锡瑞。后入张之洞幕府，被委兼办三江师范学堂。又为复旦公学、中国公学监督。后辞官居上海，著书终老。"通经史，工诗词。"（龙榆生《近三百年名家词选》小传）"与上述'同光体'诗人都有交往，而其诗不学江西派，专宗梅尧臣。"（钱仲联《历史时代的一面镜子》，见《中国近代文学大系·诗词集·导言》）汪辟疆《光宣诗坛点将录》称之为"地猛星"。

夏敬观著述颇丰，所涉领域甚广。据《中国近代史料丛刊》中的《中国近代学人像传》载，有《古音通转例证》两卷、《经传师读通假例证》《今韵析》《郑康成诗谱平议》《春秋繁露考逸》《毛诗序驳议》《汉短箫铙歌注》《八代诗评》《唐诗评》《梅宛陵集校注》，以及孟郊、王安石、陈与义、杨万里、元好问诗选注，《词调溯源》四卷、《词律拾遗补》二卷、《戈顺卿词林正韵订正》、《汇集宋人词话》二卷、《忍古楼话说》六卷、《忍古楼词话》《忍古楼诗话》、《忍古楼文》四卷、《忍古楼诗》二十卷、《映庵词》六卷、《清世说新语》三卷,等等。

与夏敬观交游的有王鹏运、朱祖谋、郑文焯、况周颐、陈衍、叶恭绰、潘飞声、吴湖帆、文廷式、陈三立、黄公渚、龙榆生、吴梅、卢冀野、严复、夏承焘等等。他倡立了两大著名词社——沤社与声社,对民国学术特别是词学的繁荣,有过一定的推动作用。然而夏敬观先生去世后,其文章、学术都很少有人提及,仅朱东润在《梅尧臣集编年校注》和钱仲联在《韩昌黎诗系年集释》中吸收引用了夏氏的研究成果。其他资料尚付阙如。因此,本人以为对夏敬观的诗文创作、学术思想作系统研究,至少有两方面的意义,一是清理夏氏学术道路,研究其学术成就及学术思想和方法,更好地继承和发扬老一辈学者的优良学术传统;二是将其作为学术史上的一个个案,细致考察其学术渊源和时代变迁对其学术研究及诗文创作的影响,明确夏氏在中国近现代学术史上的地位,并进而探讨20世纪前期新旧思想交汇时的学术及文人心态的变化等等。

二、写作设想
1. 夏敬观的生平事迹
2. 夏敬观经学研究
3. 夏敬观词学研究
4. 夏敬观诗学研究
5. 夏敬观书画研究
6. 夏敬观的诗词艺术
7. 夏敬观的学术地位

附录:夏敬观学术年表

三、参考文献
1. 夏敬观本人著作:

《映庵自记年历》一卷,1953年抄本复写本,上海图书馆藏。

《忍古楼诗》十五卷,中华书局,1937年。

《忍古楼诗续》,《近代中国史料丛刊》第97集,台北,文海出版社。

《映庵词》一卷,清刻本,1907年;又一卷,民国刻本;又一卷,1911年刻本。

《汉短箫铙歌注》,商务印书馆,1931年。

《词调溯源》,商务印书馆,1931年;又有《民国丛书》本。

《忍古楼词话》,《词学季刊》连载,上海书店影印本,1985年。

《夏映庵画集》,康桥书画社影印本,1935年,南京图书馆藏。

2. 其他参考资料:

皮锡瑞:《师伏堂骈文》《师伏堂词》,南昌师伏堂刊《师伏堂丛书》本,1895年。

王国维:《观堂集林》,中华书局,1959年。

陈衍:《石遗室诗话》,广益书局,1915年。

《近代诗抄》,商务印书馆,1923年。

陈三立:《散原精舍诗》二卷、《续集》三卷、《别集》一卷,商务印书馆,1936年。

张之洞:《张文襄公全集》,新城王氏刊本,1928年。

王闿运:《湘绮楼诗文集》,岳麓书社,1996年。

沈曾植:《重编海日楼诗》,钱仲联编,见《同声月刊》。

郑孝胥:《海藏楼诗》,巾箱本,1914年。

潘飞声:《说剑堂诗集》,谭敬铅印本,1934年。

梁鼎芬:《节庵先生遗诗》《续编》,沔阳卢氏慎始基斋刊本,1923、1943年。

杨增荦:《杨昀谷先生遗诗》,合肥王氏铅印本,1935年。

文廷式:《文芸阁先生全集》,赵铁寒编,《近代中国史料丛刊续编》第十四辑,台北,文海出版社。

易顺鼎:《琴志楼丛书》,清刊本。

郑文焯:《大鹤山房全集》,苏州周氏汇印本,1904年。

夏孙桐:《悔庵词》,铅印线装本,1962年。

朱祖谋:《彊村遗书》,上海古籍出版社影印本,1989年。

叶恭绰:《广箧中词》,《遐庵丛书》本,民国间。

况周颐:《蕙风词话》,《词话丛编》本,中华书局,1986年。

吴梅:《词学通论》,华东师范大学出版社,1996年。

龙榆生:《龙榆生词学论文集》,上海古籍出版社,1997年。

汪东:《梦秋词》,齐鲁书社,1985年。
吴湖帆:《佞宋词痕》,铅印线装本,1957年。
汪辟疆:《汪辟疆文集》,上海古籍出版社,1988年。
夏承焘:《夏承焘集》,浙江古籍出版社、浙江教育出版社,1997年。
唐圭璋:《梦桐词》,江苏古籍出版社,1987年。
卢前:《中兴鼓吹》,独立出版社,1938年。
钱仲联:《梦苕庵论集》,中华书局,1993年。
王易:《词曲史》,东方出版社,1996年。
朱东润:《梅尧臣集编年校注》,上海古籍出版社,1980年。
吴熊和:《吴熊和词学论集》,杭州大学出版社,1999年。
皮名振:《皮鹿门年谱》,商务印书馆,1939年。
张元济:《张元济日记》,河北教育出版社,2001年。

实例2:尺水兴波——微型小说结构技巧浅析/方雪梅

按:文学研究应当总结文学创作规律,这篇作业的选题非常好,"尺水兴波"四个字高度概括了微型小说的创作规律,作者对尺水兴波的方法作了总结,并且精心地选择了几个实例作了恰到好处的说明,作者将故事情节概括为若干单元,因此在复述时显得既简洁又明了。论文的缺点是所引资料未详细而准确地注明出处。

尺水兴波——微型小说结构技巧浅析
南京大学中文系2000级高级教师进修班 方雪梅

微型小说是尺水,是斗方,是盆景,是扇面,格局虽小,但别致。

有这样一个微型作品《女人不可信》([美]维克多·坎宁),说的是这样一个微小的情节:霍勒斯正在偷窃一家富豪的保险箱,没料到富豪的太太回来了。这太太非但不报警,反请霍勒斯帮她打开保险箱取走珠宝。这太太是更大更精明的骗子。这个作品通过巧妙的结构安排,尺水兴波,创造出了既出乎意料又入乎情理的艺术情节,曲折有致,耐人寻味。可见,尺水也能兴起波澜。

具体地说,"尺水兴波"是指在极短的篇幅中制造艺术的大变化和信息的大反差。变化与反差越大,也就越能收到难以预料的艺术效果。我大致作了归纳,其艺术手段主要有以下几种:

一种是借助情节的运行、发展,然后陡转,来造成大变化与大反差。台湾作家林双不有篇微型小说《枪》,其情节大致有五个单元:

1. 深夜我搭乘一辆野鸡计程车。司机透过反光镜不怀好意地瞅我,甚而偏过头,眼睛向后掠。

2. 途中司机不断瞅我,车到山间,他甚至挪开右手往下伸,欲摸扁钻或刀之类的凶器。

3. 我不想束手待毙,试与他攀谈,问他的生意如何,他似乎吓了一跳,沉默半天方应了两句,并飞快地向我投来极为狠毒的一眼。

4. 车到了目的地,我慌忙冲下车。掏钱时车子突然猛开起来,拐了个弯,便消失了。一掠而过的是司机惊慌失措的神色。

5. 我发现我的旅行袋口露出一截枪管,那是我买给孩子的玩具枪。

作品抓住"司机行劫"这一基本事件,向上作了一系列的延伸发展(不怀好意地瞅我——不断地瞅我——试图摸凶器——狠毒地盯我),经过一步比一步猛烈的行动描写达到了情节的高潮。在作品的紧张气氛被渲染到顶点后,情节突然一个下跌反转,原来并非司机要打劫,倒是司机以为我持枪打劫。前面艺术铺垫的内容与作品后面的结果完全相反。这样,情节的开端与结尾构成了"A"与"–A"的巨大反差,从而形成了作品的意外结局。

微型小说的作者往往借助误会造成悬念,并使悬念不断强化,最后揭示真相,消释误会,实现情节结构的大变化。在微型小说中,悬念和误会往往被叠加起来使用。作品的总体构思框架是一个误会,两个人物在同一场合的同一事件中发生了误会,这个误会先形成一个悬念,在情节的推进过程中,这个悬念不断得到强化,往往要到作品的最后才消解这个悬念,读者便可在瞬间顿悟,原来这是不相干的事发生了错位连接!这样作品的大反差就形成了,因而也就收到了意想不到的艺术效果。比如白小易的《夜空的幽默》有四个情节单元:

1. 作家A在旅馆纳凉和观赏夜色时,发现了一个神态微妙的漂亮姑娘也在他身边。

2. 作家A调动丰富的想象,对姑娘的来历作了种种猜测。

3. 作家 A 感觉到这个漂亮姑娘在悄悄地向他接近,她多情的眼光以及她欲言又止的神态使作家的内心涌起了许多微妙的情感。

4. 作家 A 决定送给这姑娘几分勇气,他首先问:"你一直在等我吗?"姑娘说:"是的。"姑娘接着说:"我是顶层的服务员,我要等最后一名旅客离开平台就锁上平台的门。"刹那间,作家的美好想象与微妙情感全都云消雾散了。

分析这篇作品的情节框架,我们发现作家 A 的思想意识有着一条自己的轨迹,而漂亮姑娘的思想和行为则沿着另一条路线发展,两人在平台上发生了一次错位对接。读者跟着作家 A 的思绪产生了强烈的期待心理,直到最后,悬念才彻底消除——姑娘的行为、神态与作家 A 的猜测、自作多情完全是互不相干的两回事!

这篇作品的结尾与情节的开头没有形成"A 与 – A"的反转,而是构成了"A 与 B"的曲折。它通过误会首先制造了一个悬念,并在这个悬念进一步得到强化的基础上来实现艺术的蓄势,悬念越是被充分渲染,结尾交代的"B"与情节开端的"A"的距离也就越大;情节首尾的反差越大,作品也就越能产生难以预料的艺术趣味。

还有一种是通过两次以上的情节反转来构成反差,即 A→ – A→A→ – A……让情节发生一正一反一正一反这样多重的"蛇行线"式的变化;或者让作品的情节构成两重以上的"波浪线"式的曲折,即 A→B→C→D……让情节不断地发生上下左右波动,从而给读者造成连续吃惊的审美效果。试看下面两篇微型小说,一篇是王任叔的《河豚子》,其情节反转了三次:

一转:我弄来一篮河豚子,悲痛欲绝地回家,反引起饥饿着的孩子们的欢笑。

二转:我回家准备见尸体枕藉的惨状,反见到了孩子们期待欢迎的目光。

三转:全家同吃河豚子,躺着等死,然因河豚子烧煮过久,毒性已除,居然又活下来了。

另一篇是张新民的《落棋有声》,描写了一个选谁做车间主任的故事。故事也出现了多次变化:

一转:大黄和小李各有千秋,不分上下,厂长别出心裁地提出要和两位象棋高手赛棋。

二转:厂长和全厂连续三届蝉联象棋冠军的大黄下了三局,结果和了三局。

三转:厂长和全厂的象棋季军小李下了三局,输了两局,和了一局。小李因未赢最后一局,毫不服气地抓住厂长要再下一局。

四转:棋下完了,车间主任的人选也落实了。(文中暗示是小李)。

第一篇在情节结构上匠心独运,在单纯的情节中却出现了变化莫测的曲折,真可谓一波三折,使读者在刹那间的阅读中吃了一惊又一惊,受到了强烈的审美刺激。第二篇在短短的篇幅中连转了四个弯,但每一个弯都不是180度的逆转,而是波浪式地向不同方向转折,但是每一次转折都出乎读者的意料,产生了强烈的悬念效果。

刘熙载《艺概》说:"短至绝句,亦未尝无尺水兴波之法。"微型小说恰是小说中的绝句,或借助情节的运行、发展与反转,或叠加使用误会与悬念,或增加转折数量等手段来兴起波澜,以使读者感受到意想不到的审美效果。

参考书目

1.《世界微型小说名篇集萃》,林瀛、范岳主编,中国妇女出版社,1988年。

2.《中国微型小说选》,白小易编,春风文艺出版社、辽宁教育出版社,1990年。

3.《世界微型小说精选》,天杰主编,时代文艺出版社,1999年。

第二讲 怎样查资料

我们在确定选题以后,还要尽量收集写论文所需要的资料与有关信息。这就需要进行文献调查与社会调查。我们先谈一下文献调查。冯友兰指出:"历史学家研究一个历史问题,在史料方面要作四步工作,每一步工作都必须合乎科学的要求。第一步的工作是收集史料,这一步工作的要求是'全'。第二步的工作是审查史料,这一步工作的要求是'真'。第三步的工作是了解史料,这一步工作的要求是'透'。第四步的工作是运用史料,这一步工作的要求是'活'。"①他谈的是历史研究,文学研究当然也一样。其中第一步工作是以后各项资料工作的基础,所以我们首先讨论一下怎样查资料。

一 查资料的意义

傅斯年说:"近代的历史学只是史料学。"②如前所说,科学研究的每一个阶段都离不开资料工作,从这个角度看,傅斯年的观点是正确的。

1. 搜集资料是科学研究的基础工作

巧妇难为无米之炊,搜集资料是我们从事科学研究绕不过去的基础工作。梁启超指出:"资料从量的方面看,要求丰备;从质的方面看,要求确实。所以资料之搜罗和别择,实占全工作十分之七八。"③程千帆指出:"从

---

① 冯友兰:《中国哲学史史料学初稿》,上海人民出版社,1962年,第2—3页。
② 傅斯年:《历史语言研究所工作之旨趣》,见《历史语言研究所集刊》第一本第一分卷首,1928年10月。
③ 梁启超:《中国近三百年学术史》,见《饮冰室专集》之七十五,《饮冰室合集》,第61页。

事于一个专题研究,材料是基础,然后进入整理材料,即由低级阶段进入高级阶段。那种想跳过搜集材料的阶段而直接进入整理阶段,逃避搜集材料的艰苦工作,利用别人搜集的一点材料大发议论的人,与科学研究是无缘的。"①

资料的多寡,是否全面,对科学研究的成败与水平高低起决定作用。傅斯年在《历史语言研究所工作之旨趣》一文中强调了三点:"(一)凡能直接研究材料的,便进步。凡间接地研究前人所研究或前人所创造之系统,而不繁丰细密的参照所包含的事实,便退步。""(二)凡一种学问能扩张他研究的材料便进步,不能的便退步。""(三)凡一种学问能扩充他作研究时应用的工具的,则进步,不能的,便退步。"②

第一点的意思是从事科学研究工作,自己不去收集和阅读原材料,而只是间接利用别人论著中所提到的一些资料,那么你的研究只能在原有的基础上有所退步,而不大可能有所进步。遗憾的是不少人的所谓研究工作都是这么做的。

第二点的意思是你自己去收集和阅读原材料,如果你收集的材料同前人相比,没有增加,那么你也不能进步;如果你在前人的基础上有所增加,那么你就有可能进步。譬如,不少中外学者都写了考证郑和下西洋的文章,他们所依据的资料,均来自于《明史》,后来郑鹤声发现了新的材料,把此项研究工作向前推进了一步,他谈道:

> 余于本年暑间偶检明世宗嘉靖间人钱榖编《吴都文粹续集》一书,于其第二十八卷内,竟发现郑和自述《娄东刘家港天妃宫石刻通番事迹碑》一文,取与《明史》成祖本纪、郑和本传相较,则和其出使年岁,大有歧异,殊足惊人。此种郑和自述之文字,当为第一等之直接史料,与诸书撰者之出于间接记录者,显为可信,实可以此篇文字之所记,校正其余记载之谬误。冯承钧《星槎胜览校注序》中曾说:"前撰《瀛涯胜览校注序》,曾将郑和七次下西洋年月考证列出,付梓以后,继有重要发现,证明原考二、三、四、五次下西洋年月,应改作三、四、五、六次下西洋年月,永乐五年至七年间别有一次通番之役,《明史》纪传脱漏,乃经碑

---

① 程千帆:《詹詹录》,见《治学小言》,第42页。
② 傅斯年:《历史语言研究所工作之旨趣》,见《历史语言研究所集刊》第一本第一分卷首,1928年10月。

文证明。"冯氏特别指出:"钱穀《吴都文粹续集》第二十八卷有《娄东刘家港天妃宫石刻通番事迹碑》,此文首由郑鹤声检出,见《大公报·史地周刊》第57期。"①

在文学研究中类似的例子也不少。冯其庸在曹雪芹家世研究中成绩突出是与他获见有关曹雪芹家世的一系列新材料有关。这些材料包括《五庆堂重修曹氏宗谱》和《清太宗实录》卷一八有关曹雪芹先祖曹振彦的记载、康熙二十三年未刊稿本《江宁府志》卷一七《曹玺传》、康熙六十年刊《上元县志》卷一六《曹玺传》、《大金喇嘛法师宝记碑》《重建玉皇庙碑》《东京新建弥陀寺碑》、天聪七年孔有德降金书、康熙抄本《沈阳甘氏家谱》、雍正六年《曹頫骚扰驿站获罪结案题本》等档案材料、曹雪芹墓石等。即以后者为例,冯其庸谈道:

> 尤其应该注意的是墓石左下端的"壬午"两字,这是至关重要的两个字。甲戌本第一回"满纸荒唐言,一把辛酸泪"眉批云:"能解者方有辛酸之泪,哭成此书。壬午除夕,书未成,芹为泪尽而逝。余尝哭芹,泪亦待尽,每意觅青埂峰再问石兄,余(奈)不遇癞头和尚何,怅怅!"关于雪芹的卒年,已经争论了几十年了,过去我是主张"癸未"说的,但现在看了这块墓石上的"壬午"纪年,再联系甲戌本脂批,我想不能把写得一清二楚的事,硬解释为记错的或写错的了。②

第三点的意思是要我们尽可能地利用各种研究工具。当今应用于研究工作的新工具可谓层出不穷,不少电子版图书、网络数据库、光盘数据库多有全文检索系统,如果我们注意充分运用,一定会使自己的科研工作出现新的局面。

在傅斯年看来"一分材料出一分货,十分材料出十分货,没有材料便不出货"。因此要"上穷碧落下黄泉,动手动脚找东西"。③事实也证明了这一点,从宋代到现代,学者们在疑古辨伪方面作出了巨大成就,但是随着当代

---

① 郑鹤声:《郑鹤声自述》,见高增德、丁东编《世纪学人自述》第二卷,北京十月文艺出版社,2000年,第34页。
② 冯其庸:《我和〈红楼梦〉》,见张世林编《学林春秋》二编,第156页。
③ 傅斯年:《历史语言研究所工作之旨趣》,见《历史语言研究所集刊》第一本第一分卷首,1928年10月。

出土文物的大量发现,人们又产生了一些新的看法。如裘锡圭指出:

> 自从疑古的学风在宋代兴起以来,有不少传世的先秦子书被怀疑为后人的伪作。七十年代汉墓出土的古书抄本为好几种这一类古书恢复了名誉。例如,今本《晏子春秋》(《汉书·艺文志》称"晏子")、《六韬》(由《艺文志》的《太公》分出)、《尉缭子》,都有人怀疑它们不是《汉书·艺文志》著录的原书,而是汉以后的伪作。但是在银雀山西汉前期墓里却发现了这几种书的部分抄本,内容跟今本基本相同。从一部书的开始出现到广泛传抄,通常总要经历不太短的一段时间。这几种书的著作时代该不会晚于战国。今本《鹖冠子》过去也被怀疑为后人的伪作。马王堆三号汉墓所出西汉前期的帛书《老子乙本卷前古佚书》,有很多跟今本《鹖冠子》相同或相似的文句,看来这部书大概确是战国末期的著作。从定县中山王墓出土的《文子》残简来看,今本《文子》也不会象很多人所说的那样,是主要根据《淮南子》编成的一部伪书。①

我们搜集资料时,还要全面、客观,不抱任何成见。因为你抱有先入为主的观点,只收集能证实自己观点的材料,不收集否定自己观点的材料,那么你的材料再多,也不会得出正确的结论。杨公骥谈到自己"往往是根据一些片面的孤立的材料开始形成一个新论点,于是便情不自禁地在全部材料中专门选求与自己的这一新论点有利的肯定性的材料,从而便不注意那些与自己新观点不利的否定性材料,即使有所发现也往往被忽略。在这种千方百计肯定自己的情感支配下,肯定自己的,对自己有利的材料便越积攒越多,这就欺骗了自己,自以为自己持之有故,言之成理。久而久之,顺此路'研究'下去,也可能形成一套系统的'学术'。不过当别的同志举出反面材料时,这长期编织的'学术'就会毁于一旦"。② 杨先生的体会具有一定的代表性,它告诉我们收集材料是否全面客观也决定了你的科研结果是否全面客观。

资料对研究方法与结果也会产生巨大影响。胡适谈道:"材料可以帮助方法;而且材料的不同,又可以使做学问的结果与成绩不同。"③ 这是胡适

---

① 裘锡圭:《阅读古籍要重视考古资料》,见《文史知识》1986年第8期。
② 杨公骥:《杨公骥自述》,见高增德、丁东编《世纪学人自述》第五卷,第435—436页。
③ 胡适:《治学方法》,见《胡适文集》第12册,第157页。

的经验之谈,就拿研究《红楼梦》来说吧,胡适在他写的《〈红楼梦〉考证》一开头就说:"《红楼梦》的考证是不容易做的,一来因为材料太少,二来因为向来研究这部书的人都走错了道路。他们怎样走错了道路呢?他们不去搜求那些可以考定《红楼梦》的作者、时代、版本,等等的材料,却去收罗许多不相干的零碎史事来附会《红楼梦》里的情节。他们并不曾做《红楼梦》的考证,其实只做了许多《红楼梦》的附会!"①蔡元培还具体地介绍了他附会的方法:"其所寄托之人物,可用三法推求:一、品性相类者。二、轶事有征者。三、姓名相关者。于是以湘云之豪放而推为其年,以惜春之冷僻而推为荪友,用第一法也。以宝玉曾逢魔魇而推为允礽,以凤姐哭向金陵而推为国柱,用第二法也。以探春之名,与探花有关,而推为健庵;以宝琴之名,与学琴于师襄之故事有关,而推为辟疆,用第三法也。"②由于索隐派没有下苦功收集资料,或者收集的资料与《红楼梦》的作者、时代背景、版本关系不大,所以他们只能采用牵强附会的方法来分析《红楼梦》。而胡适由于搜集到了《雪桥诗话》《八旗文经》《熙朝雅颂集》,以及《四松堂集》《脂砚斋重评石头记》等材料,从而运用考证的方法,得出如下结论:"《红楼梦》的作者是曹雪芹。""《红楼梦》是一部隐去真事的自叙:里面的甄、贾两宝玉,即是曹雪芹自己的化身;甄、贾两府即是曹家的影子。""《红楼梦》的后四十回确然不是曹雪芹做的。""是高鹗补的。"③

  资料对研究方法的影响还有一个典型事例。经济史研究专家傅衣凌谈到发生在1939年的一件往事:"有一次,因躲避日机轰炸,撤退到永安城郊黄历村,在一间无主的破屋里,我发现一个大箱子,打开一看,是从明代嘉靖年间到民国的土地契约文书,其中有田地的典当买卖契约,也有金钱借贷字据及分家合约等,还有两本记载历年钱谷出入及物价的流水账,这些都是研究农村经济史的可贵资料。狂喜之余,我利用这批资料,再查阅一些有关地方志,从地权的转移与地价、租佃关系、借贷情况等方面系统地研究永安农村社会经济的结构。我发现,明清时代农村虽然有些变化,但在山区农村仍然保持闭锁的自给自足的形态,一切的经济行为,差不多都是在氏族内部举

---

① 胡适:《〈红楼梦〉考证》,见《胡适文集》第2册,第432页。
② 蔡元培:《石头记索隐第六版自序》,见《石头记索隐》,第1页。
③ 胡适:《〈红楼梦〉考证》,见《胡适文集》第2册,第457、458、464、462页。

行的,而这氏族制的'产不出户'的残余,即所谓'先尽房亲伯叔,次及邻人'的习惯,成为中国历代地方豪族能够保持其特殊势力的基础,这一点是中国农村社会经济的秘密。后来我把这些资料写成《明清时代永安农村的社会经济关系》和《清代永安农村赔田约的研究》等文章。这种引用大量民间资料,即用契约文书、族谱、地方志来研究经济史的方法,以前还很少人做过,我深感到,这种研究方法不仅可以进一步开拓新资料的来源,而且还能发人之所未发,提出新的见解,所以,自此以后,我就把它作为我的研究方法之一。"①

2. 查资料要竭泽而渔

查资料是科学研究的基础工作,我们从事科学研究的基础牢不牢,主要看我们收集的资料全不全。梁启超说:"做一门学问便要把他的内容彻底了解,凡一切关系的资料搜集一无遗漏。"②陈垣将尽可能全地收集有关资料比喻成"竭泽而渔"。李瑚解释道:"'竭泽而渔'是对材料的搜集要力求完备。他说:'南方人在池塘中养鱼种,鱼长大后,将水放出,逐条取鱼,一条不漏。'"③启功也谈道:

> 老师研究某一个问题,特别是作历史考证,最重视占有材料。所谓占有材料,并不是指专门挖掘什么新奇材料,更不是主张找人所未见的什么珍秘材料,而是说要了解这一问题各个方面有关的材料。尽量搜集,加以考察。在人所共见的平凡书中,发现问题,提出见解。自己常说,在准备材料阶段,要"竭泽而渔",意思即是要不漏掉一条材料。至于用几条,怎么用,那是第二步的事。④

不少学者都强调了这一点,如吴小如说:"研究一个问题,一个作家,一篇作品或一部著作,首先掌握尽可能找到的一切材料,不厌其多,力求其全,这是第一步。"⑤

---

① 傅衣凌:《傅衣凌自述》,见高增德、丁东编《世纪学人自述》第四卷,第117—118页。
② 梁启超:《中国近三百年学术史》,见《饮冰室专集》之七十五,《饮冰室合集》,第202页。
③ 李瑚:《励耘书屋受业偶记》,见《励耘书屋问学记》,生活·读书·新知三联书店,1982年,第116页。
④ 启功:《夫子循循然善诱人》,见《励耘书屋问学记》,第99页。
⑤ 吴小如:《漫谈我的所谓"做学问"和写文章》,见《书廊信步》,辽宁教育出版社,1995年,第224页。

许多成就卓著的学者都是这么做的,陈垣就是一个突出的例子,其学生刘乃和称陈垣:

> 撰写《元也里可温教考》时,就是因决心要把元朝也里可温教研究清楚。他首先要先看看《元史》对也里可温教是怎样记载和评价的,所以在动手撰写前,先把这部二百一十卷,二百多万字的《元史》全部阅读一遍,其中凡是提到"也里可温"的地方,先在书上作出标志,然后全部录出,加以研究。先搞明白这些基本史料,再参阅其他有关书籍,再动手撰写。①

陈垣研究佛教史也是这么做的:

> 他在研究佛教史时,除去参考教外典籍外,把嘉兴藏、大正藏和后来印行的碛砂藏都先摸清楚,对其中有关佛教史部分翻阅一遍,把准备用的材料抄录下来。这几部书都卷帙繁浩,不是少时间能够阅完的,尤其是碛砂藏贮藏的地方,多年无人进入,潮湿阴暗,尘土积封,蚊虫很多。为了预防疟疾,每天他都是吃了奎宁去"阅藏"的,那时他已是五十多岁的老人了。就是由于他从来都是这样不畏艰难,不怕吃苦,所以才取得了巨大的成就。②

其他成就突出的学者也是这么做的,王运熙在研究汉魏六朝乐府诗时,几乎读遍了有关诗文集、史书及有价值的相关研究成果,他说:

> 搜集材料,要力求广泛,旁搜博采,不怕麻烦,肯下工夫,要有竭泽而渔的毅力。我在研究汉魏六朝乐府诗时,除读有关诗歌集子和正史音乐志外,通读了《汉书》《后汉书》《晋书》《南史》等正史,翻读了"三通"、《西汉会要》《东汉会要》《唐会要》等,浏览了丁福保《全汉三国晋南北朝诗》、严可均《全上古三代秦汉三国六朝文》,还读了一部分有关地理志、类书、笔记小说等,从各方面得到了不少有价值的材料。③

此外,王运熙在阅读文献时还注意利用他人有价值的研究成果,如清人王先

---

① 刘乃和:《"书屋而今号励耘"》,见《励耘书屋问学记》,第136页。
② 同上书,第137页。
③ 王运熙:《搜集积累材料》,见《望海楼笔记》,第28—29页。

谦的《汉书补注》《后汉书集解》、吴士鉴的《晋书斠注》等。

随着电子文献的普及,我们采用竭泽而渔的方法搜集资料已经变得越来越方便。比如钱锺书在《宋诗选注》中谈到王安石的名句"春风又绿江南岸",先举了三句含有"绿"字的唐诗,接着便提出了一连串的问题:"王安石的修改是忘记了唐人的诗句而白费心力呢?还是明知道这些诗句而有心立异呢?他的选定'绿'字是跟唐人暗合呢?是最后想起唐人诗句而欣然沿用呢?还是自觉不能出奇制胜终于向唐人认输呢?"钱先生提出了问题,并没有给出答案。而要解决这些问题,最好将王安石之前名家集中含有"绿"字的诗句都找出来,采用人工检索的方法当然是非常困难的,而现在文渊阁《四库全书》电子版收有《全唐诗》,"汉籍全文检索系统"收有《先秦汉魏晋南北朝诗》,"中华经典古籍库"也收有这两部总集的点校版,它们都具有全文检索功能,所以检索起来非常方便。我觉得凡是"绿"字用得特别好的诗句,基本上都采用了词性活用与通感的修辞手法。王安石这句诗特别有名,是因为洪迈在《容斋随笔》里说了个王安石认真改诗的故事。王安石这句诗中的"绿"字既起了动词的作用,又收到了形容的效果;而且这句诗中的"绿"字还采用了使动用法,比较新鲜,因而分外生动。如今大量的光盘数据库与网络数据库均有全文检索功能,因此在一定的文献范围内,就某些关键词语作竭泽而渔式的文献搜索,是我们在学术研究中需要注意使用的方法。

二 查资料应从目录索引入手

有人把目录索引比喻成打开文献宝库的钥匙,有人把目录索引比喻成做学问的指路明灯。查资料也许有各种各样的方法,但是最科学、最有效的方法无疑是利用目录索引。

1. 查目录索引的意义

人类已有典籍浩如烟海,而且新的出版物增长的速度越来越快。那么如何从浩如烟海的典籍中找到你所需要的资料呢?最有效的办法就是从目录索引入手。

清王鸣盛说:"目录之学,学中第一紧要事,必从此问途,方能得其门而入。"①张之洞说:"泛滥无归,终身无得;得门而入,事半功倍。……此事宜有师承。然师岂易得?书即师也。今为诸君指一良师,将《四库全书总目》提要读一遍,即略知学术门径矣。"②现代学者当然也非常重视目录,如季羡林说:

> 研究一门学问,或者研究一个专题,第一步工作就是了解过去研究的情况和已经达到的水平。要做到这一步,必须精通这一学问或者这一个专题书目。这一件工作不做或者做不好,自己的研究工作就不能开始。因为,如果不了解过去的研究情况,不知道什么问题已经解决,什么问题还没有解决,什么问题已经解决到什么程度,而贸然下手,必然会闹出笑话。别人已经解决的问题而你还死啃不休;别人已经有充分理由证明此路不通,而你还死钻不止,其结果必然是浪费精力,南辕北辙。中国清代的朴学大师们以及近代的西方学者,研究学问都从书目开始,也以此来教学生。寅恪先生也不例外。他非常重视书目,在他的笔记本中,我发现了大量的书目。比如笔记本八第二本中有中亚书目一百七十种,西藏书目二百种。此外,在好多笔记本中都抄有书目。从二十年代的水平来看,这些书目可以说非常完全了。就是到了今天,它仍然有参考价值。③

程千帆为研究生上校雠学,布置的作业就是将《四库全书总目》提要读一遍,写一篇读书心得。大家都觉得收获很大。

学者们不仅是这么说的,而且也是这么做的。他们在研究某一课题时,首先要利用目录索引将有关文献查考明白。如汪辟疆校录《唐人小说》即先从目录学入手,仅以《集异记》为例,其按曰:

> 《集异记》三卷,唐薛用弱撰。《唐志》著录入子部小说家类。《宋志》同,但作一卷。晁公武《郡斋读书志》小说类《集异记》二卷,云:

---

① [清]王鸣盛:《史记集解分八十卷》,见《十七史商榷》卷一,《丛书集成初编》本。
② [清]张之洞:《輶轩语·语学·读书宜有门径》,见《张文襄公全集》,民国十七年(1928)北平刊本。
③ 季羡林:《从学习笔记本看陈寅恪先生的治学范围和途径》,见张杰、杨燕丽编《追忆陈寅恪》,社会科学文献出版社,1999年,第145页。

"唐薛用弱撰集隋唐间谲异奇诡之事。一题《古异记》。首载徐佐卿化鹤事。"马氏《文献通考》同。据此,则薛氏此书,固盛传于唐宋之间,惟卷帙互异耳。清《四库全书总目》收《集异记》一卷。称:"《记》凡十六条,首载徐佐卿事,与晁《志》同。"(见《总目》一百四十二)然考明顾元庆《文房小说》重镌宋本《集异记》二卷,亦只十六条,首载徐佐卿化鹤事,与《四库》著录一卷本正合。则是薛氏此书,唐宋以来,虽有卷帙多寡之殊,其原书固无损也。①

汪辟疆通过对唐宋以来目录著录情况的查考,弄清了《集异记》在唐宋时期流传的盛况,并得出了该书历来著录的卷帙虽有差异,但原书无损的结论。下面我们就来分析一下查目录索引的作用。

(1) 目录索引可以告诉我们在某一领域有哪些书

陈垣举例谈道:"萧何入关,先收秦图籍,为的是可以了解其关梁厄塞、户口钱粮等,我们作学问也应如此,也要知道这门学问的概况。目录学就好象一个账本,前人留给我们的历史著作概况,可以了然,古人都有什么研究成果,要先摸摸底,到深入钻研时才能有门径,找自己所需要的资料,也就可以较容易的找到了。"②你要了解中国古代文言小说的情况,可以读一读袁行霈、侯忠义编的《中国文言小说书目》(北京大学出版社,1981年);你要了解中国古代通俗小说的情况,可以读一读江苏省社会科学院明清小说研究中心、文学研究所编的《中国通俗小说总目提要》(中国文联出版公司,1990年);你要了解近百年来有哪些文学研究重要论著,可以读一读乔默主编的《中国二十世纪文学研究论著提要》(北京大学出版社,1994年)。王运熙曾深有体会地说:

做了教师后,看书、买书的条件都大为改善。当时认真读了《隋书·经籍志》《郡斋读书志》等目录书,还买了一部《四库全书总目》提要,经常翻阅。《四库提要》成书较晚,介绍最详明,对我的帮助启发尤大,我感到从它那里得到的教益,比学校任何一位老师还多。每门学科,每个专题,都有它的若干重要原始材料,有或多或少的前人研究成

---

① 汪辟疆:《唐人小说》,上海古籍出版社,1978年,第297页。
② 陈垣:《谈谈我的一些读书经验》,见邓九平编《谈治学》,第10页。

果。我们进行研究,必须掌握这些资料,以此为出发点,才能向前推进。读了《四库提要》等目录书后,在自己从事研究的范围内,应当系统地阅读哪些书籍,重点放在哪里,仿佛找到了一个最好的向导。①

蒋礼鸿也谈道:"要对某门学问进行研究,首先要获得有关这门学问的资料。例如研究古代汉语,就必须阅读《尔雅》《方言》《说文解字》、段玉裁的《说文解字注》、王念孙的《广雅疏证》(这是研究汉语训诂学的重要著作)等书。你怎么知道这些著作呢?清人谢启昆的《小学考》就是介绍古代汉语的文字、训诂、音韵的目录学著作,你可以在这部书里找到上述一类著作并知道其内容大要。解放后出版过《中国语言学论文索引》甲、乙两册,甲纪录解放以前发表的语言学论文,乙纪录解放以后的,你可以凭这个索引找到你所要的资料。"②

(2) 目录索引还会告诉我们读哪些书

前辈学者为我们开过许多导读书目,现存最早的、成熟的、以独立形式出现的推荐书目是龙启瑞于道光年间编著刻印的《经籍举要》,③影响巨大的推荐书目,当推张之洞的《书目答问》。现代学者也编了不少推荐书目,如胡适的《一个最低限度的国学书目》、梁启超的《要籍解题及其读法》,过去中央大学的李笠编过《三订国学用书撰要》,南京大学的汪辟疆编过《读书举要》。这些导读书目在指导青年读书方面都有很高的参考价值。其中尤以《书目答问》为人们所称道。鲁迅就说过:"我以为要是弄旧的呢,倒不如靠着张之洞的《书目答问》去摸门径去。"④陈垣治学就是从《书目答问》入手的,他的学生刘乃和介绍道:"十三岁那年,偶然看到一本《輶轩语》,后附有《书目答问》,他很高兴,因这书不仅列举很多书名,下面还注着这书有多少卷,作者是谁,哪种刻本较好等简单介绍。从此,他对文史书籍就有了较多的了解,眼界大为开阔,渐渐学会按照目录选购经史子集各部中自己所

---

① 王运熙:《研究乐府诗的一些情况和体会》,见《乐府诗述论》,上海古籍出版社,1996年,第506—507页。
② 蒋礼鸿:《目录学与工具书》,浙江古籍出版社,1985年,第1—2页。
③ 徐有富:《谈谈〈经籍举要〉》,见徐有富、徐昕《文献学研究》,江苏古籍出版社,2002年,第214—222页。
④ 鲁迅:《读书杂谈》,见《鲁迅全集》第3卷《而已集》,第428—429页。

需要的书籍,得以广泛地读到自己所愿意读的书。"①穆克宏也曾谈到《书目答问》对他的帮助:

> 余嘉锡先生曾对陈垣先生说过,他的学问"是从《书目答问》入手"(陈垣《余嘉锡论学杂著序》),我也有类似的体会。例如,在我初读杜甫诗时,不知何本为佳。《书目答问》说:"杜诗注本太多,仇、杨为胜。"告诉我们读杜甫诗当选择仇兆鳌的《杜诗详注》和杨伦的《杜诗镜铨》,这样就少走许多弯路。记得 1981 年,我应中华书局之约,点校吴兆宜的《玉台新咏笺注》,而当时并不知道此书刻于何时,查《四库全书总目》提要,得知此书当时只有抄本流传,尚无刻本。查《书目答问》,方知此书有乾隆三十九年刊本,即原刻本。我点校的《玉台新咏笺注》即以此书为底本。这些都是《书目答问》给我的直接帮助。②

当然,其他推荐书目也都具有导读作用,比如汪辟疆的《读书举要》,在我国众多的古今图书中,只推荐 130 种书,每种书又都推荐了有利于入门的版本。如于《诗经》提要称:"此书为古代诗歌总集之第一部。训诂名物,以清陈奂《毛诗传疏》为最详;诠释要义以宋朱子《诗集传》为独到。清人方玉润有《诗经原始》,颇多新解。上海有石印本。三书可任取其一读之,若能比较互阅,尤为有益。"③在有关《诗经》浩如烟海的图书中,汪辟疆只推荐了三种,分析了每种书的特点与价值,可用的版本,以及阅读方法。

其实,一般的目录有些也具有指导阅读的作用,例如洪湛侯编的《楚辞要籍解题》分"楚辞要籍解题"与"楚辞专书目录"两部分。"解题"部分,选择历代价值较高,影响较大的楚辞专书 62 部,一一介绍其作者生平、成书经过、书的基本内容与评价及版刻馆藏情况等。"目录"部分则收 1982 年前出版的一般的《楚辞》研究著作,含有存目性质。在 62 部较为重要的《楚辞》著作中,我们也可以根据解题的介绍,选择我们所要读的书。

(3) 可以节省一些翻检材料的时间

章学诚在《校雠通义》内篇一《校雠条理》中说:

---

① 刘乃和:《"书屋而今号励耘"》,见《励耘书屋问学记》,第 134 页。
② 穆克宏:《我研究六朝文学的经历》,见《文史知识》1997 年第 10 期。
③ 汪辟疆:《读书举要》,见《汪辟疆文集》,上海古籍出版社,1988 年,第 20—21 页。

窃以典籍浩繁,闻见有限,在博雅者且不能悉究无遗,况其下乎?以谓校雠之先,宜尽取四库之藏,中外之籍,择其中之人名、地号、官阶、书目,凡一切有名可治,有数可稽者,略仿《佩文韵府》之例,悉编为韵,乃于本韵之下,注明原书出处及先后篇第,自一见再见,以致数千百,皆详注之,藏之馆中,以为群书之总类。至校书之时,遇有疑似之处,即名而求其编韵,因韵而检其本书,参互错综,即可得其至是。此则渊博之儒穷毕生年力而不可究殚者,今即中才校勘可坐收于几席之间,非校雠之良法欤?

章学诚所说实际上就是今天的索引。郑振铎把它比喻为做学问的指路明灯:

　　"索引"(一名"引得",即"index"之译名)为近代专门学者所必须"利用"的一个工具;这工具减少了学者们不少的记忆的浪费;减少了学者们不少的反复检查的时间;特别关于中国的古书,为了一个句子,为了一个人名或地名,我们浪费了不知多少的时力。这恐怕是每一个研究中国学术的人都深受其苦,都深切的感到不便的。我自己便曾为了检查一个元代的诗人而翻遍了一部《元诗选》和《元诗选癸集》,而结果是一无所得。如果有了一部《元诗选索引》,这几点钟的浪费的时间,便可以省掉。且检查时也不免有偶然的疏忽。(有了"索引",那疏忽也便绝对不会有了。)……"索引"的功用,在今日学术益趋专门化,书籍、刊物一天天的增多的时候,益显其重要。现在研究学术的人,已不能像过去学人们之专靠其过人的记忆力或博览的工夫了。几部"索引"可以代替了"十年窗下"的苦工夫。在今日而不知道利用"索引"的学人,恐怕是不会走上研究的正规的。"索引"和专门的参考书目乃是学问的两盏引路的明灯。谁愿意在黑漆漆的夜里,摸索的走着呢?[1]

学者们为找资料所困的例子很多,罗根泽也曾说:"为一个宋汝南王,累我在挥汗如雨的溽暑天气,遍翻了一次《宋书》和《南史》,只落得一个'踏遍铁鞋无寻处'。"[2]很多人都有类似的经历。叶圣陶在《十三经索引·自

---

[1] 郑振铎:《索引的利用与编纂》,见《困学集》,商务印书馆,1941年,第155—156页。
[2] 罗根泽:《南朝乐府中的故事与作者》,见《罗根泽古典文学论文集》,上海古籍出版社,1985年,第353—354页。

序》中说:

> 十二年春,余始业编辑。编辑者,采录注释耳,其事至委琐,大雅所不屑道。然余临之,殊非便易。第言注释,一语弗悉其源,则摊书寻检,目光驰骤于纸面,如牧人之侦亡畜,久乃得之,甚矣其惫。……即经语亦复生疏,每有所遇,似曾相识,而隶属何篇,上下何文,往往弗省;寻检之劳仍未可节。当时诵习皆出强记,今日宜食其果,惟有自咎而已。偶与同业诸君言之,乃知同感者颇不乏人。共谓工具书中宜有书语索引一类,果能著手编辑,虽未足以语述作,然于人至便,殊非无益之事。①

于是他下决心编出了《十三经索引》。

现在出版的电子图书、光盘数据库等不少都有全文检索功能,较为彻底地解决了资料索引的问题。如上海人民出版社和迪志文化出版有限公司1999年合作出版的文渊阁《四库全书》电子版,具有全文、分类、书名、著者的检索与统计功能。如在文渊阁《四库全书》中,查"理趣"一词共有396处。这为我们研究诗的理趣等问题,提供了很大方便。北京国学时代文化传播有限公司组织开发的电子古籍文献数据库"国学宝典",截至2014年3月共收录4900余部历代典籍,具有全文检索功能,如查唐人咏金城的诗,利用该数据库,可知在《全唐诗》中有两首诗提到"金城"。2014年中华书局推出古籍数据库"中华经典古籍库",所收书目全部为经过整理的点校本,截至2017年8月共收录1274种整理本古籍图书。如果我们需要检索报刊资料,各大公共图书馆、高校图书馆乃至一些高校院系的资料室都有光盘检索站可资利用。现在国家图书馆、北京大学图书馆等单位还建成数字化图书馆,并有远程服务功能,使用起来非常方便。

2. 要学会运用目录索引

从目录索引入手开展科研工作的实践意义是十分明显的。陈垣就是一个突出例子,他的学生牟润孙回忆道:"先师自言少年治学未得到什么大师指引,只是由《书目答问》入手,自《书目答问》而《四库提要》,以此为阶梯而去读他所要读的书。他研究任何题目,必先罗列必须要读的书目;他教学

---

① 叶圣陶:《自序》,见《十三经索引》,中华书局,1983年,第1页。

生也是从目录开始,如'史学名著评论''佛教史籍概论'等课都是。他自己治学从目录入手而走上成功之路,所以教学生也要他们自目录入手,希望每个人都有把钥匙。"①

因为现在的信息量太大了,个人的藏书总是有限的。所以我们做学问要充分利用图书馆。蔡尚思把图书馆比成"太上研究院",他1934—1935年间,曾住在南京国学图书馆读了一年多时间的书。吃的是稀饭咸菜,但是学问却增长很快。他介绍道:

> 我在南京国学图书馆住读的主要目的,在于做一件前人未做过的事,即搜集中国思想史资料,为写作一部中国思想研究法作准备;其次才是收集史学和其他的重要资料。我的读书方法也是根据自己的需要而制定的。该馆新出版了一部《江苏省立国学图书馆总目》,分经、史、子、集等部。我先自购集部目录五大册。然后按照集部目录的先后次序,不遗漏地一本一本翻阅。……我对文集又作了各种记号,如用铅字盖上已阅、待阅(待日后再阅读一次)、不阅(有许多集子,名为文集,而内容却全是诗词歌赋戏曲等)等字样。当然,这些记号是打在我自购的集部目录上,而不是打在图书馆的藏书上。我还在目录上对每一部需要的书作了简注索引,如某一篇、某一节、某一段、某些句子之类的上启下止,以便留给他日请人来抄写,使自己腾出更多的读书时间。遇到图书馆编的《总目》有错误,我也随时代为改正。在这次读书的基础上,我写出了生平第一部代表著作——《中国思想研究法》。而这部书也正好反映了我是怎样在国学图书馆读书和搜集史料的。②

现在的图书馆的建设已经突飞猛进,不仅藏书量大为提高,而且拥有大量电子文献数据库及其检索系统。譬如我们通过南京图书馆或南京大学图书馆的网络书目检索系统,就可查知这两个图书馆是否收藏我们所需要的那本书。我们还通过检索作者、书名中的关键词,以及其他关键词,检索到这两个图书馆所收藏的相关书目。

如果没有现成的目录可用怎么办,就自己编。陈垣的另一位学生刘乃

---

① 牟润孙:《励耘书屋问学回忆》,见《励耘书屋问学记》,第86页。
② 蔡尚思:《图书馆是"太上研究院"》,见庄焕先主编《著名学者谈利用图书馆》,山东大学出版社,1990年,第5—6页。

和回忆道:"他研究某一专题时,总是先在与这题材有关的目录学方面作准备。研究基督教史时,先做出《明末清初教士译著现存目录》,目录包括天文、历算、地理、艺术、宗教等部分,将明末清初教士译著的基督教著作都一览无余,然后才开始撰写论文,所以他二十年代在北师大教授'宗教史'时,也是把这个目录作为此课的讲义印发给同学。研究元代历史,需要参考《四库全书》中元人文集,但《四库全书》所收文集,例无总目,他就先把《四库全书》中罕见的元人文集作出《元六十家文集目录》,以利于搜集资料时参阅方便。这本目录,北京图书馆和内蒙古大学历史系都曾录成副本。"①1961年,陈垣接受了新、旧五代史的点校任务后,也是这么做的。刘乃和介绍道:

> 我们作了很多准备工作,先作了《新五代史不列传人名索引》《旧五代史不列传人名索引》,又作了《册府元龟五代部分人名索引》(只列每条的主要人物)、《通鉴五代部分人名索引》(唐朝末年的也包括在内)。《有关五代史论著书名录》《五代十国年表》等大量的工具书。并且将薛史的熊本、刘本各与殿本校对一过;刘本、熊本互校等等,然后列成各本的异同表。在还没有动手点校前,我们已用了不少时间做了很多准备工作,到了动手点校时,这些准备工作才真正发挥了作用,点校起来,颇为顺手。有了疑难不能解决的问题,利用索引检查,几个书一对照,或本书前后一对照,经过考证,便能解决。②

有趣的是,刘乃和还谈了自己的工作体会:"他刚刚让我做这些准备工作时,我一方面也觉得应当做,但也确实觉得当时各方面工作已非常繁忙,这样做下去时间用得太多。等到使用时得到方便后,才更进一步体会出这些工作是不可少的,不是费了时间,反而是省了时间。而且如果不做好这些工作。想把点校做得精确细密,是较困难的。"③曾经在金陵大学中国文化研究所工作过的明史研究专家黄云眉先生,也是这么做的,"他为著《明史考证》,先作了《书目索引》《明实录人名索引》《明史人名索引》等工具书"。④

---

① 刘乃和:《试论陈垣同志的史学研究》,见《文献》1980年第3辑。
② 刘乃和:《"书屋而今号励耘"》,见《励耘书屋问学记》,第149页。
③ 同上书,第150页。
④ 潘群:《自学成才的明史专家黄云眉教授》,见张世林编《学林往事》,朝华出版社,2000年,第446页。

需要说明的是,即使写一篇单篇学术论文,如果我们将搜集到的资料、所看过的书里的有关内容编一个目录索引,也会给我们的写作带来很大方便。

事实上,我们在作学位论文的开题报告时所列参考书目就是我们自己编的目录索引,它为我们从事学位论文写作奠定了基础。如果在撰写其他学术论文时,预先将自己所掌握的相关资料编个目录索引,那我们的论文写作就会比较顺利,而且在质量上也有了保证。而许多人还不知道目录索引是打开资料宝库的钥匙,"我国某学院对文科高年级学生进行抽样调查表明,89.4%的学生不会使用《全国报刊索引》,92.6%的学生不会查找人物传记资料,84%的学生不知道通过那些索引查找古典文学研究资料"。① 这种情况目前依然普遍。夏承焘指出:"一个大学生,如果不懂得工具书,应该说是没有毕业资格的。青年人要有运用工具书的知识与习惯,专家学者要有肯编纂工具书的见识。工具书顾名思义它是工具,是武器,会用工具书,当可事半功倍。"② 而要知道查什么资料需要使用哪些目录索引,我们应当认真学习"社会科学文献检索"一类的课程,如果未学此类课程,最好买一本《中文工具书使用法》之类的书认真钻研一下。此外,还应当经常到学校图书馆工具书阅览室去熟悉一下各种工具书,因为真正掌握工具书的使用方法,还要靠检索实践。

3. 要充分利用电子文献检索系统

20世纪90年代爆发了互联网革命,随着计算机应用技术的发展与普及,人们更加喜欢利用网络来搜寻文献信息。搜索引擎是网络信息的检索工具,具有导航功能,我们可以利用它来检索到我们所需要的网址。

查阅图书目录,我们可以利用公共图书馆,如国家图书馆和地方图书馆的网站,也可利用高校图书馆的网站。这些网站都有书目查询系统。我们可以从题名、作者、关键词等途径检索到我们所需要的书目资料。

就以南京图书馆网站的馆藏书目检索系统为例(检索时间为2019年7月15日),我们输入书名《书目答问补正》,可以检索到24条数据,包括该

---

① 彭斐章、乔好勤、陈传夫编著:《目录学》,武汉大学出版社,1986年,第199页。
② 夏承焘:《谈谈我的学词经历》,见《浙江日报》编辑部编《学人谈治学》,浙江人民出版社,1982年,第174页。

馆所藏《书目答问补正》的稿本及其他各种版本,其中有国学图书馆于民国十八年(1929)、二十年(1931)、二十四年(1935)出版《书目答问补正》共计10部。如果我们再查阅国家图书馆的联机公共目录查询系统,还能找到一些南京图书馆所未著录的《书目答问补正》版本,如台北汉京文化事业有限公司2004年出版的蒙文通点校本,国家图书馆出版社2008年出版的王伯祥批注本。

我们输入作者名程千帆(会昌),可以检索到62条数据,其中《目录学丛考》(中华书局,1939年)、《古典诗歌论丛》(上海文艺联合出版社,1954年)、《关于文艺批评的写作》(湖北人民出版社,1955年)、《宋诗选》(古典文学出版社,1957年)、《治学小言》(齐鲁书社,1986年)、《俭腹抄》(上海文艺出版社,1998年)、《中国中古文学史讲义》(上海古籍出版社,2011年),有的未收入《程千帆全集》,有的收入了,在版本上具有明显的差异,颇有参考价值。

在南京图书馆的机检书目系统中,目前尚难利用分类号查找某类图书,但是我们可以通过类名的关键词,找到某类图书的书目资料,比如我们输入关键词"书目",则该馆所藏书目资料基本上都包括在里面了。

我们也可以利用网上书店的书目检索系统来搜寻我们所需要的书目资料,其优点是能找到出版不久的图书,以及在图书馆难以找到的旧书,而这恰好弥补了图书馆网站书目检索系统之不足。网上书店为了推销图书,通常会提供书的封面、目录、内容提要,以及书评与作者介绍等,这些都是图书馆网站书目检索系统所没有的,而这些对我们了解图书显然大有帮助。此类网上书店以当当网与京东网比较有名。此外值得注意的是孔夫子旧书网,因为它集中了无数个体店的海量旧书,我们常能得到意想不到的收获。

互联网也为我们查阅学术论文提供了极大便利。中国国家图书馆的文津检索系统的收录范围包括图书、期刊、报纸、论文、古籍、音乐、影视,因此我们也可以通过它检索到论文篇目,譬如我们输入关键词语"书目答问补正",就可检索到12条相关数据,如崔文印的《范希曾和〈书目答问补正〉》,原载《读书》1981年第9期,来源于"中国知网"中国学术期刊(网络版)。目前查阅学术论文影响最大的当推清华同方知网技术产业集团(TTKN Group)所出品的"中国知识资源总库——CNKI系列数据库"(简称"中国知

网"),与我们密切相关的数据库有:

"中国学术期刊(网络版)",收录范围自1915年以来。

"中国博士学位论文全文数据库",收录范围自1984年以来。

"中国优秀硕士学位论文全文数据库",收录范围自1984年以来。

"国内外重要会议论文全文数据库",收录范围自1953年以来。

"中国重要报纸全文数据库",收录范围自2000年以来。

此外还可以利用"台湾期刊论文索引系统",主要收录台湾地区出版的5000余种期刊的论文,依据赖永祥"中国图书分类法"按类编排。

要利用这些数据库,我们可以通过搜索引擎打开"中国知网"的网页,所显示的收录范围包括文献、期刊、博士硕士论文、报纸、会议、年鉴等。输入关键词语,譬如《书目答问补正》,截止到2019年7月,在文献库中可以找到56条结果,在期刊库中可以找到46条结果,在博士硕士学位论文库中可以找到3条结果。当然不少检索结果与《书目答问补正》关系不大,但是也确实能找到大量密切相关的材料,经过筛选,我们可以下载所需要的资料。

三 查资料的一般程序

如果盲目地去查资料,往往费时多而收效微。如果我们对查资料的程序略作分析,选择最有效的途径,往往会事半功倍。下面我们就讨论一下查资料的一般程序。

1. 如何查资料线索

我们可以将查资料的程序分解成以下步骤,并提供具体实例供大家参考,当然在实际操作时也不必死搬硬套。

(1)提出问题

首先要确定学术写作的选题,也就是为查资料确立一个目标,否则我们将难以开展工作。譬如我要为南京大学中国思想家研究中心写一本《郑樵评传》。

(2)分析问题

要写出《郑樵评传》至少要收集以下资料:

郑樵的传记资料,郑樵的著作,已有研究郑樵的论著……

首先解决第一个问题。

(3) 选择工具书类型

查人物传记资料索引,查年谱目录,查地方志目录(找地方志中的郑樵传记)。

(4) 选择将检索的工具书

《宋人传记资料索引(增订本)》(昌彼得等编,王德毅增订,台北,鼎文书局,1977—1980年;中华书局影印本,1989年)。该索引晚出,引用古籍505种以及大量书刊中的资料,当然要比《四十七种宋代传记综合引得》(哈佛燕京学社引得编纂处编印,1939年;中华书局重印本,1959年)等收集的资料要全得多。还可参考《宋人传记资料索引补编》(李国玲编,四川大学出版社,1994年)和《四库全书篇目分类索引(传记部分)》(中华文化复兴运动推行委员会四库全书索引编纂小组,台湾商务印书馆,1989年)。

《中国历代年谱总录》(杨殿珣编,书目文献出版社,1980年)共收录谱主1829人的年谱共3015种,注明年谱名称、卷数、编者与版本。书末附《谱主姓名别名索引》,颇便检索。还可参考《中国历代人物年谱考录》(谢巍编,中华书局,1992年)。

《中国地方志联合目录》(中国科学院北京天文台主编,中华书局,1985年),该书共著录全国190个图书馆、博物馆、文史馆所藏1949年以前编纂的各类地方志8200余种。

(5) 了解工具书藏在何处

上述工具书可在南京大学图书馆中外文参考工具书阅览室、南京图书馆社会科学参考室、南京师范大学图书馆教学参考部工具书阅览室找到。

(6) 选择检索地点与途径

在南京大学港台阅览室查《宋人传记资料索引》,在南京大学图书馆中外文参考工具书阅览室查《中国历代年谱总录》,在南京大学古籍阅览室查《中国地方志联合目录》。

(7) 检索

查阅书前目录、编例及书后索引。我们在查找资料时,一些人迫不及待地想找到自己所需资料,往往直接翻检正文,其结果总是欲速则不达。磨刀不误砍柴工,我们先看一下目录、编例,以及索引,会帮助我们更快地找到我们所需的资料。比如《四库全书总目》的后面附了一个《书名及作者姓名索引》，通过它，我们可以在郑樵的名下找到《四库全书》中他的所有作品。

查资料所属类目及相关类目。这一点也非常重要，例如郑樵的著作涉及史学、文献学、语言学等许多方面，我们在检索中国人民大学书报资料中心编印的《复印报刊资料》时，就得查《宋辽金元史》双月刊、《图书馆学情报学》月刊、《语言文字学》月刊等。

注意不同名称的人物传记资料。人物传记有不同的名称，有纪、传，有年谱，有年表，有墓志，有墓表，有行述，有行状，有遗事，有事略等等，不可忽略。

检索结果：

从《宋人传记资料索引》中查到24条郑樵传记资料线索。

从《中国历代年谱总录》中查到2条郑樵年谱线索。

从《中国地方志联合目录》中查到可能有郑樵资料的《(弘治)兴化府志》《(同治)兴化府志》《(正统)兴化县志》《(乾隆)莆田县志》等多种。

其他问题也按上述程序进行检索。

现在就让我们了解一下郑樵有哪些著作，从中可以了解怎样查图书。

（1）查个人著述目录，这样做可以充分利用前人研究成果，最直接、最有效。主要有：

顾颉刚《郑樵著述考》，载《国学季刊》第一卷第一、二号。

吴怀祺《郑樵著述表》，载吴怀祺编《郑樵文集》（书目文献出版社，1992年）附录。

（2）查藏书目录与出版目录，主要有：《四库全书总目》（永瑢等撰，中华书局，1966年），基本上包括了乾隆以前中国古代的重要著作；《贩书偶记》（孙殿起撰，中华书局，1959年）及其《续编》（孙殿起撰，雷梦水整理，上海古籍出版社，1980年），可弥补《四库全书总目》之不足；《清史稿艺文志及补编》（前者为章钰、吴士鉴、朱师辙编，后者为武作成编，中华书局，1982年）、《清史稿艺文志拾遗》（王绍曾主编，中华书局，2000年），全面反映了清人著作；《中国丛书综录》（上海图书馆编，上海古籍出版社，1983年）、《中国丛书广录》（阳海清撰，湖北人民出版社，1999年）、《中国丛书综录续编》（施廷镛，北京图书馆出版社，2003年），全面反映了收在丛书里的中国古书；《民国时期总书目》（北京图书馆编，北京图书馆出版社，1986—1997

年),全面反映了民国时期出版的图书;《全国总书目》(1949—1954 年为一册,1955 年一册,由新华书店编印,1956—1965 年每年一册,由文化部出版事业管理局版本图书馆编,中华书局出版,1966—1969 年停编,1970 年起恢复,仍按年出版)、《中国国家书目》(北京图书馆编,书目文献出版社 1987 年起陆续出版)、《全国新书目》(《全国新书目》编辑部编,月刊)以及征订书目,以上目录全面反映了解放以后出版的图书。检索结果,郑樵著作约 95 种,现存《诗辨妄》(辑佚本)、《尔雅注》《通志》及《通志略》(即《通志》中的二十略)、《夹漈遗稿》《跋寿峰丛桂堂记》《邑大夫丘君生祠记》《夹漈听泉记》《说字》等。

查有关郑樵的论著。从中可以了解怎样查论文。

(1) 查专题论文索引,如《郑樵研究论文索引》,遗憾的是没有见到。

(2) 查专科断代论文索引,如《宋辽夏金史研究论著索引》(1900—1982),杭州大学古籍研究所、宋史研究室编印。

(3) 查《复印报刊资料》索引,现有《宋辽金元史》月刊,中国人民大学书报资料中心编印。

(4) 查综合报刊论文索引,《全国报刊索引》(哲社版),上海图书馆编辑出版。

(5) 利用相关学科论文索引,如图书馆学论文索引、文献情报学论文索引等。

检索结果,共获 70 余篇论文线索。

我们还应当利用网络来收集我们所需要的资料线索,例如通过国家图书馆文津检索系统,截至 2019 年 7 月 15 日输入关键词语"郑樵研究",我们可以检索到 190 篇学术论文,输入关键词语"论郑樵"我们可以检索到 78 篇学术论文;如果检索"中国知网"的文献总库,截至 2019 年 7 月 15 日,输入关键词语"郑樵研究"可以找到 290 条结果,输入关键词语"论郑樵"可以找到 262 条结果。当然其中有些论文可能是重复出现的,有些论文关系不太密切,但其便捷性与数据之丰富,是查纸本目录索引无法比的。

2. 如何借阅

首先要查馆藏目录:(1)我们可以利用书本目录,如《南京大学图书馆中文旧籍分类目录初稿》及其《续编》《南京大学图书馆藏地方志目录》《南京大学图书馆藏中文报刊目录》等,(2)我们可以利用卡片目录,如南京大学图书馆读者目录、南京大学图书馆公务目录,(3)我们可以利用机检目录。还有两点值得注意,一是本馆入藏的丛书,如《景印文渊阁四库全书》《丛书集成》等,查了《景印文渊阁四库全书》的目录索引、《丛书集成初编目录》也就等于查了馆藏目录;二是查了含有南京大学图书馆馆藏的联合目录也就等于查了南京大学图书馆的馆藏目录,如《中国丛书目录》《中国地方志联合目录》《中国古籍善本书目》《1833—1949 全国中文期刊联合目录》等,都属于这样的目录。

其次要了解各藏书处的性质与借阅方式。除了借书处外,还有:

文科阅览室,陈列文科常用书和新进的书,实行开架阅览,使用方便,而且可以找到相关的书。

南京大学图书馆书库。有些大学图书馆书库设有小隔间供一些符合条件的读者使用。陈岱孙曾就读于哈佛大学研究生院,他回忆道:"在研究生院两年后,我获得了一个更好的读书条件。由于导师教授的推荐,我被批准在图书馆书库里使用一个摆有一小书桌的研究小隔间的权利。这样,我不但可随时凭证入库,而且可以整天待在里面读书。隔间的旁边就是书库的一排一排书架;我再一次感到学问的浩瀚无边,而自己是如何浅尝无知。我在哈佛大学的最后两年基本上是在这小隔间中度过的。"①南京大学图书馆书库虽没有供研究用的小隔间,但是也贴窗放着一排书桌,供副教授以上的教师、博士生和有创造才能的本科生使用。他们可以入库自由找书、看书,当然也可借阅。由于书库里的书十分丰富,所以常有预想不到的收获。

南京大学图书馆古籍阅览室。据 1986 年编印的《南京大学图书馆使用指南》介绍:"古代典籍在全部藏书中占有相当比重,计有 38 万册。列入馆藏善本者 1452 种,收入全国善本书总目者 556 种,10391 册。最珍贵古老的有宋刻本、元刻本,数量较多的是明清刻本、抄本、稿本等。在古籍线装书中,地方志、别集、类书、古代目录学与考古学文献的收藏比较突出。尤其是地方志,据有关专家统计,本馆是全国第五位,共有 3500 多种,38000 册左右。"我们查南京大学图书馆收藏的古籍,可利用《南京大学图书馆中文旧籍分类目录初稿》及其《续编》;我们查南京大学图书馆收藏的古籍丛书,可

---

① 陈岱孙:《陈岱孙自述》,见高增德、丁东编《世纪学人自述》第一卷,第 366 页。

利用《中国丛书综录》；我们查南京大学图书馆收藏的古籍善本，可利用《南京大学图书馆藏古籍善本书目》，以及《中国古籍善本书目》；我们查南京大学图书馆收藏的地方志，可利用《南京大学图书馆藏地方志目录》，以及《中国地方志联合目录》，馆藏新编地方志也有卡片目录可查。

南京大学图书馆样本阅览室。南京大学图书馆所购图书保留一本在样本书库，不外借，但是可以在样本阅览室借阅，因此往往在这里能够找到在其他地方找不到的书。

南京大学现刊阅览室，可借阅各种本年度报纸期刊，从中可以了解学术研究最新动态。

南京大学过刊阅览室，可借阅各种过期报纸期刊。南京大学图书馆期刊部1989年编印了《南京大学图书馆馆藏中文报刊目录》，其"编辑说明"称："本目录收编了我馆（包括前中央大学、金陵大学图书馆）收藏的1876—1987年间中文期刊和报纸，是我校建馆以来最完备的一份馆藏目录，也是国内收录报刊品种较多的馆藏目录之一。特别是解放前的近8000种，是国内研究中国近现代问题难得的资料。本目录分解放前、解放后、台港澳及海外（解放后）三大部分，共15000余种。"

我们当然也可以查阅电子期刊，如"中国学术期刊（网络版）"，收录了我国学术期刊8000多种，收录年限为自1915年至今。

南京大学图书馆港台阅览室，可专门借阅香港、台湾地区出版的书。可利用《南京大学图书馆藏港台图书目录》。

南京大学港台期刊阅览室，可借阅各种港台地区出版的期刊。可利用《南京大学图书馆藏港台报刊目录》。

以上介绍了纸质图书报刊资料的方法，现在电子图书报刊资料正在迅速取代纸质图书报刊资料，人们足不出户就可以阅读天下图书报刊。例如中国国家数字图书馆就藏有电子图书、全文期刊、电子报纸、学位/会议论文、专利/标准、数值事实、索引/文摘、工具书、音视频、特色资源等。其资源列表含有30余种数据库，如"国学宝典""方正电子图书""中国基本古籍库""馆藏中文图书数字化资源库""民国图书数字化资源库""数字善本""中华古籍善本国际联合书目系统"等。其中"中国基本古籍库"含有全文检索版大型数据库18个产品："中国基本古籍库""中国近代报刊库""中国方志库""中国谱牒库""中国金石库""中国丛书库""中国类书库""四库系列数据库""儒学经典库""佛教经典库""道教经典库""诸子经典库""中国史学库""中国俗文库""中国辞书库""历代别集库""敦煌文献库""明清档案库"等。如"四库系列数据库"即包括《四库全书》、四库存目书、四库续修书、四库弃毁书、四库未收书。还含有全文检索版数字丛书50个产品,如《历代笔记汇编》《历代诗文总集》《古今图书集成》《增订丛书集成初编》等;原文影像版数字原典8个产品,如《古代版画》《明清印谱大观》《晚清民国大报数据库》等。

在上述所列数据库资源中,有互联网公开访问资源,也有的可以通过读者卡号远程登录访问,或通过局域网访问。如果要阅读学术论文,可以利用"中国知网",我们在前面已经作了比较详细的介绍,兹不繁述。

四　查资料的其他方法

查资料除利用目录索引外,还可利用注释、参考文献、工具书等各种方法,现也分别述之如下:

1. 采用追溯法

我们可以通过相关著作所提供的资料线索,去寻找材料:

(1) 引用书目

引用书目是指将某一著作的资料来源编成的目录。如唐圭璋所编《全宋词》《全金元词》的卷首都附有引用书目。就以前者为例,唐圭璋一共引用了530余种著作。编者将这些著作分为词丛编、词别集、词总集、词话类、词谱类等14类编成目录。于抄本、校本、抄校本、罕见的刊本、活字印本皆注明收藏处。一书同时引用多种版本的也一一注明。如词总集所著录的宋黄大舆辑《梅苑》十卷,下注曰:"汲古阁景宋抄本　赵万里先生照片　又楝亭十二种本　又武进李氏圣译楼排印本。"其《全金元词》,在不少款目下加了附注,说明所据版本,不足之处,又据何本补充、校勘。显然,我们研究宋金元词可以根据这些引用书目去检索有关资料。学位论文以及百科全书的条目通常都有引用书目。

(2) 参考文献目录

不少学术著作都附有参考文献目录,其性质与引用书目相同。一些学术论著多采用这种名称。我们在研究相关课题时,可以利用这些参考文献目录。如张秀民著《中国印刷史》(上海人民出版社,1989年)所附《参考书目》收书约280种,我们在研究中国古代图书出版情况时,可以利用该书目所提供的线索去搜寻资料。

(3) 注释

比较严谨的学术论著,都会详细注明引文的出处。如袁珂著《中国古代神话》(中华书局,1960年)虽然是用白话文写的,但是作者对所依据的原始资料,不仅注明了原文,而且还注明了出处,这为我们搜寻与核实原始资料提供了方便。我们在研究某一课题时,从相关学术论著的注释中,能够找到我们所需要的资料来源,我们当然不会拒绝利用它们。

注释一般都广征博引,特别是一些早期注释,所引资料多已亡佚,则其注释不仅指出了资料线索,而且还提供了珍贵的较为原始的资料。如裴松之的《三国志注》、刘孝标的《世说新语注》。清沈家本撰《三国志注所引书目》,辑得210家;撰《世说注所引书目》,辑得414家(收入《沈寄簃先生遗书》)。《四库全书总目》卷一四○《世说新语三卷》提要称刘孝标"所引诸书,今已佚其十之九,惟赖是注以传,故与裴松之《三国志注》、郦道元《水经注》、李善《文选注》同为考证家所引据焉"。

2. 利用工具书

所谓工具书,就是比较完备地汇集某一方面的资料,用易于检索的方法编排起来,以供检索文献线索和解难释疑时查考的书。下面是对查找资料特别有帮助的资料类型:

(1) 资料汇编

有些学者为了给研究者提供方便,围绕一位作家、一部作品、一个专题,将分散的相关资料汇编在一起,就成了资料汇编。在众多的资料汇编中,以中华书局出版的《古典文学研究资料汇编》的成就为最突出,傅璇琮介绍道:

> 当时我处理陈友琴先生的《白居易诗评述汇编》,我建议,由中华书局搞一套《中国古典文学研究资料汇编》,领导同意这一方案,于是把陈先生的这部书改名为《中国古典文学研究资料汇编·白居易卷》,后来又相继组约《陶渊明卷》《陆游卷》《柳宗元卷》,及编辑部自己编纂的《李白卷》《杜甫卷》。我因在北大从浦江清先生求学时已对宋代

诗文感兴趣,立志于从事宋诗研究,于是想先从资料积累着手,着手搞《黄庭坚和江西诗派卷》和《杨万里范成大卷》。我平时从中华书局图书馆借书,夜间翻阅,每逢星期天,则到府右街的北京图书馆看一天书,中午把早晨带来的馒头伴着图书馆供应的开水当一顿午饭。我的近二十万字的《杨万里范成大研究资料汇编》和七十余万字的《黄庭坚和江西诗派研究资料汇编》就是在这种情况下编出来的。①

当然其他出版社也出版了不少研究资料汇编,关于作家的如《李贺研究资料》(陈治国编,北京师范大学出版社,1983年)、《吴趼人研究资料》(魏绍昌编,上海古籍出版社,1980年),关于作品的如《金瓶梅资料汇编》(侯忠义、王汝梅编,北京大学出版社,1985年)、《三言两拍资料》(谭正璧编,上海古籍出版社,1980年),关于文艺理论的如《中国历代文论选》(郭绍虞主编,上海古籍出版社,1979—1980年)、《中国文学批评资料汇编》(台北,编译馆编,成文出版社,1978—1981年)等。这些资料汇编给我们读书治学带来了极大的方便。例如莫砺锋在他写的博士论文《江西诗派研究·后记》中说:"我特别要感谢傅璇琮先生,他编的《古典文学研究资料汇编·黄庭坚和江西诗派卷》给我的研究带来了很大的方便,使我能够按图索骥地去收集资料,从而节省了许多时间。"②

集注(集解、辑释、会笺等)实际上是注释资料的汇编,如清王琦的《李太白诗集注》、清郭庆藩的《庄子集释》、清王先谦的《庄子集解》、清冯应榴的《苏诗合注》、清王文诰的《苏诗编注集成》。有的注释资料汇编虽无"集"字、"合"字,实际上也有汇编的性质,如仇兆鳌的《杜诗详注》。今人也出版了不少资料丰富的集注本,如刘学锴、余恕诚的《李商隐诗歌集解》。该书以明汲古阁刊《唐人八家诗》之《李义山集》(三卷,不分体)为底本,以八种明清印本、抄本为校本,复以唐、宋、元三代六种总集进行校勘该书之注释笺评,汇集了十一种笺注本的成果,"复旁搜宋以来诗话、笔记、选本、文集中有关评注考证资料,近人及今人研究论著中有关注释、考订方面之资料亦酌加采录","会笺会评之后附有整理者按语,内容包括系年考证、疑难问题考辨、诗意解释及主题阐述等"。卷末附录传记资料、各本序跋凡例及书

---

① 傅璇琮:《我和古籍整理出版工作》,见张世林编《学林春秋》三编,第333—334页。
② 莫砺锋:《后记》,见《江西诗派研究》,齐鲁书社,1986年,第336页。

目著录、李商隐年表(附《李商隐生平若干问题考辨》)。①

集评实际上是评论资料的汇编。问题是此类资料往往附书以行,体例不一,需要我们去寻觅。如马茂元著《古诗十九首初探》(陕西人民出版社,1981年)末附《古诗十九首集评》。再如王仲闻《李清照集校注》(人民文学出版社,1979年)有关各作品的评论资料,以"参考资料"的名义,附在各作品之后,如《声声慢》(寻寻觅觅)之后共附参考资料28则,在书后"参考资料"部分共附传记34则,诗词评论36则,其他10则。

(2) 类书

类书是将各种资料按内容分门别类地汇编在一起的书。如我们要找历代诗人咏黄河的诗,认真翻一下《古今图书集成》山川典河部,就会发现不少有关资料;我们想了解古书中有关牙齿的论述,最简单的方法就是翻一翻《古今图书集成》人事典齿部。北大历史系教授祝总斌尝举一例:

> 70年代初有一位邻居是北京林学院的老师,他认定我教中国古代史便该懂得查找唐宋时期牡丹栽植的历史资料,于是便把一外地来信请教他的这个问题,转托于我。虽然我从未接触,甚至想都没想过这个问题,但还是答应了。因为我立即想到《古今图书集成》中有《草木典》可以利用。后来果然以之为线索找到、整理了一份资料给他,据说回信后对方表示满意。不容置疑,我的答复肯定是肤浅的獭祭之作,因为我毫无研究基础。我举此例,只是想说明,作为一名中国古代史教师,即使基础较差,但如果能掌握一定的目录学、文献学知识,一旦研究一个课题,需要有关资料,大体上便知道通过什么方法,到什么地方去查,这对教学、科研都是颇为有用的。②

类书还能起到索引作用,因为类书已按类或按主题将某一方面的资料汇编在一起了,我们通过类书所提供的线索再去查找与核对原文,效果自然大不相同。如蔡元培1917年任北京大学校长,积极支持正在酝酿中的"新文化运动",1919年"五四运动"爆发后被迫辞职,曾以"杀君马者路傍儿"为喻,婉谢别人对他的挽留。此喻出自何处,其含义为何?通过查找《辞

---

① 刘学锴、余恕诚:《凡例》,见《李商隐诗歌集解》卷首,中华书局,1988年。
② 祝总斌:《我与中国古代史》,见张世林编《学林春秋》二编,第627页。

源》可以知道类书对这个典故有所解释:

> 《太平御览》八九七引汉应劭《风俗通》:"又曰:杀君马者路傍儿也。语云长吏食重禄。刍藁丰美,马肥希出,路傍小儿观之,却惊致死。按长吏马肥,观者快马之走骤也,骑者驱驰不足,至于瘴死。"此言马本娇贵,偶出,以路傍儿围观惊死;观者誉马之驰,骑者因鞭策不止,使马力竭而毙。皆寓"爱之适以害之"之意。①

古书在流传的过程中亡佚的情况十分严重,古类书所引用的古书多已不存,如《艺文类聚》引书1431种,现存不到200种,所以可以利用类书来为古书做辑佚工作。最突出的例子是《永乐大典》,张忱石《〈永乐大典〉中辑出的佚书书目》共收590种附录44种(其中120种没有传本)。②

类书,特别是编辑较早的类书,引用资料多为古本,且多标明出处,所以也可用作校勘之资。宋王应麟、明杨慎等都曾利用类书从事校勘工作,而尤以清乾嘉时期王念孙、王引之父子等成就为突出。近人利用类书从事校勘也颇多收获,如鲁迅所校《嵇康集》的序言中就提到他曾利用《北堂书抄》《艺文类聚》《初学记》《太平御览》等类书所引,而著其异同。陈垣在《影印册府元龟序》中说他从《册府元龟》中校补《魏书》一页,弥补了此页《魏书》湮没八百年之遗憾。此外,我们通过类书来查找诗文出处往往也能奏效。

《中华大典》是继宋《太平御览》、明《永乐大典》、清《古今图书集成》发展起来的一部百科全书式的巨型类书,是新中国成立以来一项重要的文化出版工程。全书共收录了各类汉文古籍3万余种,约7亿字。按现代学科分类方法,并根据各学科的实际情况,共分哲学、宗教、政治、军事、经济、法律等二十一典,典之下再分若干级别的类目,是为经目。纬目有题解、论说、综述、传记、纪事、著录、艺文、杂录、图表等9项。经目与纬目交错,使每一条材料在《中华大典》中有一个恰当的位置。这样既便于归类,又便于检索。所选资料摘自原书,录自善本,并详细注明出处,所以我们应当注意使用。

(3) 政书

记载我国典章制度的书称为政书。我国古代政书以"十通"为代表。

---

① 刘叶秋:《怎样理解和查找成语典故》,见《文史知识》1984年第1期。
② 张忱石:《〈永乐大典〉中辑出的佚书书目》,见《永乐大典史话》,中华书局,1986年,第34—100页。

一是唐代杜佑的《通典》二百卷，共分八门。其中食货十二卷、选举六卷、职官二十二卷、礼一百卷、乐七卷、兵刑二十三卷、州郡十四卷、边防十六卷。所述内容，从上古约迄唐天宝年间。二是宋代郑樵的《通志》二百卷。其中本纪、后妃传、年谱、周同姓世家，以及各类传记共一百四十八卷。二十略五十二卷。郑樵《通志总序》云："臣之二十略，皆臣自有所得，不用旧史之文，纪传者，编年纪事之实迹，自有成规。不为智而增，不为愚而减。故于纪传即其旧文，从而损益。"复云："臣今总天下之大学术而条其纲目，名之曰略，凡二十略。百代之宪章，学者之能事，尽于此矣。"可见二十略为《通志》的精华所在。其二十略为：氏族略六卷、六书略五卷、七音略二卷、天文略二卷、地理略一卷、都邑略一卷、礼略四卷、谥略一卷、器服略二卷、乐略二卷、职官略七卷、选举略二卷、刑法略一卷、食货略二卷、艺文略八卷、校雠略一卷、图谱略一卷、金石略一卷、灾祥略一卷、昆虫草木略二卷。所述内容，从上古迄唐代。三是元代马端临的《文献通考》三百四十八卷。全书共分二十四考。其中田赋七卷、钱币二卷、户口二卷、职役二卷、征榷六卷、市籴二卷、土贡一卷、国用五卷、选举十二卷、学校七卷、职官二十一卷、郊社二十三卷、宗庙十五卷、王礼二十二卷、乐二十一卷、兵十三卷、刑十二卷、经籍七十六卷、帝系十卷、封建十八卷、象纬十七卷、物异二十卷、舆地九卷、四裔二十五卷。所述内容自上古迄南宋末。四是清代乾隆三十二年（1767）官修的《续通典》一百五十卷，仿《通典》体例，内容所述，自唐肃宗至德元年（756）至明崇祯十七年（1644）间近九百年的典章制度。五是清代乾隆三十二年官修的《续通志》六百四十卷，仿《通志》体例而省略"世家""年谱"两类，所述内容自五代迄明末。六是清代乾隆十二年官修的《续文献通考》二百五十卷，所述内容为宋、辽、金、元、明四百多年间事。七是清代乾隆三十二年官修的《皇朝通典》一百卷，仿《通典》体例，内容所述为清代乾隆以前的典章制度。八是清代乾隆三十二年官修的《皇朝通志》一百二十六卷，只有二十略，内容所述为清代乾隆以前事。九是清代乾隆十二年官修的《皇朝文献通考》三百卷，内容所述为清代乾隆以前事。十是刘锦藻于1921年完成的《清朝续文献通考》四百卷，体例除仿《文献通考》外，又增加了外交、邮传、实业、宪政四考，内容所述为清代乾隆年间至清末的事情。商务印书馆1935—1937年曾出《十通》精装本，书前有按四角号码编的名词术语索引和分类详细目录，颇便检查。

（4）词典

词典是依据预定的目的和要求，汇集词语，加以解释，形成词条，再将词条按照某种易于检索的顺序排列起来，供人查阅的工具书。

对于研究古代文学、古典文献的人来说，《辞源》是用得比较多的工具书。2015 年 10 月，《辞源》第三版出版，全书分上下两册，收单字 14210 个，复音词 92646 个，插图 1000 余幅，共 1200 万字。其特点是"结合书证，重在溯源"，"释义力求简明确切，并注意语词的来源和语词在使用过程中的发展演变。对书证文字都作了复核，并标明作者、篇目和卷次"。[①] 所以我们也可以从中获得资料线索，如杜牧《赤壁》诗："折戟沉沙铁未销，自将磨洗认前朝。东风不与周郎便，铜雀春深锁二乔。"显然，正确理解此诗关键在最后一句。查《辞源》，有"铜雀台"，释云："汉末建安十五年曹操建铜雀、金虎、冰井三台。故址在今河北临漳县西南。铜雀台高十丈，周围殿屋一百二十间。于楼顶置大铜雀，舒翼若飞，故名铜雀台。……见《艺文类聚》六二晋陆翙《邺中记》、《水经注》十《浊漳水》、清俞樾《茶香室丛抄》十九《铜雀》。"复云："汉末曹操遗命诸子，死后葬于邺之西岗，诸妾与伎人皆著铜雀台，台上置床帐，每月朔望向帐前作伎。见《乐府诗集》三一南朝陈张正见《铜雀台序》。"又有"二乔"，释云："三国时乔公的两个女儿。乔，一作'桥'。《三国志·吴·周瑜传》：'（孙）策欲取荆州，以瑜为中护军，领江夏太守，从攻皖，拔之。时得桥公两女，皆国色也。策自纳大桥，瑜纳小桥。'"复云："清沈钦韩《两汉书疏证》说桥公即汉太尉乔玄。"应当说有了这些材料，这首诗也就大致弄明白了。当然我们还可以利用一些规模更大的词典，如《中文大辞典》（中文大辞典编委会编，台北，中国文化研究所印行，1962—1968 年）、《汉语大字典》（徐中舒主编，湖北辞书出版社、四川辞书出版社，1986—1990 年）、《汉语大词典》（汉语大词典编辑委员会汉语大词典编纂处编纂，汉语大词典出版社，1986—1993 年）等等。

我们当然也可以利用词典来做校勘、注释等工作。譬如孙诒让的《温州经籍志·叙例》称："郡邑之志经籍者，盖土训之骈枝，书录之流裔也。"其中"土"字，1921 年浙江图书馆刻本两横一样长，究竟是"土训"，还是"士

[①] 商务印书馆编辑部：《出版说明》，见何九盈、王宁、董琨主编《辞源》第三版卷首，商务印书馆，2015 年。

训"? 查《辞源》,收有"土训"一词,释云:"官名。负责向皇帝陈报山川地势、土质好坏及土地所宜生产。"指明源出《周礼·地官·土训》,问题也就解决了。

注释诗文当然也可以利用词典,譬如清王符曾《古文小品咀华》(甲种本)(书目文献出版社,1983年,第324—325页)收了《刘静修画像赞》,当中有"于裕皇之仁,而见不可留之四皓;以世祖之略,而遇不能从之两生"。如果给"四皓""两生"作注释,我们不妨查一下《辞源》,果然找到了"四皓",但是没找到"两生"。我们还可以利用《汉语大字典》《汉语大词典》以及其他工具书来查找。结果,我们从《骈字类编》中知道了"四皓"事见《史记·留侯世家》索隐和《汉书·王贡两龚鲍传》师古注;"两生"事见《史记·刘敬叔孙通列传》。

3. 利用广义的工具书

总集、别集、丛书等资料类型不属于工具书,我们不妨将其视为广义的工具书来利用,现亦分别述之如下:

(1) 总集

总集是按一定的体例将两家以上的作品汇编在一起的书。总集可以为研究者提供易于检索的系统而完备的资料。从事科学研究总希望详细地占有资料,但要做到这一点是非常困难的。例如我们研究元代散曲,就找材料而言,有三种比较大的困难:"第一,现存的曲集,无论是元人别集或元明选本。其中都有一些罕见的本子,有几种还是海内孤本,想要找到这些书,不是很容易的。第二,元代的散曲作家流传下来的作品数量一般比较少,即使是一位比较重要的作家,往往也未必有几十首曲子,研究这些作家,更有看到他们现存全部作品的必要。第三,元曲是一种通俗文学,曲集的精刊本和精抄本比较少,如果不经过一番整理和校勘,读起来往往很不方便。"① 而隋树森编的《金元散曲》就为我们解决了这些困难。编者从一百多种曲别集、曲选、曲谱、词集、笔记一类的书中,将散漫难稽的元代散曲搜寻出来,经过认真的校勘,再以作家的时代先后为序编排起来。还在每首曲子的末尾,不仅注出它最早见于何书,并且把其他选有这首曲子的书名,也不厌其详

---

① 隋树森:《自序》,见隋树森编《全元散曲》,中华书局,1964年,第1—2页。

地一一写明,读者如果觉得有什么问题,可以复检原书。此类总集为我们的研究工作提供了资料线索,使我们节省了许多时间和精力,因此也就为某一领域的研究水平的提高创造了条件。清代编成《全唐文》《全唐诗》,促进了唐代文学研究的繁荣,唐圭璋编成了《全宋词》也促进了宋词研究水平的提高。

一些编纂时间较早的总集,在资料保存方面也有很高的价值。例如《新唐书·艺文志》著录了唐人诗文集300余家,留存至今者据《四库全书》仅76家,而《文苑英华》成书时距唐亡只有80年,许多书当时还在;宋初又先后平定了南唐、西蜀等国,尽得其藏书,所以《文苑英华》取资既广,所蕴藏的唐代史料也特别丰富,诚如《四库全书总目》于该书提要所述:"迄今四五百年,唐代诗集,已渐减于旧,文集则《宋志》所著录者殆十不存一。即如李商隐《樊南甲乙集》。久已散佚,今所存本,乃全自是书录出。又如《张说集》,虽有传本,而以此书所载互校,尚遗漏杂文六十一篇。则考唐文者惟赖此书之存,实为著作之渊海。"当然,我们也可以利用这些编纂较早的总集来进行文献考订工作。

需要说明的是一些编辑较晚的选本同样具有较高的资料检索价值。我写《台城寻踪话沧桑——韦庄〈台城〉诗赏析》,①恰好有一本《金陵诗词选》(夏晨中等编注,南京大学出版社,1986年),我就从头到尾读了一遍,做了一个资料索引,有的资料可以在行文中加以引用,有的资料可以用作比较研究。如诗人通常用台城的衰败景象来抒写自己的情感,像刘禹锡笔下的《台城》:"万户千门成野草,只缘一曲后庭花。"张乔笔下的《台城》:"宫殿余基长草花,景阳宫树噪村鸦。"它们都成功地写出了台城的沧桑变化。但是韦庄的《台城》没有写这些衰败景象,而是写台城美景依旧:"江雨霏霏江草齐,六朝如梦鸟空啼。无情最是台城柳,依旧烟笼十里堤。"韦庄之意不在写物质上的沧桑变化,而在写精神上的沧桑之感,恰恰希望通过景色依旧来反衬人事全非,以引起读者对历史与现实进行关注与思考。显然,这个选本省去了我们不少翻检之劳。

目前可资检索的总集颇多,现择要举例如下:就诗而言,有《先秦汉魏晋南北朝诗》(逯钦立辑校,中华书局,1983年)、《全唐诗》(清彭定求、杨中

---

① 徐有富:《台城寻踪话沧桑——韦庄〈台城〉诗赏析》,见《文史知识》2002年第5期。

讷等奉敕编校,中华书局点校本,1960 年)、《全宋诗》(北京大学古文献研究所编,傅璇琮、倪其心、孙钦善、陈新、许逸民主编,北京大学出版社,1991—1998 年)、《全金诗》(又名《全金诗增补中州集》,清郭元釪编,《四库全书》本)、《元诗选》(初集、二集、三集、癸集、补遗)(清顾嗣立、席世臣、钱熙彦编,中华书局,1987—2002 年)、《全明诗》(《全明诗》编纂委员会编,章培恒等主编,上海古籍出版社,1990 年起陆续出版)、《晚晴簃诗汇》(徐世昌编,闻石点校,中华书局,1990 年)。就词而言,有《全唐五代词》(张璋、黄畬编,上海古籍出版社,1986 年)、《全唐五代词》(曾昭岷、曹济平、王兆鹏、刘尊明编,中华书局,1999 年)、《全宋词》(唐圭璋编,中华书局修订增补本,1999 年)、《全金元词》(唐圭璋编,中华书局,1979 年)、《全清词》(南京大学中国语言文学系全清词编纂委员会编,中华书局,1994 年起陆续出版)。就散曲而言,有《全元散曲》(隋树森编,中华书局,1964 年;1981 年重印本)、《全明散曲》(谢伯阳编,齐鲁书社,1993 年)、《全清散曲》(凌景埏、谢伯阳编,齐鲁书社,1985 年)。就散文而言,有《全上古三代秦汉三国六朝文》(清严可均校辑,黄冈王毓藻广州刊本,1887—1893 年;中华书局影印本,1958 年)、《全唐文》(清董诰等奉敕编,内府刊本,1814 年;中华书局影印本,1983 年)、《全宋文》(曾枣庄主编,四川大学古籍整理研究所编纂,上海辞书出版社、安徽教育出版社,2006 年)、《全辽文》(陈述辑校,中华书局,1982 年)、《元文类》(元苏天爵编,西湖书院刊本,1932 年;商务印书馆《四部丛刊》影印)、《全元文》(李修生主编,江苏古籍出版社,1998—2005 年)、《明文海》(清黄宗羲编,《四库全书》本)、《清文汇》(沈粹芬、黄人等辑,上海国学扶轮社石印本,1909 年)等。

(2) 别集

别集就是按一定体例将一位作者的作品汇编在一起的书。我们研究一位作家的文学创作,当然要以这位作家的所有作品为依据,惟其如此才可能得出比较全面、正确、深刻的结论。而全集性别集的任务就是系统而完备地收录某个作家的全部作品,因此可为人们研究某个作家提供比较全面的第一手资料。不少别集还可提供研究某位作家作品的相关资料。后人编辑的别集,一般都会将与某位作家作品的相关资料汇集在一起,为读者从事学习和研究提供方便。例如清王琦注《李太白文集》(中华书局,1977 年)即附录了序、志、碑、传 12 篇,时人及后人涉及李白的诗文 80 首,丛说 220 则,宋人薛仲邕编集的《翰林李太白年谱》以及外记194则,为研究者提供了比较丰富的资料。今人为前人编别集,附录的有关资料往往更加齐备。例如卞孝萱先生编的《郑板桥全集》,除郑板桥的诗文收集较全外,其"第三部分是抄录前人评述板桥的零散的旧作,按其内容,分类编排,供读者研究板桥生平、交游及创作(包括诗、词、书、画、篆刻等)之参考。评述他人而涉及板桥的资料,酌予采用。共分十七类:一、传记,二、家谱、进士题名碑,三、题画像,四、方志,五、诗词书信,六、序跋,七、书目,八、诗选,九、词选,十、诗话,十一、词话,十二、联话,十三、板桥集评语,十四、书画评,十五、书画目,十六、笔记,十七、其他。每类资料,按性质、年代先后排列。重复的记载,采用时代较前、内容较详者。分歧的甚至相反的记载,以存异为主,不轻易舍弃"。① 编者还谈道:"本书经过多年准备,才公开发表。书名《郑板桥全集》,是企图为读者全面而系统地研究板桥,提供一份比较完整而可靠的资料,以省读者翻检、考证之劳。"②

如果我们要了解唐以前的别集情况,可参考《隋书经籍志考证》(清姚振宗撰,开明书店《二十五史补编》本,1936—1937年);了解唐代别集情况,可参考《唐集叙录》(万曼著,中华书局,1980年)、《唐诗书录》(陈伯海、朱易安编撰,齐鲁书社,1988年);了解宋代别集情况,可参考《宋人别集叙录》(祝尚书著,中华书局,1999年);了解元代别集版本情况,可参考《元人文集版本目录》(周清澍撰,《南京大学学报》丛刊,1983年);要了解明代别集情况,可参考《明代文集总目》(台北,政治大学中国文学研究所编印,1966年);要了解清代别集情况,可参考《清人文集别录》(张舜徽著,中华书局,1963年)、《清人别集总目》(李灵年、杨忠主编,安徽教育出版社,2000年)、《清人诗文集总目提要》(柯愈春著,北京古籍出版社,2002年)。

(3)丛书

丛书是按照一定的原则(如或属同一作者,或属同一学科,或属同一时代,或属同一地区),采用相同的物质形式(如一样的版面,一样的装订形式),把一些著作汇刊在一起的系列书籍。我国现存古书10余万种,其中收在丛书中的约有85000种。有的丛书汇聚了某一领域的资料,如《中国古典

---

① 卞孝萱:《前言》,见卞孝萱编《郑板桥全集》,齐鲁书社,1985年,第6页。
② 同上书,第7页。

戏曲论著集成》《古本戏曲丛刊》《笔记小说大观》《民国丛书》等;有的将辑佚搜残的资料汇编在一起,如《武英殿聚珍版丛书》《玉函山房辑佚书》《师石山房丛书》等;有的在校勘方面下了很大功夫,如《抱经堂丛书》《知不足斋丛书》《士礼居丛书》《影印百衲本二十四史》等。譬如不少学者反映难以利用古籍善本,其实有影印古籍善本丛书可资利用。如《古逸丛书》26 种(黎庶昌编,清光绪年间遵义黎氏日本使署刻本),《续古逸丛书》47 种(张元济编,商务印书馆,1922—1957 年),《古逸丛书三编》43 种(中华书局编印,1983—1999 年),《四部丛刊》350 种(张元济编,商务印书馆,1919 年),《续编》81 种(1934 年)、《三编》73 种(1935—1936 年),《北京图书馆古籍珍本丛刊》473 种(北京图书馆古籍出版编辑组编,书目文献出版社,1989—1998 年)等。只要我们善于利用,还是能找到自己所需要的材料的,所以张之洞说:"丛书最便学者,为其一部之中可该群籍;搜残存异,为功尤巨。"①我们利用丛书可检索上海图书馆编的《中国丛书综录》(上海古籍出版社,1982—1983 年)、《中国近代现代丛书目录》(上海图书馆誊写胶印本,1979 年)。阳海清所编《中国丛书广录》收著名丛书 3279 种,恰可弥补《中国丛书综录》之不足。

  但是,我们不可能通过工具书解决一切问题,蒋礼鸿说:"我想给使用工具书起一个名字,叫做'读书有限偷懒法'。人的本领是善于偷懒,而偷懒的方法之一就是使用工具,读书也可以使用工具书,如字典、词典、笺注、索引之类,也可以节省不少精力和时间。但偷懒只能是有限的,使用工具书并不能代替学习和研究。"②这就需要我们具有锲而不舍的求索精神。郭毅生在《我与历史、地理的情缘》一文中谈了他为找一条材料而经历的艰苦过程:

> 明代的"都指挥使司",是相当于省级的行政和军事建置。"奴儿干都司"所辖治的地区,是包括东北边疆黑龙江流域和今俄罗斯东西伯利亚及库页岛等地。它事关中、俄两国历史疆域的所辖所领,十分重要。……据"永宁寺碑"中碑文说:"卜奴儿干西,山高而秀丽,造寺塑

---

① [清]张之洞:《书目答问》卷五,见[清]范希曾编《书目答问补正》,江苏古籍出版社,2000 年,第 287 页。
② 蒋礼鸿:《目录学与工具书》,第 9 页。

佛,柔化斯民",可知奴儿干都司城在永宁之东面不远。我不惮麻烦地从北京图书馆柏林寺书库里找到了百年前曹廷杰考查手绘的特林永宁寺地图。……我以一种渴求精神,晨昏不息地翻阅着中国和外国典籍中有关记载,想从拉文斯坦的《俄国人在黑龙江上》,巴迪里的《俄国、蒙古、中国》(第二卷)与柯林斯的《阿穆尔河顺航记》等记述中找到材料。但结果很令人失望。我又重阅了间宫林藏的《东鞑记行》和杨宾的《柳边记略》,但对奴儿干城址仍茫无线索。不言而喻,这是很令人感到迷惘和失落的。过了些天,我忽地又想起曹廷杰来,于是捡出《东三省舆地图说》《西伯利亚东偏纪要》来仔细阅读。从后一书中,我终于找到了以往各书中都没有的新资料、新发现!他记载道:从永宁寺东面下山,沿江行里余,在一个丘陵台地的荆莽丛中,"有古城基,周约二三里,街道形迹宛然,瓦砾亦多"。对地图学来说,找到故城基才是定点定位的铁证。曹廷杰发现了,也记录了这古城,它正符合文献和碑记中奴儿干城的位置。这时我才有"漫卷诗书喜欲狂"之感,颇为豪迈地挥笔在地图上绘出了"奴儿干都司"城的省级城市的定点注记符号。这个符号表明了明朝管辖的疆域,包括整个黑龙江流域和库页岛。①

这个例子告诉我们,工具书不可能解决所有问题,我们除掌握目录学知识外,还要有"上穷碧落下黄泉"的精神去搜集资料。

作业:请围绕你所确定的论文选题,编一个专题论著索引。
实例1:《"问对""连珠"与"七体"》参考文献/刘娇

按:为了便于检索,参考文献应按一定顺序编排,或按分类,或按时间先后,或按作者、题名的音序排列。此目的各条文献排列未能有序编排,有待完善。参考文献中收了好几部辞书,辞书是依据已有论著编成的,通常被算作三次文献。对于本科生来说,专业辞书具有一定的参考价值,其反映的观点颇具代表性,所以也不是绝对不能作为参考文献。在引用其观点与材料时,最好能追溯到原有学术论著。

---

① 郭毅生:《我与历史、地理的情缘》,见《文史知识》1996年第9期。

《"问对""连珠"与"七体"》参考文献

南京大学中文系2002届本科生 刘娇

1. [南朝梁]萧统编,[唐]李善注:《文选》,中华书局,1977年。
2. [唐]姚思廉:《梁书》,中华书局,1973年。
3. [宋]李昉等编:《文苑英华》,中华书局,1966年。
4. [明]刘基、王祎:《拟连珠编 演连珠编》,《丛书集成初编》本,商务印书馆,1937年。
5. [明]徐元太:《喻林》,上海辞书出版社,1991年。
6. [明]洪应明著,张熙江整理:《菜根谭(新编)》,上海人民出版社,1989年。
7. [明]梅山、梅溪注:《增广贤文溯源 朱子家训诠释》,江西人民出版社,1992年。
8. [明]吴讷、徐师曾:《文章辨体序说 文体明辨序说》,人民文学出版社,1962年。
9. [清]严可均校辑:《全上古三代秦汉三国六朝文》,中华书局,1985年。
10. 骆鸿凯:《文选学》,中华书局,1989年。
11. 王力:《古代汉语》(修订本),中华书局,1981年。
12. 赵克勤:《古汉语修辞简论》,商务印书馆,1983年。
13. 刘麟生:《中国骈文史》,上海书店出版社,1984年。
14. 王力:《汉语语音史》,中国社会科学出版社,1985年。
15. 郭锡良编著:《汉字古音手册》,北京大学出版社,1986年。
16. 金振邦编著:《文章体裁辞典》,东北师范大学出版社,1986年。
17. 傅佩韩:《中国古典文学的对偶艺术》,光明日报出版社,1986年。
18. 唐松波、黄建霖主编:《汉语修辞格大辞典》,中国国际广播出版社,1989年。
19. 褚斌杰:《中国古代文体概论》(增订本),北京大学出版社,1990年。
20. 钱仓水:《文体分类学》,江苏教育出版社,1992年。
21. 戚雨村、董达武、许以理、陈光磊编:《语言学百科词典》,上海辞书出版社,1993年。

22. 贾锦福主编:《文心雕龙辞典》,济南出版社,1993年。
23. 曹明纲:《赋学概论》,上海古籍出版社,1998年。
24. 赵义山、李修生主编:《中国分体文学史·散文卷》,上海古籍出版社,2001年。
25. 赵世举:《古汉语暗喻的表达形式及其特点浅说》,《修辞学习》1998年第6期。

(见南京大学文学院教学委员会编《南京大学文学院本科学生论文选集[1999—2007]》,南京大学出版社,2008年,第163页)

实例2:台城寻踪话沧桑——韦庄《台城》诗赏析/徐有富

按:这是一篇命题作文,为了完成任务,我需要作文献调查与社会调查。首先我们可以通过万曼的《唐集叙录》,大致了解一下韦庄集的版本情况,知道《全唐诗》《四部丛刊》都收有韦庄的诗词,我们从中可以全面了解韦庄的诗词创作情况。(上海古籍出版社2002年4月出版的聂安福《韦庄集笺注》,当时未见。该书还介绍了一些研究韦庄《秦妇吟》的资料,其中比较重要而又容易找到的是陈寅恪的《秦妇吟校笺》。)接着我从南京大学的馆藏目录中找到一本《金陵诗词选》(夏晨中、宙浩等编注,南京大学出版社,1986),它虽然是选本,但是收了不少历代诗人咏金陵的诗,可资比较研究。从《唐五代人物传记资料综合索引》(傅璇琮、张忱石、许逸民编撰,中华书局,1982)中,我们可以找到一些韦庄的传记资料。从《中国地方志联合目录》中,我们可以找到《至正金陵新志》等有关台城的一些历史资料。我们还可以到台城遗址去游览一下,亲自去感受一下台城周围的环境。在此基础上,再来写一篇赏析文章,困难就会小一些了。

台城寻踪话沧桑——韦庄《台城》诗赏析
徐有富

江雨霏霏江草齐,六朝如梦鸟空啼。
无情最是台城柳,依旧烟笼十里堤。

南京旧称金陵,向有"江南佳丽地,金陵帝王州"的美誉(谢朓《入朝曲》)。钟山、汤山、方山、雨花台、牛首山、石头山(即今清凉山)、幕府山坐落在它的四郊,形成天然屏障;长江、秦淮河环绕在它的周围,变为难以逾越的天堑。故周威王、秦始皇称之有王气,诸葛亮也盛赞:"钟山龙盘,石头虎踞,此乃帝王之宅也。"(《建康实录》引《吴录》)唐代之前,吴、东晋、宋、齐、梁、陈六朝相继在此建都达三百年之久。诚如李白所说:"金陵昔时何壮哉,席卷英豪天下来。"(《金陵歌送别范宣》)金陵一跃而为全国政治、经济、文化中心。"地拥金陵势,城回江水流。当时百万户,夹道起朱楼"(李白《金陵三首》之二)就描写了当时的盛况。

六朝统治者都将自己的宫城(即台城)依山傍水建在城中。山者,鸡笼山(即今北极阁山)也;水者,北湖(即今玄武湖)也。"台城六代竞豪华,结绮临春事最奢。"(刘禹锡《台城》)"结绮""临春",还有"望春"是陈后主在宫中修的楼阁名。其实六个朝代都新建或改造了不少宫殿,宫殿周围还要积石为山,引水为池,种植花草树木。此外,它们还在都城内外兴建了三十多处皇家花园与离宫别馆。其中以鸡笼山为中心的华林园和以覆舟山(今九华山)为中心的乐游园为最有名。宋文帝甚至还在烟波浩渺的玄武湖中建起了名为方丈(今梁洲)、蓬莱(今环洲)、瀛洲(今樱洲)的三神山。当然皇亲国戚、达官贵人们也在首都兴建了大量花园豪宅,还有为数众多的佛寺遍布都城各地山林。杜牧的《江南春》大致描写了六朝时期南京地区的美景:"千里莺啼绿映红,水村山郭酒旗风。南朝四百八十寺,多少楼台烟雨中。"

公元 589 年,陈朝灭亡,隋文帝下令将六朝首都的城墙、皇宫、官署夷为耕地,以免后人据以称王称霸,并且将扬州州治从金陵移往江都(今扬州),只留下比较小的石头城作为蒋州(今南京)的州城。唐朝继续推行抑制金陵的方针,有个时期甚至取消了它作为州的建制,而将其上元县改属润州(今镇江)。这就使金陵成了由极盛迅速变为极衰的典型,唐以后的诗人们都喜欢把它当作抒发沧桑之感的题材。

在历代众多的金陵怀古诗中,韦庄的《台城》堪称上乘之作,这与他的家庭出身、生活经历、文学修养密切相关。韦庄(836—910),字端己,长安(今西安西北)杜陵人,宰相韦见素的后代。而韦见素是一个认识到安禄山必反,一再进谏,始终未被采纳,并亲身经历了安史之乱的人。韦庄还是著名诗人韦应物的四世孙。这样的家庭出身使他能够受到良好的教育,胸怀大志,关注国家的命运和前途。公元880年春,韦庄在长安应试未第,目睹了当年冬天黄巢攻陷长安的过程,并于公元883年春在洛阳写了著名的《秦妇吟》。"含元殿上狐兔行,花萼楼前荆棘满。昔时繁盛皆埋没,举目凄凉无故物。内库烧为锦绣灰,天街踏尽公卿骨。"这就是韦庄所见到的战争给长安留下的创伤。听说金陵固若金汤,未见戎马,于是他携家带口,流落江南,并写了《上元县》《金陵图》《谒蒋帝庙》等一批金陵怀古诗,将自己对社会现实的感受,利用一些历史古迹作为载体,表现了出来。《台城》可以说是其中最出色的一篇。

这首诗的起句写长江之滨,细雨霏霏,芳草萋萋。欧阳炯《江城子》尝云:"晚日金陵岸草平。""齐"与"平"都是远眺江边丰草所获得的印象。诗人来自西北,对这颇具江南地方特色的自然景观的感受似乎特别新鲜、特别深刻。

次句内涵十分丰富。"鸟啼"二字明写所闻,暗写所见。我们从中可以体会到诗人在《幽居春思》诗中所描述的"翠羽春禽满树喧"的动人画面与音响。"六朝如梦"四字则写了诗人对以台城为政治中心的那一段历史的总体感受。诗人着一"空"字,又巧妙地将所见、所闻、所感紧密地联系在一起:江山如画,而过去主宰与享受这如画江山的六朝统治者们,却成了历史上的匆匆过客而不复存在了。诚如李白所说:"四十余帝三百秋,功名事迹随东流。"(《金陵歌送别范宣》)

三、四两句补写了诗人在台城遗址所见到的美丽景象。唐代的北湖湖面是今天玄武湖的三倍。东晋初年,沿北湖南岸,从覆舟山北麓一直到幕府山下,修了条十里长堤。长堤上笼罩着嫩绿的柳枝与鹅黄色柳絮,花草树木中莺歌燕舞,到处是一派生气勃勃的景象。这是多么诱人的画面!幸运的是,现存南京明城墙鸡鸣寺至解放门一段即为六朝台城故址的一部分,仍然是我们眺望玄武湖美景的最佳地点。这两句诗中特别值得注意的是"无情"二字。十里长堤上的杨柳丝毫不顾六朝政权的灭亡,依然抽条、吐绿、飘絮,显示着春天的美丽,确实是够无情的了。诗人恰恰通过柳之无情,希望人们去思考六朝灭亡的历史教训:历史是无情的,如果一个政权倒行逆施,只能遭到历史的遗弃和嘲弄。

此诗好就好在通过怀古,表达了诗人对摇摇欲坠的晚唐政权的深沉忧虑,而且诗人的忧虑还充满着批判意识。公元 880 年冬 12 月黄巢起义军入潼关、下华州(今华县),唐僖宗慌忙逃往成都,韦庄不久写了首《立春日作》,诗云:"九重天子去蒙尘,御柳无情依旧春。今日不关妃妾事,始知辜负马嵬人。"此诗不仅为杨贵妃翻案,将酿成安史之乱的罪责理所当然地归为唐玄宗,而且将酿成广明之乱的罪责也理所当然地归为当朝皇帝唐僖宗。特别值得我们注意的是,诗中也称御柳"无情"。这就使我们认识到《台城》一诗不仅在批评六朝皇帝,也在批评唐代皇帝,而且还指出唐玄宗、唐僖宗们已经并且正在重蹈六朝的覆辙。

作者还善于渲染艺术气氛来烘托自己的内心情绪。如同先祖韦见素身为宰相,虽然清醒地认识到安史之乱即将爆发,却无法阻止这一历史悲剧的产生一样,韦庄作为一介书生(他直到乾宁元年 59 岁时方考取进士),虽然清醒地认识到唐末动乱之源,却无法阻止唐末动乱的延续。他胸怀大志,而且这种志向似乎一直都没有泯灭过。但是他毕竟身处乱世,而且文战不利,长期过着流离的生活,难免有走投无路的感觉,他在《寓言》诗中写道:"为儒逢世乱,吾道欲何之?学剑已应晚,归山今又迟。"他笔下的《独鹤》应当说就是他自己的写照:"夕阳滩上立裴回,红蓼风前雪翅开。应为不知栖宿处,几回飞去又飞来。"所以在他的诗中一再流露出"浮生如梦"的情绪,如《忆昔》:"今日乱离俱是梦,夕阳唯见水东流。"《上元县》:"有国有家皆是梦,为龙为虎亦成空。"《杂感》:"鱼龙爵马皆如梦,风月烟花岂有情。"《含山店梦觉作》:"灯前一觉江南梦,惆怅起来山月斜。"所以,"六朝如梦"既是他对六朝的感受,也是他对晚唐政权和个人前途的体验。诗中所弥漫着的对国家命运和个人前途悲观失望的情绪,在那个时代的知识分子中具有普遍意义。作者通过迷蒙细雨与朦胧烟柳所着力营造出来的氛围,恰到好处地传达了这种情绪。真所谓"悲凉之雾,遍被华林"(鲁迅《中国小说史略》论《红楼梦》语)。

就构思而言,这首诗也有着自己的特点。诗人通常用台城的衰败景象来抒写自己的情感,如刘禹锡笔下的《台城》:"万户千门成野草,只缘一曲后庭花。"《史记·孝武本纪》云:"作建章宫,度为千门万户。"诗中的"万户千门"显然指皇宫,说它已变成了荒野。再如张乔笔下的《台城》:"宫殿余基长草花,景阳宫树噪村鸦。"齐有景阳楼,陈有景阳殿。诗中的"景阳宫"显然借指皇宫,是说昔日的皇宫遗址已经变成了百姓村落。它们都成功地写出了台城的沧桑变化。但是韦庄的《台城》没有写这些衰败景象,而是写台城美景依旧。"暮春三月,江南草长,杂花生树,群莺乱飞。"梁人丘迟《与陈伯之书》所描绘的春色,在这首诗中似乎得到了再现。韦庄之意不在写物质上的沧桑变化,而在写精神上的沧桑之感,恰恰希望通过景色依旧来反衬人事全非,以引起读者对历史与现实进行关注与思考。

(原载《文史知识》2002年第5期)

第三讲　怎样作社会调查

我们写论文所需要的信息资料,一方面来自已有文献,一方面来自社会实践。要想获得文献信息需作文献调查,要想获得社会实践信息需作社会调查。有所谓"读万卷书,行万里路"的说法。"读万卷书"显然指文献调查,"行万里路"显然指社会调查。上一讲介绍了怎样作文献调查,这一讲介绍怎样作社会调查。

一　社会调查的意义

人们普遍重视文献调查,而对社会调查则重视得不够。本节将首先讨论一下社会调查的意义,主要谈两点:一、什么是社会调查;二、社会调查的意义。接着讲社会调查的方法。

1. 什么是社会调查

社会调查是为了一定的目的,运用一定的方法和手段,直接向社会了解情况。

古代采风实际上就是作社会调查,《礼记·王制》:"天子五年一巡守。岁,二月,东巡守,……命大师陈诗以观民风。"《汉书·食货志》:"孟春之月,群居者将散,行人振木铎徇于路,以采诗,献之大师,比其音律,以闻于天子。故曰:王者不窥牖户而知天下。"《公羊传》宣公十五年《注》云:"从十月尽,正月止……男年六十,女年五十,无子者,官衣食之,使之民间求诗,乡移于邑,邑移于国,国以闻于天子。故王者不出牖户,尽知天下所苦。"如《硕鼠》中所谓"逝将去女,适彼乐土;乐土乐土,爰得我所"。乐土指那些在生产关系方面实行改革的地方,按亩征税在很大程度上改变了奴隶们的地位,所以引起了奴隶们的向往。刘知几《史通·载文》篇云:"观乎国风,以察兴亡。"可见收集民歌对了解社会动态确实是大有好处的。

2. 社会调查的意义

如上所说,社会调查同读书一样,是人们获得信息和知识的重要渠道。古人很重视从社会实践中学习,如明末清初人廖燕将书本以外的信息载体比喻成无字书,他说:"无字书者,天地万物是也。古人尝取之不尽,而尚留于天地间,日在目前,而人不知读。燕独知之读之,终生不厌。"①近人张舜徽也强调说:

> 今之学者,除读有字之书外,尤以读无字书为亟。无字书者,举凡新生事物之接于吾耳目者皆是也。有可以效法者焉,有可资鉴戒者焉。必多读无字书,而后能明于当今之务,不蹈知古而不知今之弊也。昔人但局限于读有字书,不足取法。②

清李威称:"好学者随所闻所见,皆可以为学,不必其肄习讲贯也。"③而且许多知识不见于书本,只能从社会调查中获得。郑樵曾说过:"凡书所言者,人情事理,可即己意而求,董遇所谓读百遍,理自见也。乃若天文、地理、车舆、器服、草木、虫鱼、鸟兽之名,不学问,虽读千回万复,亦无由识也。奈何后之浅鲜家,只务说人情物理,至于学之所不识者,反没其真。"④可以说文献记录的知识是有限的,我们需要掌握的绝大部分知识,都需要从社会实践中获得。如1938年2月,在长沙的临时大学搬迁到云南,闻一多加入湘滇旅行团步行前往,一路上采风问俗。当年与闻一多作社会调查的马学良回忆道:

> 闻一多先生白天步行,晚间到宿营地吃过晚饭,便和我去少数民族人家访问,或从实地体会奇风异俗,访古探幽。两个多月的时间,闻先生贪婪地采风问俗,收集了大量资料,这些资料古书上见不到或已消

---
① [清]廖燕:《答谢小谢书》,见《二十七松堂集》卷五,清乾隆年间刻本。
② 张舜徽:《清人笔记条辨》卷五《退余丛话》条辨,第196页。
③ [清]李威:《岭云轩琐记续选》卷二,民国二十四年(1935)闽县程树德等铅印本。
④ [宋]郑樵:《寄方礼部书》,见《郑樵文集》,书目文献出版社,1992年,第29页。

亡,却还活生生遗留在民间。……通过这次旅途中对少数民族的风土人情、生动的民间歌谣、优美的神话传说等所见所闻,大大地开阔了视野,增广了见闻,使久居书斋的闻先生和我们耳目一新。这些资料不仅丰富了他的神话、古典文学研究,也引起了他对民俗学、民族学、人类学等方面的兴趣,使他后来的学术研究超出古书堆,脚踏实地,深入民间,采集大量第一手资料,再结合印证古籍,提出了很多独创性的见解。如他写的《从人首蛇身像谈到龙与图腾》一文,就起因于我们在湘西一个苗寨的路旁一座类似汉地的土地庙中看到的一个人首蛇身的石像。石像造型优美,栩栩如生。当时闻先生在石像前徘徊良久,不忍离去,不胜感叹地说,多年来从各种古籍中查稽到不少古老的神话传说,却从无实证,想不到今天居然找到了堪为印证的实物。①

　　通过社会调查所获得的信息,往往更原始、更新鲜、更真实。试以洋葱为例,社会调查所获得的信息就好比从地里刚拔出来的洋葱,有叶、有茎、有皮、有根,根上甚至还有泥土。这才是真正的洋葱,它让我们看到了洋葱的本来面貌。而文献调查所获得的信息,就好比从菜场买回来的洋葱,叶子、茎、皮、根都被去掉了,当然也不会有泥土,它已失去了洋葱的原来面貌。

　　社会调查也有利于提高自己的认识水平。顾颉刚曾谈到他1917年在家乡搜集过民歌民谣,先"从家中的小孩的口中搜集起,渐渐推到别人。很奇怪的,搜集的结果使我知道歌谣也和小说戏剧中的故事一样,会得随时随地变化。同是一首歌,两个人唱着便有不同。就是一个人唱的歌,也许有把一首分成大同小异的两首的。有的歌因为形式的改变以至连意义也随着改变了"。②这次民歌调查活动对他的疑古辨伪思想的形成以及历史演进法的运用,无疑具有促进作用。

　　当然,社会调查也会为学术论著提供论据。邓绍基曾谈及赵景深研究民间文学就运用了社会调查获得的材料:

　　　　景深师曾赐我一本《大鼓研究》(商务版),我拜读后,发现其中有一则实地调查,很受启发。原来当时关于大鼓书的名目统计,人言人

---

① 马学良:《历史的足音》,见张世林编《学林往事》,朝华出版社,2000年,第878—879页。
② 顾颉刚:《自序》,见《古史辨》第1册卷首。

殊,关于流行的常演篇目,也是人言言殊。景深师于是越出已有的文字记载,作了一次实地调查。……景深师统计了1934年3月25日到4月16日这二十天内七位演员在"北平书场"演唱的大鼓书名目,得出的结论是,虽然每人计唱四十种,共二百八十种,但去其重复,这些演员所唱的不同篇目却只有四十四种。景深师庆幸这次调查印证了杨庆五《大鼓书话》中的话:"目前挟技走南北之大鼓书家如刘宝全不满五十支。"景深师还说:"这个统计表还有一个用处,就是可以使我们知道,现今鼓场所流行的是哪一些大鼓书。"①

许多人的学问都是从社会调查中得来的。《论语·八佾》云:"子入太庙,每事问。"孔子之所以能够创立儒家学派,显然与此密切相关。司马迁也非常重视社会调查。《史记·太史公自序》云:"迁生龙门,耕牧河山之阳。年十岁则诵古文。二十而南游江、淮,上会稽,探禹穴,窥九疑,浮于沅、湘,北涉汶、泗,讲业齐、鲁之都,观孔子之遗风,乡射邹、峄;厄困鄱、薛、彭城,过梁、楚以归。"他在《孔子世家》中还专门提到他"适鲁,观仲尼庙堂、车服、礼器,诸生以时习礼其家,余祗徊留之不能去云"。社会调查极大地丰富了司马迁的史学知识,也使他的《史记》写得格外生动。如《史记·淮阴侯列传》云:"吾如淮阴,淮阴人为余言,韩信虽为布衣时,其志与众异。其母死,贫无以葬,然乃行营高敞地,令其旁可置万家。余视其母冢,良然。"显然,所写为其所见所闻。

不少学术著作也是社会调查的成果。扬雄《方言》就是一个突出例子,罗常培专门介绍道:

> 他虽然没有坐着轻的辎轩车到各处去调查方言殊语,可是他利用各方人民集中都市的方便,记录了当时知识分子(孝廉)、兵士(卫卒),其他平民乃至少数民族的语言。他所用的调查方言法是"常把三寸弱翰、油素四尺,以问其异语,归即以铅摘次之于椠"(《答刘歆书》,并参阅《西京杂记》),这简直是现代语言工作者在田野调查时记录卡片和立刻排比整理的功夫。这真是中国语言史上一部"悬日月不刊"的奇书,因为它是开始以人民口里的活语言作对象,而不以有文字记载的语

---

① 邓绍基:《回忆我的业师赵景深教授》,见张世林编《学林往事》,第839页。

言作对象的。①

宋代学者郑樵已经清晰地认识到既要向书本学习,又要向社会实践学习,而且应当将两者紧密结合起来。他说:"语言之理易推,名物之状难识。农圃之人识田野之物,而不达《诗》《书》之旨。儒生达《诗》《书》之旨,而不识田野之物。五方之名本殊,万物之形不一。必广览动植,洞见幽潜,通鸟兽之情状,察草木之精神,然后参之载籍,明其品汇。"②复云:"臣少好读书,无涉世意;又好泉石,有慕弘景心,结茅夹漈山中,与田夫野老往来,与夜鹤晓猿杂处,不问飞潜动植,皆欲究其情性。"③可见为了掌握生物学知识,郑樵特别注意运用社会调查的方式,注意实地观察,并积极向田夫野老请教。

明末清初的顾炎武也非常重视社会调查,正如张舜徽所说:"顾氏漫游四方,经历的地区很广,每至一地,都细致地、深入地做了调查研究工作。有如潘耒在《日知录序》中所说:'先生足迹半天下,所至交其贤豪长者,考其山川风俗、疾苦利病,如指诸掌。'这不是几句空话!我们只看顾氏著述如《山东考古录》《京东考古录》《营平二州地名记》《昌平山水记》诸书,都是通过实地考察,将调查所得的材料结合书本的记载,加以分析研究之后而写成的。"④

清代学者在历史地理学方面取得了突出成就,顾祖禹的《读史方舆纪要》堪称代表作。而作者显然得益于社会调查,论及著述经过,其自叙称:"集百代之成言,考诸家之绪论,穷年累月,矻矻不休,至于舟车所经,亦必览城郭、按山川、稽道里、问关津,以及商旅之子、征戍之夫,或与从容谈论,考核异同。"⑤

现代学者从事社会调查的成果,当以费孝通的博士论文《开弦弓——一个中国农村的经济生活》为最突出。美国芝加哥大学的社会学教授派克曾在燕京大学讲过怎样在都市进行实地调查的问题,费孝通深受启发。

---

① 罗常培:《扬雄〈方言〉在中国语言学史上的地位——周祖谟〈方言校笺〉序》,见《光明日报》学术增刊第 18 期 1950 年 10 月 22 日。
② [宋]郑樵:《通志总序》,见《通志》,中华书局,1987 年,第 3 页。
③ [宋]郑樵:《昆虫草木略一·序》,见《通志》卷七五,第 865 页。
④ 张舜徽:《顾炎武学记第一》,见《张舜徽集·清儒学记》,第 11 页。
⑤ [清]顾祖禹:《总叙二》,见《读史方舆纪要》卷首,清光绪五年(1879)蜀南薛氏桐华书屋刊本。

1936年暑期,费孝通接受其姊费达生的建议,去吴江县庙港乡开弦弓村参观访问,进行了一个多月的调查,后来他到英国伦敦大学经济学院人类学系攻读博士学位,即据此次调查所得写成了他的博士论文。今将其论文目录附录于下:

  第一章 前言
  第二章 调查区域
  第三章 家
  第四章 财产与继承
  第五章 亲属关系的扩展
  第六章 户与村
  第七章 生活
  第八章 职业分化
  第九章 劳作日程
  第十章 农业
  第十一章 土地的占有
  第十二章 蚕丝业
  第十三章 养羊与贩卖
  第十四章 贸易
  第十五章 资金
  第十六章 中国的土地问题
  附录 关于中国亲属称谓的一点说明①

这篇调查报告采取解剖麻雀的方法,使读者清楚地看到了30年代中国江南农村社会的方方面面。

  还有一位中国社会经济史研究专家傅衣凌,也非常重视社会调查。他自我介绍道:"抗战的几年生活,对我的教育是很深的。在伟大的时代洪流中,使我初步认识到中国的社会实际,理解到历史工作者的重大责任,他绝不能枯坐在书斋里,尽看那些书本知识,同时还必须接触社会、认识社会,进行社会调查,把活材料与死文字两者结合起来,互相补充,才能把社会经济

---

① 费孝通:《江村经济(中国农民的生活)》卷首,江苏人民出版社,1986年。

史的研究推向前进。这样,就初步形成了我的中国社会经济史的研究方法,这就是:在收集史料的同时,必须扩大眼界,广泛地利用有关辅助科学知识,以民俗乡例证史,以实物碑刻证史,以民间文献(契约文书)证史,这个新途径对开拓我今后的研究方向是很有用的。"①20世纪三四十年代,他把社会调查引入史学研究在国内未引起强烈反响,但是其成果"很快被介绍到日本,成为战后日本史学界重建中国史学方法论的一个来源;而后又由日本学者的媒介,传播到美国,成为美国五六十年代新汉学研究方法的一个重要组成部分。他在日、美汉学界被尊为一代大师,享有很高的声誉,不是偶然的"。②

就文史研究而言,顾颉刚特别重视社会调查,影响较大的是"1925年北京大学研究所国学门的顾颉刚、孙伏园、容庚(希白)、容肇祖(元胎)、庄严(尚严)一行五人受北京大学研究所国学门风俗调查会的嘱托,从四月三十日至五月二日(阴历四月初八至初十),对妙峰山庙会进行了为期三天的民俗考察。回京后,参加考察的人每人写了一篇调查报告,因考察人员中的孙伏园那时正任《京报副刊》主笔,考察记就在《京报副刊》上发表出来"。③1929年5月17日至5月19日,顾颉刚、魏建功等人又对妙峰山进行了第二次有组织的考察。1931年春,与燕京大学同人组成考古旅行团,到河北、河南、陕西、山东四省调查古物古迹。1934年夏,与燕京大学同人去绥远参观,了解到边疆与少数民族问题的危机。此外,顾颉刚还于1936年8月到1937年7月"开设了'古迹古物调查实习'这门别开生面的课程。参加领导这门课程的还有分别对考古学和宗教艺术有研究的容庚(希白)教授和李荣芳教授。按规定,每两个星期就要利用周末的时间进行一次现场实习,主要是在北平城内和郊外,有时还利用假期较长的时间(如国庆节和春假)有目标地奔赴外地"。④可以说顾颉刚毕生重视社会调查,他在1978年6月12日致信汪宁生说:"我一生性极好游,足力又健,日可步行百里,故能多所

---

① 傅衣凌:《我是怎样研究中国社会经济史的》,见《文史哲》1983年第2期。
② 杨国桢:《序言》,见《傅衣凌治史五十年文编》卷首,厦门大学出版社,1989年。
③ 吕微:《民国时期的妙峰山民俗研究》,见顾潮编《顾颉刚学记》,第255页。
④ 侯仁之:《师承小记——忆我师顾颉刚教授》,见《中国历史地理论丛》1989年第4期。

见闻,用以证明古代史事。"①汪宁生还概括地谈了顾颉刚在这方面取得的成就:

> 顾先生用藏、白等族招赘习俗,证明古代赘婿实与奴隶无异;用傣、苗等族丢包习俗,说明内地抛彩球择婿之风的由来;考证"披发左衽",以蒙藏人民的服饰作为实例;解释《老子》中"刍狗"一词,以喇嘛庙中酥油偶像作为比喻。此外,还指出"傻瓜"一词得名于"瓜州之戎";"吹牛""拍马"为西北方言;以黄河、柳江上的连舟搭桥解释古代"造舟为梁";以四川、湖南民间住宅的天窗说明古代"中霤"之制等等。总之,无论是边疆少数民族保存的文化习俗,还是残留于内地偏僻地区的民俗学资料,到了顾先生手中都有用处。甚至连多年前看过的一场戏曲,听到的某句方言,也能随手拈来,用以证史。②

此外,北京大学在民国时期所开展的搜集歌谣活动,取得了丰硕成果,并产生了巨大影响。1918 年由北京大学刘半农等发起向全国征集歌谣的活动,宣告了"北大歌谣征集处"的成立,由"沈尹默主任一切,并编辑'选粹';刘复担任来稿之初次审订,并编辑'汇编';钱玄同、沈兼士考订方言"(《北京大学征集全国近世歌谣简章》)。1920 年 12 月 19 日,北大歌谣研究会成立。1922 年,创办《歌谣周刊》,并入新成立的北京大学研究所国学门。1927 年 11 月 20 日,《北京大学研究所国学门月刊》第七、八期出版后,歌谣收集与研究活动陷于停顿。1935 年北京大学文科研究所决定恢复歌谣研究会,聘请周作人、魏建功、罗常培、顾颉刚、常惠、胡适诸位先生为歌谣研究会委员。《歌谣周刊》恢复编辑出版后,出至第 53 期停刊。③ 这次征集歌谣活动,使读者知道了真正的平民文学是个什么样子,也培养了不少人,我国著名的民间文学研究专家钟敬文就是在这次调查活动中成长起来的。他谈道:

> 在 20 年代的前期和后期,我已在收集、记录的基础上,整理和出版了几个民间文学作品的小册子,如歌谣集《客音情歌集》(1926)、《疍歌》(1927)、《马来情歌》(1928),以及民间故事集《民间趣事》(1926)

---

① 汪宁生:《多所见闻 以证古史——记顾颉刚先生对我的启迪和帮助》,见《社会科学战线》1984 年第 3 期。
② 同上。
③ 王文宝:《北大歌谣研究会与〈歌谣周刊〉》,见《文史知识》1998 年第 5 期。

等。……我开始进行民俗学工作时,曾利用居住本乡本土的方便,从家族、邻里、学校等群体的成员的口中,收集过歌谣、民间故事等资料。稍后还公开印行过这种实地调查的资料集子。①

新时期为学术研究的需要而开展社会调查工作蔚然成风,例如1982年山东大学的萧涤非为做好《杜甫全集》的校注工作,曾率领课题组的成员,沿着杜甫当年走过的道路作过实地考察。张忠纲谈道:

> 宋人云:"不行万里途,不读万卷书,不可读杜诗。"因此,上世纪七八十年代,我们在从事《杜甫全集校注》之初,主编萧涤非先生毅然以七十四岁之高龄,亲自率领我们校注组成员,沿着杜甫当年走过的道路,足迹遍及山东、河南、陕西、甘肃、四川、重庆、湖北、湖南等地,对有关杜甫的行踪遗迹及影响,做了一番实地考察,并写成《访古学诗万里行》一书,由人民文学出版社于一九八二年出版。②

这次考察活动开创了杜诗研究的新途径,此后有关杜诗地名现地研究的成果不断出现,促进了杜诗研究的深入发展。

二 社会调查的方法

既然从事社会调查,总要采用一些社会调查的方法。这些方法主要有观察法、访谈法、函询法、实验法等,现逐一介绍如下:

1. 观察法

观察是一种自动行为,它是我们在实践中运用感觉器官获取信息的基本方法。用于社会调查的观察法,则应具有以下特点:(1)观察者须先有一个研究目的或假说,然后再有目的地去搜集资料。(2)须划定一个观察范围,再在这个范围内确定观察对象。(3)实地观察应有系统、有计划地进行。(4)除利用感官外,还须借用别的工具,将所观察的结果正确地、详细地记录下来。(5)观察记录必须客观、避免主观和偏见。(6)观察结果须加

---

① 钟敬文:《我与中国民俗学》,见张世林编《学林春秋》初编,第25、47页。
② 张忠纲:《序》,见宋开玉《杜诗释地》卷首,上海古籍出版社,2004年,第1页。

以证实,然后才能作为研究的依据。观察法的优点是简便易行,所获得的信息比较原始、比较生动、比较可靠。其缺点是带有一定的表面性与偶然性。某些隐秘的社会现象难以运用观察法。

司马迁当年就运用观察法作过社会调查,《史记》中的有关记载就清楚地说明了这一点,如《史记·李将军列传》云:"余睹李将军悛悛如鄙人,口不能道辞。及死之日,天下知与不知,皆为尽哀。"又《史记·游侠列传》云:"吾视郭解,状貌不及中人,言语不足采者。然天下无贤与不肖,知与不知,皆慕其声,言侠者皆引以为名。"

宋人郑樵在写《通志·昆虫草木略》时就采过药,捕过鱼,与夜鹤晓猿杂处,注意观察各类生物的生长情况与生活特点,其《通志总序》云:

> 语言之理易推,名物之状难识。农圃之人识田野之物,而不达《诗》《书》之旨。儒生达《诗》《书》之旨,而不识田野之物。五方之名本殊,万物之形不一。必广览动植,洞见幽潜,通鸟兽之情状,察草木之精神,然后参之载籍,明其品汇。故作《昆虫草木略》。

可见,他的《昆虫草木略》是文献调查与社会调查相结合的产物,许多生物学知识都是通过观察获得的。清人郝懿行撰《尔雅义疏》也采用了同样的方法,《清史稿·列传·儒林传下·郝懿行》曾引用过他的一段话:"余田居多载,遇草木虫鱼有弗知者,必询其名,详察其形,考之古书,以征其然否。今兹疏中,其异于旧说者,皆经目验,非凭胸臆。"

我们当然可以将观察法运用于各种学术研究,正像梁启超所说:"如观汉代各种石刻画像,循溯而下,以至魏、齐造像,唐昭陵石马,宋灵岩罗汉,明碧云刻桷,清圆明雕柱等,比较研究,不啻一部美术变迁史矣。又如桥柱、井阑、石阙、地莂等类,或可以睹异制,或可以窥殊俗,无一非史家取材之资也。"[①]

顾颉刚积极从事社会调查,收获颇丰,如"1959 年在安阳参观一鱼场,见有以二木条钉于两小船之舷,连而为一,人登其上以下网捕鱼,疑为古代方舟遗制。询之同行的李俨先生,知此为豫、陕间所习用,名'双木船',泊于渡口以载人。更证实《谷风》所谓'就其深矣,方之舟之'、《汉广》所谓

---

① 梁启超:《中国历史研究法》,见《饮冰室专集》之七十三,《饮冰室合集》,第 43 页。

'江之永矣,不可方思'之'方'当作方舟解,纠正了传笺之误。"①

南京大学中文系吴新雷教授研究《红楼梦》,实地勘察曹雪芹家庭活动遗址,在曹学研究方面收获很大,曾发表过《南京曹家史迹考察记》《随园与大观园的关系》《〈香林寺庙产碑〉和曹寅的〈尊胜院碑记〉》《苏州织造府与曹寅、李煦》《曹雪芹家庙万寿庵遗址的新发现——附考水月庵遗址》等论文。②

运用观察法在语言学研究中也会有收获,《豳风·七月》有"八月剥枣"一句,毛《传》解"剥"为"击也"。王安石则解为:"剥者,剥其皮而进之,所以养老也。"这恐怕是他从"剥"字的字面解释和"以介眉寿"联系起来作出的新义。《诗经新义》于神宗熙宁八年(1075)六月颁行于学官。安石后行于田野间,见群儿相呼剥枣,方知己见不确。王安石发现自己的错误后,于元丰三年(1080)九月,向神宗上《乞改三经义误字札子》,要求删去自己以前对于"剥枣"的注释。③ 近人张舜徽曾举一例:

> 我对于过去学者们饱读无字书的精神和成就,十分歆慕。自己也就随时随地注意吸取书本以外的见闻,来扩大自己的知识领域,也时时有所得。例如我早年读《说文》至麦部,有云:"秋种厚薶,故谓之麦。"这明明是许慎以声训法指出"麦"的声义是由"薶"(埋)来的。我最初不能理解这一说法,后来在湖北农村,亲眼看到秋冬之际种麦的时候,都是用锄深挖土,将种子放下,再厚盖以土。湖北人称为"挖麦子",和其他谷类的种植法大不相同。我才体会到"厚薶"的原意,和许氏以薶释麦之故。即此小例,足以说明读无字书的重要。④

我们在科学研究中,有时也需要运用观察法获得有关信息,譬如《文史知识》2002年第5期为庆祝南京大学成立一百周年专号,约我写一篇韦庄《台城》诗的赏析文章,除作文献调查外,我还特地到台城故址去观察了一番。台城何在是个有争论的问题,通过观察,我认为"现存南京明城墙鸡鸣

---

① 顾洪:《关于顾颉刚先生读书笔记的特色》,见《文史哲》1993年第2期。
② 见吴新雷、黄进德《曹雪芹江南家世丛考》,黑龙江教育出版社,2000年。
③ [宋]王安石:《乞改三经义误字札子二道》之二,见《临川先生文集》卷四三,《四部丛刊》初编,商务印书馆1919年影印本。
④ 张舜徽:《自强不息,壮心未已》,见邓九平编《谈治学》,第666—667页。

寺至解放门一段即为六朝故址的一部分",应当是符合实际情况的。因为这段城墙在玄武湖与鸡笼山之间,两边几乎没有隙地,而鸡笼山又是皇宫的组成部分,不在这儿修城,皇宫将无法保卫。幸运的是,这段城墙仍然是我们今天观察玄武湖美景的最佳地点。

我们在观察人物、景物、事物时,如果联系有关文学作品,并加以思考,往往会有所收获。譬如有天清晨,我经过一座用木条铺的步行桥,发现桥面上结满了一层白霜,便想起了晚唐诗人温庭筠《商山早行》中的名句:"鸡声茅店月,人迹板桥霜",并且体会到了这两句诗的好处。因为板桥悬在河上,桥面的温度很低,所以容易结霜,而且桥面上的霜非常均匀,不容易融化。而路面连着地表,温度比较高,不容易结霜。草木高出地面,比较冷,能够结霜,但是参差不齐,缺乏整体效果。所以温庭筠只说"人迹板桥霜",不说"人迹路上霜",或"人迹草上霜",因为"人迹板桥霜"才是北方秋冬时节的清晨所见到的具有典型意义的景色。

2. 访谈法

访谈是应用甚广的一种实地调查方法,通过面对面的交流,能够深入、全面地获得信息,因此为学者们所广泛运用。访谈法可分为个别访谈与开座谈会两种形式,前者的优点是简便易行、深入细致、易于保密;后者的优点是能够集思广益、相互启发、相互补充。

访谈的作用是十分明显的,我国改革开放以来大量吸引外资的举措就与邓小平同荣毅仁的一次谈话密切相关。很多人做学问也采用了访谈法,司马迁就采用了这种方法,如《史记·樊郦滕灌列传》云:"吾适丰沛,问其遗老,观故萧、曹、樊哙、滕公之家,及其素,异哉所闻!方其鼓刀屠狗卖缯之时,岂自知附骥之尾,垂名汉廷,德流子孙哉?余与他广通,为言高祖功臣之兴时若此云。"《索隐》案:"他广,樊哙之孙,后失封。盖尝讶太史公序萧、曹、樊、滕之功悉具,则从他广而得其事,故备也。"①可见司马迁运用访谈法获得了大量的信息。

顾炎武在历史地理学方面成就卓著也是一个突出例子。全祖望在《亭林先生神道碑表》中说:"凡先生之游,以二马二骡载书自随,所至厄塞即呼

---

① [汉]司马迁:《史记》,中华书局,1959年,第2673页。

老兵退卒,询其曲折,或与平日所闻不合,则即坊肆中发书而对勘之。"① 陈康祺《郎潜纪闻》亦称:"亭林先生自少至老,手不释书。出门则以一骡二马,捆书自随,遇边塞亭障,呼老兵诣道边酒垆,对坐痛饮,咨其风土,考其区域,若与平生所闻不合,发书详正,必无疑乃已。"②

当代学者从事方言调查、民族语言调查、民间文学作品调查多采用访谈法。夏承焘先生通过访谈获益匪浅,他介绍道:

> 在词学研究过程中,我除了利用书信的形式,各处求教,还曾特地外出访师问友。我著《白石歌曲考证》曾与吴梅(瞿安)商讨,得到了许多启示。吴梅与我谈词书信,至今还存下六七件。1934 年 11 月,我曾特地到南京寻访吴梅,但吴梅已离开南京到苏州,为了解决研究中碰到的疑难问题,我又特地赶到苏州。我和吴梅先生虽早有书信来往,但这还是初次见面。当时吴梅先生五十一岁,微须瘦颊,和易近人。吴梅读了我的著作《石帚辨》,谈了他对宋词歌谱的看法,同时也谈了许多词坛掌故。这次当面请教,收益甚著。那期间,我还走访了夏敬观、蔡嵩云、陈匪石、马一浮等文坛先辈。当我闻知江都任二北、南京唐圭璋于词学素有研究,就马上与他们取得联系,向他们求教。③

钟敬文搜集民歌、民谚、民间故事,自然也是利用访谈法。他说:"我开始进行民俗学工作时,曾利用居住本乡本土的方便,从家族、邻里、学校等群体的成员的口中,收集过歌谣、民间故事等资料。稍后还公开印行过这种实地调查的资料集子,如前面提到的《客音情歌集》和《民间趣事》等。"④我们在教学中也布置了一个作业,要同学们收集 10 则民歌民谣,同学们普遍采用了这种调查方法,收获不小,详见附录。

我们在与人谈话时听到一些有用的信息,记下来也会成为有用的资料。周勋初曾谈到陈寅恪对明清史也很有兴趣,曾举一例:"陈氏自署其著作曰《金明馆丛稿》,据蒋天枢先生生前面告,此名表示陈氏的研究兴趣中明清

---

① [清]全祖望:《亭林先生神道碑表》,见《鲒埼亭集》卷一二,清姚江借树山房刊本。
② [清]陈康祺:《郎潜纪闻》,见民国进步书局辑《笔记小说大观》第 4 辑,上海进步书局石印本。
③ 夏承焘:《我的治学道路》,见邓九平编《谈治学》,第 290 页。
④ 钟敬文:《我与中国民俗学》,见张世林编《学林春秋》初编,第 47 页。

史方面颇占重要位置。金乃后金之谓,实指清代,盖其未入关前即称后金。如此,后人自不能断言陈氏'不古不今'之学只指中古而言。"①

访谈是访问者与被访问者相互交流的过程,要取得访谈的成功,访问者事前要作好充分的准备,比如访谈的目的是什么？需要了解哪些情况,最好预先列一个提纲。在交谈时要善于同被访问者交往,能创造一个良好的谈话气氛。谈话时要注意技巧,能有效地控制整个访谈的过程,并作好访谈记录。

3. 函询法

函询法即采用书信的形式搜集信息的方法。书信来往是清代学者交换学术信息的主要方法。梁启超指出:"清儒既不喜效宋明人聚徒讲学,又非如今之欧美有种种学会学校为聚集讲习之所,则其交换智识之机会,自不免缺乏。其赖以补之者,则函札也,先辈之谒先辈,率以问学书为贽——有著述者则媵以著述——先辈视其可教者,必报书,释其疑滞而奖进之。平辈亦然,每得一义,辄驰书其共学之友相商榷,答者未尝不尽其词。凡著一书成,必经挚友数辈严勘得失,乃以问世,而其勘也皆以函札。此类函札,皆精心结撰,其实即著述也。此种风气,他时代亦间有之,而清为独盛。"②清代学者王念孙校勘古籍经常向顾千里等人征求意见,如王引之于《读书杂志·淮南内篇补·顾校淮南子各条叙》云:"岁在庚辰(1820),元和顾涧薲文学寓书于顾南雅学士,索家大人《读书杂志》,乃先诒以《淮南杂志》一种,而求其详识宋本与道藏本不同之字,及平日校订是书之讹,为家刻所无者,补刻以遗后学。数月书来,果录宋本佳处以示,又示以所订诸条。其心之细,识之精,实为近今所罕有,非孰于古书之体例,而能以类推者,不能平允如是。"③现代学者胡适、钱玄同、顾颉刚等从事古代文献辨伪工作,经常相互通信交换看法,实际上都采用了函询这一调查方法。顾颉刚所编的《古史辨》第一册(朴社,1926年)中的不少内容就是胡适、钱玄同、顾颉刚等人的往返讨论的书札。顾颉刚还谈到他同胡适、俞平伯讨论《红楼梦》的情况:

---

① 周勋初:《陈寅恪先生研究方法之吾见》,见《周勋初文集》第 6 册,第 76 页。
② 梁启超:《清代学术概论》十七,见《饮冰室专集》之三十四,《饮冰室合集》,第 58 页。
③ 顾涧薲文学名广圻,字千里,清代著名校勘学家。顾南雅学士名顾蒓,字希翰,著有《南雅诗文抄》。

他(引者按:指胡适)感到搜集的史实的不足,嘱我补充一点。那时正在无期的罢课之中,我便天天上京师图书馆,从各种志书及清初人诗文集里寻觅曹家的故实。果然,从我的设计之下检得了许多材料。把这许多材料联贯起来,曹家的情形更清楚了。我的同学俞平伯先生正在京闲着,他也感染了这个风气,精心研读《红楼梦》。我归家后,他们不断的来信讨论,我也相与应和,或者彼此驳辨。这件事弄了半年多,成就了适之先生的《红楼梦考证改定稿》和平伯的《红楼梦辨》。我从他们和我往来的信札里,深感到研究学问的乐趣。①

今人王汝梅作张竹坡评点《金瓶梅》研究,曾致函徐州市文化局吴敢同志,"请他在徐州考察三个问题:1. 调查有无《张氏族谱》流传下来;2. 调查公私藏家有无张竹坡《十一草》;3. 了解在徐州有无竹坡的后人。时间只过了一个月,即接到吴敢同志回信云:接函后一个月之内足迹遍彭城,找到了张竹坡的后人,发现了《张氏族谱》,《十一草》载族谱中,并寄来了《张氏族谱》封面书影"。②

现代使用比较多的问卷调查也是一种函询法。它采用书面的形式,预先设计好一种问卷表让被调查对象填写。例如我们在程千帆所著《治学小言》中,读到过一篇文章题目是《答〈江海学刊〉问治学经验》。《江海学刊》一共提了四个大问题:一、请您谈谈自己在治学上的师承关系,您生平最得力于哪几位老师或朋友?二、您开始治学最得力于哪几部书?它们给了您哪些影响?三、您是怎样搜集、积累资料的?您怎样积累、使用卡片?四、您在什么时候、什么刊物上发表第一篇学术著作?程先生都一一做了回答。③还有一种问卷表是由一系列问题和相应的答案构成的。所提问题及相应答案应当明确,回答方式应当简单,便于统计。问卷调查的优点是简便易行,花钱少,见效快,缺点是收回的把握不大。

在函询法中较为盛行的还有抽样调查,其最著名的例子当推1936年对美国总统候选人兰登与罗斯福所做的民意测验。美国《文学文摘》杂志发出1000万张测试选票,回收237万张,经过统计,预测兰登将获胜。而盖洛普美

---

① 顾颉刚:《自序》,见《古史辨》第1册卷首。
② 王汝梅:《我与〈金瓶梅〉及小说评点研究》,见张世林编《学林春秋》三编,第476—477页。
③ 程千帆:《答〈江海学刊〉问治学经验》,见《治学小言》,第53—56页。

国民意测验所,按不同类型的人的比例,只选取1000名调查对象,对调查结果进行统计分析后,预测罗斯福将获胜。总统大选结果,罗斯福得票1800万张获胜,兰登得票700万张失败。此结果同样也宣布了抽样调查法的胜利。

特尔斐法也是一种函询调查法。特尔斐是希腊历史遗址,阿波罗殿所在地,特尔斐神谕,有预测的作用。美国兰德公司在20世纪50年代为了协助道格拉斯公司研究如何通过有控制的反馈,使收集到的专家意见更可靠,特将这种调查方法以特尔斐命名。该方法采用函询的形式向有关专家分别提出问题,然后对专家们反馈的意见进行综合整理,再反馈给各专家征求意见,如此多次反复循环,最后得出一个比较一致的意见。这种方法有三个特点:一是匿名,专家互不接触,坚持或修改自己的意见均无需担心损伤个人威望。二是收敛,专家必须按规定对每一轮的结果再次发表意见,经过数轮后,意见就会相对集中。三是反复反馈,可导致专家之间相互影响,相互启发,从而能够得出较为正确的判断。

4. 实验法

"在事物或现象的自然状态下,通过感官去认识事物或现象,这就是观察。在控制事物或现象的条件的情形下,通过感官去认识事物或现象,这就是实验。"①在决策前,先采取小规模,在一定范围内进行实验以取得数据和资料作为决策的参考,显然是大有好处的。例如美国有家玩具厂,为了适应市场变化、不断生产出孩子们喜欢的玩具,该厂将所设计的玩具放在同一间屋子里,然后请孩子们进去玩,并将全过程录了像,经过分析研究,将那些最受孩子们喜爱的玩具投入生产,投放市场后,销路当然很好。文艺领域里的戏剧彩排,实际上就是采用了实验法。

现代语言学研究常用实验的方法,刘半农较早地从事了这方面的工作。语言学家吴宗济介绍道:"刘先生于1921年6月到巴黎,经历了极为艰苦的学习和生活,到1925年3月,应巴黎大学的博士考试并答辩(这期间完成了语音实验方法和测算声调尺的研制,并著作了汉语方言的《四声实验录》,1924年由上海群益书社出版,是中国第一部用科学方法分析汉语声调的文献)。考试通过,获得法国国家文学博士学位。他提出的两项博士论文:

---

① 金岳霖主编:《形式逻辑》,人民出版社,1979年,第215页。

《汉语字声实验录》和《国语运动略史》,都有划时代的意义。"①

程千帆先生在为进修教师上课谈文学创作时,也曾作过一次实验。他让一位女教师在黑板上写上与她关系最密切的十个人的名字。然后程先生要她将她认为其中最不重要的一个人的名字划去。如此这般,最后黑板上只剩下她父母、孩子、丈夫四个人的名字。程先生还让她划去一个她认为最不重要的名字。她犹豫了,对程先生说:"他们都是我生命中最重要的人。"程先生固执地说:"你必须把这里面你认为最不重要的人的名字划去。"当这位女教师悲痛欲绝地划去她父母的名字后,程先生仍然波澜不惊地说:"你必须在你的丈夫和孩子的名字中再划去一个。"那位女教师颤巍巍地划掉了她孩子的名字,并且失声痛哭起来。待她平静下来,程先生问:"和你最亲近的人应该是你的父母和孩子,因为父母是养育你的人,孩子是你养育的人,而丈夫是可以重新选择的,为什么丈夫反倒是你最最重要的人呢?"那位女教师慢慢地回答道:"随着时间的推移,我的父母会先我而去,孩子长大成人后也会离开我的身边,而能够永远留在我的身边的只有我的丈夫。"瞬间,教室里掌声雷动。② 这个实验生动地说明了为什么爱情是文学创作永恒的主题。

三 怎样搞好社会调查

《礼记·中庸》篇云:"凡事豫则立,不豫则废。"我们要搞好社会调查,还要作好下列工作:

1. 确定题目,明确目的

我们从事社会调查,总要有明确的目的。顾颉刚曾写过《西北考察日记》,作者在《自序》中说:"为欲认识西北社会之基本问题,故舍康藏之陇东南及河西不游,而惟游于公路尚未通达之陇西,盖种族宗族诸问题,惟此一区为纠纷而难理也。"③看来欲了解西北社会之基本问题,特别是种族问题

---

① 吴宗济:《我所知的刘半农先生》,见张世林编《学林往事》,第208—209页。
② 高毅默:《执子之手》,见《新华日报》2004年12月4日。
③ 吴丰培:《顾颉刚先生合所著〈西北考察日记〉》,见《西北史地》1983年第4期。

与宗族问题,是他此次西北考察的目的。南京大学中文系1998级同学曾进行过一次社会调查,还印出了一本书《文明的脚步——南大中文系社会文化田野调查集》,任课教师赵益在《代序》中说:"南京大学中文系一九九八级诸生,于研习中国文化史课程之中,倡行文化历史社会诸方面的田野实践,欲以此增强发现中国问题、认识中国问题、解决中国问题的能力。"①这段话也可视为此次社会调查的目的。

目的明确与否,往往体现在调查题目上,如南京大学中文系本科生所进行的"美学考察""方言调查""浙江古村落田野调查"等。题目就明确说明调查目的明确,调查因而也就容易获得成功。凡是没有明确的题目,就表明他们的调查目的不明确,调查的结果往往也不大理想。我们常见到一些社会调查,笼统地称为学术考察或社会考察,可见其社会调查的目的不明确,或者径以游山玩水为目的,当然也就难以取得社会调查成果。

2. 组织调查力量

调查目的明确后,还要组织力量去从事调查,实现调查目的,为了有效地开展工作,还要对调查人员进行分工与培训。从1961年1月20日毛泽东写给田家英的一封信中即可清楚地看到这一点。今录之如下:

田家英同志:

(一)《调查工作》这篇文章,请你分送陈伯达、胡乔木各一份,注上我请他们修改的话(文字上,内容上)。

(二)已告陈胡,和你一样,各带一个调查组,共三个组,每组组员六人,连组长共七人,组长为陈、胡、田。在今、明、后三天组成。每个人都要是高级水平的,低级的不要。每人发《调查工作》(1930年春季的)一份,讨论一下。

(三)你去浙江,胡去湖南,陈去广东。去搞农村。六个组员分成两个小组,一人为组长,二人为组员。陈、胡、田为大组长。一个小组(三人)调查一个最坏的生产队,另一个小组调查一个最好的生产队。中间队不要搞。时间十天至十五天。然后去广东,三组同去,与我会

---

① 贾蓂、吴玉廉主编:《文明的脚步——南大中文系社会文化田野调查集》,南京大学中国语言文学系印制,2002年,第5页。

合,向我作报告。然后,转入广州市作调查,调查工业又要有一个月,连前共两个月。都到广东过春节。

毛泽东
一月二十日下午四时

此信给三组二十一个人看并加讨论,至要至要!!!

毛泽东又及①

信中第一、二条以及最后加上去的那句话,是要陈伯达、胡乔木以及参加调查的二十一人,阅读与讨论这封信和《调查工作》这篇文章,实际上是让大家学习这次社会调查的意义和方法。第二、三条以及最后一段话,实际上是对这次社会调查所做的组织安排工作。

一般的社会调查要想收到预期的效果,也要做好严密的组织工作。如原北平研究院史学研究会历史组主任顾颉刚打算从冀察到外蒙古(时为中国领土一部分)、甘肃边境地带作一个地面考古调查,以补充郦道元《水经注》之未及,分期实现这一目标。"第一期限调查冀、察古迹,拨给经费2千元。于是就在历史组下设'冀察古迹考查委员会',负责人是顾先生,组成考查团的成员,历史组出三个人,吴世昌、王振铎、刘厚滋(即刘惠孙),禹贡学会一人,张维华,另由研究院拨给照相、测绘和勤杂人员各一人共七人组成。"还任命了刘厚滋为团长。② 有了人员,人员还有明确的分工,各司其职,同时还有比较充裕的活动经费,这就使得社会调查活动能顺利开展了。

3. 制订计划,拟出提纲

调查前认真做准备工作是十分必要的。1936—1937年侯仁之作为助教协助顾颉刚上"古迹古物调查实习"这门课,他说:"我的主要任务是每次确定调查目标之后,如某处的古建筑、某处的古园林以及某处的考古发现或古迹古物等,颉刚师就向我提供一些必要的参考资料,再加上我自己搜集所得,先写成一篇简要的介绍书,事前要铅印出来,在出发前发给学生,人手一

---

① 毛泽东:《致田家英信25封》,见董边、谭德山、曾自编《毛泽东和他的秘书田家英》,中央文献出版社,1990年,第107页。

② 刘惠孙《顾颉刚先生与"冀察古迹考查团"》,见王煦华编《顾颉刚先生学行录》,中华书局,2006年,第167页。

份,作为到现场调查时的参考。"①这实际上就是在作调查的准备工作。

在调查前写一个调查计划,以便统一思想和步骤,使调查人员做到心中有数是十分必要的。调查计划的内容一般包括:

(1) 调查的目的要求。
(2) 调查的项目及重点。
(3) 调查的范围、地区、对象。
(4) 调查的方式方法。
(5) 调查的步骤和时间安排。
(6) 调查力量的组织与分工、工作制度、物资准备。
(7) 其他。

其中,调查提纲一定要预先设计好,否则难以收到预期的效果。早在战国时代,就已经出现了社会调查提纲。如《管子》卷九《问》篇就罗列了60多个需要调查的问题,仅举数例:"问独夫寡妇孤寡疾病者几何人也?问国之弃人何族之子弟也?问乡之良家其所牧养者几何人矣?问邑之贫人债而食者几何家?问理园圃而食者几何家?人之开田而耕者几何家?……"现代从事社会调查,预先制定的调查提纲,当然更科学,也更细致。如中国社会科学院语言研究所制订的《方言调查字表》,对于方言调查就大有裨益,否则此项工作将难以下手。

作业1:请开展一次社会调查活动。
实例:仲德昆教授采访实录/石晶晶、张志芳

按:2001年3月24日至4月2日,南京大学中文系98级学生,在中国文化史课程的任课教师赵益教授的指导下,对浙江省衢州市江山县廿八都镇进行了"古村落田野调查"。廿八都地处浙闽赣三省交汇处,是属于浙西仙霞山脉的一个偏远村镇,为古代军事重镇与交通要道,在历史、文化、语言、建筑等方面都有十分鲜明的特色,具有很高的研究价值。这次田野调查后,石晶晶、张志芳两位同学又对曾经为廿八镇作过保护与建设规划的东南大学建筑系系主任仲德昆教授作了采访,下面就是石晶晶整理的采访记录。

---

① 侯仁之:《师承小记——忆我师顾颉刚教授》,见《中国历史地理论丛》1989年第4期。

仲德昆教授采访实录

采访人:石晶晶、张志芳　　撰稿人:石晶晶

  2001年4月12日中午,我们赶往东南大学南大门蓁巷内采访仲德昆教授。因为仲教授事务繁忙,我们便省去客套,开门见山。采访从"我们想问您几个问题"开始。

  因录音效果不佳,特整理成文如下,以期对廿八都现时的布局构造及规划意图有总体把握。下文我们为甲方,仲教授为乙方。

  甲:您是怎么会去接手廿八都的事情的呢?

  乙:那是好多年之前了。1990年或者1991年,当时他们江山市的规划部门来找我,让我到那儿去一趟,去作一个规划。当时我去看了一下,就觉得这个地方相当不错。当时的状况比现在的状况还要好,现在已经盖了许多新房子了,那个时候新房子比较少,建筑很有特色,再加上它有独特的文化氛围,我感觉对这里还是很有兴趣的。于是就作了一个规划,但是他们并没有能够很好地执行。实际上他们后来盖的一些房子和我们原来的规划都不一样。现在破坏得还是蛮厉害的。

  甲:这点我们也发现了。

  乙:去年他们又来请我过去,请了好几次,于是我就又去了一趟,帮他们再作了一个规划。

  甲:在《廿八都——失落在大山里的梦》一书中,将廿八都定义成"文化飞地",这个是您提出的吗?

  乙:是我提出的。

  甲:那么您所说的飞地,是怎么样的一种意思呢?

  乙:因为这个地方比较特殊,文化上来讲,它是北方的部队栖息的地方,那个仙霞关、枫岭关,这个地方本来是一个关隘,他们的当地人实际上是这个部队的后人。但是这个部队按照现在的概念只是一个"野战军"。所以,廿八都这里这么小的地方就有170多个姓氏,这是非常奇特的,这与中国传统的血缘村落是不一样的,它有一点地缘的概念。但是现在的廿八都实际上还是按照血缘来组织的,它也有四大姓,姓姜姓杨姓金姓胡。它的这许多姓氏就说明了它那里的外来人口很多,而那个地方的文化现象有很多特色,

它那个地方的建筑本身就不完全像当地的建筑。它是一种融会的文化。在廿八都镇有一个廿八都官话,跟普通话很相近,跟周围的话差别很大,我认为这个地方最大的特色就在这个官话上。这也是个文化飞地的现象。所谓飞地呢,实际上是个地理学的概念。

甲:我们了解的"飞地"有两种概念,一是说军事要塞,还有一种是说某一个文化隶属于另一种文化。您将廿八都定义为"飞地"主要是依据哪一个层面上的意思呢?

乙:飞地呢,是这样的,举个例子,清朝至民国时期中国在外蒙古和俄罗斯之间曾经有一块地方,那个地方就是飞地。那我把这个引申到文化上来讲,用地理学概念来说明文化现象。

甲:那么,您现在做的新的规划,有没有一个大致的方向?我们觉得它已经被破坏得比较严重了,您的新规划将怎样去挽救呢?

乙:现在是这样的,河那边的,就是廿八都西的那部分,本来是一条老街,现在又修了一条新街。我建议他们以后要盖任何新的东西都到东边来盖,把西边沿河造的一些东西都拆了,尤其是破坏景观的建筑,还有一些建筑把外貌改观一下,我们希望修一条路,从新公路过来,直接到文昌阁,然后围成一个广场。这样今后人来了以后,不会经过那个新街而直接到文昌阁进入老区。然后再到水星庙、江西会馆,再到万寿宫、水安桥。

甲:那么当初建那条新街是不是因为它和国道接着,交通方便呢?

乙:其实当初规划的新街的走向和现在也是不一样的,而且建筑的式样我们也有规划。我们要求最高两层,而且都是坡顶。现在最高的建到了四层。如果他们按照我们原定的规划去做,而且符合我们的要求,那么现在不会破坏得那么严重。他们在操作上有问题。我们最后去那里,我感到非常不满,既然要我们做,就应该执行我们的规划方案。后来我又去了一次,仔细研究了一下,值得庆幸的是,旧的东西都还在,只是新的东西多了,他们当即表示愿意拆除。

甲:您觉得按照您的规划执行以后,廿八都还有它的发展潜力吗?

乙:实际上,保护和发展是矛盾的。而且这个廿八都我觉得在短期内是发展不起来的。它的旅游优势在区位上是不明显的。公路虽然通了,但是很少有人愿意专门过来旅游。虽然我们对他们政府说这是一个宝贵的旅游资源要保护,但是如果短期内急功近利的话,只会破坏得更加严重。现在我们在帮助他们政府申请一笔资金,如果成功的话,那么保护的工作会更加方便。街道和破旧的建筑要小修一下,一些很老的房子花钱保护或者就直接由政府买下来,这样更好一些。廿八都要发展旅游的话,应当是江郎山、仙霞关、廿八都古村落连成一线,这样才有可能。但是也有困难,毕竟现在来纯粹旅游的人很少,包括仙霞关和江郎山,大多是本地人才来的。

甲:我们的课题主要是做中国传统文化,所以对于建筑方面不是非常了解,最后我想请您以一个专家的身份给我们谈谈廿八都建筑的主要特点。

乙:它那儿的建筑主要是安徽的徽式建筑,融会了赣式和闽北的建筑风格,但是也有它自己的特色。比如东阳木雕和江西的灰墙,就是白墙的顶上有一圈灰边,这是典型的江西特色。它的屋顶比较平滑,这是闽北的风格。至于西方建筑风格,因为廿八都在古代是一个交通要道,与福建那边的联系比较密切,造屋时在外部设计上简单吸收了一点,主要是巴洛克和洛可可式的,体现在外墙上。但是建筑的内在主体是纯粹中国式的。

甲:谢谢您,我们就不打扰了。

乙:不客气。

(本文据录音整理,有删节。)

附:仲德崑,东南大学建筑系主任,博士生导师。1992年曾作《历史文化名镇廿八都保护与建设规划》。①

作业2:请收集十首民歌、民谣。
实例:情歌十首/张晓铃等

情歌十首

南京大学99级硕士研究生　张晓铃等　收集

春上二月(丹阳民歌)
春上二月露水多,做双绣鞋送情哥。
情哥送我一里半,我送情哥三里多。

---

① 贾葭、吴玉廉主编:《文明的脚步——南大中文系社会文化田野调查集》,第92—95页。

日头上来(丹阳民歌)

日头上来一竹竿高,小姑娘拿棒打樱桃。
树枝高来棒又短啊,请我咯情郎托把腰。
打下樱桃来平半分,打下咯丫枝搭仙桥。

陕南花鼓

口唇皮皮想你哩,实实难对人说哩。
头发梢梢想你哩,红头绳绳难挣哩。
眼睛仁仁想你哩,看着别人当你哩。
舌头尖尖想你哩,油盐酱醋难尝哩。

栀子花开

栀子花开把把长,大女嫁了二女忙。
再等三年不嫁我,背起包包走他娘。

细麦草帽

细麦草帽细麦编,各人做事各人当,
哥也愿来妹也愿,关你舅子啥相干。

情妹当门

情妹当门一条河,河上游着一群鹅。
前面公鹅咯咯叫,后面母鹅叫哥哥。

对歌

男:
去年交情到今年,有句话儿你不谈。
一桶水里放把盐,淡不淡来咸不咸。
女:
叫声情哥心莫烦,幺妹今天心不闲。
再等几天心闲了,葛藤上树慢慢缠。

请放心
有情哥哥请放心,锣鼓一锤已定音。
我如园中芭蕉树,年年换叶不换心。

相思(土家族民歌)
男:
情妹园内一板墙,苦瓜丝瓜种两行。
郎吃丝瓜思挂妹,妹吃苦瓜苦想郎。
女:
日想郎来夜想郎,好比春蚕想嫩桑。
春蚕想桑日子短,我想情郎日子长。

偷情(土家族民歌)
不变猪来不变牛,死了变个花枕头。
白天跟姐收床被,晚上跟姐睡一头。

东山上点灯西山上明(宁武民歌)
东山上那个点灯西山上那个明,
一马马那个平川呀亲妹子了不见个人。
你在你家里得病呀我在我家里闷,
称上的那个面儿呀亲妹子送不上门。
想亲亲那个想得哟直愣愣那个神,
你身上那个得病亲妹子我心上疼。
人头前那个想你哈哈哈哈哈笑,
人后头那个想你亲妹子泪蛋蛋掉。

第四讲 怎样读书

陈垣"年轻时按着《书目答问》买了很多书的时候,有人问他:'买这么多书,念得完吗?'他回答说:'书不都是为念的,有的是浏览翻阅的,有的是参考备查的,有的是应熟读甚至背诵的。'"①古今中外的图书虽然浩如烟海,但是对任何人来说都可以分成两个部分:有用的书和无用的书。有用的书也可分为两部分:备读的书和备查的书。备读的书也可分为两个部分:泛读的书和精读的书。

一 泛读

梁启超指出:"每日所读之书,最好分两类,一类是精读的,一类是涉览的,因为我们一面要养成读书心细的习惯,一面要养成读书眼快的习惯,心不细则毫无所得,等于白读,眼不快则时候不够用,不能博搜资料。"②我们先谈一谈泛读。

1. 什么是泛读

陈垣所说的浏览翻阅,也就是泛读。他说:"经史子集、笔记杂书、《素问》《算经》等,都要翻阅。"在讲到《大戴礼》时,他说:"这类书可以用一星期的时间翻阅一过,所谓涉猎之功。"③所谓泛读就是博览群书,广泛涉猎。

---

① 刘乃和:《"书屋而今号励耘"》,见《励耘书屋问学记》,第139页。
② 梁启超:《治国学杂话》,见《饮冰室专集》之七十一,《饮冰室合集》,第25页。
③ 李瑚:《励耘书屋受业偶记》,见《励耘书屋问学记》,第113页。

过去中央大学饭厅有副对联,上联是"撑起肚皮吃饭",下联是"放开眼界读书",横批是"开卷有益",指的就是泛读。① 陈垣先生在泛读方面就下过苦功。他的学生刘乃和谈道:

> 民国初年定居北京以后,当时他家住在北京城内西南角,贮存文津阁本《四库》的京师图书馆在城东北角。当时紫禁城前后的东西街道还是宫廷禁地,没有直达道路,必需绕道走,来回路程需要三个多小时。逢阴雨风雪,甚至要四个多小时。他每天清早,带着午饭,到图书馆看《四库》,图书馆刚开馆就赶到,下午到馆员下班时才离开,就这样前后读了十年,把这部包括三千多种、三万多册的大丛书作了详尽地了解。②

陈垣还谈到他在北京京师图书馆读敦煌卷子的情况:"十一年(1922)春,予兼长馆事,时掌写经者为德清俞君泽箴,乃与俞君约,尽阅馆中所藏,日以百轴为度,凡三越月,而八千轴毕。知其中遗文异义,足资考证者甚多,即卷头纸背所书之日常帐目、交易契约、鄙俚歌词之属,在昔视为无足重轻,在今矜为有关掌故者亦不少。"③显然,陈垣长时间博览群书,为他成为第一流学者奠定了坚实的基础。张其凡还谈道:"陈垣先生教育子女,治学应能既博且约,由博返约。陈乐素乃其长子,祖父期望甚殷,陈垣先生遂取名为'博'。"④

2. 泛读的意义

首先,我们掌握的数据越多,我们对问题的认识也就越全面越正确。《文心雕龙·知音》篇所谓:"凡操千曲而后晓声,观千剑而后识器。"反之,我们对问题的认识就会片面,就会不够正确。如《淮南子·氾论》篇所说:"见隅曲之一指,而不见八极之广大。""故东面而望,不见西墙;南面而视,不睹北方;唯无所向者,则无所不通。"东汉时朱叔元讲过一个故事:"往时辽东有豕,生子白头,异而献之。行至河东,见群豕皆白,怀惭而还。"⑤那位

---

① 钱大宇:《吴调公教授再谈治学》,见《文教资料简报》1996 年 2 期。
② 刘乃和:《"书屋而今号励耘"》,见《励耘书屋问学记》,第 136 页。
③ 陈垣:《〈敦煌劫余录〉序》,见《陈垣集》,中国社会科学出版社,2000 年,第 201 页。
④ 张其凡:《20 世纪中国宋史的开拓者与奠基者之一陈乐素教授》,见张世林编《学林往事》,第 888 页。
⑤ [汉]朱叔元:《为幽州牧与彭宠书》,见[南朝梁]萧统编《文选》卷四一,中华书局,1977 年,第 585 页。

辽东人之所以做出错误的判断,主要是因为少见多怪。著名学者岑仲勉甚至在课堂上说:"专家无常识。"①他在《中外史地考证》前言还专门谈到专之过早的毛病:

> 记得弱冠时朋辈论学,开首便以专哪一经,四史中专哪一史为问,然而刚能独立研究,基础未厚,即便进入专的途径,论求学程序,似乎是躐等的。清代研究家很少能够全面展开,这恐怕是专之过早的毛病吧。试看王高邮父子、德清俞氏,他们的著作都是群经,成绩辉煌,相信他们的学习,不是开始便专于一部的,史地也不能例外。②

凡著名学者都广泛地读过许多书,如南宋朱熹亦称:"某旧日,亦要无所不学,禅、道、文章、楚辞、诗、兵法事事要学,出入时无数文字。"③

泛读不仅有助于我们判断是非,而且也有助于我们了解某些论著水平的高低,某位作家、某些作品的特点。不读哲学书、历史书,就难以了解文学的特点;不读小说、散文,不看电影不看戏,就难以知道诗歌的特点;不读《诗经》《楚辞》、乐府诗,就难以知道唐诗的特点;不读李白诗,怕也很难理解杜诗的特点。就拿写妻子的诗来说,李白的《别内赴征三首》其二云:"出门妻子强牵衣,问我西行几日归。归时倘佩黄金印,莫见苏秦不下机。"读来颇有点戏谑的味道,而这在杜甫的诗中却很难见到。鲁迅还鼓励学文学的要多看看文学以外的书,他指出:"先前的文学青年,往往厌恶数学、理化、史地、生物学,以为这些都无足轻重,后来变成连常识也没有,研究文学固然不明白,自己做起文章来也胡涂,所以我希望你们不要放开科学,一味钻在文学里。"④

其次,具有广博的知识,可以为我们从事专门研究奠定坚实的基础。扬雄《法言·吾子》篇云:"多闻则守之以约,多见则守之以卓。寡闻则无约也,寡见则无卓也。"朱子举例谈道:"如作陂塘以溉田,须是陂塘中水已满,然后决之,则可以流注滋殖田中禾稼。若是陂塘中水方有一勺之多,遽决之

---

① 蔡鸿生:《康乐园里忆"二老"》,见张世林编《学林往事》,第 139 页。
② 岑仲勉:《前言》,见《中外史地考证》卷首,中华书局,1962 年。
③ [宋]朱熹:《朱子语类》卷一〇四,见《景印文渊阁四库全书》子部儒家类。
④ 鲁迅:《致颜黎明》,见《书信》,《鲁迅全集》第 13 卷,人民文学出版社,1981 年,第 357 页。

以溉田,则非徒无益于田,而一勺之水亦复无有矣。"①章学诚说:"不博览,无以为约取地。"②又说:"学贵博而能约,未有不博而能约者也。以言陋儒荒俚,学一先生之言以自封域,不得谓专家也。"③胡适曾指出:"为学要如金字塔,要能广大要能高。"又说:

> 理想中的学者,既能博大,又能精深。精深的方面,是他的专门学问。博大的方面,是他的旁搜博览。博大要几乎无所不知,精深要几乎惟他独尊,无人能及。他用他的专门学问做中心,次及于直接相关的各种学问,次及于间接相关的各种学问,次及于不很相关的各种学问,以次及毫不相关的各种泛览。这样的学者也有一比,比埃及的金字三角塔。④

陈垣也认为:"只博不专,难于有成;只专不博,学则不通。要博而后约,才能使学识成为金字塔形。"⑤蔡尚思《中国文化史要论》也说:"学术史上文化史上如果没有广博而又深厚的基础,那就绝对不可能成为任何一种伟大的专家,这是一个没有什么例外的客观规律。"⑥从事文学研究也不例外,钱仲联说:"我的体会,文学研究者或诗人词人,不应该是疏陋的文人,而应该是博览群书的通人。以研究文学为专门,同时对训诂、哲学、史、地、宗教、书画等都要涉猎,以专带博,以博辅专。知识局限于一隅,是无法做到'圆该'与'圆照'的。"⑦

这是因为文学作品涉及社会生活的方方面面,只有具备丰富的知识,才能正确理解作品。胡适尝云:"读一书而已则不足以知一书。多读书,然后可以专读一书。譬如读《诗经》,你若先读了北大出版的《歌谣周刊》,便觉得《诗经》好懂的多了;你若先读过社会学、人类学,你懂得更多了;你若先读过文字学、古音韵学,你懂得更多了;你若读过考古学、比较宗教学等,你

---

① [宋]朱熹:《朱子语类》卷一四,见《景印文渊阁四库全书》子部儒家类。
② [清]章学诚著,叶瑛校注:《方志立三书议》,见《文史通义校注》外篇一,第576页。
③ [清]章学诚著,叶瑛校注:《博约中》,见《文史通义校注》内篇二,第161页。
④ 胡适:《读书》,见《胡适文集》第4册,第129、130页。
⑤ 李瑚:《励耘书屋受业偶记》,见《励耘书屋问学记》,第113页。
⑥ 蔡尚思:《中国文化史要论(人物·图书)》,湖南人民出版社,1979年,第108页。
⑦ 钱仲联:《钱仲联教授谈治学》,见《文教资料》1994年第4期。

懂得的更多了。"①就拿《诗经》中的第一首诗《关雎》来说吧：

>关关雎鸠,在河之洲。窈窕淑女,君子好逑。参差荇菜,左右流之。窈窕淑女,寤寐求之。求之不得,寤寐思服。悠哉悠哉,辗转反侧。参差荇菜,左右采之。窈窕淑女,琴瑟友之。参差荇菜,左右芼之。窈窕淑女,钟鼓乐之。

要读懂这首诗,首先要有语言学知识。如"好"是读"hǎo",还是读"hào";荇是读"xīng"还是读"xìng";"服"字是读"fú"还是读"bì";"乐"是读"lè",还是读"yuè",都要查考明白。这涉及了音韵学知识。再说,"流之"的"流"字,毛《传》解释道:"流,求也。后妃有关雎之德,乃能共荇菜,备庶物,以事宗庙也。"②朱熹《诗集传》解释道:"流,顺水之流而取之也。"③鲁说曰:"流,择也。"④清陈奂云:"古流求同部,流本不训求,而《诂训》云尔者,流读与求同,其字作流,其义为求,此古人假借之法也。凡依声托训者,例此。《尔雅·释言》：'流,求也。'《释诂》：'流,择也。'郭注云：'见诗。'是三家诗或用《释诂》文,训流为择,与下章采之芼之一例作解。"⑤今人余冠英《诗经选》注释云:"'流'通'摎',就是求或捋取。和下文'采''芼'义相近。"⑥"摎"字可以读 jiū,也可以读 liú,在安徽方言中这两种读法都有,有采摘的意思。"芼",毛《传》解释成"摘",各家意见一致。这样看来,"左右流之""左右采之""左右芼之",不仅句式相同,而且含义也是一样的,这就涉及训诂学知识。

再次,要懂一点生物学知识。关于雎鸠,毛《传》曰:"雎鸠,王雎也。鸟挚而有别。……后妃说乐君子之德,无不和谐,又不淫其色,慎固幽深,若关雎之有别焉,然后可以风化天下。夫妇有别则父子亲,父子亲则君臣敬,君臣敬则朝廷正,朝廷正则王化成。"郑玄《笺》补充解释道:"挚之言,至也。谓王雎之鸟,雌雄情意至,然而有别。"⑦这些说法显然系政治说教。宋郑樵

---

① 胡适:《读书》,见《胡适文集》第 4 册,第 128—129 页。
② 《毛诗正义》卷一,[清]阮元校刻《十三经注疏》,第 273 页。
③ [宋]朱熹:《诗集传》,上海古籍出版社,1980 年,第 2 页。
④ [清]王先谦:《诗三家义集疏》卷一《关雎》,清虚受堂刊本。
⑤ [清]陈奂:《诗毛氏传疏》卷一,清苏州校经山房刊本。
⑥ 余冠英:《诗经选》,人民文学出版社,1979 年,第 4 页。
⑦ 《毛诗正义》卷一,[清]阮元校刻《十三经注疏》,第 273 页。

批评道：

> 夫《诗》之本在声，而声之本在兴，鸟兽草木乃发兴之本。汉儒之言《诗》者，既不论声，又不知兴，故鸟兽草木之学废矣。若曰"关关雎鸠，在河之洲"，不识雎鸠，则安知河洲之趣与关关之声乎？凡雁鹜之类，其喙褊者，则其声关关；鸡雉之类，其喙锐者，则其声鷕鷕，此天籁也。①

郑樵认为这首诗的开头两句，只不过是诗歌中常用的起兴句，也可以用其他水鸟来代替，"设若兴见鹭鹤，则言鹭鹤；兴见鸳鸯，则言鸳鸯"。② 他还谈到此诗作者"每思淑女之时，或兴见关雎在河之洲，或兴感雎鸠在河之洲。雎在河中洲上不可得也，以喻淑女不可致之义。何必于雎鸠而说淑女也！毛谓以喻后妃悦乐君子之德无不和谐，何理？"③

郑樵用生物学知识驳斥毛亨、郑玄的说教，无疑是有力的。但是，如果我们懂得一点诗歌常识，就会发现郑樵的解释尚未完全恰当。这首诗开头的起兴句不是以雎鸠在河中洲上不可得以喻淑女不可致之义，而是以在河中洲上的雎鸠想捕鱼来比喻君子想追求淑女。《管子·小问》篇讲过一个故事："桓公使管仲求宁戚，宁戚应之曰'浩浩乎'。管仲不知，至中食而虑之。婢子曰：'公何虑？'管仲曰：'非婢子所知也。'婢子曰：'公其毋少少，毋贱贱。'"于是管仲向婢子介绍了情况，婢子曰："诗有之，'浩浩者水，育育者鱼，未有室家而安召我居？'宁子其欲室乎？"④

闻一多在《说鱼》一文中，专门分析过这个问题，指出："正如鱼是匹偶的隐语，打鱼钓鱼等行为是求偶的隐语。"⑤有个故事可以说明这一点，明人黄昕云："高季迪年十八未娶，归翁周仲建出《芦雁图》命题，季迪赋曰：'西风吹折荻花枝，好鸟飞来羽翩垂。沙阔水寒鱼不见，满身风露立多时。'翁曰：'是将求室也。'择吉日以女妻焉。"⑥在高启和周仲建看来，水鸟觅鱼也就暗示着君子求偶之意。

---

① ［宋］郑樵：《昆虫草木略一》，见《通志》卷七五，第865页。
② ［宋］周孚：《蠹斋铅刀编》卷三二《非诗辨妄》引，《景印文渊阁四库全书》集部别集类。
③ 同上。
④ 黎翔凤：《管子校注》，中华书局，2004年，第974页。
⑤ 闻一多：《说鱼》，见《闻一多全集》第3册，第240页。
⑥ ［明］黄昕：《篷轩吴记》卷上，见国家图书馆编《原国立北平图书馆甲库善本丛书》第553册，国家图书馆出版社，2013年。

我们要理解这首诗,还得懂一点礼乐知识。毛《传》解释"琴瑟友之"一句说:"宜以琴瑟友乐之。"郑玄《笺》曰:"同志为友,言贤女之助后妃共荇菜,其情意乃与琴瑟之志同。共荇菜之时乐必作。"①真是不解释倒还清楚,越解释越糊涂。朱熹《诗集传》解释道:"琴,五弦或七弦。瑟,二十五弦。皆丝属,乐之小者也。友者,亲爱之意也。钟,金属。鼓,革属。乐之大者也。乐,则和平之极也。"②琴瑟在堂上,是夫妻俩经常弹奏的乐器,如《诗经·郑风·女曰鸡鸣》:"宜言饮酒,与子偕老。琴瑟在御,莫不静好。"再如《礼记·曲礼上》云:"父母有疾,冠者不栉,行不翔,言不惰,琴瑟不御。"③钟鼓在堂下,是在大型活动中演奏的乐器,如《诗经·小雅·宾之初筵》:"钟鼓既设,举酬逸逸。"再如《诗经·小雅·鼓钟》:"鼓钟钦钦,鼓瑟鼓琴。笙磬同音。"郑玄《笺》曰:"同音者,谓堂上堂下,八音克谐。"④可见"琴瑟友之""钟鼓乐之"的意思是诗中的男主人想和淑女结婚,婚后与她友爱,使她快乐。

我们要理解这首诗,还得懂得一点文献学知识。这首诗的题目叫《关雎》,为什么要取这么个不伦不类的怪名字呢?宋程大昌《考古编》卷二《诗论》九云:"《荡》之诗,以'荡荡上帝'发语,《召旻》之诗,以'旻天疾威'发语。"⑤明末清初之顾炎武也指出:"《三百篇》之诗人,大率诗成取其中一字二字三四字以名篇,故十五国并无一题,《雅》《颂》中间一有之。(《颂》为宗庙之乐,出于士大夫之手,故另命名,非民间歌谣。)"⑥可见,《诗经》中的绝大部分诗原来都没有标题,后人在整理的过程中,为了让它们彼此有所区分,才给它们分别取了个名字,最省事而又最便于检索的方法,就是在第一句诗中找一二字或数字作为标题。此外,各诗之后所附注的章句也为整理者所为,近人张舜徽分析过这个问题:

  古人为书,有分篇叙次者矣,未有自分章段者也;有自为篇题者矣,未有别制章名者也;有之,则皆传注家之所为耳。《诗》三百篇,每篇标

---

① 《毛诗正义》卷一,[清]阮元校刻《十三经注疏》,第 274 页。
② [宋]朱熹:《诗集传》,第 2 页。
③ 《礼记正义》卷二,[清]阮元校刻《十三经注疏》,第 1243 页。
④ 同上书,第 467 页。
⑤ [宋]程大昌《考古编》卷二《诗论》九,见《景印文渊阁四库全书》子部杂家类。
⑥ [清]顾炎武:《日知录》卷二一"诗题",见《景印文渊阁四库全书》子部杂家类。

其章句。《毛诗正义》引《六艺论》云:"'未有若今传训章句',明为传训以来始辨章句,或毛氏即题,或在其后人,未能审也。"舜徽案:《关雎》诗后题云:"《关雎》五章,章四句。故言三章,一章章四句,二章章八句。"陆氏《释文》曰:"五章是郑所分,故言以下是毛公本意,后放此。"据此,可知《毛诗》篇末所记章句,乃郑氏作《笺》时补题,而又采及故言,则毛公作传时本自有章句也。然则标明科段,出于注者之手明矣。①

张氏的观点,对我们很有启发,然而有两点需要说明,一是古书的题名多在篇后,二是题名往往包括稽核项,以免错乱。从杜诗《曲江三章章五句》的题名中,尚可看出些痕迹。话说回来,"《关雎》五章,章四句"是郑玄的观点。毛《传》原来倒是分为"三章,一章章四句,二章章八句"。毛《传》的分法更原始,也更可靠一些。因而颇为后世所接受,如朱熹《诗集传》就肯定了毛《传》的分法,认为"关雎三章,一章章四句,二章章八句"。陈奂的《诗毛氏传疏》也是这么分的。《关雎》分三章,接近原始面貌,问题是怎么分,像毛《传》、朱熹《诗集传》的这种分法,是不便于歌唱的,无规律可循,在《诗经》中,还找不到另外的例子。我们认为一、二、三段为一章,一、四、三段为一章,一、五、三段为一章。这样分三章,在结构上完全对称,颇便歌唱,《周南》中的其他诗都分为三章,这样彼此之间也就一致了。②

而且,许多学问本来是不分家的,你要想将某一门学问钻研深透,而对其他学问一无所知,事实上是不可能的。王安石曾指出:"读经而已,则不足以知经。故某自百家诸子之书,至于《难经》《素问》《本草》,诸小说,无所不读;农夫女工,无所不问。然后于经为能知其大体而无疑。"③戴震也说:"至若经之难明,尚有若干事,诵《尧典》数行,至'乃命羲和',不知恒星七政所以运行,则掩卷不能卒业;诵《周南》《召南》,自《关雎》而往,不知古音,徒强以协韵,则龃龉失读。诵古礼经,先士冠礼,不知古者宫室衣服等制,则迷于其方,莫辨其用。不知古今地名沿革,则《禹贡》《职方》,失其处

---

① 张舜徽:《论古书分章别题皆后人所加》,见《广校雠略》卷一,第25页。
② 徐有富:《论〈关雎〉的分章问题》,见《诗学问津录》,第1—11页。
③ [宋]王安石:《答曾子固书》,见《临川先生文集》卷七三,《四部丛刊》初编,商务印书馆初次影印本,1919年。

所;不知少广旁要,则考工之器,不能因文而推其制;不知鸟兽虫鱼草木之状类名号,则比兴之意乖。"①

研究文学同样如此,故程千帆先生说:"研究文学而不管当时其他的上层建筑和意识形态,例如政治、经济、军事、宗教、艺术、社会风习、中外交通等等,就更必然地会限制了自己的成就。恐怕谁也不能否认,如果不懂中国的禅学史和绘画史以及唐代的地主庄园经济,对于王维的理解就不免陷于肤浅。"②就以王维为例,他年轻时写过一首《少年行》:

> 新丰美酒斗十千,咸阳游侠多少年。
> 相逢意气为君饮,系马高楼垂柳边。

晚年写过一首《辛夷坞》:

> 木末芙蓉花,山中发红萼。
> 涧户寂无人,纷纷开且落。

这两首诗正好形成一个鲜明的对比。《少年行》写闹市,整个场景显得热热闹闹;《辛夷坞》写僻静的山沟,整个场景显得冷冷清清。《少年行》写喧腾的年轻人,写系在垂柳边的马;《辛夷坞》写自开自落的芙蓉花,既然有涧户,当然就有人,但是这些人对纷纷开且落的芙蓉花漠不关心,诗人也就理所当然地让他们从画面上消失了。《少年行》表现出了一种积极进取的入世精神,《辛夷坞》则表现了一种与世无关的出世精神。为什么两首诗会有如此巨大的反差呢?我们只能从当时的社会背景与意识形态来找答案。

王维出生于官僚地主家庭,高、曾、父三代都做过司马,受到过很好的教育,能诗善画,精通音乐、擅长书法。少年时代就离开家乡到当时的政治中心长安、洛阳活动,经常出入于王公、权贵之门。十七岁作《九月九日忆山东兄弟》;十九岁应京兆府试,举解头;二十一岁中进士;接着被任命为太乐丞。可以说开元盛世是属于王维这种人的。所以,《少年行》虽寥寥数笔就表现出了长安游侠少年意气风发的精神面貌,整个画面是动态的,显得生气勃勃,充满着活力。但是,好景不长,就在王维担任太乐丞的时候,"为伶人

---

① [清]戴震:《与是仲明论学书》,见《戴东原集》卷九,清宣统二年(1910)渭南严氏刊本。
② 程千帆:《对于唐代文学研究的五点意见》,见《治学小言》,第127页。

舞黄师子,坐出官"。① 因为只能为皇帝舞黄狮子,否则就犯了政治错误;所以王维遭贬,出任济州(今山东茌平西南)司仓参军之后又度过了一段相当长的蹉跎岁月,直到开元二十二年(734),张九龄任中书令,王维才被他提拔为右拾遗,重新回到长安任京官,此时他已三十二岁了。而开元二十四年张九龄罢知政事,李林甫独揽朝政,王维在政治上失去了进取心,先是隐居终南山,后是经营蓝田辋川别墅。天宝十五年(756),安禄山占领长安,王维遭俘,被迫任伪职给事中。次年,唐肃宗还京,王维下狱。乾元元年(758),如《新唐书·王维传》所说:"时缙(王维弟)位已显,请削官赎维罪,肃宗亦自怜之,下迁太子中允,久之,迁中庶子,三迁尚书右丞。"上元二年(761),王维也就去世了。

王维全家信仰佛教,这从他的名字也可以看出来。王维,字摩诘。维摩诘是释迦时代的高僧。《旧唐书·王维传》云:"维弟兄俱奉佛,居常蔬食,不茹荤血。晚年长斋,不衣文彩。"王维的母亲也是虔诚的佛教信徒,据王维《请施庄为寺表》可知,王维营蓝田辋川别墅目的之一就是为了母亲礼佛,该《表》称:"臣亡母,故博陵县君崔氏,师事大照禅师,三十余岁。褐衣蔬食,持戒安禅,乐住山林,志求寂静。"②而寂静恰是禅宗所追求的大道。慧能禅师在临死时说了一段关键的话:"一时端坐,但无动无静,无生无灭,无去无来,无是无非,无住无往,坦然寂静,即是大道。"③《辛夷坞》就表现了这么个寂静的境界,如胡应麟就称该诗"读之身世两忘,万念皆寂,不谓声律之中,有此妙诠"。④ 而王维确实对禅宗有着深刻的理解,《六祖能禅师碑铭》就是他写的。明胡应麟称此诗是"五言绝之入禅者",⑤可以说是讲到了点子上。

最后,专业书与非专业书之间并无一条泾渭分明的鸿沟。专业书与非专业书之间是可以相互转化、相互启发的。胡适曾讲过一个故事:

> 你们记得达尔文研究生物进化的故事吗?达尔文研究生物演变的

---

① [宋]李昉等编:《太平广记》卷一七九《王维》引[唐]薛用弱《集异记》,中华书局,1961年,第1332页。
② [唐]王维撰,陈铁民校注:《王维集校注》,中华书局,1997年,第1085页。
③ [唐]慧能著,郭朋校释:《坛经校释》,中华书局,1983年,第110页。
④ [明]胡应麟:《诗薮》内编卷六《绝句》,上海古籍出版社,1979年,第119页。
⑤ 同上书,第116页。

现状前后凡三十多年,积了无数材料,想不出一个简单贯串的说明,有一天他无意中读马尔图斯的人口论,忽然大悟生存竞争的原则,于是得着物竞天择的道理,遂成一部破天荒的名著,给后世思想界打开一个新纪元。所以要博者只是要加添参考的材料,要使我们读书时容易得暗示,遇着疑难时,东一个暗示,西一个暗示,就不至于呆读死书了。①

所以胡适的学生顾颉刚说:"学问是没有界限的,实物和书籍,新学和故书,外国著作和中国撰述,在研究上是不能不打通的。无论研究的问题怎样微细,总须到浑茫的学海里去捞摸,而不是浮沉于断港绝潢之中所可穷其究竟。"②譬如诗歌同音乐、舞蹈、美术关系密切,我们读研究音乐、舞蹈、美术的历史与理论的著作,对我们研究诗歌当然会有很高的参考价值。

程千帆深有体会地说:

> 世界上没有一种与其他科学绝缘的科学,它们之间必然会互相沟通、渗透,互为影响。也往往就在这样一个基础上,开拓了新的科学领域。一个从事科学研究的人,如果除了对于自己所专攻的某门科学以外,缺少其他知识,也对其他知识不感兴趣,就很难做到专精。而什么都知道一点,但都浅尝辄止,这样的人也很难称为博通。在广泛的知识基础上,深入钻研某一领域,乃是古今学者取得成就的通途。③

而且正如梁启超所说:"学问固贵专精,又须博涉以辅之。况学者读书尚少时,不甚自知其性所近者为何,随意涉猎,初时并无目的,不期而引起问题,发生趣味,从此向某方面深造研究,遂成绝业者,往往而有之。"④所以,我们为了寻找自己的研究方向,也要广泛涉猎各类书籍。

3. 泛读的方法

怎样泛读呢?首先可以读目录书,因为目录书往往会对某一领域的图书的基本情况进行有系统的介绍,将目录书认真看一遍就会对某一领域的

---

① 胡适:《读书》,见《胡适文集》第 4 册,第 129 页。
② 顾颉刚:《自序》,见《古史辨》第 1 册卷首。
③ 程千帆:《治学要重视解决矛盾》,见《治学小言》,第 28—29 页。
④ 梁启超:《国学入门书要目及其读法》,见《饮冰室专集》之七十一,《饮冰室合集》,第 16 页。

基本文献有一个大致的了解,这对迅速扩大我们的知识当然是大有好处的。鲁迅就说过,"有一种很容易到手的秘本是《四库书目提要》,倘还怕繁,那么,《简明目录》也可以,这可要细看,它能做成你好象看过许多书"。① 鲁迅确也喜欢阅读目录书,许广平在《鲁迅藏书一瞥》中说:

> 鲁迅先生研究学问的方法很广博,大致对于前辈的从书目入手的方法也皆采纳,在他消闲的时间里,就时常看见他把书目看得津津有味,我却从不爱沾手的。有时鲁迅先生也解释给我听:"这是治学之道,有人偷偷捧住《书目答问》死啃一下就向人夸耀博学的了,其实不过如此而已。"我想鲁迅先生的披览,未必志在夸耀,而是他确实藏书无多,有时为了研究史学之类,或某种著作,只得借书目作参考之一罢了。因此他的藏书里随时遇到许多出版年代不同的地域不同的书目。②

陈垣说:"从目录学入手,可以知道各书的大概情况,这就是涉猎,其中有大批的书可以'不求甚解'。"③下面我们就介绍一下陈垣先生读《书目答问》的效果,刘乃和说:"一天,他在学馆冯先生的书架上发现一本《书目答问》,翻看之后,喜出望外。从这本目录书里,除去经书外,他又看到了史、子、集各部书籍情况,大大地开阔了眼界,迈出了经书的范畴,初步了解到中国古籍文献的情况,丰富了对文史方面的知识。"④

程千帆在回答研究生提的问题时,也说过:"假使说我现在是一个大学生,我还是首先注意从目录学入门。"⑤而他给研究生上校雠学课,作业就是要学生把《四库全书总目》提要看一遍,写一篇读书的心得体会,目的就是要打开学生的眼界,了解我国古代学术研究概况。如果我们要了解20世纪文学研究概况,最好将《中国二十世纪文学研究论著提要》(乔默主编,北京大学出版社,1994年)看一遍。我们要了解专家、专书、某个专题的研究情况,也应当看一看有关的目录书。譬如我们想了解研究《楚辞》有哪些著

---

① 鲁迅:《且介亭杂文·随便翻翻》,见《鲁迅全集》第6卷,第138页。
② 许广平:《许广平忆鲁迅》,广东人民出版社,1979年,第175页。
③ 陈垣:《谈谈我的一些读书经验》,见邓九平编《谈治学》,第9页。
④ 刘乃和:《学而不厌,诲人不倦》,见《励耘书屋问学记》,第164页。
⑤ 程章灿:《老学者的心声——程千帆先生访谈录》,见《程千帆全集》第15卷,第168页。

作,不妨看一看洪湛侯等编的《楚辞要籍解题》。该书选择历代学术价值较高、影响较大的 62 种研究《楚辞》专著,写出提要,主要介绍作者生平、成书经过、书的基本内容与评价及版刻情况等。《解题》部分的选目,力求体现出当代楚辞研究的成果。古今比例,汉至晚清占五分之三弱,现、当代占五分之二强。该书还附有《楚辞专著目录》,收录历代《楚辞》研究专书,注明书名、卷数、作者、版本、馆藏诸项。可见只要将此书读一遍,对《楚辞》研究简史及主要著作就会有一个大致的了解。当然,依据书目,系统地将某些书翻阅一遍更好。

其次,我们可以到学校图书馆、院系资料室、书店翻阅专业书与非专业书,专业杂志与非专业杂志,文摘与《复印报刊资料》等。如我们研究中国古代文学的就不妨看看《复印报刊资料》月刊之《中国古代、近代文学研究》,该刊分目录、索引两部分,凡目录著录的论文均予以复印,凡索引著录的论文,均标明篇名、作者、出处。从中不难看出我国古代文学研究动态与最新成果。

《庄子·养生主》云:"吾生也有涯,而知也无涯。"既然是泛读,就不必那么仔细。郑板桥说过:"《五经》《廿一史》、《藏》十二部,句句都读,便是呆子。汉、魏、六朝、三唐、两宋诗人,家家都学,便是蠢才。"①就某一本具体的书而言,我们不妨读一读书的序言、后记和凡例,因为书的序例往往会介绍书的宗旨、内容和体例,有些序言是别人写的,那些写序的人多为专家,他们通常会在序中介绍书的作者、书的写作情况与书的优缺点。所以先读一下书的序言、后记,以及凡例,对我们了解书的大致情况是很有好处的。而对书的内容,可以采用鲁迅的方法,随便翻翻,他曾谈道:"现在有一些老实人和我闲谈之后,常说我书是看得很多的,略谈一下,我也的确好象书看得很多,殊不知就为了常常随手翻翻的缘故,却并没有本本细看。"②钱穆也曾谈道:"至于读书的方式,或采直闯式,不必管校勘、训诂等枝节问题;或采跳跃式,不懂无趣的地方,尽可跳过,不要因为不懂而废读;或采闲逛式,如逛街游山,随兴之所之,久了自然可尽奥曲。"③

---

① [清]郑板桥:《题随猎诗草、花间堂诗草》,见卞孝萱编《郑板桥全集》,第 279 页。
② 鲁迅:《随便翻翻》,见《且介亭杂文》,《鲁迅全集》第 6 卷,第 138 页。
③ 严耕望:《钱穆宾四先生与我》,第 48 页。

泛读也不是漫无边际,毫无目的地读。章学诚尝云:"多闻而有所择,博学而要于约。"①复云:"天下闻见不可尽,而人之好尚不可同。以有尽之生,而逐无穷之闻见;以一人之身,而逐无端之好尚,尧舜有所不能也。""宇宙名物,有切己者,虽锱铢不遗。不切己者,虽泰山不顾。如此用心,虽极钝之资,未有不能记也。不知专业名家,而泛然求圣人之所不能尽,此愚公移山之智,而同斗筲之见也。"②张舜徽指出:"泛言一个多字,殊嫌不明。盖多之中又有博与杂之辨。学贵博,不贵杂。博者以一为主,凡与此相关联者,皆遍习之也。杂者,中无所主,滥观广取而无归宿也。学不博则陋。然博之中又必有别择去取,故博观贵能约取焉。至于杂之为害,人尽知之,固治学之士,所当痛绝也。"③程千帆也说过:"我们可能都记得,鲁迅为了要搜集中国小说史料,在浩如烟海的典籍中,曾经仔细阅读并抄录古代类书、杂记中有关资料,而于《通考》则仅仅翻检其《经籍考》而已。"④

二 精读

泛读的主要目的是为了扩大我们的知识面,但是做学问光靠泛读是不行的,还需要精读。就读书治学而言,精读应当说更重要。《孟子·离娄下》云:"博学而详说之,将以反说约也。"朱熹《孟子集注》卷八解释道:"言所以博学于文,而详说其理者,非欲以夸多而斗靡也;欲其融会贯通,有以反而说到至约之地耳。"⑤章学诚《与林秀才》书也说:"大抵学问文章,须成家数,博以聚之,约以收之,载籍浩博难穷而吾力所能有限,非有专精致力之处,则如钱之散积于地不可绳以贯也。"⑥特别是在信息量急剧膨胀的现代,要想在科学研究方面做出一些成绩来,不得不在某些专门领域狠下功夫。钱锺书指出:"人文科学的各个对象彼此系连交互映发,不但跨越国界,衔接时代,而且贯串着不同的学科。由于人类生命和智力的严重局限,我们为

---

① [清]章学诚著,叶瑛校注:《答客问中》,见《文史通义校注》内篇卷五,第476页。
② [清]章学诚著,叶瑛校注:《假年》,见《文史通义校注》内篇卷三,第323页。
③ 张舜徽:《清人笔记条辨》卷三《丙辰杂记》条辨,第123页。
④ 程千帆:《关于知识爆炸与基本功的对话》,见《治学小言》,第51页。
⑤ [宋]朱熹:《四书章句集注》,中华书局,1983年,第292页。
⑥ [清]章学诚著,仓修良编:《与林秀才》,见《文史通义新编》外篇三,第610页。

方便起见,只能把研究领域圈得愈来愈细。此外没有办法。所以,成为某一门学问的专家,虽在主观上是得意的事,而在客观上是不得已的事。"①

1. 什么是精读

所谓精读,就是认真地读,扎扎实实地读。现代史学家郑天挺说:"精读要一字不遗,即一个字,一个名词,一个人名、地名,一件事的原委都清楚;精读是细读,从头到尾的读,对照地读,反复地读。要详细作札记;精读不是只读一书,是同一时间只精读一本,精了一书再精一书。"②精读的书,有的篇章要达到会背的程度。许多老辈学者都在背诵方面下过苦功,柳诒徵在《我的自述》中介绍过自己幼年背书的情景:"我自幼从母亲读四书、五经、《孝经》《尔雅》《周礼》,以及古文、《古诗源》、唐诗,天天要背诵。自七岁至十五六岁,逐日念生书,背熟书。止有腊月廿三日以后,正月半前放学,可以自由看书、抄书、游戏。其余读书之日,自天明起即背书,各书不背完,不能吃早粥。"③许多专家学者都精读过一些书,如黄侃曾谈到他"《文选》盖已十过,《汉书》已三过,注疏圈识,丹黄烂然。《新唐书》先读,后以朱点,复以墨点,亦是三过。《说文》《尔雅》《广韵》三书,殆不能遍数"。④

2. 精读的意义

精读的意义是可以加深对书的理解。三国时魏国人董遇很有学问。"人有从学者,遇不肯教,而云'必当先读百遍'。言'读书百遍而义自见。'"⑤朱熹说:"某旧时读《诗》,也只先去看许多注解,少间却被惑乱。后来读至半了都只将《诗》来讽诵,至四五十过,已渐渐得《诗》之意。却去看注释,便觉减了五分以上工夫。更从而讽诵四五十过,则胸中判然矣。"⑥近人汪辟疆强调熟读也是这个意思,他说:

---

① 钱锺书:《诗可以怨》,见《七缀集》,第 129—130 页。
② 郑克晟:《郑天挺传略》,见《文献》1989 年第 4 期。
③ 柳诒徵:《我的自述》,见《文献》第 7 辑。
④ 程千帆:《忆黄季刚老师》,见程千帆、唐文编《量守庐学记》,第 170 页。
⑤ [晋]陈寿撰,[南朝宋]裴松之注:《三国志》卷一三注引《魏略》,中华书局,1959 年,第 420 页。
⑥ [宋]朱熹:《朱子语类》卷一○四,见《景印文渊阁四库全书》子部儒家类。

熟读在深晓篇章大义,了无疑滞。苏轼诗云:"旧书不厌百回读,熟读深思子自知。"又楼钥诗云:"新诗熟读叹微言。"《朱子语录》云:"书贵熟读,读多自然晓。"此皆为熟读二字注脚。盖书无论新旧,文无论古今,往往初读一过,只得其粗,再读则别有理解,三四读则喻其深微。故贵多读,多读,即熟读之谓也。①

背诵当然也有利于加深对诗文的理解。程千帆曾指出:"背诵名篇,非常必要。这种方法似笨拙,实巧妙。它可以使古典作品中的形象、意境、风格、节奏等都铭刻在自己的脑海中,一辈子也磨洗不掉。因此才可能由于对它们非常熟悉,而懂得深透。"②

有的专家也指导学生这么做,黄侃即一例,陆宗达回忆道:"季刚先生指导我研治《说文》,他的办法很独到:首先要点三遍《说文段注》,他说:'一不要求全点对,二不要求都读懂,三不要求全记住。'头一部规定两个月时间,点完了,他看也不看,也不回答问题,搁在一边,让我再买一部来点。这样经过自己钻研、比较、体会,三遍下来,理解加深了,有些开始不懂的问题也豁然明白了。"③陆宗达也是这样教学生的,他的学生王宁回忆道:"1962年4月,我把点读过的《说文解字注》拿去给陆先生看,陆先生一边翻一边乐,没批没改,只对我说:'再去买一部重点吧!'连着点了三遍《说文解字注》。"后来,王宁也是这么指导研究生的,她说:"为了有效的保持传统,打好基本功,我一如陆先生当初带我们那样亲自带读古书,要求学生点读《说文》和《十三经注疏》,引导学生养成逐字逐句将一本书连同注疏一起从头读到底的良好读书习惯。"④

有的学者还采用抄读的方法来加深对书的理解,这实际上是精读的一种方法。汪辟疆在《读书说示中文系诸生》一文中有"抄读"一节专门谈论过这个问题,并说:"友好如黄季刚晚年,余亲见其每日恭楷写经文三页。张阆声(名宗祥,海宁人)手写书几逾五千卷。黄、张二先生庋藏甚富,而必手自抄写者,盖以书非写不能精读也。"⑤今人抄读突出的例子是冯其庸在

---

① 汪辟疆:《读书说示中文系诸生》,见《汪辟疆文集》,第67页。
② 程千帆:《詹詹录》,见《治学小言》,第44页。
③ 陆宗达:《我与〈说文〉》,见张世林编《学林春秋》初编,第70页。
④ 王宁:《我和中国的传统语言文字学》,见张世林编《学林春秋》三编,第583、592页。
⑤ 汪辟疆:《读书说示中文系诸生》,见《汪辟疆文集》,第71页。

"文化大革命"中抄《红楼梦》,他介绍道:

> 我生怕这一阵风刮向全国,会把这部巨著毁了,所以不管我当时正在受批斗,每天夜深人静以后,我就用毛笔据影印庚辰本《石头记》,依原著行款朱墨两色抄写,因为每天只能深夜抄写,所以整整抄了一年。这一年的抄写,是我真正深入《红楼梦》的过程,联系当时社会的混乱状况,特别是许多朋友和熟人挨整后愤而自杀,我每每抄书到动情之处,不禁掩卷痛哭;到抄完这部书,我自觉从思想上与曹雪芹的"满纸荒唐言,一把辛酸泪。都云作者痴,谁解其中味!"相通了许多。我最后抄完了重读此诗时,忽觉这四句话就是一部《红楼梦》的最好的概括,此诗既是开头,更是全书的总结!从此以后,我大概算进入读《红楼梦》的真境界了。①

精读能够为治学奠定坚实的基础。缪钺曾谈到精读的好处:"浏览过的书,虽然也有印象,但总是记不牢固,容易遗忘,要用时他也不来,而熟读成诵的书,则变成自己的东西,招之即来,运用自如,在思考问题时,亦容易联想,左右逢源。"②许多专家学者都精读过一些重要著作,如姜亮夫深有体会地说:"在成都几年,我好好读了《诗》《书》《荀子》《史记》《汉书》《说文》《广韵》,这些都是中国历史文化的基础。这是我自认为一生治学的得力处,其实也就是我们现在说的基础功。龚先生(龚道耕,字向农)说:'这些书好似唱戏的吊嗓子、练武功'。"③就教学与科研而言,如果我们在精读的基础上,能够背诵数百篇诗文那一定会取得良好的效果。记得我们刚进南京大学中文系读书的时候,当时的系主任陈瘦竹与我们新生第一次谈话时,使我们佩服不已的就是,他能成篇成篇、成段成段地背诵鲁迅《在酒楼上》等小说。后来我们上程千帆的历代诗选课,程先生一开始就说:"今天要丑话讲在前面,历代诗选讲汉代至宋代的五、七言诗,学生毕业好比姑娘出嫁,学校要多陪些东西,我提一个要求,要多读、多背,三年后不背熟三百首,就不能毕业,有些学生说诗词格律不懂,就是因为作品读得太少,就不会有两只知音的耳朵。汉时,司马相如说读了一千篇赋,就学会了写赋。"

---

① 冯其庸:《我与〈红楼梦〉》,见张世林编《学林春秋》二编,第133页。
② 缪钺:《缪钺自述》,见高增德、丁东编:《世纪学人自述》第二卷,第380页。
③ 姜亮夫:《姜亮夫自传》,见《文献》1981年第4辑。

就学习方法而言,精读实际上采取了解剖麻雀的办法,会解剖一只麻雀,当然也就会解剖其他麻雀、其他鸟。我们通过解剖麻雀,知道了有关麻雀的许多知识;当然也就会采取同样办法,知道其他鸟类、其他动物的许多知识。我们在课堂上学的课程几乎都是概论式的,而治学当然必须读原著。如何读原著,精读几部书自然会掌握读原著的方法。

3. 哪些书应当精读

哪些书应当精读呢?很多专家学者都开过必读书目、推荐书目,彼此都各不相同,对精读书有不同看法属正常现象。就读者而言,彼此之间差异很大,专业方向也不会完全相同,不同的读者需要精读不同的书也属正常现象。今将程千帆的一家之言介绍如下:

> 《论语》《孟子》《庄子》《左传》《礼记》《诗经》《楚辞》《文选》《文心雕龙》《杜诗》《史通》《文史通义》《四库提要》,这些书使我认识到祖国古代学术文词的美富。通过对于这些书籍的学习,使我打下了做学问的基础。我自来认为,现在也还认为,要研究中国古典文学的任何一个阶段和领域,对于先秦、两汉的典籍都必须认真学习,否则就似无源之水,无本之木。现在的大学生很少或几乎完全不学习古代经典著作,因此,他们对于后来从这些著作发展出来的文学作品,不仅无法深入,而且学习也感到困难。①

这个书目有几个特点:一是中国文化、中国文学的源头书;二是文学、史学、哲学、典章制度、文献学方面的代表作,体现了作者综合运用各种知识从事学术研究的观点;三是既重视理论著作,又重视作品,体现了作者理论与实践相结合的观点。

与自己的研究课题密切相关的文献当然需要精读,譬如王运熙研究乐府诗,在所阅读参考的文献中,感到《宋书·乐志》《乐府诗集》两种最为重要。他深有体会地说:"我在钻研熟悉了两书的有关内容后,好像抓到了纲领,其他一些资料的价值和得失,便容易掌握了。一门学科或一个专题,文献资料往往颇多,但主要的往往不会很多,有时只有几种;钻研时也不能平

---

① 程千帆:《答〈江海学刊〉问治学经验》,见《治学小言》,第55页。

均使用力量,要把力量集中在主要的资料上。"①

但是,每个人的情况不同,甚至一个人各个时期研究的课题也不相同,因此与各个课题相关的材料也千差万别,我们就不一概而论了。

4. 泛读与精读的关系

泛读与精读相辅相成,缺一不可,严家炎曾论及两者的辩证关系:"不值得精读的书而精读了,那就是浪费时间。但如果反过来读书只贪图数量,不讲质量,什么书都翻翻就过去,那么学来的东西很容易变成浮萍,生不了根,没有多大用处。正确的方法是:浏览和精读相结合。一般的书可以浏览,重要的书、名著就需要精读;与自己研究题目远的书浏览,与自己研究题目关系直接的就精读。浏览的面不可太窄,精读的面不可太宽。浏览时碰到有用的不常见的材料,应该立即记下来。精读时则更应该自觉地做点笔记,把书中重要内容、资料,连同自己的感受和思考,都记录在分类的笔记本或卡片上。"②

泛读与精读之间的关系实际上也反映了博与专之间的关系。陈垣曾经作过分析,指出:"不管什么专业,不博就不能全面,对这个专业阅读的范围不广,就很像以管窥天,往往会造成孤陋寡闻,得出片面偏狭的结论。只有得到了宽广的专业知识,才能融会贯通,举一反三,全面解决问题。不专则样样不深,不能得到学问的精华,就很难攀登到这门科学的顶峰,更不要说超过前人了。博和专是辩证的统一,是相辅相成的,二者要很好地结合,在广博的基础上才能求得专精,在专精的钻研中又能扩大自己的知识面。"③

在泛读与精读、博与专的辩证关系中,精读与专应当起主导作用,泛读、博实际上都是为精读与专服务的。明胡应麟说:"凡著述贵博而尤贵精。浅闻少见,曷免空疏;夸多炫靡,类失卤莽。博也而精,精矣而博,世难其人。"④袁枚《答友人某论文书》云:"夫艺苟精,虽承蜩画策亦传;艺苟不精,虽兵、农、礼、乐亦不传。传不传,以实求,不以名取,安在其兼不兼也?然仆

---

① 王运熙:《研究乐府诗的一些情况和体会》,见《乐府诗述论》,第 509 页。
② 严家炎:《严家炎自述》,见高增德、丁东编《世纪学人自述》第六卷,第 472—473 页。
③ 陈垣:《谈谈我的一些读书经验》,见邓九平编《谈治学》,第 9—10 页。
④ [明]胡应麟:《诗薮》外编卷三《唐上》,第 163 页。

意以为专则精,精则传;兼则不精,不精则不传。"①正如章学诚《文史通义·博约下》所说:"学必求其心得,业必贵于专精。"其《文史通义·假年》复云:"古人所以贵博者,正谓业必能专,而后可与言博耳。盖专则成家,成家则已立矣。宇宙名物,有切己者,虽锱铢不遗。不切己者,虽泰山不顾。如此用心,虽极钝之资,未有不能记也。"在章学诚看来,文献浩如烟海,而人的时间和精力是有限的,要想遍读天下书实际上是不可能的,也是不必要的。所以他在《文史通义·博约上》指出:"学在自立,人所能者,我不必以不能愧也。因取譬于货殖,居布帛者,不必与知粟菽;藏药饵者,不必与闻金珠。患己不能自成家耳。譬市布而或阙于衣材,售药而或欠于方剂,则不可也。"

读书既可以先博后专,也可以先专后博。通常强调由博返约,其实对我们大学生、研究生来说,先选定一个研究课题,为了高质量地完成你的研究课题,你不得不补充相关知识,阅读相关资料,所以由专转向博也是很自然的事。严耕望曾谈到过自己在这方面的经验:"研究一个问题,并不能说自己具备一切相关知识才去动手;也可能在研究过程中发现缺乏某些辅助知识,那就不免要临时抱佛脚,自我去补习,尤其是其他学科的理论与技术。例如我研究政治制度,就不能不读一些政治学行政学的书,对于经济史有兴趣,就不能不读一些经济学财政学的书,为计量的需要,就不能不看一些统计学的书,为绘图的方便,也不能不稍稍学一点粗浅的地图绘制技术。"②

为了论述的方便,我们将泛读与精读分开来作了介绍。实际上学者每天不必专读一书,在精读某书的同时,也可以泛读另外的书。而且就某一本书来说,根据自己的具体情况,其中某些部分可以精读,另外一些部分可以泛读。

三 读书要思考

张之洞在《书目答问略例》中说:"读书不知要领,劳而无功。"我们读书

---

① [清]袁枚:《小仓山房文集》卷一九《答友人某论文书》,见《四部备要》集部清别集,中华书局,1920—1936年。
② 严耕望:《治史经验谈》,第84页。

要掌握书的要领,要有所收获,关键就在于思考。下面我们就讨论一下这个问题。

1. 读书而不思考作用不大

人们常把喜欢读书而又没有什么心得体会的人比喻成两脚书橱,如《南齐书·陆澄传》云:"〔澄〕当世称为硕学,读《易》三年,不解文义,欲撰《宋书》竟不成。王俭戏之曰:'陆公,书厨也。'"明张岱也谈道:"吾越,惟余姚风俗,后生小子无不读书,及至二十无成,然后习为手艺。故凡百工贱业,其《性理》《纲鉴》,皆全部烂熟,偶问及一事,则人名、官爵、年号、地方,枚举之未尝少错。学问之富,真是两脚书橱,而其无益于文理考校,与彼目不识丁之人无以异也。"①这两个故事告诉我们,读书要能理解书中的意思,要有自己的心得体会。否则,书读得再多再熟,用处也不大。

2. 学有所得关键在思考

怎么才能做到学有所得呢?关键在思考,孔子说:"学而不思则罔,思而不学则殆。"②孟子说:"心之官则思,思则得之,不思则不得也。"③管子说:"思之思之,又重思之,思之不得,鬼神教之。"④应当说凡优秀的论文都得写出自己独有的心得体会,例如王之涣的《凉州词》,上海辞书出版社编的《唐诗鉴赏辞典》等通行本首句作"黄河远上白云间",但是,《文苑英华》《乐府诗集》《万首唐人绝句》《唐诗纪事》等比较早的版本,首句均作"黄沙直上白云间",孰是孰非?就得要思考。学术界流行的看法是"黄河远上白云间",而著名地理学家竺可桢却认为首句应当是"黄沙直上白云间",并指出:

> "这是很合乎凉州以西玉门关一带春天情况的,和王之涣同时而齐名的诗人王昌龄,有一首《从军行》诗:'青海长云暗雪山,孤城遥望玉门关。黄沙百战穿金甲,不破楼兰终不还。'也是把玉门关和黄沙联

---

① [明]张岱:《夜航船》卷首《自序》,浙江古籍出版社,1987年。
② 《论语·为政》,见《论语注疏》,[清]阮元校刻《十三经注疏》,第2462页。
③ 《孟子·告子上》,见《孟子注疏》,[清]阮元校刻《十三经注疏》,第2753页。
④ 《管子·心术下》,见浙江书局辑刊《二十二子》,上海古籍出版社影印本,1986年,第144页。

系起来。""在唐朝开元时代,对于安西玉门关一带春天几乎每天到日中都要刮起黄沙直冲云霄的情况是熟悉的,但后来不知在何时,王之涣《凉州词》第一句便被改成'黄河远上白云间'。到如今,书店流行的唐诗选本,统沿用改过的句子。实际黄河和凉州及玉门关谈不上有什么关系。这样一改,便使这句与河西走廊的地理和物候两不对头。"①

但是,程千帆写过一篇著名的论文《论唐人边塞诗中地名的方位、距离及其类似问题》,指出:唐人边塞诗中所出现的地名,常常有方位、距离与实际情况不相符的情况。"唐人边塞诗中之所以出现这种情况,乃是为了唤起人们对于历史的复杂的回忆,激发人们对于地理上的辽阔的想象,让读者更其深入地领略边塞将士的生活和思想感情。""细节一般应当是真实的,但它也是可以虚构的。在真实的细节无助于使自己的作品达到更高级、更集中、更富于典型性的情况下,作家们保留虚构'反常'的或者'错误'的细节的权利,以便保证它在整体上达到这个目的。"②

那么,王之涣的《凉州词》究竟哪一个版本正确呢?我们认为"黄沙直上白云间"正确,因为这首诗的主题是一个"怨"字,写成边将士长期生活在极其艰苦的环境里却得不到春风的眷顾,因此环境越差,他们的埋怨也就越深、越合理。相反,如果把戍边环境写得很美,就与该诗的主题思想不协调,并且相矛盾了。

读书不仅要思考,而且要不断地思考。因为只有不断思考,对问题的认识才能不断深入。如陶渊明《饮酒诗二十首》之五中的两句诗,比较原始的版本作"采菊东篱下,悠然望南山",南朝梁萧统编的《文选》卷三〇,以及后来许多版本都是这么写的。但是苏轼经过思考提出了不同看法,他在一则读书笔记《题渊明饮酒诗后》中写道:"'采菊东篱下,悠然见南山。'因采菊而见山,境与意会,此句最有妙处。近岁俗本皆作'望南山',则此一篇神气都索然矣。"③他的看法为后世所普遍接受,于是"悠然见南山"似乎成了定论。

---

① 竺可桢:《物候的古今差异》,见《天道与人文》,北京出版社,2005年,第145—146页。
② 程千帆:《论唐人边塞诗中地名的方位、距离及其类似问题》,见《程千帆全集》第8卷,第179—182页。
③ [宋]苏轼:《东坡题跋》卷一,《丛书集成初编》本,商务印书馆,1936年。

我于2005年3月2日,在南京师范大学中文系的黑板报上见到一篇大学生访谈录,其中特别提到徐复先生认为:"'采菊东篱下,悠然见南山'之'见'仍应作'望',依据在《晋书·隐逸传》,说翟汤是陶渊明的好友,住在南山,'望南山'是在思念翟汤。"后来我才知道徐复的《后读书杂志》已明确谈到过这个问题,现录之如下:"《晋书·隐逸传》:'翟汤,字道深,寻阳人……司徒王导辟,不就,隐于县界南山。'诗云南山,当指翟汤言。'望'谓仰望,有希冀义。有本作'见',其义隔。"①

徐复此文肯定"望"字,批评"见"字,道人所未道,无疑是一大进步。但是陶渊明所望者是否就是翟汤呢?那倒不一定。因为这两句诗后面紧接着还有"山气日夕佳,飞鸟相与还"两句。陶渊明"望南山"的主要目的是欣赏傍晚时分"飞鸟相与还"的情景,因为他本人就是一只归鸟,所以对归鸟特别关注,不仅望之再三,而且也咏之再三,如他专门写过一首《归鸟》诗,其第三章云:"翼翼归鸟,循林徘徊。岂思天路,欣反旧栖。虽无昔侣,众声每谐。日夕气清,悠然其怀。"再如《饮酒诗二十首》之七的后四句也表达了同样的情感:"日入群动息,归鸟趋林鸣。啸傲东轩下,聊复得此生。"可见他的心是与归鸟相通的,他是在借归鸟的意象,表达自己的情思。反观我们讨论的这两句诗,只有用"望"字才能恰到好处地表达他见到"山气日夕佳,飞鸟相与还"的情景所具有的愉悦欣慰之情,如果用"见"字,表明陶渊明无意望山,甚至将"山气日夕佳,飞鸟相与还"这两句诗都忽略了,这就与南山的这种情景,诗人的这种情感显得很隔膜了,所以我以为陶渊明这两句流传千古的名句还是应当作"望"字。②

3. 思考的标志是能提出问题

读书时思考与否的一个重要标志是看你能否提出问题。《礼记·中庸》云:"博学之,审问之,慎思之,明辨之,笃行之。"能够提出问题就说明你读书时动了脑筋,就会有收获;不思考当然就提不出问题,也就不会有收获。我国古代许多大学问家,读书都喜欢提问,戴震就是一个例子,梁

---

① 徐复:《后读书杂志·陶渊明集杂志·悠然望南山》,上海古籍出版社,1996年,第171页。
② 徐有富:《"望南山"与"见南山"》,见《诗学问津录》,第84—86页。

启超说：

> 震十岁就傅，受《大学章句》，至"右经一章"以下，问其塾师曰："此何以知为孔子之言而曾子述之？又何以知为曾子之意而门人记之？"师应之曰："此先儒朱子所注云尔。"又问："朱子何时人？"曰："南宋。"又问："孔子、曾子何时人？"曰："东周。"又问："周去宋几何时？"曰："几二千年。"又问："然则朱子何以知其然？"师无以应。①

梁启超接着评价道：

> 此一段故事，非惟可以说明戴氏学术之出发点，实可以代表清学派时代精神之全部。盖无论何人之言，决不肯漫然置信，必求其所以然之故；常从众人所不注意处觅得间隙，既得间，则层层逼拶，直到尽头处；苟终无足以起其信者，虽圣哲父师之言不信也。此种研究精神，实近世科学所赖以成立。而震以童年具此本能，其能为一代学派完成建设之业固宜。②

现代学者也认为能否提出适当的问题，是判断学生思考与否、学术水平高低的一种标志。据罗香林回忆陈寅恪道："他常说：问答式的笔试，不是观察学问的最好办法。学生们每要求他以写短篇论文代替大考。但陈师又谓：做论文要有新的资料或新的见解，如果资料和见解都没有什么可取，则做论文也没有什么益处；最好各同学于听课及研究后，细细的想想，到了学期结束，对教师每位提出一二问题；自然，教师也是不能包懂的，但对学生能否提出适当的问题，也可以知道学生是否曾用过工夫，可以略约分别成绩。但同学们多数也不敢采取这种办法，因为如果所提出的问题，被人认为是不聪明的问题时，面子上也很难看。"③

刘起釪是研究《尚书》的专家，他在《我和〈尚书〉》一文中谈起过他师从顾颉刚学习《尚书》的趣事：

> 一年级时，他拿一部《尚书》叫我标点，我当时还以为他要此标点本别有用处（如出版标点本），所以用心在一年级课余时间内标点好交

---

① 梁启超：《清代学术概论》十一，见《饮冰室专集》之三十四，《饮冰室合集》，第31页。
② 同上书，第31—32页。
③ 罗香林：《回忆陈寅恪师》，见张杰、杨燕丽编《追忆陈寅恪》，第105页。

去。他看了觉得标点不错,问我有问题没有,我说按《孔氏传》释义都标点通了,没什么问题。他笑了,指出《尚书》是五经中问题最多的一部,而我不知道。要知不能发现问题就不能做学问;要做学问,不能墨守传统,要善于从传统观点中解放出来,发现新问题,才能开启学问之门。而这标点本,他就摆在案头没作别用。我才知道,这完全是他对我施教的一种方式。当年胡适先生叫顾先生标点《古今伪书考》,即诱导顾先生走上一生治学道路。①

对于一些习以为常的名篇佳作,只要我们勤于思考,也可能发现问题,譬如王维的《相思》,通行本作:

红豆生南国,春来发几枝?
愿君多采撷,此物最相思。

表面上看来,这首诗,似乎没有问题,但是仔细一想就会觉得有不妥之处。常言道"春花秋实",红豆树春天开白色或淡红色花,红豆是藏在豆荚中的果实,而非花。查中华书局1997年出版的陈铁民《王维集校注》,第二句作"秋来发几枝"。显然,"秋来发几枝"要比"春来发几枝"合理一些。此外,关于"秋来发几枝"的"几"字,陈铁民《王维集校注》还有个注:"《唐人万首绝句》《全唐诗》俱作'故'。""秋来发几枝"是疑问句,而"秋来发故枝"是陈述句,两者含义大不一样。"故枝"二字显然系专指,而非泛称。如果该句确为王维原诗所有,那么王维与"君"之间围绕着"故枝"应当还有过一段故事。据陈铁民《王维集校注》所附《王维年谱》可知,王维于开元二十八年(740)十月三十日前到达岭南主持科举考试,正好遇上采撷红豆的时节,他与某"君"一道采撷北方罕见的红豆。相处中,王维与某"君"产生了深厚的友谊。次年春,王维自岭南北归。这年秋天,又到了采撷红豆的时节,往事历历在目,于是他写诗对某"君"表示思念之情当然是极其自然的。一般人能写出"秋来发几枝",却写不出"秋来发故枝",因为后者来自实际生活,具有个性化色彩。所以,我们有理由认为"秋来发故枝"才是原文。②

---

① 刘起釪:《我和〈尚书〉》,见张世林编《学林春秋》初编,第666页。
② 详见徐有富《从"相思子"到"相思"》,见《中国社会科学报》2018年6月22日第8版。

4. 提出问题要有怀疑一切的精神

思而有得的前提是要有怀疑一切的精神。《孟子·尽心下》就说过："尽信《书》则不如无《书》,吾于《武成》,取二三策而已矣。"东汉王充在所著《论衡》中有《问孔》《刺孟》等篇,对孔孟的学术提出了怀疑、分析与批判,如《问孔篇》开头就指出:"世儒学者,好信师而是古,以为贤圣所言皆无非,专精讲习,不知难问。夫贤圣下笔造文,用意详审,尚未可谓尽得实,况仓卒吐言,安能皆是？不能皆是,时人不知难；或是,而意沉难见,时人不知问。案贤圣之言,上下多相违；其文,前后多相伐者。"并且大声疾呼:"追难孔子,何伤于义？""伐孔子之说,何逆于理？"①接着,他还提出了大量质疑孔子的问题。正因为王充具有怀疑精神,所以才写出了《论衡》这部在中国思想上具有深远影响的重要著作。

唐代著名史学家刘知几发扬了王充的怀疑与批判精神,在所著《史通》中专门有《疑古》《惑经》等篇。其《疑古》篇对《尚书》提出了十点疑问；其《惑经》篇对《春秋》提出了十二点疑问,并称:"昔王充设论,有《问孔》之篇,虽《论语》群言,多见指摘,而《春秋》杂义,曾未发明。是用广彼旧疑,增其新觉。将来学者,幸为详之。"宋人郑樵谈道:"因疑而思,思而得。"②今人当然更强调要有怀疑精神,如胡适云:"不要轻于相信,要怀疑,要怀疑书,要怀疑人,要怀疑自己,不要轻于相信人家,'先小人而后君子',所谓'三个不相信,出个大圣人',我对这话非常佩服,所谓'打破砂锅问到底',都是告诉我们要怀疑。"③当然说得最彻底的要算马克思,他女儿问他:"你所喜欢的座右铭是什么？"他答道:"怀疑一切。"④

梁启超还分析了其中的道理:"流俗每易致误者,此实根于心理上一种幻觉,每语及长城辄联想始皇,每语及道教,辄联想老子。此非史料之误,乃吾侪自身之误而以所误诬史料耳。吾侪若思养成鉴别能力,必须将此种心理结习痛加涤除,然后能向常人不怀疑之点能试怀疑,能对于素来不成问题之事项而引起问题。夫学问之道,必有怀疑然后有新问题发生,有新问题发

---

① 黄晖:《论衡校释》卷九,第 395 页。
② [宋]郑樵:《器服略一》,见《通志》卷四八,第 607 页上。
③ 胡适:《治学方法》,见《胡适文集》第 12 册,第 479 页。
④ 李致远编著:《马克思和列宁的学习方法》,中国青年出版社,1964 年,第 3 页。

生然后有研究;有研究然后有新发明,百学皆然。"①

下面我们以郑樵为例来说明这一点。郑樵对毛诗的来源及《诗序》为子夏作的传统观点感到可疑,特作《诗辨妄》。《诗辨妄》的主要成就是否定《诗序》为子夏作,批驳了《诗序》的谬误,从而在一定程度上推翻了《诗序》强加于《诗》的封建说教,为正确理解和研究《诗》作出了贡献。郑樵总结了《诗序》的作伪方法,最主要的就是"作《序》者有可经据,则指言其人;无可经据,则言其意"。② 传《诗》者为了取信于人,总是千方百计地引经据典,附会引申。例如《郑风·将仲子》:

  将仲子兮,无逾我里,无折我树杞,岂敢爱之,畏我父母。仲可怀也,父母之言,亦可畏也。

  将仲子兮,无逾我墙,无折我树桑,岂敢爱之,畏我诸兄。仲可怀也,诸兄之言,亦可畏也。

  将仲子兮,无逾我园,无折我树檀,岂敢爱之,畏人之多言。仲可怀也,人之多言,亦可畏也。

这首诗表达了一位热恋中的年轻女子,既怀念恋人,又害怕父母、诸兄,以及其他人干涉、议论的矛盾心情。但是,这首诗的小序却说:"《将仲子》,刺庄公也,不胜其母,以害其弟。弟叔失道,而公弗制,祭仲谏,而公弗听。小不忍则以致大乱焉。"郑玄《笺》、孔颖达《正义》也叠床架屋地加以引申曲解。郑樵批评道:"此实淫奔之诗,无与于庄公、叔段之事,《序》盖失之。而说者又从而巧为之说,以实其事,误亦甚矣!"③细玩诗意,确实与庄公、叔段之事无关。《序》《笺》《正义》的作者大概觉得这首诗系《郑风》,题目为《将仲子》,而《左传》隐公元年又记载了"郑伯克段于鄢"的事,就将它们生硬地拉扯到了一起。郑樵的《诗辨妄》对《诗序》的批判,产生了巨大的影响,既遭到了周孚的激烈反对,也得到了朱熹的充分肯定。朱熹云:

  《诗序》实不足信,向见郑渔仲有《诗辨妄》,力诋《诗序》,其间言语太甚,以为皆是村野妄人所作。始亦疑之,后来子细看一两篇,因质

---

 ① 梁启超:《中国历史研究法》,见《饮冰室专集》之七十三,《饮冰室合集》,第71页。
 ② [宋]周孚:《蠹斋铅刀编》卷三一《非诗辨妄》引,见《景印文渊阁四库全书》集部别集类,台湾商务印书馆,1983—1986年。
 ③ [宋]朱熹:《诗序辨说》,见《诗序》,《景印文渊阁四库全书》经部诗类。

之《史记》《国语》,然后知《诗序》之果不足信。因是看《行苇》《宾之初筵》《抑》数篇,《序》与《诗》全不相似。以此看其他《诗序》,其不足信者煞多。①

故其《诗集传》不录《诗序》。朱鹤龄亦称:"汉唐以来,《诗》家悉宗小序,郑夹漈始著《辨妄》,朱紫阳从之,掊击不遗余力。《集传》行而《诗序》几与赵宾之《易》,张霸之《书》同废。"②

对于一些似乎成了定论的观点,如果我们用怀疑的眼光重新加以审视,也许会产生新的看法。例如钟嵘的《诗品》称陶渊明为"古今隐逸诗人之宗",《晋书·隐逸传》称陶渊明辞官是因为"不能为五斗米折腰,拳拳事乡里小人"。此点为人们津津乐道,事实果真如此吗?我们经过考索会发现这不过是一个借口,真正原因是陶渊明忠于东晋政权。陶渊明之所以在刘裕军队中担任镇军参军,是因为刘裕反对桓玄篡夺东晋政权。而刘裕一旦大权在握,地位巩固,也想篡夺东晋政权时,陶渊明就持反对态度了。其辞官的导火索是刘裕滥杀异己。据《宋书·武帝纪》记载:"尚书左仆射王愉,愉子荆州刺史绥等,江左冠族,绥少有重名,以高祖(刘裕)起自布衣,甚相凌忽。绥,桓氏甥,亦有自疑之志。高祖悉诛之。"此事发生在元兴三年(404),王愉一家百余人被杀。陶渊明《感士不遇赋》有云:"密网裁而鱼骇,宏罗制而鸟惊。彼达人之善觉,乃逃禄而归耕。山嶷嶷而怀影,川汪汪而藏声。望轩唐而永叹,甘贫贱以辞荣。"所写虽为历史人物,所感却是自己的切身体会。其《与子俨等疏》也说得十分明白:"吾年过五十,少而穷苦,每以家弊,东西游走,性刚才拙,与物多忤,自量为己,必贻俗患,僶俛辞世,使汝等幼而饥寒。"所以我们说,"不能为五斗米折腰",是他辞官归隐的借口,而由于政治立场不同,为了避祸才是他辞官归隐的真正原因。③

5. 要疑人之所不疑

需要强调的是既要疑人之所疑,又要疑人之所不疑。宋张载云:"所以观书者,释己之疑,明己之未达。每见每知新益,则学进矣。于不疑处有疑,

---

① [宋]朱熹:《朱子语录》卷八〇,见《景印文渊阁四库全书》子部儒家类。
② [清]朱鹤龄:《诗经通义》卷首《自序》,见《景印文渊阁四库全书》经部诗类。
③ 徐有富:《陶渊明政治倾向辨证》,见《诗学问津录》,第73—83页。

方是进矣。"①明末清初学者方以智《东西均》之《疑何疑》篇亦云:"疑何疑,谁非可疑?又谁可疑乎?善疑者,不疑人之所疑,而疑之人之所不疑;善疑天下者,其所疑决之以不疑;疑疑之语,无不足以生其至疑。新可疑,旧亦可疑;险可疑,平更可疑。"②越是疑人之所不疑,你就会越有收获。下面就举一实例,谭其骧谈道:

> 历来研究黄河的学者以至当代的权威,都把黄河在东汉以后出现的长期安流,归功于王景治河,从未有人提出过异议。对这一点,我一直有怀疑:王景治河,在当时的条件下,工程的质量不可能很高,为什么能收到如此长期的效益?在王景之前,也有过几次大规模的治河工程,自元至明清,更是治河名臣辈出,为什么都收不到王景同样的效果?因此我撇开治河工程,从黄河本身寻找原因。根据近现代的地理资料和研究结果,导致黄河泛滥的主要原因是来自中游的泥沙。因此中游的水土保持是消弭下游水害的决定因素。再从历史上看,秦汉以前,山峡峡谷流域和泾渭北洛地区人民还是以畜牧、狩猎为主要生产手段的,原始植被未被破坏,水土流失轻微。秦皇、汉武大规模向西北边郡移民的结果,导致了该地区不合理的开发,牧地、荒地辟为农田,原始植被遭到破坏,引起严重水土流失。东汉以后,以牧为主的少数民族逐渐向该地区移入,经营农业的汉人日益减少以至基本退出。因此,几个世纪中,该地区重新成为牧区或半农半牧区,天然植被得到恢复,水土流失得到控制。显然,这是东汉以后黄河长期安流的根本原因。我在 1962 年发表了《何以黄河在东汉以后会出现一个长期安流的局面》一文,论证了上述观点。这是一个引起争议的问题,至今还有人不同意我的观点。但是,解放以来黄河中游盲目开垦的严重后果,从实际上证明了这一论点的正确性,我在这篇文章中所揭示的事实,正被人们作为历史的经验在吸取,相信搞好中游的水土保持,终将成为公认的消弭黄河水害的根本措施。③

在文学研究中也要疑人之所不疑,这样做才会有新的收获。这种情况

---

① [宋]张载:《张子全书》卷六《义理》,《四部备要》子部儒家类,中华书局,1920—1936 年。
② [清]方以智著,庞朴注释:《东西均注释》,中华书局,2001 年,第 266 页。
③ 谭其骧:《谭其骧自传》,见《文献》第 11 辑。

在我们读书的过程中也可能随时遇到。譬如一些南朝民歌经常提到扬州,像《那呵滩》:"闻欢下扬州,相送江津湾。愿得篙橹折,交郎到头还。"《莫愁乐》:"闻欢下扬州,相送楚山头。探手抱腰看,江水断不流。"扬州何在?人们会自然想到现在的扬州市,但是今天的扬州市在南朝时就发达到经常被妇女们挂在嘴上吗?不会。实际上当时人们口头上的扬州是指以今天的南京为中心的江南地区。如《宋书》卷三五《州郡志一·扬州》云:"扬州刺史,前汉刺史未有所治,后汉治历阳,魏、晋治寿春,晋平吴治建业。"可见晋平吴以后至南朝时刘宋,扬州治所在今南京。《南齐书》卷一四《州郡志上》云:"扬州京辇神皋。"则南朝齐时,扬州治也在今南京。《梁书》虽无州郡志,但是《梁书》卷三《武帝纪》下提到梁武帝提倡礼,"皇太子、宣城王亦于东宫宣猷堂及扬州廨开讲,于是四方郡国趋学向风,云集于京师矣"。则梁代扬州治也设在京师,今南京了。北宋的秦观对扬州的历史沿革作了十分清楚的阐述:

> 扬州者往往指其刺史所治而已,盖西汉刺史无常治;东汉治历阳,或徙寿春,又徙曲阿;魏亦治寿春,或徙合肥;吴治建业。西晋、后魏、后周,皆因魏。东晋、宋、齐、梁、陈,皆因吴。惟宋常以建业为王畿,而东扬州为扬州,东扬州者会稽也。隋以后皆治广陵。由是言之,凡称扬州者,东汉指历阳,或寿春,或曲阿。中原自魏至周,指寿春,或合肥。江左自吴至陈,指建业,或会稽。隋唐五代乃指广陵。①

可见六朝时扬州即为现在的南京。六朝时期南京为政治、经济、文化中心,因此把南朝民歌中的扬州理解为以南京为中心的江南地区是符合实际情况的。

再如张继的《枫桥夜泊》:"月落乌啼霜满天,江枫渔火对愁眠。姑苏城外寒山寺,夜半钟声到客船。""乌"何指?有的解释成"乌鸦"②,有的解释成"乌鹊",③其实诗中的乌应当指乌臼鸟,乌臼鸟的特点是黎明即啼,因此又称黎鹊。如南朝乐府民歌《读曲歌》:"打杀长鸣鸡,弹去乌臼鸟,愿得连冥不复曙,一年都一晓。"《乌夜啼》云:"可怜乌臼鸟,强言知天曙。无故三

---

① [宋]秦观:《扬州集序》,见《淮海集》卷三九,《四部丛刊》初编,商务印书馆,1922年。
② 张庆等:《唐人绝句百首译注》,徐州市教育局教研室印制,1979年,第48页。
③ 刘学锴等:《唐代绝句赏析》,安徽人民出版社,1981年,第157页。

更啼,欢子冒暗去。"皆足以说明乌臼鸟黎明即啼的特点。所以这首诗采取了倒叙的手法,第一句说黎明时没有睡着,第二句说夜(一作晚)泊枫桥时没有睡着,第三、四两句说夜半没有睡着。据傅璇琮《张继考》,①可知张继在安史之乱后,乱平前,曾流寓吴中,则诗人在枫桥夜泊时所表现出来的深深的忧愁,既有羁旅之愁,又有家国之忧。②

四 读书要有目的

读书的目的很多,譬如提高我们的文化修养,譬如增强我们的业务能力,譬如休闲消遣等等。我们在讨论学术论文写作时强调读书要有目的,这里所说的读书目的,显然是指写学术论文。

1. 读书要有目的

我们读书应当有明确的目的。因为图书资料浩如烟海,如果我们读书没有目的就会感到无所适从,读的书再多也没有用。郑板桥写过一首诗:"读书数万卷,胸中无适主,便如暴富儿,颇为用钱苦。"③我们有目的的读书会变被动为主动,变消极为积极,因而会获得明显的效果。苏东坡早就指出:

> 少年为学者,每读书皆作数过尽之。书之富如入海,百货皆有之,人之精力不能兼收尽取,但得其所欲求者耳。故愿学者每次作一意求之,如欲求古人兴亡治乱,圣贤作用,但只作此意求之,勿生余念。又别作一次求事迹、故实、典章、文物之类,亦如之。他皆仿此。此虽迂钝,而他日学成,八面受敌,与涉猎者不可同日而语也。④

季羡林也深有体会地说:"大概我们都有这样的经验:只要你脑海里有某一个问题,一切资料,书本上的、考古发现的、社会调查的等等,都能对你有用。

---

① 傅璇琮:《唐代诗人丛考》,中华书局,1981 年,第 209—219 页。
② [宋]朱长文《吴郡图经续记》卷中"寺院"门:"普明禅院,在吴县西十里枫桥。枫桥之名远矣,杜牧诗尝及之,张继有晚泊一绝。"《丛书集成初编》本,商务印书馆,1939 年。
③ 郑板桥:《赠国子学正侯嘉璠弟》,见卞孝萱编《郑板桥全集》,第 63 页。
④ [宋]苏轼:《与王庠书》,见《东坡全集》卷七六,《景印文渊阁四库全书》本。

搜集这样的资料也并不困难,有时候资料简直是自己跃入你的眼中。反之,如果你脑海里没有这个问题,则所有这样的资料对你都是无用的。"①近人梁启超于此点讲得尤为明白:

> 先辈每教人不可轻言著述,因为未成熟的见解公布出来,会自误误人,这原是不错的,但青年学生"斐然当述作之誉",也是实际上鞭策学问的一种妙用,譬如同是读《文献通考》的钱币考、各史《食货志》中钱币项下各文,泛泛读去,没有什么所得,倘若你一面读一面便打主意做一篇《中国货币沿革考》,这篇考做的好不好另一问题,你所读的自然加几倍受用。譬如同读一部《荀子》,某甲泛泛读去,某乙一面读,一面打主意做部《荀子学案》,读过之后,两个人的印象深浅,自然不同。所以我很奖劝青年好著书的习惯,至于所著的书,拿不拿给人看,什么时候才认成功,这还不是你的自由吗?②

这一点的实践效果是非常显的。江苏古籍出版社出版了一套《嘉定钱大昕全集》,十册,计四百万字,我想利用它写一篇有关钱大昕的文章。考虑到钱大昕作为一位学者在版本学方面取得的成就,与藏书家在版本学方面取得的成就是不尽相同的,研究的人很少,而我对版本学知识稍微熟悉一点,于是就从这个角度将《嘉定钱大昕全集》从头到尾翻阅了一遍,将相关资料找出来,写了篇题为《试论钱大昕的版本学成就》的论文。③

读书要有目的,还要时时刻刻关注着这个目的。宋吕本中说得好:"悟入之理,正在工夫勤惰间耳。如张长史见公孙大娘舞剑,顿悟笔法。如张者,专意此事,未尝少忘胸中,故能遇事有得,遂造神妙;使他人观舞剑,有何干涉?"④如果我们不时刻关注着自己的课题,不将所读文献资料与自己的课题挂钩,那么有的材料会从你的眼皮底下溜走而视而不见。如有一位研究生选择《唐代马政》作论文题,严耕望告诉她《全唐文》中有很多史料,特

---

① 季羡林:《季羡林自传》,见《文献》1989 年第 2 期。
② 梁启超:《治国学杂话》,见《饮冰室专集》之一百四附录二,《饮冰室合集》,第 25 页。
③ 徐有富:《试论钱大昕的版本学成就》,见《中国典籍与文化》2000 年第 2 期。
④ [宋]胡仔:《吕居仁与曾吉甫论诗第一帖》,见《苕溪渔隐丛话》前集卷四九,人民文学出版社,1981 年,第 333 页。

别说明《孙樵集》中有一条很好的私家养马资料,但是这位研究生最后还是没有找到那条材料。① 因为她在读书时没有将阅读的目的同马政紧密联系在一起。

2. 写论文最好遍读相关资料

对于从事科学研究的人来说,我们读书的最直接的目的就是要写学术论文。而要写出高质量的论文,用张之洞的话来说,"必能精通专门之学,读尽专门之书,真有所见出乎其外方可下笔"。②

有成就的学者大抵都是这么做的。南京大学罗根泽教授在文学理论研究方面成就卓著,在论述某一问题时往往"遍观前人之说,俾有所资借,有所取则"。③ 即以《五言诗起源说评录》来说,他几乎将当时有关五言诗起源的论说收罗殆尽,择其要者十五家予以评录,因此所论具有较高的参考价值。郭绍虞在为罗根泽《中国文学批评史》第三分册所写的序言中也指出了罗先生的这一特点:

> 雨亭之书,以材料丰富著称。他不是先有了公式然后去搜集材料的,他更不是摭拾一些人人习知的材料,稍加组织就算成书的。他必须先掌握了全部材料,然后加以整理分析,所以他的结论也是持之有故,而言之成理的。他搜罗材料之勤,真是出人意外,诗词中的片言只语,笔记中的零楮碎札,无不仔细搜罗,甚至佛道二氏之书也加浏览,即如本书中采及智圆的文论,就是我所没有注意到的。当文学批评史这门学问正在草创的时候,这部分工作是万万不可少的。而雨亭用力能这样勤,在筚路蓝缕之中,作披沙拣金之举,这功绩是不能抹煞的。④

台湾学者严耕望也是这么做的,尝云:

> 余自少年时代留意历史地理,尤重国计民生诸大端。民国三十五

---

① 严耕望:《治史经验谈》,第 23 页。
② [清]张之洞:《輶轩语·语行第一》,见《张文襄公全集》卷二〇四,民国十七年(1928)新城王氏北京刊本。
③ 罗根泽:《五言诗起源说评录》,见《罗根泽古典文学论文集》,第 165—166 页。
④ 郭绍虞:《序》,见罗根泽《中国文学批评史》(三)卷首,古典文学出版社,1962 年。

六年,决定从事唐代人文地理之研究……而尤置重交通路线一课题,诸凡正史、《通鉴》、政书、地书、类书、杂著、诗文、碑刻、佛藏、科技诸书所见及考古资料,凡涉中古交通,不论片纸巨篇,搜录详密,陈援庵先生谓"竭泽而渔",余此项工作庶几近之。至1966年,所录基本资料殆逾十万件,遂开始分区逐题撰述,首成《蓝田武关道篇》。①

在当代著名学者中,项楚在敦煌文学、语言学研究中成就突出,这些成就的取得与他采取"竭泽而渔"的读书方法是分不开的。他介绍道:

> 我在中学和大学时代曾经如饥似渴地读了许多书,有了一定古代文化的根柢。这一次则是埋头通读了若干部篇幅浩繁的大书,例如《大藏经》,五代以前的正史,经部和子部的许多著作,《全唐诗》等总集读了不止一遍。《太平御览》本是供查阅的,我也逐条读完,这就等于分门别类地读了古佚书的残文。在这个基础上,再旁及别的杂著乃至某些较偏僻的著作。曾经有研究生问我:你啃大部头的书,例如花上两三年时间通读《大藏经》,难道不觉得枯燥吗?读完以后,究竟又有多大的收获呢?这一切都取决于怎样去读它。我在通读《大藏经》以前,也曾犹豫过好一阵子。可是要真正弄通敦煌文学中有关佛教的许多问题,这是最彻底的办法。不入虎穴,焉得虎子?因此一咬牙就读下去了。②

我们为了写一篇论文,要将所有有关著作从头到尾通读一遍,有时是难以做到的。但是我们将这些著作中的有关部分通读一遍,还是可以做到的。例如我发表过一篇论文《〈卷耳〉新解》③,为了写这篇文章,我曾将《四库全书》中经部诗类著作中有关《卷耳》的内容,认真看了一遍,又将《四库全书》以外的有关《卷耳》的著作尽可能地看了一遍。正因为如此,论文发表后反映还是不错的。当然,我们在遍读相关资料时,也要采取精读与泛读相结合的方法。有些材料,或者有些材料的某些部分需要精读,其余则可采取泛读的方法。

---

① 严耕望:《唐代交通图考序言》,见《治史答问》,台湾商务印书馆,1985年,第130—131页。
② 项楚:《敦煌文学研究漫谈》,见《文史知识》编辑部编《文史专家谈治学》,中华书局,1994年,第225—226页。
③ 徐有富:《〈卷耳〉为男女对唱》,见《诗学问津录》,第12—22页。

作业：写篇读书心得，题目可自拟。
实例：王士禛非清顺治十二年进士/边频

按：学生们常问读书心得要写多少字，王国维对学生们的要求可能对我们有所启发。南京师范大学的段熙仲先生说："王国维重视学生的创见，只要有新的心得体会，哪怕是千字文他也密密圈点，给予好分数。那种他认为浮泛的议论，虽三五万字，他也会打不及格。"（李灵年《闻学琐录[一]》，载《文教资料》1995年第2期）

王士禛非清顺治十二年进士
南京大学中文系1999级硕士研究生　边频

近读来新夏先生主编的《清代目录提要》（齐鲁书社，1997年），获益匪浅。全书收清人所编目录380余种，涉类广泛，内容翔实，大致可窥清代目录学的总体面目。然笔者在阅读中发现了编者的一些疏误之处，疑因本书资料来源不一所致。今举一例如下：

第三十五页云："王士禛清顺治十二年（1655）进士。"

王士禛中进士在顺治十五年而非十二年。《碑传集》卷一八《资政大夫刑部尚书王公士禛暨配张宜人墓志铭》云："乙未，中会试。公欲专攻诗古文词，不与殿试。明年，省伯兄西樵公于东莱学舍，晨夕唱和，有作成囊。戊戌，殿试二甲谒选，得扬州推官。"据此可知，王氏顺治十二年乙未并未参加殿试。"会试，中式者为贡士。"（《清史稿·选举志三》），殿试合格者始称进士。是不得称王氏为"顺治十二年进士"，其中进士乃在顺治戊戌（顺治十五年）。《明清进士题名碑录》亦载王氏为"顺治十五年二甲三十六名进士"。然《清史稿·王士禛传》及《昭代名人尺牍小传》，都云王氏为"顺治乙未进士"，盖忽略"公欲专攻诗古文词，不与殿试"此一史实耳。笔者疑此或为《提要》所本。

第五讲　怎样写读书笔记

只读书,书读得再多也写不出学术论文来。我们必须在读书的过程中把写论文所需要的资料贮存起来,这就需要写读书笔记。

一　写读书笔记的意义

柳诒徵说:"读《日知录》可以了解如何做札记。古人治学,没有不从札记入手的。否则,任何善于记忆的人,亦将如长空鸟影,往而不返。"①下面我们就讨论一下写读书笔记的意义。

写读书笔记最大的好处是能贮存著书立说的材料。常言说得好:好记性不如烂笔头。我们做学问必须依靠准确可靠的资料,如果读书不记笔记,单凭一些模糊印象来写论文,当然不可能获得成功。正因为写读书笔记是我们积累资料最可靠、最有效的方法。所以人们干脆说:不动笔墨不读书。梁启超还专门论述过这个问题,他说:

> 我们读一部名著,看见他征引那么繁博,分析那么细密,动辄伸舌头说道这个人不知有多大记忆力记得许多东西,这是他的特别天才,我们不能学步了;其实那里有这回事。好记性的人不见得便有智慧,有智慧的人比较的倒是记性不甚好。你所看见者是他发表出来的成果,不知他这成果原是从铢积寸累,困知勉行得来。大凡一个大学者平日用功总是有无数小册子或单纸片,读书看见一段资料觉其有用者,立刻抄

---

① 张其昀:《柳诒徵指导学生治学的方法》,见柳曾符、柳佳编《劬堂学记》,上海书店出版社,2002年,第116页。

下来。短的抄全文,长的摘要,记书名、卷数、页数。资料渐渐积得丰富再用眼光来整理分析,他便成一篇名著。想看这种痕迹,读赵瓯北的《廿二史札记》、陈兰甫的《东塾读书记》最容易看出来。这种工作笨是笨极了,苦是苦极了,但真正做学问的人总离不开这条路子。①

凡卓有成就的学者都在写读书笔记方面下过苦功。顾颉刚之子谈及其父时说:"父亲一生治学,留下了一部分极富特色的文字,这就是他从 1914 年至 1980 年记了六十多年的、积累了约二百册四百万言的读书笔记,它们已成为父亲全部著述的重要部分。父亲生性遇事注意,并勤于动笔,或写下直接的闻见,或记录偶然之会悟,总之不放过每一个思想的火花,使其留于札牍,把笔记簿当成随手可稽的工具,为作文著述打基础。"②

记笔记还可以节省查资料的时间。现在虽然也有目录索引之类的工具书,但是各人有各人的研究课题,这些工具书不可能完全符合自己研究的需要。我们在研究的过程中,将文献调查与社会调查所获得的资料以及资料线索随手记下来,使用起来当然会既方便而又实用。

一边读书,一边写读书笔记,对书的印象将会更加深刻,对书的理解将会更加透彻。清龙启瑞说:

> 愚谓今日诸生,读史必须手边置一札记,随其所得,分类记之。记古人之嘉言懿行,则足以检束其身心;记古人善政良谋,则足以增长其学识,以至名物象数,片语单辞,无非有益于学问文章之事,当时记录一过,较之随手翻阅,自当久而不忘,且偶尔忆及与蓄疑思问,其检查亦自易易。此为读史要诀,诸生所宜尽心。③

龙氏所说,当然不局限于史学著作,而具有普遍的意义。梁启超也谈到过这个问题:

> 读书莫要于笔记,朱子谓老吏断狱,一字不放过。学者凡读书,必每句深求其故,以自出议论为主,久之触发自多,见地自进,始能贯串群

---

① 梁启超:《治国学杂话》,见《饮冰室专集》之六十九,《饮冰室合集》,第 24 页。
② 顾洪:《关于顾颉刚先生读书笔记的特色》,见《文史哲》1993 年第 2 期。
③ [清]龙启瑞:《经籍举要》史类《资治通鉴》提要,《丛书集成初编》本,商务印书馆,1939 年。

书,自成条理。经学、子学尤要,无笔记则必不经心,不经心则虽读犹不读而已。①

他还谈道:

> 若问读书方法,我想向诸君上一个条陈,这方法是极陈旧的,极笨极麻烦的,然而实在是极必要的。什么方法呢?是抄录或笔记……当读一书时,忽然感觉这一段资料可注意,把它抄下来。这段资料,自然有一微微的印象印入脑中,和滑眼看过不同。经过这一番后,过些时碰着第二个资料和这个有关系的,又把它抄下来,那注意加浓一度,经过几次之后,每翻一书,遇有这项资料,便活跳在纸上,不必劳神费力去找了。这是我多年得来的实况。②

记笔记还有一个好处就是能迫使你在读书时思考。谁都不愿多写一个字,什么该摘录,什么不该摘录,都是思考的结果。严家炎说得好:

> 读书要有效果,一定要做笔记。笔记的作用,不仅是消极的,不仅是为了记下读书的当时产生的那些闪光的思想和精彩的语言,使之不要被遗忘;它还有更积极的意义,即可以促使我们在整理自己原始想法的过程中把思想系统化和深刻化,促使我们摆脱那种"学而不思"的状态,不做思想懒汉。我自己有这样的体会:一些本来尚处于朦胧状态的思想,经过做笔记过程中的加工整理,不仅明确了,而且丰富了、升华了,于是变得一发而不可收,记下一大篇东西来,犹如从蚕茧上理出一个丝头,能得到一大堆蚕丝一般。这就是记笔记的好处。我们应该养成这个习惯,不要偷懒,不要把它看做可有可无的事情。③

写读书笔记的实际效果也是非常明显的,有许多著名的学术著作都是读书笔记汇辑而成的,如洪迈的《容斋随笔》、顾炎武的《日知录》、钱大昕的《十驾斋养新录》、钱锺书的《管锥编》。顾炎武《日知录·自记》说:"愚自少读书,

---

① 梁启超:《读书分月课程·学要十五则》,见《饮冰室专集》之六十九,《饮冰室合集》,第4页。
② 梁启超:《治国学杂话》,见《饮冰室专集》之六十九,《饮冰室合集》,第25页。
③ 严家炎:《严家炎自述》,见高增德、丁东编:《世纪学人自述》第六卷,第473页。

有所得辄记之;其有不合,时复改定;或古人先我而有者,则遂削之。"①钱大昕撰《十驾斋养新录》明显受到了《日知录》的影响,其曾孙钱庆曾称:"公弱冠时即有述作意,读书有得,辄为札记,仿顾氏《日知录》条例。后著各书,即于其中挹注,又去其涉于词华者,尚衮然成集,是年重加编定,题曰《十驾斋养新录》。"②还有依靠写读书笔记从事文学创作获得成功的,蔡尚思曾举一例:

> 资产阶级方面,在世界上也出了一个最博学、最多写笔记、最多产的小说家,他就是法国科学幻想小说家凡尔纳。他生于一百五十多年前,写出此类小说近一百种。他每研究一个科学问题,都要看大量的资料,以便写得有根有据,有声有色。他亲自摘录的笔记,就有两万五千多本。他为了写一本《月球探险记》,就研究过五百多册图书和资料。③

我国现代作家姚雪垠创作《李自成》,路遥创作《平凡的世界》都在写读书笔记方面下了很大功夫。

二 写读书笔记的方法

胡适在《读书》一文中讨论过写读书笔记的方法问题,指出:

> 札记又可分四类:
> (a)抄录备忘。
> (b)作提要,节要。
> (c)自己记录心得。张载说:"心中苟有所开,即便札记。不则还塞之矣。"
> (d)参考诸书,融会贯通,作有系统的著作。④

显然,第四类已超出了写读书笔记的范围,或者说是写读书笔记的最高阶段,兹不具论,仅对前三类略作介绍。

---

① [清]顾炎武:《日知录》卷首《自记》,见《景印文渊阁四库全书》子部杂家类。
② 钱庆曾:《竹汀居士年谱续编》,见《嘉定钱大昕全集》第1册,江苏古籍出版社,1997年,第43页。
③ 蔡尚思:《中国文化史要论(人物·图书)》,湖南人民出版社,1979年,第108页。
④ 胡适:《读书》,见《胡适文集》第4册,第126页。

1. 抄书

这是最基本、最可靠、最有效、最容易操作的一种方法。这种方法出现甚早，张舜徽指出："《汉书·艺文志·诸子略》道家有《道家言》二篇，法家有《法家言》二篇，杂家有《杂家言》一篇，小说家有《百家》百三十九卷，皆古人读诸子书时撮钞群言之作也。可知摘录精语以成一书，由来旧矣。"①

前人多将摘抄原文作为读书的基本方法，如郑板桥曾对儿子说：

> 凡经史子集，皆宜涉猎，但须看全一种，再易他种，切不可东抓西拉，任意翻阅，徒耗光阴，毫无一得。阅书时见有切于实用之句，宜随手摘录，若能分门别类，积成巨册，则作文时可作材料，利益无穷也。②

王筠在指导学生读书时也是这么要求的，尝云：

> 每读一书，遇意所喜好，即札录之。录讫，乃朗诵十余遍，粘之壁间。每日必十余段，少亦六七段。掩卷闲步，即就壁间观所粘录，日三五次以为常……一年之中，约三千段。③

如果自己时间紧，当然也可请人代抄，当年蔡尚思在南京国学图书馆读书就是这么做的。

不少古书都是抄录纂辑而成的。汪辟疆归纳道："窃以抄书亦有六等：一曰全抄。基本书全抄全读，如巾箱《五经》是也。二曰节抄。读书时随所嗜而节抄之，如《群书治要》《意林》是也。三曰撰抄，每阅读一书将其书中精要，撰次而抄之，如《九经要义》《文选理学权舆》《说文段注撰要》是也。四曰比抄。两书皆有相当地位，比合抄之，如《班马异同》《新旧唐书合抄》是也。五曰摘抄。随所阅览，摘其字句而抄之，如《两汉博闻》《两汉蒙拾》是也。六曰类抄。与摘抄略同，但分类隶属，以便捋扯，如《文选类林》《楚骚绮语》是也。抄书至此，似为最下，然取便记忆，本无不可。"④

梁启超说："善抄书者可以成创作。荀悦《汉纪》而后，又见之于宋袁枢

---

① 张舜徽：《经传诸子语选·自序》，见《张舜徽集·霜红轩杂著》，第148页。
② [清]郑板桥：《潍县署中谕麟儿》，见卞孝萱编《郑板桥全集》，第500—501页。
③ [清]王筠：《教童子法》，《丛书集成初编》本，商务印书馆，1937年。
④ 汪辟疆：《读书说示中文系诸生》，见《汪辟疆文集》，第71—72页。

之《通鉴纪事本末》。"①《四库全书总目》卷四七《汉纪》提要称:"献帝好典籍,以班固《汉书》文繁难省,乃令悦依左氏传体为《汉纪》三十篇,词约事详,论辨多美。"《四库全书总目》卷四九《通鉴纪事本末》提要复云:"唐刘知几作《史通》,叙述史例,首列六家,总归二体。自汉以来,不过纪传、编年两法,乘除互用,然纪传之法,或一事而复见数篇,宾主莫辨。编年之法,或一事而隔越数卷,首尾难稽。枢乃自出新意,因司马光《资治通鉴》区别门目,以类排纂,每事各详起讫,自为标题,每篇各编年月,自为首尾。始于三家之分晋,终于周世宗之征淮南。包括数千年事迹,经纬明晰,节目详具。前后始末,一览了然,遂使纪传、编年贯通为一,实前古之所未见也。"

不少学者都将抄录材料作为写作的基础工作,如顾炎武于《天下郡国利病书》自序称其:"历览二十一史,以及天下郡县志书,一代名公文集及章奏文册之类,有得即录,共成四十余帙。"梁启超评论道:

> 他从小受祖父之教,说:"著书不如抄书。"(《文集》卷二《抄书自序》)他毕生学问都从抄书入手。换一方面看,也可以说他"以抄书为著书",如《天下郡国利病书》《肇域志》,全属抄撮。未经泐定者,无论矣。若《日知录》,实他生平最得意之作,我们试留心细读,则发表他自己见解者,其实不过十之二三,抄录别人的话最少居十之七八。故可以说,他主要的工作在抄而不在著。②

近人著述,如钱穆之《国学概论》也复如此,"正文仅为纲要",③主要内容是所称引的大量材料,这些材料当然都是抄录而来。

2. 写提要

这种方法有利于领会书的内容,增进自己的学养,也便于从宏观上对所读的书进行把握,能起到提纲挈领的作用,根据提要、节要所提供的线索去寻求原文当然也较方便。南朝梁刘勰《文心雕龙·诸子》篇已指出:"洽闻之士,宜撮纲要,览华而食实,弃邪而采正。极睇参差,亦学家之壮观也。"

现存最早的读书提要当推《书》序、《诗》序。因为单是从篇名中还不容

---

① 梁启超:《中国历史研究法》,见《饮冰室专集》之七十三,《饮冰室合集》,第20页。
② 梁启超:《中国近三百年学术史》,见《饮冰室专集》之七十五,《饮冰室合集》,第60页。
③ 钱穆:《弁言》,见《国学概论》,商务印书馆,1997年,第1页。

易看出各篇诗、书的内容,所以阅读和传播《诗》《书》的人,根据自己的理解,给它们加上了内容提要。如《诗经·鄘风·载驰》的小序云:"《载驰》,许穆夫人作也。闵其宗国颠覆,自伤不能救也。卫懿公为狄人所灭,国人分散,露于漕邑。许穆夫人闵卫之亡,伤许之小,力不能救,思归唁其兄,又义不得,故赋是诗也。"再如《尚书·虞书·舜典第二》的小序云:"虞舜侧微,尧闻之聪明,将使嗣位,历试诸难,作《舜典》。"汉成帝时,刘向父子整理图书,整理完了,往往写一篇提要,介绍书的作者、整理情况、书的内容,并且作出分析和评价。清代的《四库全书总目》提要仍然是这么做的。近人张舜徽读清人文集,每读一部就写一篇提要,一共写了一千多篇,后来选了八百篇编成《清人文集别录》出版。他写提要的方法是尽量辑录原文,并标明出处,挺实用。现代出版的书发表的学术论文多有内容提要,对我们了解这些论著的内容和特点当然是有帮助的。如汪辟疆为陈垣《二十史朔闰表》写的提要(见作业2实例),用简练的语言依次介绍了该书的版本、内容、使用方法、用途,以及在年代学发展史上的地位和陈垣的相关著作,对作者与读者利用该书极有参考价值。

  以上所述多为比较规范的书目提要,我们读书时所写提要也不必篇篇如此。韩愈《进学解》云:"先生口不绝吟于六艺之文,手不停披于百家之编,记事者必提其要,纂言者必钩其玄。"文中的提要钩玄工作,显然指对于记事作品要概括其主要内容,对于议论的作品,要能概括其中心思想。如羊春秋、何严为王安石《答曾子固书》所写的提要:

> 王安石在《答曾子固书》中提出了一个极其重要的问题。即从儒家的经典中去研究经典的大义微言是不能达到目的的。阅读范围要广,医药小说,"无所不读";接触社会要深,农夫、女工,"无所不问",才能"有所去取",不为"异学所乱",达到"知大体""明吾道"的目的。①

王安石的那封信,原先没有题目,编集时加了个题目,但是单从题目上看,我们会觉得不知所云,有了这则提要,我们就清楚地知道了王安石这封信的内容与价值。

---

① 羊春秋、何严编:《历代治学论文书信选》,岳麓书社,1983年,第212页。

3. 写心得体会

你在读书时若有心得体会就随手记下来,宋代吕祖谦《吕氏读书记》中的部分内容大致属于这种情况,陈振孙《直斋书录解题》称该书为"吕祖谦撰,乾道癸巳、淳熙乙未家居日阅之书,随意手笔,或数字,或全篇,盖偶有所感发,或以备遗忘者"。

不少写心得体会的读书笔记堪称学术札记,颇有学术价值,上面提到的顾炎武《日知录》、钱大昕《十驾斋养新录》就属于这种情况。今录洪迈《容斋随笔》两则为例。其一,"字省文":

> 今人作字省文,以"禮"为"礼",以"處"为"处",以"與"为"与",凡章奏及程文书册之类不敢用,然其实皆《说文》本字也。许叔重释"礼"字云:"古文。""处"字云:"止也,得几而止,或从處。""与"字云:"赐予也,与與同。"然则当以省文者为正。①

这则读书札记讨论了简化字的流行情况,使用场合,以及渊源,颇有参考价值。其二,"喷嚏":

> 今人喷嚏不止者,必噀唾祝云:"有人说我。"妇人尤甚。予按《终风》诗:"寤言不寐,愿言则嚏。"郑氏笺云:"我其忧悼而不能寐,女思我心如是,我则嚏也。今俗人嚏,云'人道我',此古之遗语也。"乃知此风自古以来有之。②

这则读书札记记述了民间常见的一种民俗的古老来源,颇有助于我们对《诗经·邶风·终风》的理解。

这种心得体会偏重于资料考证,还有一种心得体会着重于对思想内容的探索,实际上就是学术短文,如朱自清的《读书笔记》一《〈元曲三百首〉与〈荡气回肠曲〉》(见作业 3 实例)。作者首先介绍了将《元曲三百首》与《荡气回肠曲》联系在一起是因为"前一书任中敏先生主编,民智书局出版,后一书任夫人王悠然女士编,大江书铺出版,都是散曲选本"。接着分析了《元曲三百首》内容上的特点和缺点,并结合诗歌中"归隐山林"这一主题,

---

① [宋]洪迈:《容斋随笔》卷五"字省文",上海古籍出版社,1996 年,第 70 页。
② [宋]洪迈:《容斋随笔》卷四"喷嚏",第 52 页。

谈了自己的看法:"诗人的'归田',大概是说说罢了,心里总还想着作官的。所谓'身在江湖,心存魏阙',正可描写这种人,这种诗。这也可以说是儒家思想作底子,道家思想作幌子。散曲家身分本不甚高,无甚远志;他们只图个自己快活,说想归隐,倒是真的。"可谓一针见血,辨析入微。作者还论述了体裁与主题的关系问题,并指出:"散曲这东西似乎只够写写儿女之情,用来言志,总觉得有些俳谐气而不切挚。宋词除苏、辛一派外,似乎也是如此。……词这个体裁似乎根本上并不宜于言志。"作者最后道出了《荡气回肠曲》"专取私情之作,以尖新为主"的特点,但是又指出:"在礼教高压的时代,读了痛快淋漓的,现在时移世易,却也觉得有点辽远了"。从而说明了读者对作品的接受程度,随着时代的推移而有所变化的道理。这则笔记虽然不长,但闪光的地方却很多。

前人往往采用题跋的形式来记录自己读书时的心得体会,如张舜徽的《跋〈六书故〉》:

> 戴侗,字仲达,永嘉人,乃宋元之际名儒。精于字学,惟不拘泥于《说文》一家之义,敢于创新,自抒己见。此书三十三卷,分为数、天文、地理、人、动物、植物、工事、杂、疑,共九大类,一破许书五百四十部之分类法。解说文字,有引申许义加以发明者,有驳正许说者,有自立新解者,而创获特见不少。至于依据唐本《说文》订正当时通行本之讹误,精诣尤多,信乎其有深造自得之实也。乾嘉诸儒,治文字者已盛,而鲜齿及此书。一则由于传本甚稀,见者弥少;二则由于清儒治学,鄙弃宋元,置诸高阁,不之顾耳。余往者新注《说文》,甄采此书独多。亦欲学者广揽兼收,以不没前人之长也。①

此跋相当于一篇书评,论及了《六书故》的作者、内容、价值、特点,以及尚未引起人们重视的情况。一篇好的题跋就相当于一篇学术论文。这种文章形式仍可继续采用。

4. 做索引

如果我们自己有书,或者该书常见,容易找到,不需要摘录的话,还可以

---

① 张舜徽:《跋〈六书故〉》,见《张舜徽集·霜红轩杂著》,第341页。

做题录和索引。题录可以只记录论著的题名与出处。索引可以写关键词,或主题词,或用最少的词句撮其要点,然后再注明出处。其优点是节省时间,中心突出,便于查找;其缺点是不如抄录原文那么直截了当,内容完整。(详见作业4实例)

三 读书笔记的载体

读书笔记可以写在书上、卡片上、本子上,以及输入到电脑里。现分别介绍如下:

1. 写在书上

最省事的方法是干脆买一本书,就在书上做记号、加批语、移录有关材料,写自己的心得体会。这种方法的好处是,读书笔记附书以行,不易丢失;读书笔记可以和原文比照,容易收到直观的效果。所以,从事学术研究最好买一些与自己的研究有关的书。胡适说:"有个买书的习惯也是必要的,闲时可多往书摊上逛逛,无论什么书都要去摸一摸,你的兴趣就是凭你伸手乱摸后才知道的。图书馆里虽有许多的书供你参考,然而这是不够的。因为你想往上圈画一下都不能。更不能随便的批写。所以至少像对于自己所学的有关的几本必备书籍,无论如何,就是少买一双皮鞋,这些书是非买不可的。"①

将读书笔记记在书上的方法起源甚早,汉代的郑玄似已用之。《四库全书总目》卷一五《毛诗正义》提要称:"郑氏《六艺论》云:'注《诗》宗毛为主,毛义若隐略,则更表明;如有不同,即下己意,使可识别。(案此论今佚,此据《正义》所引)然则,康成特因毛《传》而表识其傍,如今人之签记。积而成帙,故谓之笺,无庸别曲说也。'"王季思介绍过古人常用这种方法,指出:

> 最简单是在书上作记号,最先他们所用的记号是划、是抹。《朱子语录》:"某二十年前得《上蔡语录》观之,初用朱笔划出合处;及再观则不同,乃用粉笔;三观则又用墨笔。数过之后,全与原看时不同。"又朱

---

① 胡适:《读书的习惯重于方法》,见《胡适文集》第12册,第486页。

子论读书法说:先以某色笔抹出,再以某色笔抹出。所谓抹,所谓划,都是在文章的紧要处或精彩处,划一条线。宋吕祖谦的《古文关键》,楼昉的《迂斋评注古文》,也都是用这个方法指示读者的。现在学生看书,遇到应该注意的地方,大都用铅笔、自来水笔或颜色笔划出来,不知这正是八百年前人的读书方法。稍后一点,是用圈点。谢枋得的《文章轨范》,方回的《瀛奎律髓》、罗椅的《放翁诗选》,便都是附有圈点的刻本。(这圆点不是标点的符号,而是鉴赏的符号)这种方法从元、明以来,日见流行,直到现在才渐渐的少用了。①

王季思还谈到人们常在书的天头地脚写上自己的批评意见,称为"眉批"。不少线装书的天头地脚,都留得特别宽大,以备人们写批语。中国古代的文艺理论称为文学批评,也由此而来。金圣叹批本《西厢记》、脂砚斋批本《石头记》,就是这方面的突出例子。前辈学者都喜欢采用眉批的方法。殷孟伦在《谈黄侃先生的治学态度和方法》一文中说:

> 他读书一定要动笔或加批语。现在看到他存下的批点过的书有百余种,集录下来一定对后学启发不少。他批过《文选》,他的学生曾传抄过。所批郝懿行的《尔雅义疏》,几乎等于替郝氏改文。《说文》也批得密密麻麻。《广韵》也是如此。这三部分整理出来就是很可传世的名著。他又批过《资治通鉴》,顾颉刚在主持二十四史断句时,曾通过齐燕铭同志在陆宗达处借去一部分采入标点本。②

还有移录可同本书比较参证的材料的。如果书上的空隙处写满了,可再买一本,或另用纸写了贴在相关部分。清代著名学者王念孙就是这么做的,柴德赓说:

> 陈先生(陈垣)搜集了很多清代学者的手稿,其中有王念孙的《广雅疏证》手稿。从这份手稿可以看出王念孙是如何搞学问的:他著《广雅疏证》第一次用的材料往往是对的,但是后来又发现了更新的材料,他并不是把第一次的划掉,而是将后来发现的新材料写在小纸条上贴

---

① 王季思:《语录与笔记》,见《玉轮轩古典文学论集》,中华书局,1982年,第322页。
② 殷孟伦:《谈黄侃先生的治学态度和方法》,见程千帆、唐文编《量守庐学记》,第43—44页。

在上面,再发现再贴,而用到书上去的,就是那最新最可靠的材料。有些后人不懂王念孙做学问的这种方法,往往找到一条材料,一看现在的《广雅疏证》上没有,就批评他不全面,要给他补,实际上王念孙早已有了,而没有用上。①

很多学者都用这种方法积累资料,并且收到了很好的效果。有的学术著作就是在利用批在书上的读书笔记写成的,如王鸣盛《十七史商榷序》谈到了他的杰作《十七史商榷》的写作过程:"凡所考者,皆在简眉牍尾,字如黑蚁,久之皆满,无可复容,乃誊于别帙,而写成净本,都为一编。"钱穆也指出:"据马其昶《庄子注》原本,遍诵《庄子》各家注,以五色笔添注其上,眉端行间皆满,久而成《庄子纂笺》一书。"②程千帆的《史通笺记》,也是利用在原书上加批的方式来积累材料的。程千帆《序》云:"余既搜采诸家之说与夫卢召弓、孙星如等所为校勘记,汇为一编,用便省览;其隅照所及,间有可附诸前修之后者,则别著笺记,以待质正。稿存行箧,逮今十有五年,而余于史学亦荒落久矣。重念壮齿之勤劬,因以暇日聊为删补写定。"③张三夕说:"先生尝语余曰:此本可见其壮年最用功时治学痕迹。读者开卷即见蝇头小楷布满字里行间,丹黄墨绿充满上下左右。余阅之深为叹服。"④

一些书目也是利用在原有书目上加批的方式编成的,如邵懿辰《四库全书简明目录标注》、范希曾《书目答问补正》等。范希曾《书目答问补正·跋》云:"某案头初置此书一部,辄就知见,随手以硃笔补注眉上,积久上下眉无隙地,更置一部注之,如是者两三部,窃自比于《桥西杂记》所载邵位西标注《简明目》故事。乙卯(1915)闲居,遂取数部审择移录,合为一帙,成《补正》五卷。"⑤

当然,写学术论文也可以用这种方法。如季羡林介绍道:

　　陈寅恪先生把有关资料用眉批的办法,今天写上一点,明天写上一

---

① 柴德赓:《陈垣先生的学识》,见《励耘书屋问学记》,第37页。
② 钱穆:《师友杂忆》,见《八十忆双亲 师友杂忆》,生活·读书·新知三联书店,1998年,第272页。
③ 程千帆:《序》,见《程千帆全集》第5卷《史通笺记》,第1页。
④ 张三夕:《师范》,见莫砺锋编《程千帆先生纪念文集》,江苏古籍出版社,2001年,第170页。
⑤ [清]范希曾编:《书目答问补正》,第320页。

点。积之既久,资料多到能够写成一篇了,就从眉批移到纸上,就是一篇完整的文章。比如他对《高僧传·鸠摩罗什传》的眉批,竟比原文还要多几倍,是一个典型的例子。①

沈祖棻的《唐人七绝诗浅释》《宋词赏析》是很受读者欢迎的两本书,程千帆在整理时,用了沈氏读书时的批语。程千帆在《唐人七绝诗浅释·后记》中说,有四分之一取自沈氏平日批在各种诗集上的评语。"旧释二十三首,也是她在各书上所加的评语。这些评语,除了已经改写为《浅释》的各篇之外,还有一些较为精审的。零璧碎金,弃之可惜,就又选抄了一部分,附录于后。"②程千帆在《宋词赏析·后记》中复云:"姜、张两家词札记是从她手批的四印斋本《双白词》中辑录出来的。她的批语有的很简略,有的则比较详细。现在只能把较详的录出,因为这一部分对于一般读者的帮助可能大些。"③

2. 写在卡片上

写在卡片上是现在的说法,最初应当是写在单页纸上。这种方法的优点是调动自如,有利于分析排比,重复使用。唐人白居易编《白氏六帖》,就采用了这种方法。据说"白居易作《六帖》,以陶家瓶数千,各题门目,作七层架列斋中,命诸生采集事类,投瓶中。倒取抄录成书,故所记时代多无次"。④那用来采集资料的纸相当于今天的卡片,那七层架上用来装资料的陶瓶显然相当于今天的卡片盒子。

宋人已普遍使用卡片了,王季思说:"以前司马光作《资治通鉴》,其采用之书,正史之外,杂史至三百二十二种,书成以后,存在洛阳的残稿还满两屋子。后来李焘作《续通鉴长编》,他的方法更精密了。据《癸辛杂识》说:'李焘为《续通鉴长编》,以木橱十枚,每橱抽替匣二十枚,每替以甲子记之,凡本年之事,有所闻,必归此匣,分日月先后次第之,井然有条。'这种方法是合乎科学的。"⑤《金史·元好问传》称元好问"构亭于家,著述其上,因名

---

① 季羡林:《季羡林自传》,见《文献》1989 年 2 期。
② 沈祖棻:《唐人七绝诗浅释》,上海古籍出版社,1981 年,第 300 页。
③ 沈祖棻:《宋词赏析》,上海古籍出版社,1980 年,第 245—246 页。
④ [宋]曾慥:《类说》卷五三"《六帖》",《景印文渊阁四库全书》子部类书类。
⑤ 王季思:《语录与笔记》,见《玉轮轩古典文学论集》,第 322 页。

曰'野史',凡金源君臣遗言往行,采撷所闻,有所得辄以寸纸细字为记录,至百余万言"。① 既然用寸纸细字来写,当然也是用卡片的形式写读书笔记了。祁承㸁称宋人"陈莹中好读书,至老不倦,每观百家文及医卜等书,开卷有得,则片纸记录,黏于壁间,环坐既遍,即合为一编,凡数十册"。② 从"片纸记录,黏于壁间"几个字看,陈莹中也是用卡片来记读书笔记的。

今人当然也爱用卡片。如王利器说:"读书要全靠记忆,哪里记得住许多。除了我在家塾里读的那些死书,至今尚能背诵而外,我全是利用卡片来帮助记忆力之所不及,来处理所搜辑的第一手资料。十几二十年来,我积累了数以万计的卡片。十年内乱中,我蒙受的损失最大的要数这批卡片。"③ 郁贤皓也介绍道:

> 我决定把李白研究作为自己的研究课题,从考证生平事迹及其交游入手,以期逐步解决李白研究中长期存在的疑点与难点。当时在阅读李白作品时做了不少札记,同时将诗文中提到的交游全部制成卡片,然后查稽各种典籍和石刻资料,发现有关材料即写入卡片,通过对资料的排比研究,如有心得或有所发现就写文章,这是我的基本研究方法。④

他研究李白的成果汇集成《李白丛考》一书,后来他撰写《唐刺史考》也是用的这种方法。他说:"从1973年起就有意识地搜集刺史(太守、尹)的材料,制成卡片,几年以后积累的卡片竟数以万计。"终于完成了这部二百二十万字的著作。⑤

我们用来摘录资料的卡片可以大小不拘。刘乃和介绍陈垣搜集资料的方法时说:"他抄材料都是用大张的稿纸,有时也随手用'另纸',即零散纸头上,也就是我们所用的卡片。写在稿纸上的材料,无论字数多少,都是一个问题另起一页,一纸不抄两段材料,将来用起来方便。"⑥ 季羡林抄资料的纸头似乎更随便一些。他介绍道:

---

① [元]脱脱等:《金史》,中华书局,1775年,第2743页。
② [明]祁承㸁:《澹生堂藏书约》,古典文学出版社,1957年,第9页。
③ 王利器:《王利器自述》,见高增德、丁东编《世纪学人自述》第四卷,第210页。
④ 郁贤皓:《我与唐代文史》,见张世林编《学林春秋》三编,第168页。
⑤ 同上书,第171页。
⑥ 刘乃和:《"书屋而今号励耘"》,见《励耘书屋问学记》,第141页。

我自己既很少写卡片,也从来不用眉批,而是用比较大张的纸,把材料写上。有时候随便看书,忽然发现有用的材料,往往顺手拿一些手边能拿到的东西,比如通知、请柬、信封、小纸片之类,把材料写上,再分类保存。我看到别人也有这个情况,向达先生有时把材料写在香烟盒上。用比较大张的纸有一个好处。能把有关的材料都写在上面,约略等于陈(寅恪)先生的眉批。卡片面积太小,这样做是办不到的。材料抄好以后,要十分认真细心地加以保存,最好分门别类装入纸夹或纸袋。否则,如果一时粗心大意丢上张把小纸片,上面记的可能是最关重要的材料,这样会影响你整篇文章的质量,不得不黾勉从事。①

吕叔湘的卡片则是长条纸,后人回忆道:"吕先生当年做的例句卡片,是用毛笔写在裁成长条的粗纸上,然后分门别类粘贴在废书页上。字作率更体,方正挺峻,字如其人。"②裘锡圭用的卡片是自己用废纸做的,他说:"正规的卡片很贵,我极少购买。我的卡片有些是用大张白纸裁成的,有些是用反面无字的废纸裁成的,还有一些是用印刷厂用纸时剩下来的边角料裁成的。正规的卡片盒我更买不起,只能用较浅小的放罐头等的集装纸箱代替。直到今天,我还在用废纸裁成的卡片。"③

剪贴图书或复印资料,也可算作变相的卡片使用。伦明《辛亥以来藏书纪事诗·陈澧》谈道:"先生治学之法:凡阅一书,取其精要语,命钞胥写于别纸;通行之书,则直剪出之。始分某经,继分某章、某句、某字,连缀为一,然后别其得失,下以己见。如司法官之搜集证据,乃据以定案也。余因阅《学思录》与《读书记》,而悟其法如此。"④周本淳也谈到过一个故事:"张晓峰先生攻人文地理,当时买书极易,凡遇有用材料则剪下,床下有两巨箱皆所分类剪下之书,此法在当时不失为科学省时之作。王先生(王蘧,字伯沆)曾与之戏言:《老子》曰:为学日益,为道日损,君则'为书日损'。张先生一笑而已。"⑤

---

① 季羡林:《季羡林自传》,见《文献》1989 年第 2 期。
② 刘坚:《吕叔湘先生学术述略》,见《文史知识》1997 年第 11 期。
③ 裘锡圭:《我和古文字研究》,见张世林编《学林春秋》三编,第 458 页。
④ 伦明:《辛亥以来藏书纪事诗·陈澧》,上海古籍出版社,1999 年,第 10 页。
⑤ 周本淳:《如是我闻》,见《文教资料》1994 年第 1 期。

3. 写在本子上

这种方法的好处是便于保存,如果每个笔记本只记录某类材料,则检索起来也不困难。宋人叶廷珪就是采用这种方法来收集资料的。其《海录碎事》原序云:"始予为儿童时,知嗜书。家本田舍,贫,无书可读。……每闻士大夫家有异书无不借,借无不读,读无不终篇而后止,尝恨无资,不能尽得写,间作数十大册,择其可用者手抄之,名曰《海录》;其文多成片段者,为《海录杂事》;其细碎如竹头木屑者,为《海录碎事》……"①《海录碎事》流传下来了,还保存了不少资料,洪湛侯曾举一例:

> 庾信的《愁赋》,是辞赋中的名篇,历代诗词常常作为典故征引,但原文却很难看到。姜夔《齐天乐》:"庾郎先自吟《愁赋》,凄凄更闻私语。"胡云翼先生的《宋词选》注云:"庾信的《愁赋》今不传。这里愁赋一词可能指他那些《哀江南赋》《伤心赋》《枯树赋》一类哀愁凄怆的作品。"这条注文很值得商榷。按:倪璠注《庾开府全集》和严可均辑《全后周文》的确没有收这篇《愁赋》,殊不知宋叶廷珪《海录碎事》卷九下却有之。②

当然《海录碎事》所引用的也不是庾信《愁赋》的全文,而是部分文字,但是从中可见庾信确实写过《愁赋》。③

宋末王应麟撰《玉海》,是一位很博学的人,他主要也是靠本子来积累资料的,元人孔齐《至正直记》称其"每以小册纳袖中入秘府,凡见书籍异闻则笔录之,复藏袖中而出"。《四库全书总目》卷一三五于该书提要中对《玉海》的文献价值作了充分的肯定,称其"所引自经史子集,百家传记,无不赅具。而宋一代之掌故,率本诸实录、国史、日历,尤多后来史志所未详。其贯串奥博,唐宋诸大类书未有能过之者"。

清代著名学者俞正燮也是用本子来写读书笔记的,如张穆《癸巳存稿序》云:"理初足迹半天下,得书即读,读即有所疏记,每一事为一题,巨册数

---

① [宋]叶廷珪:《海录碎事》卷首《序》,见《景印文渊阁四库全书》子部类书类。
② 洪湛侯:《类书的文献价值》,见《文献》1980 年第 3 期。
③ 陈汝法:《〈海录碎事〉翻检小记》,见《文献》第 12 辑。

十,鳞比行箧中。积岁月,证据周遍,断以己意,一文遂立。"①《清史稿·俞正燮传》也说过类似的话:"正燮读书,置巨册数十,分题疏记,积岁月乃排比为文,断以己意。"

近现代一些著名学者如杨树达、柳诒徵、汪辟疆等采取记日记的形式积累资料,也可算作将笔记写在本子上。如柳诒徵之孙柳曾符曾谈道:"先祖遗稿有《劬堂日记抄》数十百册,皆平时读书时编摘材料,间加按语,以备著述之用。"②汪辟疆介绍道:"余年十四,随侍梁园。时五经甫毕,先府君日督课读《资治通鉴》《三国志》《文献通考》《文选》诸书。日有定程,夜则疏记一日看读所得于日记册。日必三四百字,文事日进,即始于此。"③

4. 输入计算机

这种方法的优点是储存量大,占用的空间小,同一文献的出处只需输入一次,其余资料除页码外,都可以采用复制的方法,既省时间,又比较准确。输入计算机的资料可以采用复制与剪贴的方式加以重复利用,能节省抄写的时间。而且可以利用文件夹、文档、可移动磁盘来分门别类地加以存储,资料既便于输入,又便于检索,而且携带方便。用电脑来写读书笔记,可以用不同的颜色,不同的字体字号,来区分所输入资料的内容与重要程度。由于利用电脑做读书笔记,优点非常多,正越来越受到人们的喜欢。不过也要注意因为计算机出现故障导致资料丢失的现象,因此要注意存盘与利用 U 盘进行备份,这样就会万无一失了。当然我们也可用手机采取录入与拍照的方法来写读书笔记,然后再转存到电脑中,这样会更加方便。

四 写读书笔记的注意事项

写读书笔记还有一些注意事项,如一定要详细而准确地注明出处等,我们一定要心中有数,参照现行的学术规范执行,否则到时候需要采取补救措施,会觉得困难重重。

---

① 张穆:《癸巳存稿序》,见《俞正燮全集》第 3 册,黄山书社,2005 年,第 230 页。
② 柳诒徵:《自传与回忆·记早年事》柳曾符按,见柳曾符、柳佳编《劬堂学记》,第 21 页。
③ 汪辟疆:《光宣以来诗坛旁记》,见《汪辟疆文集》,第 501 页。

1. 一定要注明出处

我们写论文要言必有据,注明引文出处是最基本的要求,而要做到这一点,我们在写读书笔记时就应当不厌其烦地详细注明出处。谢伯阳曾经对笔者说,他和他的岳父凌景埏花了数十年时间编成《全清散曲》,起初未注明出处,出版社的同志要求他们一一注明出处,他不得不花很多时间重查资料来源。我们应当记取这一教训。我们在注明出处时还要做到详细而准确。文献名称、文献作者、出版社名称、出版时间、报刊名称、发表时间,乃至页数都要写明,否则复查起来非常困难。如果摘自珍稀文献,还应当注明收藏单位,以便自己或别人查找。有人甚至还注明藏书单位的索书号,以便自己复核与其他人借阅。

2. 来自实践中的信息也可写入笔记

我们做学问的信息,一部分来自文献,一部分来自社会实践,所以我们既要读有字书,也要读无字书。我们的读书笔记既可摘录文献资料,也应记录来自社会实践中的有用信息。《论语·卫灵公》云:"子张问行。子曰:'言忠信,行笃敬,虽蛮貊之邦行矣。言不忠信,行不笃敬,虽州里行乎哉?立则见其参于前也,在舆则见其倚于衡也,夫然后行。'子张书诸绅。"可见这种做法,起源很早。后来的各种各样语录,大抵也是学生们将老师的言行记下来汇编而成的。

近人夏承焘也是这么做的,他的学生蔡义江回忆道:"夏先生手边有一本小笔记本,在谈天中,他时而拿起来写上几句。不论是我转述读过的书,文章中的话,耳闻别人的谈吐,还是我自己的想法、意见,只要夏先生觉得有点意思的,他都会记下来。老师听学生谈话而笔记的,不但从未遇到过,实也闻所未闻。"[①]李灵年也将听来的有价值信息写成笔记,其《闻学琐录》,文前说明云:"予从学术研究有年,与众多前辈学者有不少接触,或论学术,或谈逸事,随时恭录,散见于日记之中。自愧不敏,不能窥其堂奥。只是陈迹惟恐湮没,雪泥鸿爪,可飨后来学子,故一鳞一爪,不嫌其琐屑,摘取发表,公

---

① 蔡义江:《忆夏承焘师》,见《文史知识》1992年第8期。

诸同好。"① 今举一则为例：

施孝适先生问我《鬼神传》《巫山艳史》各家目录有无著录,他在整理这两部小说。我仿佛记得查过书目,印象中无记载,于是便顺口说："无。"后萧相恺同志来,我向他请教这两部书的著录情况。他说,孙目、柳目都有著录,《鬼神传》又名《终须报》,全名《阴阳显报鬼神传》,国内存有几个本子,一曰丹桂堂刊,四卷十八回;一曰丹柱堂刊,四卷十八回;又有二十回者。阿英藏书的一部分现藏芜湖图书馆,有咸丰年间广东省城刊本《鬼神传》,萧曾去查阅,为丹桂堂刊本,究不知二刊本有何区别。丹桂、丹柱二堂在清代均为广州坊刻处。《巫山艳史》一名《意中情》,孙目有录,北大图书馆和日本千叶菊香有藏。由此事可知勤于请教的重要。萧同欧阳健搞了四年通俗小说总目提要,跑遍全国各大图书馆,历尽艰辛,遂成专家里手,对小说版本异常熟悉。②

吕叔湘说过,"朱(自清)先生身边经常备个小记事本,听到别人说一句话他认为值得注意的,马上记下来,积累多了,自然从中发现好多值得研究的问题"。③ 可见听来的信息记下来对选题也是大有帮助的。

3. 应当有指引卡或编索引

资料积累多了,不便检索。为此,要给资料卡片做指引卡,要给书本编制索引,所谓指引卡,就是在卡片盒中高于普通卡片的卡片。其高出部分是用来写关键词或类目名称供检索用的。王云五说："关于利用卡片的方法,凡就所读的书,对其内容某一段落认为足供将来参考者,可以卡片列其标题及所见书籍的页数,再将累积的卡片分类排列,则于应用时一检有关的标题,便可以在已经读过许多书籍的某些页中同时搜集许多有关的资料。"④ 王氏所说的分类排列,其类目就是写在指引卡上的。王氏强调了用卡片来做资料索引,其实也可以用卡片来摘录原材料,或写自己的体会。

---

① 李灵年:《闻学琐录(一)》,见《文教资料》1995年第2期。
② 李灵年:《闻学琐录(二)》,见《文教资料》1995年第4—5期。
③ 刘坚:《吕叔湘先生学术述略》,见《文史知识》1997年第11期。
④ 王云五:《漫谈读书》,见邓九平编《谈读书》,第42页。

用电脑贮存资料,一般都会预先设计好检索途径。譬如研究一个课题,可以先创建一个该课题的文件夹。在文件夹中,再建立若干个文档。文档中所摘录的资料,可以依据资料的性质与特点,按时间排列,或按主题词的汉语拼音顺序排列。这样检索起来就方便了。

4. 一张卡片只抄一条材料

主要是为了以后分类排列。如果一张卡片上抄了两条以上材料,我们一条材料的内容分在某一类,那么其他材料就不好办了。前人早就注意到了这一点,如刘乃和称陈垣:"他抄材料都是用大张的稿纸,有时也随时写'另纸',即零散纸头上,也就是我们所用的卡片。写在稿纸上的材料,无论字数多少,都是一个问题另起一页,一纸不抄两段材料,将来用起来方便。"①如果资料较长,用了两张以上的卡片,要将这些卡片粘贴在一起,或用订书机订在一起。

5. 要勤笔免思

我们在读书时常有这样的经验。当我们读书读得非常起劲的时候,往往不愿意停下来摘录有关资料。而书读完了,时过境迁,往往又找不到想摘录的资料,或者没有兴趣去摘录有关资料了。刘乃和介绍陈垣的一些经验是值得我们吸取的:

> 他凡是看到有用的资料,马上就写,随手抄录,决不耽搁。在思考问题时,也是偶然想起什么,或有何心得,也即刻写在"另纸"。他经常教导我要随手写,"勤笔免思",不管是材料或想法,有时稍纵即逝,不及时记下,考虑的问题就会忘掉,翻到的东西,当时未写下,再找时会很久也找不到。②

郑天挺有一个生动的比喻:"收集史料如捉贼,稍纵即逝,不可放过。"③最好的办法是随读随记,或者一边读一边写上需抄资料的页码并用铅笔做上记号,待读完了再摘录。胡适云:"商家的账簿上往往写着'勤笔免思',

---

① 刘乃和:《"书屋而今号励耘"》,见《励耘书屋问学记》,第 141 页。
② 同上。
③ 刘泽华:《我和中国政治思想史》,见张世林编《学林春秋》三编,第 439 页。

其实勤笔不是免我思想,正是助我思想。"①

6. 将引文与自己的话严格区分开来

我们在摘录材料时,往往写上自己的感想,或者为了文从字顺,而加上自己转述的话,如果不用引号,或采用其他方法加以区分,我们在使用这些材料时,将难以反映引文的原貌。所以在摘抄原文时一定要注意使用引号将引文与自己的话严格区分开来。

7. 用什么方法应当先具体分析一下

譬如自己有书就可以将读书笔记写在书上,再做个索引就可以了。需抄的资料又多又零碎,最好用卡片。已经有了书、论文或文稿,可以将新获得的材料就批在书、论文或文稿上,如果再抄成卡片放在卡片盒里,就很难找到了。

作业1:摘抄式读书笔记一则。
实例:避讳/[明]郎瑛

避讳
[明]郎瑛

子孙避祖考之讳,理也。如淮南王讳长,《淮南子》凡言长处悉曰修。苏子瞻祖讳序,故以叙为序可也。而范晔以父名泰,而不拜太子詹事。吕希纯以父名公著,而辞著作郎。以至刘温叟父名乐而终身不听丝竹,不游嵩岱。徐积父名石而平生不用石器,遇石不敢践之,此可谓不近人情。

(《七修类稿》卷二二辩证类)

作业2:提要式读书笔记一则。
实例:《二十史朔闰表》解题/汪辟疆

---

① 胡适:《〈吴淞月刊〉发刊词》,《胡适文集》第4册,第543页。

《二十史朔闰表》陈垣,北京大学四开连史纸精印本。本书自汉及清凡二十史,各以本历,著其朔闰。三国南北朝朔闰不同,别为标出。自汉平帝元始元年起,加入西历,以中历之朔闰,换算西历之日月。自唐高祖武德五年起,加入回历,以回历之岁首,换算中历之月日。卷首附有《年号通检》及《日曜表》,用以检对中西回历之年月日,及校订史书金石甲子之讹误,尤为便利。年代学至此书,精密极矣。治中西史籍及金石学者,可置座隅。陈氏尚有《中西回史日历》二十卷,亦佳。

(汪辟疆《工具书之类别及其解题》,《汪辟疆文集》,
上海古籍出版社,1988年,第35页)

作业 3:心得式读书笔记一则。
实例:《元曲三百首》与《荡气回肠曲》/朱自清

《元曲三百首》与《荡气回肠曲》
朱自清

前一书任中敏先生主编,民智书局出版,后一书任夫人王悠然女士编,大江书铺出版。都是散曲选本。《三百首》中写离别的曲子最为笔酣墨饱。言志的却都说想归隐山林,各篇一律,不免落了熟套。但和一般诗人笔底下写的归田的念头又微有不同,诗人的"归田",大概是说说罢了,心里总还想着作官的。所谓"身在江湖,心存魏阙",正可描写这种人,这种诗。这也可以说是儒家思想作底子,道家思想作幌子。散曲家身分本不甚高,无甚远志;他们只图个自己快活,说想归隐,倒是真的。

散曲这东西似乎只够写写儿女之情,用来言志,总觉得有种俳谐气而不切挚。宋词除苏、辛一派外,似乎也是如此。这种大概因为还未脱去民间文学骨子的缘故。词到了清代中叶以后,一般作者才有意识地加以推尊,争辟新境,使它可以作正正经经言志的工具;但是词这个体裁似乎根本上并不宜于言志,所以许多作者的努力,成功并不怎样大。散曲方面,却连作这种偷梁换柱工夫的人也没有;近代作散曲的人也比作词的少得多。

《荡气回肠曲》专取私情之作,以尖新为主;与《三百首》取气势灏瀚的迥乎不同。这倒是当行出色,但在礼教高压的时代,读了痛快淋漓的,现在时移世易,却也觉得有点辽远了。

(《读书笔记》一,《朱自清古典文学论文集》,
上海古籍出版社,1981年,第587—588页)

作业4:索引式读书笔记一例。
实例:《陈垣史源学杂文》/徐有富

《陈垣史源学杂文》,人民出版社1980年10月第1版。(从文献学的角度编索引)

1—4页:陈垣"史源学实习"课的目的、方法、简况。

4—5页:读《廿二史札记》的六条教训,"读书不统观首尾,不可妄下批评"等。

7页:钱大昕考证最精密。

9页:"引书当检对原文。"

"考寻史源的两句'金言':'毋信人之言。人实诳汝。'"

11页:陈垣肯定考证的话。

21页:"'恒山'《史记》作'常山',避文帝讳。《汉书》仍作恒山,盖已挑不讳,或后人回改也。"

28—31页:引文要注意用原始资料。

40页:"慨故国之久亡,特借闰以寄其意耳。"

45—47页:《尚左尚右浅释》。

47页:"《通鉴》之修,诸子先为长编,温公乃笔削为定本。"

54页:论随笔杂记之史料价值。

70页:引文不知鉴别资料价值的典型例子。

75页:"校雠之事,非徒广搜异本,校其字句之异同而已。"

第六讲 怎样判断资料的价值

我们在搜集到了丰富的资料之后,还应当对资料进行审查,要选用那些有价值的资料,舍弃那些没有价值的资料。如何判断资料的价值,主要看资料是否原始,是否完备,是否可靠,是否有影响,现分别述之如下:

一 看是否原始

从资料的形成者来看,有直接资料与间接资料之别,直接资料通常是由当事人形成的,堪称第一手资料或原始资料,间接资料的形成者通常不是当事人,他们利用其他资料写成的资料往往被称为第二手资料,当然不够原始。两者的史料价值当然是不同的。

1. 直接资料与间接资料

傅斯年《史料论略(史学方法导论)》云:"史料在一种意义上大致可以分做两类:一、直接的史料;二、间接的史料。凡是未经中间人手修改或省略或转写的,是直接的史料;凡是已经中间人手修改或省略或转写的,是间接的史料。《周书》是间接的材料,毛公鼎则是直接的;《世本》是间接的材料(今已佚),卜辞则是直接的;《明史》是间接的材料,明档案则是直接的。以此类推。有些间接的材料和直接的差不多,例如《史记》所记秦刻石;有些便和直接的材料成极端的相反,例如《左传》《国语》中所载的那些语来语去。自然,直接的材料是比较最可信的,间接材料因转手的缘故容易被人更改或加减;但有时某一种直接的材料也许是孤立的,是例外的,而有时间接的材料反是前人精密归纳直接材料而得的;这个都不能一概论断,要随时随地的分别着看。"①

　　直接资料是由当事人形成的资料,可称为第一手资料,或原始资料;间接资料是由非当事人依据他人资料所形成的资料,可称为第二手资料,或非原始资料。一般来说第一手资料要比第二手资料更原始,也更可靠。梁启超指出:

> 同一史迹而史料矛盾,当何所适从耶?论原则,自当以最先、最近者为最可信。先者以时代言,谓距史迹发生时愈近者,其所制成或传留之史料愈可信也。近者以地方言,亦以人的关系言,谓距史迹发生地愈近,且其记述之人与本史迹关系愈深者,则其所言愈可信也。……是故凡有当时、当地、当局之人所留下之史料,吾侪应认为第一等史料。②

　　因为第二手资料是利用第一手资料加工而成的。由于受到编写宗旨、体例,以及编写者主观因素的影响,编写者在利用原始资料时,不可能也没有必要完全保存直接资料的原貌。就真实性、可靠性而言,间接资料不如直接资料,所以我们在运用资料时,应尽可能利用直接资料。例如唐代郭子仪手下有个将领,《旧唐书》称作段佐,《新唐书》称为段佑,《元和姓纂》称作段祐。傅璇琮等根据《白居易集》卷三七《除段祐检校兵部尚书右神策军大将军制》,以段祐为正,段佐、段佑为误。③ 因为白居易这条资料系档案,是最原始、最直接的资料,当然也就最可靠。吴新雷《曹雪芹江南家世丛考》中也有个好例子:

> 读《红楼梦新证》"史料编年",周汝昌先生引录了张玉书的《驾幸江宁纪恩碑记》,指出康熙三十八年四月十五日,御书"治隆唐宋"为明陵题词,交与织造曹寅制匾勒石。为此,我在1970年11月22日曾到明孝陵实地考察,看到御碑尚在,碑上还刻有"康熙岁次己卯四月望敬书"一行小字。另外,后侧还有两块卧碑,分列于东西两边。东侧是康熙二十三年第一次南巡时的记事碑,西侧就是康熙己卯(三十八年)张玉书撰文而由曹寅主持立碑的《驾幸江宁纪恩碑记》……立碑的年月

---

① 傅斯年:《史料论略(史学方法导论)》,见《史料论略及其他》,第4页。
② 梁启超:《中国历史研究法》,见《饮冰室专集》之七十三,《饮冰室合集》,第175页。
③ 傅璇琮:《前言》,见傅璇琮、张忱石、许逸民编撰《唐五代人物传记资料综合索引》,中华书局,1982年,第9页。

是"康熙三十八年拾月谷旦"。这件实物的存在是颇具史料价值的,因为所有的《江宁府志》和《上元县志》都把这件史事的年代错成了康熙四十二年。如《康熙上元县志》卷二《恭纪南巡盛典》说:"四十二年,上南巡至于上元""颁御书'治隆唐宋'四字额"。《嘉庆江宁府志》卷五《古今往事年表》也说"四十二年,南巡至于上元","颁御书'治隆唐宋'四字额"。在年代上都搞错了。虽然张玉书的《文贞公集》卷六收有碑记,但曹寅主持刻石时对于个别字句有改动,所以明孝陵现存的碑刻,既可以校对《文贞公集》(《四库全书》本题为《张文贞集》),又可以确切地纠正方志史书上的误记。①

同为第一手资料,如果两者发生矛盾时也要看谁更原始一些,梁启超曾举一例:

  明末大探险家、大地理学家徐霞客卒后,其挚友某为之作墓志,宜若最可信矣。一日吾与吾友丁文江谈及霞客,吾谓其曾到西藏,友谓否。吾举墓铭文为证,友请检霞客游记共读,乃知霞客虽有游藏之志,因病不果,从丽江折归,越年余而逝。吾固悔吾前此读游记之粗心,然为彼铭墓之挚友,粗心乃更过我,则真可异也。②

同为第二手资料,也要看谁更早一些,一般来说早一些的间接资料要比晚一些的间接资料价值要高一些。比如《旧唐书》《新唐书》同为间接资料,前者早一些,后者晚一些,后者充分利用了前者的资料而经过了剪裁加工,文章写得比前者好,但是史料的原貌因而有了很大改变,因此就资料价值来说,《新唐书》不如《旧唐书》,当然《新唐书》也增补了不少内容,就新增部分而言,其资料价值为《旧唐书》所不及。

人们在从事科研工作时,往往注意利用原始资料作为依据。如孙望在编《元次山年谱》时,常遇到文献记载有相互矛盾的地方。作者在《自序》中说:"诸凡史传碑记以及诸家文征之有悖误出入者,悉为勘正。如:鲁公碑铭载肃宗乾元中,次山充山南东道节度参谋;而景文《新唐书》本

---

① 吴新雷:《南京曹家史迹考察记》,见吴新雷、黄进德《曹雪芹江南家世丛考》,黑龙江教育出版社,2000年,第34页。
② 梁启超:《中国历史研究法》,见《饮冰室专集》之七十三,《饮冰室合集》,第77页。

传则称山南西道。稽之诗文,证之行事,知当属诸东道。此则碑是而史误之例也。"①鲁公指颜真卿,他撰有《唐故容州都督兼御史中丞本管经略使元君表墓碑铭并序》,景文乃《新唐书》作者之一宋祁的谥号。显然,碑铭以及元次山本人的诗文要比《新唐书》中的资料要原始得多,也可靠得多。

2. 开山采铜与利用废铜

资料有直接资料与间接资料之分,所以我们在做学问时应尽可能地用第一手资料,而且越原始越好。顾炎武早就指出了这一点,他说:"尝谓今人纂辑之书,正如今人之铸钱。古人采铜于山,今人则买旧钱,名之曰废铜,以充铸而已。"②罗根泽还进一步作了解释:

> 清初考据学大家顾亭林曾经用着很巧妙的比喻,说当世学者治学的取材,有开山采铜,利用废铜两种。
>
> 什么是开山采铜? 就是披荆棘、斩草莱的到原料书里找材料;譬如作文学史便在各种文学书里找材料。
>
> 什么是利用废铜? 就是东钞西钞的割裂各种组织书里的材料;譬如作文学史在各种文学史书里找材料。
>
> 我以为作一种学问,不当很偷巧的仅采利用废铜的办法,因为如此换汤不换药的捣花样,任你的法宝弄得怎样巧妙,也必致于陈陈相因的没有新材料,没有新发现,没有新贡献。不过很有价值的整理出来的东西,我们也不必很呆气的不看,致使现成的有价值的新说忽略过去。所以我的计划是:首要开山采铜,次再利用废铜。③

现在的问题是人们不大愿意披荆棘、斩草莱到原料书里找材料。譬如写中国现代文学史,找来十种中国现代文学史之类的书,将里面的材料重新组织一下,变成第十一本中国现代文学史。其结果,许多教材、专著、鉴赏辞典都是低层次的重复。我们在研究生入学考试复试中,发现现在的本科生很少有人读过一些诗人、作家的别集。柳诒徵早就批评过这种现象,指出:

---

① 孙望:《元次山年谱·自序》,见《孙望选集》,南京师范大学出版社,2002 年,第 341—342 页。
② 顾炎武:《亭林文集》卷四《与人书十》,《四部备要》集部清别集。
③ 罗根泽:《自序》,见《乐府文学史》,东方出版社,1996 年,第 3 页。

亭林顾氏之学,为世宗仰久矣,无俟于述。然今之学者,往往不喜读前人自著之书,惟从近世人论述前人学术之书中剽窃一二语,即以为已得某氏某家学术之精髓。使其所剽窃者而是,已不免等于耳食,况论述者各有所见,未必所述之义,即可以蔽前人一生之学术。甚或误会其意,假前人之名,以傅会其说。耳食者又从而贩鬻焉,则展转传讹,必致尽失前人之真面目。余惧夫世人因读今之述顾氏之学者之书,而使顾氏之学晦而不章也,敬述所见,以告当世。并劝世人,苟欲讲顾氏之学,必须先取顾氏之书,熟读而深思之,不但不可徒读他人所论述者,亦不可徒读不佞所论述也。①

因此我们研究一位作家,最重要的是应当读这位作家的作品,而将其他的论著只当作参考资料。林庚先生特别强调这一点,他的学生陈贻焮谈道:

林先生教我读原始材料。他说:"读这个人的诗集之前,不要看很多文章。"这有什么好处呢?就是没有先入为主的毛病,容易发现别人没有看出的问题。比如人们说王维最初热衷进取,后来消极隐居,是学佛或因中年丧妻。我读了原始材料,发现不对呀!王维最初是积极仕进的,但一直不得志,他的《献始兴公》一诗,就反映了这一点。他作为张九龄政治主张的拥护者和支持者,受到张九龄的支持和提拔,"所不卖公器,动为苍生谋"就是对张九龄的颂赞。这不是一般献诗的奉承之辞。读《张九龄传》《资治通鉴》,发现了当时张九龄与李林甫斗争的焦点。张九龄认为"名器不可以假人",反对随意给有功者授予高位;还认为百姓的命运都掌握在地方官手中,而为苍生计,主张当政者应注意郡县地方官的选择和任用,反对当时把犯了错误的京官贬谪到地方的做法。因为读的是第一手资料,并未受前人评说的影响,没有成见,所以一下发现了张九龄与李林甫斗争中王维的态度,也就看出王维的献诗不是拍马屁。张九龄很快就失败了,当张九龄被贬职时,王维相当沮丧,他写了一首《寄荆州张丞相》诗,送给张九龄,表示他的心情和态度。这时李林甫威胁谏官,要大家像立仗马一样不声不响、老实驯服,否则身家性命难保,在这种情况下,王维感到"举世无相识",表示要

---

① 柳诒徵:《顾氏学述》,见《学衡》1922年第5期。

"方将与农圃,艺植老丘园"了。这样一来,就可以理解王维亦官亦隐的生活方式了。说王维英勇斗争,也不是;说王维同流合污,也不是。这样看王维就对了。这篇文章发表后,大家都觉得还比较新。多种文学史也都采用了我的观点。①

再如陶渊明被称为"古今隐逸诗人之宗",②"我国文学史上最早的田园诗人","为了保持性情的真与行为的善,他宁可摆脱爵禄的萦绊,而归返田园的茅庐,这是他念兹在兹的心愿"。③ "当时士大夫浮华奔竞,廉耻扫地,是渊明最痛心的事。他纵然没有力量移风易俗,起码也不肯同流合污,把自己人格丧掉。这是渊明弃官最主要的动机,从他的诗文中到处都看得出来。若说所争在什么姓司马的姓刘的,未免把他看小了"。④ 朱自清、罗根泽、袁行霈均持这种观点。究竟陶渊明为什么要辞官归田?我们将陶渊明的全部作品仔细研究一下,可能会形成不同的看法,我写了一篇文章《陶渊明政治倾向辨证》,今录其中的一段:

> 导致陶渊明弃官归隐的直接原因,与其说是"不能为五斗米折腰向乡里小人",倒不如说是因为刘裕滥杀异己。据《宋书·武帝纪》记载,"尚书左仆射王愉,愉子荆州刺史绥等,江左冠族。绥少有重名,以高祖(指刘裕)起自布衣,甚相凌忽。绥,桓氏甥,亦有自疑之志。高祖悉诛之"。此事发生在元兴三年(404),王愉一家被杀者百余人。陶渊明《感士不遇赋》有云:"密网裁而鱼骇,宏罗制而鸟惊;彼达人之善觉,乃逃禄而归耕。山嶷嶷而怀影,川汪汪而藏声。望轩唐而永叹,甘贫贱以辞荣。"所写虽为历史人物,所感却是自己的切身体会。其《与子俨等疏》也说得十分明白:"吾年过五十,少而穷苦,每以家弊,东西游走,性刚才拙,与物多忤。自量为己,必贻俗患,俛俛辞世,使汝等幼而饥寒。"所以我们说"不能为五斗米折腰向乡里小人",是他辞官归隐的借口;避祸才是他辞官归隐的直接原因。⑤

---

① 陈贻焮:《我是怎样学习和研究的》,见《文史知识》1989 年第 7 期。
② [南朝梁]锺嵘著,陈延杰注:《诗品注》,人民文学出版社,1961 年,第 41 页。
③ 王熙元:《陶渊明田园诗的风格》,见《古典文学散论》,学生书局,1987 年,第 115、119 页。
④ 梁启超:《陶渊明》,商务印书馆,1923 年,第 3—4 页。
⑤ 徐有富:《陶渊明政治倾向辨证》,见《诗学问津录》,第 82 页。

某些当事人还撰写了一些研究著作。因为当事人对所研究的作家、作品以及作品产生的社会背景非常熟悉,所以他们对作家、作品的理解和评价可能会更深入、更亲切一些,即使这些研究著作的论述可能有误,也能为后人提供不少可供利用的原始资料,故为研究者所珍惜。如程千帆在论及汪辟疆《近代诗派与地域》等一组文章时说:

> 以下六种是汪老师研究近代特别是光宣以来诗歌的成果。从青年时代起,一直到晚年,近代诗歌始终是他研究的重点,而由于家世、交游的关系,他又和诗坛前辈及并世名家多有往还唱酬,因而其记载是可信的,论述是深刻的。毫无疑问,这些论文、谱录、小传、杂记都将为今后写这一阶段文学史的人所取资。①

但是,直接资料往往也有一些局限性,如比较少,不够系统,资料内容涉及面较窄等。所以我们在科研中不得不使用第二手资料。傅斯年分析道:"直接材料每每残缺,每每偏于小事,不靠较为普遍,略具系统的间接材料先作说明,何从了解这一件直接的材料?所以持区区的金文,而不熟读经传的人,只能去做刻图章的匠人;明知《说文》有无穷的毛病,无限的错误,然而丢了他,金文更讲不通。"②又说:

> 直接资料的来源有些限制,所以每有偏重的现象。如殷卜辞所纪,"在祀与戎",而无政事。周金文偏记光宠,少记事迹。……明清内阁大库档案,都是些"断烂朝报"。若是我们不先对于间接材料有一番细工夫,这些直接材料之意义和位置,是不知道的;不知道则无从使用。③

第二手资料经过一次或者多次转手,其可靠程度与第一手资料相比,要差得多,但是在第一手资料不足以说明问题,还有为了更好地理解与运用第一手资料时,我们经常都会使用第二手资料。如何鉴别第二手资料的价值呢?也要看其是否原始。冯友兰说:

> 历史学家作研究工作,总要以最早的史料为根据。譬如战国时代发生过某一件事情,司马迁的《史记》和司马光的《资治通鉴》都有记

---

① 程千帆:《后记》,见《汪辟疆文集》,第1062页。
② 傅斯年:《史料论略(史学方法导论)》,见《史料论略及其他》,第5页。
③ 同上。

载。历史学家在叙述这件事情的时候,往往使用《史记》,不使用《资治通鉴》,因为《资治通鉴》也是根据《史记》而来的。——只是有些晚出的史料,由于经过后人整理、考订,比原始的资料更为翔实可信,研究者亦当斟酌使用。历史学家收集史料,必须尽可能把同他所研究的问题有关的史料都收集起来。如果有较早的史料而他不知,却引了较晚史料,这叫作"陋"。①

例如清赵翼《廿二史札记》在考证《晋书》时不据较早出现的《隋书·经籍志》《旧唐书·经籍志》,而据晚出的《新唐书·艺文志》,就遭到了陈垣的批评,他指出:

> 《隋经籍志》所据,皆唐初现存之书。《旧唐志》据开元时毋煚《古今书录》,《新唐志》据《旧志》而续增天宝以后书。论唐初所存晋史,自应引《隋志》,不应引《唐志》,更不应引《新唐志》也。《札记》七《晋书》条末引《新唐志》晋史凡十种,几无一种无问题。②

此例充分说明间接资料,年代越早,价值也越高,所以我们在利用资料时,一定要注意资料的原始性。

3. 对较为原始的资料也要注意鉴别

这是因为在资料的形成过程中,不可避免的要渗透作者的观点。一是事实真伪的问题。为尊者讳,为亲者饰,为仇家栽赃一些坏话,是史书中常见的现象。《论语·子路》篇谈道:"叶公语孔子曰:'吾党有直躬者,其父攘羊,而子证之。'孔子曰:'吾党之直者异于是。父为子隐,子为父隐,直在其中矣。'"可见在儒家看来,为尊者掩饰一些不光彩的事是理所当然的做法。梁启超举例道:

> 《春秋》在他方面有何等价值,此属别问题,若作史而宗之,则乖莫甚焉。例如二百四十年中,鲁君之见弑者四(隐公、闵公、子般、子恶),见逐者一(昭公),见戕于外者一(桓公),而《春秋》不见其文,孔子之

---

① 冯友兰:《中国哲学史史料学初稿》,第4—5页。
② 陈垣:《〈廿二史札记〉七〈晋书〉条末引唐艺文志订误》,见《陈垣史源学杂文》,人民出版社,1980年,第28—29页。

徒犹云"鲁之君臣未尝相弑"(《礼记·明堂位》文)。①

皇帝实录照理应当是比较客观的,但是随着政治势力的消长,一部宋神宗实录先后修纂了五次,形成了墨本、朱本、新本三种不同的版本。《神宗实录》初修于元祐者曰墨本,范祖禹、吕大防主其事,多采于司马光《涑水记闻》,尽书王安石之过。绍圣重修者曰朱墨本,章惇、蔡京、蔡卞主其事,以王安石《熙宁日录》为据,用朱笔抹去元祐本实录所书王安石之过者。绍兴间重修者曰新本。新本作者范冲在绍兴五年二月所上《论修神宗实录及别撰考异书》中谈到过这个问题:"神宗皇帝实录,既经删改,议论不一,复虑他日无所质证,辄欲为考异一书,明示去取之意……臣记绍圣重修实录本,朱字系新修,黄字系删去,墨字系旧文。"②

还有人凭借职务之便,依据个人之恩怨,肆意颠倒黑白,唐初许敬宗主持史局时的所为就是一个突出的例子:

> 敬宗自掌知国史,记事阿曲。初,虞世基与敬宗父善心同为宇文化及所害,封德彝时为内史舍人,备见其事,因谓人曰:"世基被诛,世南匍匐而请代;善心之死,敬宗舞蹈以求生。"人以为口实,敬宗深衔之,及为德彝立传,盛加其罪恶。敬宗嫁女与左监门大将军钱九陇,本皇家隶人,敬宗贪财与婚,乃与九陇曲叙门阀,妄加功绩,并升与刘文静、长孙顺德同卷。敬宗为子娶尉迟宝琳孙女为妻,多得赂遗,及作宝琳父敬德传,悉为隐诸过咎。太宗作《威凤赋》以赐长孙无忌,敬宗改云赐敬德。白州人庞孝泰,蛮酋凡品,率兵从征高丽,贼知其懦,袭破之。敬宗又纳其宝货,称孝泰频破贼徒,斩获数万。汉将骁健者,唯苏定方与庞孝泰耳,曹继叔、刘伯英皆出其下。虚美隐恶如此。③

例如石碑文献用来考证岁月、地理、官爵等较为客观的史实是相当可靠的。但是它又往往被用来歌功颂德,虚美隐恶之处在所难免,所以我们在利用它时,也不能毫无顾忌。

再一个问题是对事实有所夸大与缩小。梁启超专门分析过这个问题:

---

① 梁启超:《中国历史研究法》,见《饮冰室专集》之七十三,《饮冰室合集》,第 31—32 页。
② [宋]李心传:《建炎以来系年要录》卷八五,《丛书集成初编》本,商务印书馆,1936 年。参见[清]蔡上翔《王荆公年谱考略》卷二五《实录考》,上海人民出版社,1973 年,第 330—336 页。
③ [后晋]刘昫等:《旧唐书》卷八二《许敬宗传》,中华书局,1975 年,第 2763—2764 页。

有事虽非伪,而言之过当者。孔子云:"纣之不善,不如是之甚也。"庄子云:"两善必多溢美之言,两恶必多溢恶之言。"王充云:"俗人好奇,不奇,言不用也。故誉人不增其美,则闻者不快其意;毁人不益其恶,则听者不惬于心。"是故无论何部分之史,恐"真迹放大"之弊皆所不免。《论衡》中《语增》《儒增》《艺增》诸篇所举诸事皆其例也。况著书者无论若何纯洁,终不免有主观的感情夹杂其间。例如王闿运之《湘军志》,在理宜认为第一等史料者也。试读郭嵩焘之《〈湘军志·曾军篇〉书后》则知其不实之处甚多。又如吾二十年前所著《戊戌政变记》,后之作清史者记戊戌事,谁不认为可贵之史料?然谓所记悉为信史,吾已不敢自承。何则?感情作用所支配,不免将真迹放大也。治史者明乎此义,处处打几分折头,庶无大过矣。①

陈寅恪《读吴其昌撰梁启超传书后》也指出了这一点:"子馨此书,叙戊戌政变,多取材于先生自撰之《戊戌政变记》。此记先生作于情感愤激之时,所言不尽实录。子馨撰此传时,亦为一时之情感所动荡。故传中关于戊戌政变之记述,犹有待于他日之考订增改者也。"②元人刘因《读史评》诗深有体会地说:"纪录纷纷已失真,语言轻重在词臣。若将字字论心术,恐有无边受屈人。"③

还有一点是注意不要误用史料。杨镰在《孙楷第传略》中尝举一例:

  论做学问,孙先生是相当重视第一手资料的。凡立论,总有充分的资料为依据。但他又从未不加分析、鉴别就盲目引用。比如有人曾举出元人文集中的一篇《张可久去思碑》,认为是关于元曲大家张小山的新资料。笔者曾就此当面请教孙先生。孙先生说在撰写《元曲家考略》时,他注意到过这篇"去思碑",我问:"那您为什么不加引证呢?"孙先生指出:元人立去思碑是有品级限制的,现有资料证明,张小山最终只是沉沦下僚的小吏,根本不够立去思碑的资格,那只是同名同姓的另一人而已。经反复披读去思碑,我们不能不同意孙先生的见解。④

---

① 梁启超:《中国历史研究法》,见《饮冰室专集》之七十三,《饮冰室合集》,第91页。
② 陈寅恪:《读吴其昌撰梁启超书后》,见《寒柳堂集》,第166页。
③ [元]刘因:《静修集》卷五,见《景印文渊阁四库全书》集部别集类。
④ 杨镰:《孙楷第传略》,见《文献》1988年第2期。

此外,我们引用前人的观点也要注意原始性,周勋初指出:"撰写论文引用前人观点时,要注意两点:(1)要引用第一个提出这种观点者之成果;(2)要引用首出的单篇论文,不要转引后出的书。""后出的书只应作为论点的补充说明。"①

二　看是否完备

从事科学研究必须充分地占有资料,因此从收录范围的角度看,资料越完备价值也就越高。我们注意到本科生爱买《唐诗三百首》《古文观止》《唐诗鉴赏辞典》之类的选本,而研究生则喜欢买《全上古三代秦汉三国六朝文》《全唐诗》《全宋词》之类求全的总集。

1. 关于总集

就总集而言,基本上可分两大类,一类是全集性总集,如《先秦汉魏晋南北朝诗》《全唐文》《全元散曲》等,一类是选集性总集,也称选本,如《唐诗选》《古文辞类纂》《宋词选》等。显然,就科学研究而言,前者的资料价值要远远高于后者。正因为《全上古三代秦汉三国六朝文》《古诗纪》《全唐文》《全唐诗》《全宋词》等总集提供了较为完备的研究资料,所以使唐代以前的文学研究和宋词研究取得了可观的成就。

选本的资料价值不高,主要原因在于选本不够完备,因而不能全面而真实地反映某个时期、某些作家、某类作品的全貌。朱自清曾指出:"选本的毛病共有三件:一是太熟太狭……二是偏而不全,读者往往以一二篇概其余,养成不正确的观念……三是读者易为选者成见所囿,不能运用自家的思考力。"②鲁迅也批评道:"读者的读选本,自以为是由此得了古人文笔的精华的,殊不知却被选者缩小了眼界,即以《文选》为例罢,没有嵇康《家诫》,使读者只觉得他是一个愤世嫉俗,好象无端活得不快活的怪人;不收陶潜《闲情赋》,掩去了他也是一个既取民间《子夜歌》意,而又拒以圣道的迂士。

---

① 周勋初、余历雄:《师门问学录》,凤凰出版社,2004年,第76页。
② 朱自清:《论中国文学选本与专集》,见《朱自清古典文学论文集》,上海古籍出版社,1981年,第36页。

选本既经选者所滤过,就总只能吃他所给与的糟或醨。况且有时还加以批评,提醒了他之以为然,而默杀了他之以为不然处。"①

当然从是否原始的角度看,一些编纂时间较早的选本,譬如唐代的唐诗选本,由于保持了作品较为原始的面貌,因此也自有它的资料价值。比如《四库全书总目》提要称五代时韦縠《才调集》所录"颇有诸家遗篇,如白居易《江南赠萧十九》诗、贾岛《赠杜驸马》诗,皆本集所无。又沈佺期《古意》,高棅窜改成律诗;王维《渭城曲》'客舍青青杨柳春'句,俗本改为'柳色新';贾岛《赠剑客》'谁为不平事'句,俗本改为'谁有'。如斯之类,此书皆独存其旧,亦足资考证也"。

如果我们研究某一个课题,则与此课题相关的选本也有参考价值。比如我们研究《凉州词》,武威县志编纂委员会1985年编印的《古诗话凉州》为我们提供了许多历代诗人咏凉州的诗,省却了我们不少翻检之劳。

2. 关于别集

就别集而言,个人全集比个人选集的资料价值要高得多。因为我们研究一位作家,只有对他的全部作品进行全面分析,才有可能得出比较科学的结论。清人张之洞深有体会地说:"古人名别集俗称专集,须取全集观之方能得其面目。一集数十百卷不能一一精美,然必见其疵病处,方知其独到处也。"②汪辟疆曾说:"苏轼卷帙颇多,其中可诵者至少有五百余首。向来选本以意去取,多强古人以就我,而苏诗面目不可识矣。"③所以我们研究一位作家,必须读他的全集,而不能只凭选本。举个例子说吧,我们在选本中读了白居易的《观刈麦》《长恨歌》《琵琶行》《缭绫》《李夫人》等诗,可能会觉得白居易对妇女是很同情的。但是,我们把白居易所有的诗都读一遍,就会改变这种印象。白居易家有很多妓女,他在《夜游西武丘寺八韵》中写道:"摇曳双红旆,娉婷十翠娥。"原注:"容、满、蝉、态等十妓从游也。"④除一般

---

① 鲁迅:《选本》,见《鲁迅全集》第7卷,第137页。
② [清]张之洞:《词章家宜读专集》,见《輶轩语》一,《张文襄公全集》,民国十七年(1928)新城王氏北京刊本。
③ 汪辟疆:《方湖日记幸存录》,见《汪辟疆文集》,第843—844页。
④ [清]彭定求等编:《全唐诗》卷四四七,中华书局,1979年,第5031页。

妓女外,白居易家"奴婢亦盈庐"。① 他的不少婢女都能歌善舞,会弹奏乐器,同妓女也差不多。如他在《小庭亦有月》中写道:"菱角执笙簧,谷儿抹琵琶。红绡信手舞,紫绡随意歌。"原注:"菱、谷、紫、红,皆小臧获名也。"② 在白居易看来,这些妓女就同供人玩耍的鹦鹉一样,试读他的《鹦鹉》诗:

陇西鹦鹉到江东,养得经年嘴渐红。
常恐思归先剪翅,每因喂食暂开笼。
人怜巧语情虽重,鸟忆高飞意不同。
应似朱门歌舞妓,深藏牢闭后房中。③

而他对妓女们也竭尽享乐之能事,喝醉了酒要红袖扶,④背上痒要小婢给他搔。⑤ 有一回,他明明知道"寒流带月澄如镜,夕吹和霜利似刀",妓女们又在风中穿着薄薄的舞衣歌袖,但由于"尊酒未空欢未尽",所以他劝诫"舞腰歌袖莫辞劳"。⑥ 有的婢女不堪忍受,逃走了,他还写了张小字报,其《失婢》诗云:"宅院小墙庳,坊门帖榜迟。旧恩惭自薄,前事悔难追。笼鸟无常主,风花不恋枝。今宵在何处,唯有月明知。"⑦当白居易年老体弱,头白齿落,无力尽情享受后,为了节省开支,他就将妓女们卖掉了,甚至连他最喜欢的樊素也不能留下。他在《不能忘情吟》的序言中说:"乐天既老,又病风,乃录家事,会经费,去长物。妓有樊素者,年二十余,绰绰有歌舞态,善唱杨枝,人多以曲名名之,由是名闻洛下,籍在经费中,将放之。马有骆者,龃壮骏稳,乘之亦有年,籍在经物中,将鬻之。"⑧虽然这次樊素与马没有卖掉,但是最终还是卖掉了。白居易另有《卖骆马》诗和《别柳枝》诗可以说明这一点。他在一首戏答刘禹锡的诗中说得尤为明白:"柳老春深日又斜,任他飞向别人家。"⑨文人狎妓是唐代社会风气,我们不必对白居易苛求,不过我们也不

---

① [清]彭定求等编:《全唐诗》卷四四五,第4986页。
② [清]彭定求等编:《全唐诗》卷四五二,第5108页。
③ [清]彭定求等编:《全唐诗》卷四四七,第5035页。
④ 同上书,第5023—5024页。
⑤ [清]彭定求等编:《全唐诗》卷四五三,第5129页。
⑥ [清]彭定求等编:《全唐诗》卷四三九,第4880页。
⑦ [清]彭定求等编:《全唐诗》卷四四九,第5071页。
⑧ [清]彭定求等编:《全唐诗》卷四六一,第5250页。
⑨ [清]彭定求等编:《全唐诗》卷四五八,第5204页。

应无视这种社会风气而把白居易当成一个超凡脱俗的人,因而对他涉及妇女问题的诗作出不全面的、过高的评价。正如汪辟疆评论《白香山集》所说:"选本多不能见其真面目,故全集必读也。"①汪辟疆在评论《李太白诗集》《杜工部诗集》时还强调指出:"二家诗选本所收皆不少,惟专集实不能不阅,以其关系诗学为较巨也。"②

  作家的别集,如果有好几种版本,从是否原始的角度看,人们都特别珍视那些出现最早的版本。但是我们也应当重视那些收罗全备、校勘精审的版本。否则人们的研究工作也就会停滞不前了,后出转精也是普遍的现象。如唐皇甫枚所撰小说集《三水小牍》,现存好几种版本,汪辟疆校录《唐人小说》时依据的是缪荃孙本,汪先生分析道:

> 明杨仪有二卷本。姚咨于嘉靖甲寅,从杨写补。后十一年,秦汴据以锓木。《天一阁书目》所载之二卷本,即此书也。清乾隆间,卢文弨刻入《抱经堂丛书》。阮元《揅经室外集》又据钱曾影写姚本入录。近人缪荃孙复据卢本,而校以《广记》《续谈助》《说郛》《说海》,并辑逸文十二条,刊入《云自在龛丛书》,皆二卷本也。宋时既称三卷,今只二卷,知此书在明时,已佚其一。缪氏益以茸补,虽未能遽复旧观,然已十得六七,在今日当以此本为最完善。③

  我看到北京中国书店出的一本《郑板桥全集》影印本,卷首印了郑板桥的《前刻诗序》《后刻诗序》,后面还附有郑板桥的一段话:"板桥诗刻止于此矣。死后如有托名翻板,将平日无聊应酬之作改窜烂入,吾必为厉鬼以击其脑。"④由板桥亲自定稿的原刻本,当然很宝贵。然而,卞孝萱也编过一本《郑板桥全集》,编者在《前言》中说:"本书经过多年准备,才公开发表。书名《郑板桥全集》,是企图为读者全面而系统地研究板桥,提供一份比较完整而可靠的资料,以省读者翻检、考证之劳。"全书分三部分:第一部分为《板桥集》,其中除《板桥题画》外,《诗钞》《词钞》《小唱》《家书》四种,皆板桥亲自定稿、刻、印。""第二部分是从书谱、画册、碑拓、书籍、报刊以及其

---

① 汪辟疆:《读书举要》,见《汪辟疆文集》,第 28 页。
② 同上书,第 27 页。
③ 汪辟疆:《唐人小说》,第 347 页。
④ [清]郑板桥:《后刻诗序》,见卞孝萱编《郑板桥全集》卷首。

他文物中,抄录《板桥集》外作品,分类编辑。"第三部分为板桥研究资料,"是抄录前人评述板桥的零散的旧作,按其内容,分类编排,供读者研究板桥生平、交游及创作(包括诗、词、书、画、篆刻等)之参考"。① 显然,我们要研究郑板桥,卞孝萱编的《郑板桥全集》更有参考价值。再如秋瑾的集子行世的有四种版本:王芷馥的《秋瑾诗词》,刊于 1907 年,计收诗 87 题,词 38 阕。王绍基编的《秋瑾遗集》,刊于 1929 年 7 月,计收诗 14 题,歌 1 首(集误题作诗)、文 2 篇、译文 1 篇。王灿芝编的《秋瑾女侠遗集》,刊于 1929 年 10 月,计收诗 111 题,断句 11 句、歌 3 首、词 39 阕、杂文 8 篇、译文 1 篇。1979 年,上海古籍出版社又出版了中华书局上海编辑所编的《秋瑾集》。后者在前人的基础上,又从各项资料中辑得诗 22 首、断句 2、文 4 篇、信 13 题,凡无确切根据的概不阑入。采用底本,以手稿为主,无手稿则据最早印本,并注明出处。显然,晚出的这个本子为人们研究秋瑾及其作品提供了较为完备而可靠的资料。

当然各类文献都有个版本问题,我们在使用时要注意利用资料收录完备的版本。

3. 关于学术著作

梁启超说:"大抵史料之为物,往往有单举一事,觉其无足轻重,及汇集同类之若干事比而观之,则一时代之状况可以跳活表现,此如治庭园者,孤植草花一本,无足观也,若集千万本,莳以成畦,则绚烂眩目矣。"②我们评价一部书的价值,往往也要看它是否较完备地占有了相关资料。例如程千帆著《唐代进士行卷与文学》,将文史著作中有关这一问题的零星资料鸠集在一起,从而深入地考述了唐代应试举子在考试之前行卷这一风尚及其与诗歌、古文、传奇小说发展的关系。由于举证翔实,该书将唐代十分盛行的这种特殊风尚重现在读者面前,使我们清楚看到它对唐代文学的发展起过一定程度的促进作用。张相的《诗词曲语辞汇释》、游国恩主编的《楚辞注疏长编》之所以受到学者的普遍好评,主要因为它们占有了丰富的资料。

所以我们做学问一定要使用完备而可靠的资料,程千帆指出:"现在很

---

① 卞孝萱:《前言》,见卞孝萱编《郑板桥全集》,第 7 页。
② 梁启超:《中国历史研究法》,《饮冰室专集》之七十三,《饮冰室合集》,第 63—64 页。

多同志,比如说,看到一个诗人的选本上有几首诗,再看一点别人的论文,或者文学史上一点什么材料,也可以写文章,论一个作家的什么什么问题。在某种情况下,他写成的文章,相对地说,也还是正确的。但是,可以肯定,这些东西是不深刻的,很难得有独创性。"①又说:"如果只凭某部唐诗选里面的李、杜诗来写关于李、杜的论文,即使作者是天才,恐怕也难以产生象样的成果。"②

三 看是否可靠

资料越可靠,其价值也就越高。如何判断资料的可靠程度,可从研究作者、研究文献、研究出版者等几个方面着手。

1. 研究作者

首先,我们可以检查一下作者的治学态度。如果作者学风严谨,那么他所引用的资料是可靠的,他的学术观点往往也是能够站得住脚的。余嘉锡就是这样一位学者。他从 17 岁开始,毕生一丝不苟地研究《四库全书总目》。其《四库提要辨证序》云:"余治此有年,每读一书,未尝不小心以玩其辞意,平情以察其是非,至于搜集证据,推勘事实,虽细如牛毛,密若秋荼,所不敢忽,必权衡审慎,而后笔之于书,一得之愚,或有足为纪氏诤友者。"③陈垣亦谓:"他记忆力很强,读书又多,并且能运用目录学的知识,善于辨别书籍的好坏真伪。……此外,他作学问下笔不苟,这也是他的一种严格的锻炼。他引用史料一定要穷源竟委,找到可靠的根据,才写在论文里。引书一定注明卷数,核对文字,凡是他所引用的材料,总是比较精确的。"④可见余嘉锡的《四库提要辨证》及其他学术论著是可以信赖的。

顾炎武说:"宋人书,如司马温公《资治通鉴》、马贵与《文献通考》,皆以一生精力成之,遂为后世不可无之书。而其中小有舛漏,尚亦不免。若后人

---

① 程千帆:《关于治学方法》,见《治学小言》,第 23—24 页。
② 程千帆:《关于知识爆炸与基本功的对话》,见《治学小言》,第 50—51 页。
③ 余嘉锡:《四库提要辨证》,中华书局,1980 年,第 52 页。
④ 陈垣:《序》,见《余嘉锡论学杂著》,第 2—3 页。

之书,愈多而愈舛漏,愈速而愈不传,所以然者,其视成书太易而急于求名故也。"①举个例子说吧,三环出版社(即海南出版社)出版的由王同亿主编的《语言大典》有2700多万字,曾经红极一时,据说它出版时"全国有二十余家报纸在头版刊登了这一'喜事',把这部书的主编誉为'超人''奇人''没有军衔的将领',把这部书誉为'当代中国的辞书之最',誉'王同亿又组织了200多位专家,历时四年,编纂了震动中外的中国当代第一部现代汉语词典'。受到这种吹捧影响,据有的文章报导,港台出版商已经购买此书出版权"。②但是,它转眼就成了过眼云烟。这部"词典"的问题很多,最突出的就是抄袭剽窃,徐庆凯在书评中指出:"可以毫不夸张地说,此书大部分是抄来的。这也正是此书能在短短四年间编成出版的秘密所在。"他还举了一个例子:

> 该书附录中有《中国历史纪年表》和《中国少数民族分布简表》,篇幅达十六开本的63页之多,版面字数约24万。谁能想得到,这两个附录竟是从《辞海》(1979年版)中影印过来的呢?由影印带来的如下问题也应一提。《中国少数民族分布简表》中有一个注:"本表所列分布地区的某些资料,因收到时本书正文已经付印,所以有关条目未及据以更改,特此说明。"这个注是《辞海》(1979年版)的编者针对该书为了赶在建国30周年时出版而分批付印的特殊情况加上的,与《语言大典》完全不相干,但《语言大典》却把这个注也照样影印,于是注中的"本书"就成为《语言大典》了,而《语言大典》并没有这么一回事,岂非笑话?还有,《辞海》(1979年版)中的这个表,反映的是当时的情况,例如黎族的分布地区,写的是广东省,因为当时还没有海南省。1988年海南省成立,在《辞海》(1989年版)的这个表中,黎族的分布地区就改为海南省了。但是《语言大典》中的这个表,是根据《辞海》(1979年版)影印的,所以虽然它的出版时间是1990年12月,而且在它的正文中已经出现海南省,但是在《中国少数民族分布简表》中,黎族的分布地区却仍旧是广东省。《语言大典》出这样的错误特别不应该,因为它

---

① [清]顾炎武:《日知录》卷一九"著书之难",见《景印文渊阁四库全书》子部杂家类。
② 于光远:《值得重视的一个消极文化现象——评王同亿主编的〈语言大典〉》,见《辞书研究》1994年第2期。

正好是由海南出版社出版的。由以上两个问题可以推定,《语言大典》的编者在影印这两个附录时,甚至连看也没有看过。①

就学术著作而言,其可靠程度的一个重要标志是看它所引用的资料是否忠实于原著,并准确地注明出处。凡详细注明出处者,其作者的治学态度都是相当严谨的。譬如我们到书店购买学术著作,凡没有详细注明出处的,要么是通俗读物,要么是作者还不懂学术规范,该书的参考价值也就不大了。引书注明出处还涉及学术研究的道德问题。如明方以智云:"此书必注引出何书,旧何训,何人辨之,今辨其所辨,或折衷谁是,或存疑俟考,便后者之因此加详也。士生古人之后,贵集众长,必载前人之名,不敢埋没。"②此说极是,因引用前人科研成果而不注明出处,难免有掠美之嫌,也就是不道德的行为。

为了提高资料的可靠程度与使用价值,近人编纂校辑的书籍,一般都对引文的史料价值进行鉴别,并详细注明引文出处。如隋树森编《全元散曲》自序云:

> 总集中所收的作品如果不注出处,对读者是非常不方便的。《全元散曲》在每首曲子的末尾,不仅注出它最早见于何书,并且把其他选有这首曲子的书名,也不厌其详地一一写出。套数里面的一支或几支曲子,有被《太和正音谱》《北词广正谱》《九宫大成》等曲谱征引的,也注在该套的末尾。这对读者至少有这些方便:一、把材料来源向读者作了交代,读者如果觉得有什么问题,可以覆检原书。二、读者看了书名,就很容易知道某一首曲子都有哪些选本选过它,因此也就知道哪些曲子以往比较为人们所喜爱。三、专家们根据所注的书名,可以判断把这首曲子归某一作家,其可信的程度如何。③

其次,我们还可以研究作者的学术水平。我们大致可以通过师承关系、学术观点、治学方法,占有资料多寡,以及所学是否有专门领域等因素来衡量一个人的学术水平。名师出高徒,在学术界大抵也是适用的。例如章太

---

① 徐庆凯:《〈语言大典〉:劣质辞书之最》,见杨玉圣主编《书的学术批评》,辽宁大学出版社,1998年,第307页。
② [明]方以智:《通雅》卷首《凡例》,清立教馆刊本。
③ 隋树森:《自序》,见隋树森编《全元散曲》,第7—8页。

炎、黄侃、陈寅恪、陈垣以及吴梅等著名学者,他们一般都有坚实的学术功底,有特定的学术领域,有骄人的学术成果,而且都培养出了一批高水平的学生。这些学生所攻有不同,成就有差异,但是学风一般都相当严谨,所著也都相当可靠。而相反如陆桴亭《思辨录》所说:"师道坏,则无贤子弟,无贤子弟,则后来师道愈坏。敝敝相承,吾不知其何所流极也。"①

就文献作者本人而言,是否占有丰富的资料,是否为该文献领域的专家,对判断文献价值也很重要。宋诗宋注之所以成为研究宋诗的较为可靠的资料,是因为这些作注者的学术水平都比较高。例如施元之、施宿父子及顾禧的《注东坡诗》就颇受陆游的好评,其《施司谏注东坡诗序》云:"司谏公以绝识博学名天下,且用工深,历岁久,又助之以顾君景繁之该洽,则于东坡之意,盖几可以无憾矣。"②再如《王荆公诗笺注》的作者李壁是南宋卓越的史学家《续资治通鉴长编》的作者李焘的儿子,对于宋代史事也烂熟于胸,所以他对王安石的诗有深刻的体会,能够做出实事求是的解释。汪辟疆指出:"此专注诗,在宋时最有名,已亡而复存者。雁湖(徐按:李壁号雁湖居士,有《雁湖集》)撅采时事,蒐辑故实,极见用心,阅之最有益。"③

2. 研究文献

一般来说,原始的完备的资料通常也是较为可靠的资料,同时我们还要研究文献是否具有代表性,其论点是否已形成定论。2001年5月25日下午,我的一位博士生进行学位论文答辩。该生论文第5页中有一段话:"从文献记载上看,早在殷商时期就已经有了把星象与吉凶联系在一起的说法,而冯时提供的山西吉县柿子滩朱绘岩画是女巫禳星场面的推测成立,那么这个考古学所提供的证据就可能把这个时间提前到距今一万年左右。"卞孝萱就此提出了问题,并引用了范文澜《中国通史》第一编《再版说明》中的一段话作为自己的依据:

> 本编采取史料,避免墨守旧说,但也不敢率意而谈,或穿凿附会以

---

① [明]陆桴亭:《思辨录辑要》卷二,《丛书集成初编》本,商务印书馆,1936年。
② [宋]陆游:《渭南文集》卷一五,见钱仲联、马亚中主编《陆游全集校注》第9册,浙江教育出版社,2011年,第377页。
③ 汪辟疆:《读书举要》,见《汪辟疆文集》,第29页。

求新奇。所用史料,一般是以著作年代较早和较完整的书籍,如《尚书》《毛诗》《春秋左氏传》、战国诸子、《史记》等为主体,其他概作辅助材料。经传等书的解说,一般也以著作年代较早或代表性较大的解说为主体。如《尚书》多采司马迁和其他汉儒说,《诗》多采毛亨、郑玄说,《三礼》多采郑玄说,《左传》多采杜预说,《墨子》多采孙诒让说,《荀子》多采王先谦说。甲骨文、金文多采王国维和郭沫若说。至于近世一家之言,未定之论,不敢率尔采录,以免此是彼非,使读者不知所从。①

使用研究文献要看其是否经过认真的校勘考订工作,校勘考订工作旨在恢复资料的原貌,或者让人们正确地认识资料的原貌。例如先唐诗歌总集有三部,第一部是明冯惟讷编的《古诗纪》,《四库全书总目》提要称其"上薄古初,下迄六代,有韵之作,无不兼收"。但由于"时代绵长,采摭繁富,其中真伪错杂以及抵牾舛漏,所不能无,故冯舒作《诗纪匡谬》以纠其失"。第二部是近人丁福保编的《全汉三国晋南北朝诗》,该书以《诗纪》为蓝本,又依据《诗纪匡谬》改正了原来不少错误,但依然存在不少缺点。第三部是今人逯钦立编的《先秦汉魏晋南北朝诗》,作者在前人基础上花了24年时间,将全部诗歌较细地校勘了一遍,普遍地注明出处,在辨证真伪、考明作者、确定时代、订正题目、分合篇目、剖析体裁等方面做了不少考订工作,而且还严格按作者时代先后为序,将全书重新编排了一下。显然,逯书要比冯书、丁书的资料价值高多了。

研究史料的类型。各种文献皆可成为研究文学的资料,然而不同类型的资料,其可靠程度是不同的,例如史学著作的任务就是忠实地记载历史事实。虽然这些著作不可避免地会打上阶级的烙印,并且要受到作者品德、认识水平的制约,一般来说它在记载史实方面的可靠程度仍然是比较高的。而文学作品的任务是用形象反映社会生活,表达作者的思想感情,它是允许虚构的。文学作品作为文学研究的对象,当然是最重要的资料,但是当我们研究史实,例如作家的生平、作品的社会背景,以及作品中人物本事的时候,文学作品可靠程度就不如史学著作。陈垣曾举一例:

---

① 范文澜:《再版说明》,见《中国通史》第一编,人民出版社,1978年,第4页。

杨妃年岁,见于旧、新唐书杨妃本传,无问题。平景孙(即平步青)《读史拾沈》二考此,乃犯四病:

一、册为寿王妃年月,据《外传》误文,不据《唐大诏令集》,是谓无识。

二、聘韦昭训女为寿王妃之日,壬午误为壬辰,未加纠正;又以为册贵妃与之同月,是谓粗率。

三、杨妃卒时年岁,引《外传》不引正史,是谓不知轻重。

四、考史至引乩语,是谓遁入魔道。

皆学者所当引以为戒也。①

《杨太真外传》是宋乐史撰的传奇,平步青将小说据为信史来研究杨贵妃生平自然得不出正确的结论。

当然,对史书也要具体情况具体分析。史学家所利用的材料有国史、家史、野史之别。然而,正如张岱在《石匮书自序》中所说:"有明一代,国史失诬,家史失谀,野史失臆。故以二百八十二年总成一诬妄之世界。"②不过,也不应全盘否定,它们各有各的缺点,也各有各的优点,各有各的价值。明王世贞在《史乘考误》中说:"国史,人恣而善蔽真,其叙章典,述文献,不可废也;野史,人臆而善失真,其征是非,削讳忌,不可废也;家史,人谀而善溢真,其赞宗阀,表官绩,不可废也。"③

如前所说,由于政治因素,个人感情倾向,所据资料不完全可靠,写史书的人的疏忽等等原因,即使是正史也不见得就可靠。郁贤皓曾谈道:

实际上,正史的记载也常有不实之处,必须对照第一手材料予以甄辨,以免以误传误。如《旧唐书·李白传》记载:"天宝初,客游会稽,与道士吴筠隐于剡中。既而玄宗诏筠赴京师,筠荐之于朝,遣使召之,与筠俱待诏翰林。"这一记载千余年来人们沿袭成说,从不怀疑。可是,当我认真细读吴筠的全部诗文,并对照权德舆的《吴尊师集序》,细查包括《道藏》在内的各种典籍,终于发现《旧唐书》的这一记载是错误的。吴筠在天宝元年前一直隐于南阳倚帝山,隐于剡中乃大历间事,待

---

① 陈垣:《书〈读史拾沈〉杨妃年岁条后》,见《陈垣史源学杂文》,第70页。
② [明]张岱:《石匮书自序》,见《石匮书》卷首,南京图书馆藏凤嬉堂抄本。
③ [明]王世贞:《弇山堂别集》卷二〇《史乘考误》,清广雅书局刊本。

诏翰林乃天宝十三载事。李白天宝元年五月尚在游泰山,八月已到长安,亦未隐于剡中。于是我撰写《吴筠荐李白说辨疑》,推翻了沿袭千年的旧说;又据魏颢《李翰林集序》"与丹丘因持盈法师达,白亦因之入翰林",提出李白供奉翰林乃出于玉真公主推荐的新说。这不仅有充足证据,而且正因是玄宗之妹的推荐,所以李白才受到玄宗隆重接待,这就合乎情理。此新说已为海内外学术界普遍接受。事实上,经过详细考察李白诗文及唐人关于李白事迹的记载,证实《旧唐书·李白传》所记载的李白籍贯、家世、主要事迹、交游、入永王幕的地点、死因都是错误的,为此我写有《〈旧唐书·李白传〉订误》一文,希望后人不要再以误传误。①

应当说明的是,资料中的各类文献,其可靠程度可能是参差不齐的,就拿笔记来说吧,它往往可补史书之不足,但是它所记史实是不尽可靠的,刘叶秋曾说:

> 至于历代笔记中所述朝臣嘉话、名士风流之类,虽皆确有其人,而事多附会,一经核实,即不免矛盾百出。如五代后周王仁裕《开元天宝遗事》上"牵红线娶妇"一条云:"郭元振少时,美风姿,有才艺,宰相张嘉贞欲纳为婿。元振曰:'知公门下有女五人,未知孰陋,事不可仓卒,更待忖之。'张曰:'吾女各有姿色,但不知谁是匹偶。以子风骨奇秀,非常人也。吾欲令为婿。'元振欣然从命,遂牵一红丝线,得第三女,大有姿色,后果然随夫贵达也。"此节记叙,颇饶情趣,为后人所艳称,"红丝牵系"一直被用为婚姻结合的典故,但其事则不符史实。宋洪迈在《容斋随笔》卷一"浅妄书"一条已指出其谬。按郭震字元振,于公元656年(唐高宗显庆元年)生,公元713年(唐玄宗开元元年)卒。在中宗神龙间曾官左骁卫将军,安西大都护。睿宗立后,先召为太仆卿,后进同中书门下三品,为宰相之职。玄宗初年,以演武失玄宗意,将斩之,敕死流放新州。张嘉贞于公元666年(高宗乾封元年)生,公元729年(玄宗开元十七年)卒。在玄宗开元间迁中书令,时元振已早逝,焉有为婿之事。且以年岁论,张嘉贞比郭元振还小十岁,是没资格作元振的

---

① 郁贤皓:《我与唐代文史》,见张世林编《学林春秋》三编,第176页。

老丈人的。①

但是,学者在科研工作中,并不拒绝使用小说卮言资料,如唐人刘知几云:"国史之任,记事记言,视听不该,必有遗逸,于是好奇之士,补其所亡。若和峤《汲冢纪年》,葛洪《西京杂记》,顾协《琐语》,谢绰《拾遗》,此之谓逸事者也。街谈巷议,时有可观;小说卮言,犹贤于已,故好事君子,无所弃诸。"②清人王鸣盛提出了一个大胆的观点:"采小说未必皆非,依实录未必皆是。"③如何理解这一观点呢?陈寅恪提出一个新的看法:"小说亦可作参考,因其虽无个性的真实,但有通性的真实。"④有些笔记小说虽然从细节上看并不符合历史事实,但是它却真实地反映了某种社会风气,仍不失为珍贵的史料。例如康骈《剧谈录》曾谈到元稹拜访过李贺,李贺因为他以明经擢第未接见他,后来遭到了元稹的报复。据朱自清《李贺年谱》考证"元稹明经擢第,贺才四岁。事之不实,无庸详辩"。陈寅恪进一步分析道:"《剧谈录》所纪多所疏误,自不待论。但据此故事之造成,可推见当时社会重进士轻明经之情状,故以通性之真实言之,仍不失为珍贵之社会史料也。"⑤所以我们对资料价值的判断,还要针对具体情况,进行具体分析。梁启超专门谈到过这个问题:

> 中古及近代之小说,在作者本明告人以所纪之非事实,然善为史者,偏能于非事实中觅出事实。例如《水浒传》中"鲁智深醉打山门",固非事实也,然元、明间犯罪之人得一度牒即可以借佛门作逋逃薮,此却为一事实。《儒林外史》中"胡屠户奉承新举人女婿",固非事实也,然明、清间乡曲之人一登科第,便成为社会上特别阶级,此却为一事实。此类事实,往往在他书中不能得,而于小说中得之。⑥

所以,我们在收集资料时,既要注意文献类型,也要别具只眼在各类资料中发现有价值的史料。

---

① 刘叶秋:《小说与史实》,见《古典小说笔记论丛》,南开大学出版社,1985 年,第 157 页。
② [唐]刘知几著,[清]浦起龙注:《史通通释》卷一〇《杂述》,世界书局,1936 年,第 81 页。
③ [清]王鸣盛:《欧史喜采小说薛史多本实录》,见《十七史商榷》卷九三,上海文瑞楼石印本。
④ 石泉、李涵:《听寅恪师唐史课笔记一则》,见张杰、杨燕丽编《追忆陈寅恪》,第 267 页。
⑤ 陈寅恪:《隋唐制度渊源略论稿 唐代政治史述论稿》,第 272—273 页。
⑥ 梁启超:《中国历史研究法》,见《饮冰室专集》之七十三,《饮冰室合集》,第 50—51 页。

3. 研究出版者

我们可以研究一下出版宗旨。中国古代的出版单位通常分为官府、私家、书坊三类。官府刻书一般出于政治需要，有专家学者负责其事，经济实力也非常雄厚，所以一般来说质量是比较高的。例如从宋代国子监刊本的校勘经进衔名中可以看出，其职务有勘官、详勘官、都勘官之分，其工作也有书版、校勘、再校、都校之别，如果发现问题，可以据以追究责任，因而宋代国子监刊本通常质量是比较高的。明代官府刻书有所谓书帕本，质量却不高。明陆深《金台纪闻》云：今"有司间或刻之，然只供馈贶之用，其不工反出坊本下，工者不数见也。明隆万间，承嘉靖古学盛兴之后，皆喜刻书，然大率皆为好名起见，刻而不校，又或妄加删削，都无古意。馈遗当道，附之一帕，有一书一帕之称，此类书世谓书帕本。"私家刻书往往是为了流传前辈、师长、朋友的著作与善本图书，通常延请专家学者主持其事，所刻图书质量是比较高的，如南宋嘉定十三年（1220），陆子遹为其父刻《渭南文集》五十卷，游字缺末笔以避家讳，该书刊印皆精。张海鹏为清代大藏书家，尝云："藏书不如读书，读书不如刻书。读书只以为己，刻书可以泽人。上以寿作者之精神，下以惠后来之沾溉，视区区成就一己之学业者，其道不更广耶？"①因此他精雕细刻了《学津讨原》《墨海金壶》《借月山房汇钞》等丛书。家刻本一般都重视校勘工作，清蔡澄《鸡窗丛话》谈到过清初朱彝尊的刻书情况："竹垞凡刻书，写样本亲自校两遍，刻后校三遍。其《明诗综》刻于晚年，刻后自校两遍，精神不贯，乃分于各家书房中，或师或弟子，能校出一讹字者送百钱。"②书坊刻书主要目的是为了赚钱，难免发生偷工减料的现象，如明郎瑛云：

> 我朝太平日久，旧书多出，此大幸也，亦惜为福建书坊所坏。盖闽专以货利为计，但遇各省所刻好书，闻价高即便翻刊。卷数目录相同，而于篇中多所减去，使人不知，故一部止货半部之价，人争购之。近如

---

① ［清］黄廷鉴：《朝议大夫张君行状》，见《第六弦溪文钞》卷四，《丛书集成初编》本，商务印书馆，1936年。
② ［清］蔡澄：《鸡窗丛话》，见［清］赵元益辑《新阳赵氏丛刊》，光绪十二年（1886）刻本。

徽州刻《山海经》，亦效闽之书坊，只为省工本耳。①

清杭世骏也指出了同样的问题：

> 古集皆手定，人不一集，集不一名。《东坡七集》《栾城四集》《山谷内外集》，明人妄行改窜，第曰《东坡》《栾城》《山谷集》而已。《朱子集》多至三百余卷，明人编定止四十卷。李纲《梁溪集》多至百三十余卷，《建炎进退志》及《时政记》附焉，闽中改刻，题曰《李忠定集》，亦止四十卷。前后互易，古人之面目失矣。②

叶德辉还谈道："明人刻书有一种恶习，往往刻一书而改头换面，节删易名。如唐刘肃《大唐新语》，冯梦祯刻本改为《唐世说新语》。先少保公《岩下放言》，商维濬刻《稗海》本改为郑景望《蒙斋笔谈》。郎奎金刻《释名》，改作《逸雅》，以合《五雅》之目。全属臆造，不知其意何居？"③这种弊病，一直流传到现代，目的之一，也还是为了赢利。清顾千里曾指出："南宋时，建阳各坊，刻书最多。惟每刻一书，必倩雇不知谁何之人，任意增删换易，摽立新奇名目，冀以炫价，而古书多失其真。"④将原有的书换个名字重新出版，既省去了不少成本，又会使读者误以为是新书，从而乐于购买。

坊刻本还有个问题就是校勘不精，而且喜欢以其所知，改其不知。如明杨慎云：

> 古书转刻转谬，盖病于浅者妄改耳。如近日吴中刻《世说》，"右军清真"，谓清致而真率也。李太白用其语为诗："右军本清真"，是其证也。近乃妄改作"清贵"。"兼有诸人之差"，谓各得诸人之参差，近乃妄改差作"美"。"声鸣转急"，改"鸣"作"气"。"义学"改作"学义"。皆大失古人语意。聊举一二，他不能尽。⑤

当代一些不负责任的出版社出的书，错误更多。如一位时年85岁的老人陆

---

① ［明］郎瑛：《七修类稿》卷四五事物类"书册"，见中华书局上海编辑所辑《明清笔记丛刊》，中华书局，1959年。
② ［清］杭世骏：《欣托斋藏书记》，见《道古堂集》卷一九，清光绪十四年（1888）泉唐汪氏振绮堂补刊本。
③ 叶德辉：《明人刻书改换名目之谬》，见《书林清话》卷七，民国九年（1920）长沙叶氏刊本。
④ ［清］顾千里：《重刻古今说海序》，见《顾千里集》，中华书局，2007年，第164页。
⑤ ［明］杨慎：《丹铅续录》卷三"《世说》误字"条，《丛书集成初编》本，商务印书馆，1936年。

海川,既买了安徽文艺出版社出的《张爱玲文集》,又买了一本海南某出版中心出版的《张爱玲自选集》,他谈了自己的读书感受:

> 我以为自选集总是作者最满意的作品,因而想先读《自选集》,然后再补读《文集》。打开《自选集》,选读一篇短文《秘密》,第一句"最近到两个故事",显然"到"字前遗漏一字,而第四句"以后人家问句太多的时候",又文理不通。在这篇111字的短文中,竟有两处明显错误,真使我为之一惊——这本书的误字恐怕不少。为了弄个究竟,我与《文集》对照又读了《金锁记》。经过粗略检查,在约3万1千字的一篇短篇小说中,竟发现讹误、遗漏、颠倒等错误164处(其中漏排6段,共129字),按页码计算,每页都有错误,最多一页有12处错误,平均每页5.29处错误;按字数计算,错误占万分之52.9,超过规定标准(低于万分之一)52倍。如以《金锁记》的错误预测,全书58万字,则有错误3068处。可能在中国出版史上,创造了新记录。我不知道,这家出版中心,如此践踏作者著作,损害读者利益,是何居心?!难道只图赚钱发财,就可以不讲道德,对社会不负责任吗?如果此书确系其所出,那么,对这样的出版单位,难道不应该进行查处,没收其非法所得,并科以重罚吗?①

当然对坊刻本也不能一概而论,坊刻本也出过不少好书,比如小说、戏剧、民间日用之书,弥补了官刻本与家刻本之不足。坊刻本在形式上富有创新精神,比如喜欢出插图本、汇注本,推动了我国出版事业的发展。

此外,我们还可以研究一下出版单位的实力,譬如是否有比较长的历史、有比较强的编辑出版力量、有比较好的优良传统。像商务印书馆、中华书局、人民文学出版社出版的书,质量一般都是比较好的。此外,我们还要研究一下出版物是否符合该出版单位的专业范围与特长。譬如地图出版社出版地图,地质出版社出版地质方面的书当然是比较可靠的,反之,就需要仔细辨别其内容质量。

---

① 陆海川:《一本错误惊人的书》,见《文汇读书周报》1996年4月27日。

四　看是否有影响

一般来说,资料的社会影响越大,其价值也就越高。当然这也不是绝对的。有的资料从未被人注意,如果很能说明问题,那么它的价值也可能是很高的。

1. 研究资料受评论的情况

资料受到了评论,即可认为产生了社会影响;受到的评论越多,资料所产生的社会影响也就越大。学术论著获奖也可视为受到了社会评价。

我国的文学批评产生甚早,魏文帝《典论·论文》就已对当时的邺下文人及其作品作了评价:"王粲长于辞赋,徐幹时有齐气,然粲之匹也。如粲之《初征》《登楼》《槐赋》《征思》,幹之《玄猿》《漏卮》《圆扇》《橘赋》,虽张、蔡不过也。然于他文,未能称是。琳、瑀之章表书记,今之隽也。应场和而不壮,刘桢壮而不密。孔融体气高妙,有过人者,然不能持论,理不胜词,以至乎杂以嘲戏。及其所善,扬、班俦也。"[1]曹植《与杨德祖书》也说:"今世作者可略而言也:昔仲宣独步于汉南,孔璋鹰扬于河朔,伟长擅名于青土,公幹振藻于海隅,德琏发迹于此魏,足下高视于上京。当此之时,人人自谓握灵蛇之珠,家家自谓抱荆山之玉。"[2]可见建安七子在当时确是有影响的作家,他们的作品自然也就成为这一时期的代表作,而为文学史家所重视。

显然,资料所受到的评价不同,其价值也自有别。刘勰《文心雕龙·才略》称:"仲宣溢才,捷而能密,文多兼善,辞少瑕累,摘其诗赋,则七子之冠冕乎?"同另外六人相比,王粲诗赋的价值更高一些。

文学批评的标准因人而异,并且随时代的不同而有所变化,所以我们应当用发展的眼光来观察文学史料所产生的影响。例如刘勰的《文心雕龙》未提到陶渊明的作品,锺嵘的《诗品》仅把陶渊明的诗列为中品,萧统编的《文选》也仅收陶诗六首,这说明陶诗在当时的影响并不大,但是随着时间的推移,他的作品的价值越来越为人们所认识,其影响也就越来越大。当然

---

[1]　[三国]曹丕:《典论·论文》,见[南朝梁]萧统编《文选》卷五二,第720页。
[2]　[三国]曹植:《与杨德祖书》,见[南朝梁]萧统编《文选》卷四二,第593页。

也会有相反的例子。

而今有人把书评当作评奖、评职称、牟取经济利益的工具,因此我们要用全面的辩证的眼光看待书评,为了经济效益,某些书的编写者与出版者往往组织一些书评来进行炒作,最突出的例子要算王同亿主编的《语言大典》,它明明是剽窃的产物,而且谬误百出,"却被不少以'书评'身份登场的文章加以爆炒和吹捧,称该《大典》系'20世纪90年代的换代性新产品','当代中国的辞书之最',其'主编'王同亿被宣扬为'著作等身'的'奇人''超人''超韦伯斯特''没有军衔的将领''辞书大王',不一而足。可是,这些白纸黑字很快就成为'铁证如山'的笑料了;此类'书评'其实是书评名誉的十足的败坏者"。[①] 这些"书评"也有价值,使我们充分认识到了图书编写与出版、发行过程中的弄虚作假现象,了解他们是如何虚张声势的。

2. 研究资料受引用的情况

资料受到其他著作引用,即可认为产生了影响,受到引用的次数越多,所产生的影响也就越大,其资料价值也就越高。被转载、被文摘、被索引,均可视为被引用的特殊形式。

分析引文通常有两种方法:一种是同类文献引文比较法,例如郭绍虞、罗根泽、朱东润等人都写过有关中国文学批评史的著作,他们在分析唐代诗论时,都重点引用了白居易的《与元九书》,可以看出白居易的《与元九书》是唐代诗论的代表作,有很高的资料价值。此外,我们还可采用专题文献引文统计法,例如我们对100篇研究《红楼梦》的论文进行分析,发现有50篇论文都引用了脂砚斋评语,这说明脂批对研究《红楼梦》来说,具有极高的史料价值。

正因为被引次数越多,影响越大,资料价值往往也就越高。为了掌握学术领域中的基本史料,有些学者特别强调读已见书,如汪辟疆有读常见书斋,余嘉锡有读已见书斋。陈垣在《余嘉锡论学杂著·序》中分析道:

> 他曾自题书斋名为"读已见书斋",因为有些人专以读人间未见书相标榜,人间未见之书虽然有些是珍贵的,但这样的书究竟是极少数,

---

[①] 杨玉圣:《把书评当作学问来做》,见《中华读书报》1996年10月9日。

如果专以垄断奇书相夸耀,而对普通常见常用的书反不读不知,这是舍本逐末、无根之学。他针对这个情况,所以用"读已见书"为自己的书斋名。①

黄永年也谈道:"要读常见书,用常见书,不要光依赖孤本秘籍,譬如研究古代史,纪传体的《二十四史》是常见书,《资治通鉴》也是常见书;研究先秦,《十三经》、诸子是常见书;讲诗文,若干大家的集子,还有《文选》之类是常见书;这些其实都是最重要、最基本的文献。碑刻、敦煌卷子以及近年出土的临沂银雀山汉墓简牍,虽然也很有用,毕竟太零碎,只起辅助作用。吕诚之先生、顾颉刚先生、陈寅恪先生,还有我岳父(童书业)都是能从常见书里看出人家看不到的问题,写出第一流的论著,这就是他们的真实本领。我多年来也一直从这方面努力,比较有创见的唐史研究文章,还有像讲《长恨歌》《秦妇吟》之类人们感兴趣的小玩意儿,引用的资料都没有超越常见书范围。"②在这方面,陈寅恪尤为人所称道,如周一良云:

> 陈先生把敏锐的观察力与缜密的思考力相结合,利用习见的史料,在政治、社会、民族、宗教、思想、文学等许多方面,发现别人从未注意到的联系与问题,从现象深入本质,作出新鲜而令人折服,出乎意想之外而又入乎意料之中的解释。③

为了了解与研究论文被引用的情况,现在一些单位还成立了专门的机构来做这件事,譬如 CSSCI 就是南京大学编制的中文社会科学引文索引,利用它可查阅论文被引用的情况。

但是,从来未被引用,没有造成影响的资料,往往又是一些新发现的资料。这些资料往往会推动研究的进展,具有特别高的资料价值。如前所说,陈寅恪同样也非常肯定,并注意运用新发现的史料,他在论玄武门之变时,运用了新发现的巴黎图书馆藏敦煌写本伯希和号贰陆肆拾李义府撰《常和墓志铭》,我们在本书第一讲"怎样选题"一、选题的原则2.选题要新(2)新的见解中已论及,可参看。

---

① 陈垣:《序》,见余嘉锡《余嘉锡论学杂著》,第 2 页。
② 黄永年:《我和唐史研究》,见《文史知识》1993 年第 6 期。
③ 周一良:《纪念陈寅恪先生》,见《魏晋南北朝史论集》,北京大学出版社,1997 年,第 568—569 页。

所以对这个问题也要作全面分析,在分析资料的学术影响时,我们可以统计它被引用次数的多少;而在从事科学研究时,我们又需要在详细占有常见资料的基础上,力求发掘出新的资料。

3. 研究文学创作实践

资料的影响还可以从当时及后世的创作实践中体现出来。例如以韩愈、柳宗元为代表的古文运动在当时就产生了广泛影响,追随韩愈的古文家有樊宗师、李翱、皇甫湜、李汉、沈亚之等。师从柳宗元的也不少,"衡湘以南,为进士者,皆以子厚为师。其经承子厚口讲指画为文词者,悉有法度可观"。① 北宋初期,柳开、王禹偁、姚铉、穆修等,都标榜韩柳古文,反对晚唐五代的浮靡文风;到了中叶,以欧阳修为首,再一次掀起了古文运动。由于欧、曾、王、苏诸古文大家在创作上的努力和成功,从此韩柳古文遂成为新的传统。明代唐顺之、归有光等的古文和清代"桐城派"的古文,都是以韩柳为首的唐宋古文新传统的直接继承和发展。这个古文新传统,支配中国文坛1000多年,故韩柳的散文理论著作及其丰富的散文作品,都是研究我国古代散文极为重要的史料。

这种影响还表现在题材被因袭与利用。例如中华人民共和国成立后颇为盛行的黄梅戏《天仙配》的题材,实源于明嘉靖间顾觉宇的《织锦记》,董康《曲海总目提要》称其"一名《天仙记》"。而《织锦记》的题材又源于晋干宝的《搜神记》。明胡应麟云:"今传奇有所谓《董永》者,词极鄙陋,而其事实本《搜神记》,非杜撰也。《记》称永父亡,亡以葬,乃自卖为奴,主知其贤,与钱千万遣之。永行三年丧毕,欲还诣主供奴职,道逢一妇人,曰:'愿为君妻。'遂与俱至主家,曰:'永虽小人,蒙君恩德,誓当服勤以报。'主曰:'妇人何能?'曰:'能织。'主曰:'必尔者,但令君妇为我织缣百匹。'于是永妻织十日而百匹具焉。"② 这说明《搜神记》对文学创作的影响是深远的,它对研究文学创作规律来说,当然也是有价值的资料。下面我们再举一个突出的例子:

---

① [唐]韩愈:《柳子厚墓志铭》,见《昌黎先生集》卷三二,《四部备要》集部唐别集,中华书局,1920—1936年。
② [明]胡应麟:《庄岳委谭》卷下,见《少室山房笔丛》,上海书店出版社,2001年,第432页。

元微之《莺莺传》,《太平广记》四百八十八杂传记类采之。后人以张生赋《会真诗》三十韵,又名曰《会真记》。唐人以诗文张之者,元微之有《续会真诗》三十韵;河中杨巨源有《崔娘诗》;亳州李绅有《莺莺歌》,皆见于本篇可考者也。宋赵德麟令畤惜其不能播之声乐,乃谱《商调蝶恋花》十阕,以述其事。见所著《侯鲭录》。金章宗时,有董解元演之为《西厢记》,见《传是楼书目》。但无出句关目,行间全载宫调、引子、尾声,所谓《弦索西厢》也。元有王实甫《西厢记》、关汉卿《续西厢记》;明有李日华《南西厢记》、陆天池《南西厢记》、周公鲁《翻西厢记》;至清查继佐又有《续西厢杂剧》。他如所谓《续西厢》《翻西厢》《竟西厢》《后西厢》者,辞旨猥琐,不著撰人。流传至今,推为美谈。于是词人韵事,传播艺林,皆推本于微之此《传》,而益加恢张者也。唐人小说,影响于元明大曲杂剧者颇多,而此《传》最传最广。①

就诗歌而言,这种影响还表现在意境的被化用。例如建安七子中的徐幹写过六章《室思诗》,其中"自君之出矣,明镜暗不治。思君如流水,何有穷已时"②四句写得一往情深,此后不少诗人都以《自君之出矣》为题写了许多情诗。例如南朝梁范云写道:"自君之出矣,罗帐咽秋风。思君如蔓草,连延不可穷。"③唐代辛弘智写道:"自君之出矣,梁尘静不飞。思君如满月,夜夜减容晖。"④显然这些诗都明显地受到了徐幹诗的影响。

此外,这种影响还可以从语言形式上反映出来。如陶渊明《饮酒》之十六"披褐守长夜,晨鸡不肯鸣"中的"不肯"二字,充分表现了陶渊明"造夕思鸡鸣"的焦灼心情,《杂诗》之七"日月不肯迟,四时相催迫"中的"不肯"二字,充分表达了作者感到"日月掷人去,有志不获骋"的痛苦感受。这两个"不肯"采用拟人手法,用得都很好。宋葛立方指出:"杜甫《客夜》诗云:'客睡何曾著,秋天不肯明。'《陪王使君泛江》诗云:'山豁何时断,江平不肯流。'不肯二字,含蓄甚佳,故杜两言之。与渊明所谓'日月不肯迟,四时相催迫'同意。"⑤

---

① 汪辟疆:《唐人小说》,第 168 页。
② 逯钦立辑校:《先秦汉魏晋南北朝诗》魏诗卷三,中华书局,1983 年,第 377 页。
③ 逯钦立辑校:《先秦汉魏晋南北朝诗》梁诗卷二,第 1552 页。
④ [清]彭定求等编:《全唐诗》卷七七三,第 8769—8770 页。
⑤ [宋]葛立方:《韵语阳秋》卷一,见[清]何文焕辑《历代诗话》,中华书局,1981 年,第 485 页。

4. 研究社会效果

资料的影响还可以从产生社会效果的情况反映出来。所产生的社会效果越大，其价值也就越高。例如唐白居易的诗在当时就受到了广大读者的普遍欢迎。白居易《与元九书》称："自长安抵江西，三四千里，凡乡校、佛寺、逆旅、行舟之中，往往有题仆诗者。"①元稹《白氏长庆集序》也说白诗："二十年间，禁省、观寺、邮候墙壁之上无不书，王公妾妇、牛童马走之口无不道。至于缮写模勒，衒卖于市井，或持之以交酒茗者，处处皆是。"②宋柳永词也产生过广泛的影响，宋叶梦得说当时"凡有井水饮处，即能歌柳词"。③

有些作品的社会效果可能是多方面的，复杂的，对不同的人，它的影响可能是不同的，因此需要我们全面、深入地认识这个问题。如《水浒传》甚至对明清农民起义起过巨大的鼓舞作用。如《崇祯十五年四月十七日刑科给事中左懋第为陈请焚毁水浒传题本》云："李青山诸贼啸聚梁山，破城焚漕，咽喉梗塞，二京鼎沸。诸贼以梁山为归，而山左前此莲妖之变，亦自郓城、梁山一带起。臣往来舟过其下数矣，非崇山峻岭，有险可凭；而贼必因以为名，据以为薮泽者，其说始于《水浒传》一书。"同年六月诏令严禁《水浒传》，兵部行文要求"大张榜示：凡坊间家藏《浒传》并原板，尽令速行烧毁，不许隐匿，仍勒石山巅，垂为厉禁，清丈其地，归之版籍。并通行各省直巡按及五城御史，一体钦遵，禁毁施行"。④而毛泽东认为："《水浒》这部书，好就好在投降。做反面教材，使人民都知道投降派。""《水浒》只反贪官，不反皇帝。屏晁盖于一百〇八人之外。宋江投降，搞修正主义，把晁的聚义厅改为忠义堂，让人招安了。宋江同高俅的斗争，是地主阶级内部这一派反对那一派的斗争。宋江投降了，就去打方腊。"⑤为什么一部《水浒传》会在人们

---

① ［唐］白居易著，谢思炜校注：《白居易文集校注》卷八，中华书局，2017 年，第 325 页。
② ［唐］元稹：《元稹集》卷五一，中华书局，2010 年，第 642 页。
③ ［宋］叶梦得：《避暑录话》卷下，《丛书集成初编》本，商务印书馆，1936 年。
④ 王利器：《元明清三代禁毁小说戏曲史料》（增订本），上海古籍出版社，1981 年，第 16—17 页。
⑤ 上海人民出版社：《水浒全传·前言》，见施耐庵、罗贯中《水浒全传》卷首，上海人民出版社，1975 年。

的心中产生如此不同的反映呢？这可能与《水浒》是文人在民间故事、民间戏曲的基础上加工而成的这种写作方式有关。在谈到南宋《水浒》故事盛行后，胡适说："这种故事的发生与流传久远，决非无因。大概有几种原因：（1）宋江等确有可以流传民间的事迹与威名；（2）南宋偏安，中原失陷在异族手里，故当时人有想望英雄的心理；（3）南宋政治腐败，奸臣暴政使百姓怨恨，北方在异族统治之下受的痛苦更深，故南北民间都养成一种痛恨恶政治、恶官吏的心理，由这种心理上生出崇拜草泽英雄的心理。"① 又说："希望当时的草泽英雄出来推翻异族政府"，"这便是元朝'水浒故事'所以非常发达的原因"。② 为了满足老百姓的心理需求，草泽英雄的故事，当然激越豪迈，痛快淋漓，而明代文人在将民间故事与戏曲加工成《水浒传》时，不得不依据当时政府对待此类草泽英雄的通行政策——招安。这就产生了《水浒》的主题与该书的社会效果相矛盾的现象，所以我们也需要全面地评价这部小说。

当然，这只是比较突出的例子，文学作品的社会影响主要还是对读者起着潜移默化的作用。例如《红楼梦》问世不久，曾以手抄本的形式广为流传。清程伟元《红楼梦序》云："好事者每传抄一部，置庙市中，昂其值得数十金，可谓不胫而走者矣！"③清杨懋建《梦华琐簿》载京师流传的竹枝词说："开谈不说《红楼梦》，纵读诗书也枉然！"④甚至有人读了《红楼梦》以至如痴似狂。封建统治者对《红楼梦》的反封建倾向深恶痛绝，将《红楼梦》斥为"淫书""邪说"，并严行禁毁。

以上作品都在当时或后世产生了广泛而深远的影响，虽然对他们的评价存在着分歧，但是人们都把这些作品当作重要的文学资料来研究则是毫无疑问的。

---

① 胡适：《〈水浒传〉考证》，见《胡适文集》第2册，第180页。
② 同上书，第182页。
③ 一粟：《古典文学研究资料汇编·红楼梦卷》，中华书局，1963年，第31页。
④ 同上书，第364页。

作业：你如何鉴别资料的价值？
实例：王勃行年辨正/徐俊

按：作者将有关王勃行年，特别是生年、卒年的各种异说，几乎搜罗殆尽，并依据《王子安集》等第一手资料，对王勃的生年、卒年，以及应举及第的时间作了深入细致的考证，并考定隋唐间多以年初增岁。为节省篇幅，我们仅节录其生年考证部分，欲窥全豹，可参看1986年出版的《文史》第二十七辑所载之原文。

王勃行年辨正

南京大学中文系1983届本科生　徐俊

王勃，字子安，绛州龙门人，素被推为"初唐四杰"之首。关于王勃的生卒行年，历来歧说颇多，甚至以讹传讹。本文拟就此略作辨正，以期得出比较接近于事实的结论。

一、生　年

王勃的生卒确年，史书上没有明确的记载，新旧《唐书》本传只记载了他在世的年岁，且两说相异。《旧唐书·王勃传》云：

> 上元二年，勃往交趾省父，道出江中，为《采莲赋》以见意，其辞甚美。渡南海，堕水而卒，时年二十八。

《新唐书·王勃传》云：

> 父福畤，由雍州司功参军坐勃故左迁交趾令。勃往省，渡海溺水，悸而卒，年二十九。

王勃好友杨炯所作《王子安集序》说得倒比两《唐书》本传明确：

> 命不与我，有涯先谢，春秋二十八，皇唐上元三年秋八月。不改其乐，颜氏斯殂，养空而浮，贾生终逝。

《旧唐书》本传"堕水而卒，时年二十八"之说当本此，但省去了上元三年八月的具体时间，《唐才子传》《唐诗纪事》则本《新唐书》本传，云卒年二十九。后人根据这两种不同的记载去推断王勃的生卒年,歧说很多,①生年有647年、648年、649年、650年四说,卒年亦有675年、676年、677年三说。

王勃的生年,其实是不难确定的。清蒋清翊、姚大荣等都已注意到了王勃《春思赋序》里的话:

> 咸亨二年,余春秋二十有二。旅寓巴蜀,浮游岁序。

咸亨二年(671)王勃二十二岁,据此上推,勃当生于永徽元年(650)。吴静安先生《王勃行年新考》(《淮阴师专学报》1981年第4期)曾依据这条记载云"此年(咸亨二年)为勃年二十三的开始",并以此定勃生于649年,理由是"古人年终纪岁"。其实,古人并非一定以年终纪岁,吕思勉先生就指出秦汉间人以周岁增年。(《吕思勉读史札记》甲帙《先秦》)隋唐间,人们往往不以周岁增年,也不以年终纪岁,而多以年初增岁,一旦出生即为一岁,以后每到新年则增一岁,相当于现在通常所说的虚岁。如王勃祖父文中子王通《中说》附录杜淹撰《文中子世家》称:"开皇四年(584),文中子始生,……仁寿三年(603),文中子冠矣,慨然有济苍生之心。"又,附录《录关子明事》称:"魏太和三年(479),时穆公春秋二十二矣,奏事曰:'太安四载(458),微臣始生。'"文中子从584年生到603年二十岁及冠,穆公458年生到479年二十二岁,均为虚岁。《文中子世家》和《录关子明事》二文作者尚有争议,但出于初唐人之手当是可以肯定的。(参见《文史》第二十辑王冀民、王素撰《文中子辨》)元稹《唐故越州刺史兼御史中丞浙江东道观察等使赠左散骑常侍河东薛公神道碑文铭》称:"(薛戎)长庆元年(821)以疾自去。九月庚申,薨于苏州之私第,始生岁丁亥(747),至是七十五年矣。"(中华书局版《元稹集》卷五三)所言薛戎在世年岁亦为虚岁。可见从唐初到中晚唐,一直通行虚龄纪岁。王勃咸亨二年春自称年二十二,纪岁方法正与此同。

杨炯《王子安集序》云:

---

① 大致有以下七种:1. 650—675年,[清]姚大荣《王子安年谱》、聂文郁《王勃年谱》。2. 649—676年,游国恩等主编《中国文学史》,社科院文研所编《中国文学史》,闻一多《唐诗大系》,林庚、冯沅君主编《中国历代诗歌选》等。3. 650—676年,岑仲勉《唐集质疑》、朱东润主编《中国历代文学作品选》等。4. 648—675年,姜亮夫《历代人物年里碑传综表》等。5. 647—675年,谭正璧《中国文学家大辞典》、郑振铎《插图本中国文学史》等。6. 650—677年,刘大杰《中国文学发展史》等。7. 650—?年,陈新注《唐人绝句选》等。

年十有四,时誉斯归。太常伯刘公巡行风俗,见而异之曰:此神童也。

据《旧唐书·高宗纪》,龙朔三年(663)秋八月,"命司元太常伯窦德玄、司刑太常伯刘祥道等九人为持节大使,分行天下,仍令内外官五品已上各举所知"。杨炯所说太常伯刘公即司刑太常伯刘祥道。此言龙朔三年王勃年十四,与王勃自称咸亨二年春秋二十有二正合。

这里涉及刘祥道等巡行风俗的时间问题。《新唐书·王勃传》《唐才子传》都说麟德初刘祥道巡行关内,勃上书自呈,被表荐于朝。清姚大荣《王子安年谱》则径云:"麟德元年甲子(664),八月丁亥,以司列太常伯刘祥道为右相,巡行关内。十二月,坐与上官仪善,罢政事,为司礼太常伯。"聂文郁《王勃年谱》亦因此说。查新旧《唐书》的《高宗纪》和《刘祥道传》,只有麟德元年八月以刘祥道兼右相的记载,而没有巡行关内之事。《资治通鉴》卷二〇一载:龙朔三年"秋,八月,……遣司元太常伯窦德玄等分诣十道,问人疾苦,黜陟官吏",正与《旧唐书·高宗纪》所言一致。可见刘祥道等巡行风俗,确在龙朔三年秋八月,作麟德初或麟德元年显然是错误的。王勃《上刘右相书》并非作于刘祥道巡行关内之时,而当作于麟德元年八月到十二月刘祥道为右相期间。

王勃总章二年(669)下半年入蜀,至咸亨二年下半年赴长安,在蜀共三年。据《唐诗纪事》卷八载,王勃曾与卢照邻、邵大震等游玄武山庙,相互唱和,王勃有《蜀中九日》诗。集中又有《游山庙序》,称与济阴鹿弘胤、安阳邵令远游玄武山庙作,邵令远即邵大震。(《全唐诗》卷六三)王勃两次与邵大震等游玄武山庙,时必客于此,两次游山时间不会相差太远。聂文郁《王勃年谱》以为一作于初入蜀之总章二年,一作于咸亨元年,不知何据。《游山庙序》云:"吾之有生二十载矣,雅厌城阙,酷嗜江海。"若按王勃生于永徽元年推算,此序当作于入蜀当年即总章二年,从《游山庙序》文意看也与初入蜀时相合。如果把《游山庙序》的写作时间向后推一年以至两年,那么王勃在世年岁也要相应减少一两年,而这与史载王勃卒年二十八、二十九岁诸说相距就更远。由此,《游山庙序》作于入蜀之初当是可信的。

上述三点,足以证明王勃生于永徽元年。

第七讲　怎样鉴别资料的真伪

我们除判断资料的价值外,还要鉴别资料的真伪,只有对资料的真伪作出正确无误的鉴别,我们在科学研究中才能利用可靠资料,得出正确结论。

一　资料真伪的含义

资料辨伪的内容十分丰富,依据本书的性质,我们主要谈一下资料辨伪的意义与方法,至于文献辨伪的历史与成果,以及伪书出现的原因与形成的方式等则略而不谈。

1. 资料真伪的含义

资料真伪的含义是什么呢？我们认为资料所署的责任者与该资料的实际责任者相符,则真;如果所署责任者与该资料,或该资料中的一部分的实际责任者不符,则全部为伪或部分为伪。例如下面这首乐府古辞《白头吟》：

> 皑如山上雪,皎若云间月。闻君有两意,故来相决绝。今日斗酒会,明旦沟水头,躞蹀御沟上,沟水东西流。凄凄复凄凄,嫁娶不须啼,愿得一心人,白头不相离。竹竿何袅袅,鱼尾何簁簁。男儿重意气,何用钱刀为？①

《西京杂记》卷三云:"相如将聘茂陵人女为妾,卓文君作《白头吟》以自绝,相如乃止。"此后不少人都把这首《白头吟》当作卓文君的作品,但是也有人

---

① [宋]郭茂倩:《乐府诗集》卷四一,中华书局,1979年,第600页。

认为此诗并非卓文君所为,如清陈沆指出:

> 《玉台新咏》载此篇,题作《皑如山上雪》,《御览》不云《白头吟》,亦不云何人作也。《宋书》大曲有《白头吟》,作古辞,《乐府诗集》同之,亦无文君作《白头吟》之说。自《西京杂记》伪书,始傅会文君,然亦不著其辞,未尝以此诗当之。及宋黄鹤注杜诗混合为一,后人相沿,遂为妒妇之什,全乖风人之旨。且两意决绝,沟水东西,文君之于长卿,何至是乎!盖弃友逐妇之诗,非第《小星》"逮下"之刺。"愿得一心人,白头不相离",忠厚之至也。"男儿重意气,何用钱刀为",慷慨之思也。①

陈沆从此词的流传过程、思想内容,卓文君同司马相如之间的深厚感情,以及《西京杂记》是一部伪书等方面,有力地说明了把《白头吟》的著作权归之于卓文君是不真实的。而我们说它是一首无名氏创作的乐府诗则完全符合实际情况。

2. 资料真伪的程度

资料真伪的程度是有差别的,有全伪,如宋代曾出现过一部《老杜事实》,说是苏东坡所作,在当时就有人指出它是一部伪书。宋人郭知达淳熙八年(1181)所撰《校定集注杜诗序》云:"杜少陵诗,世号诗史,自笺注杂出,是非异同,多所抵牾,致有好事者掇其章句,穿凿傅会,设为事实,托名东坡,刊镂以行,欺世售伪,有识之士,所为浩叹。"②

有部分伪,如《全唐诗》中一诗两见、一诗多见的重出互见现象相当普遍。在通常情况下,一首唐诗的作者只有一位。显然,这些重篇唐诗属于某些诗人的作品是真的,而对于另一些诗人来说则是假的。

需要指出的是有的集子可能窜入相当多的他人作品。例如《四部丛刊》影印明活字本《钱考功集》就混入了不少钱起曾孙钱珝的诗。最突出的是其卷九《江行无题一百首》皆为钱珝所作。明胡震亨就已清楚地指明了这一点:

---

① [清]陈沆:《诗比兴笺》卷一,清咸丰五年(1855)刻本。
② [宋]郭知达:《校定集注杜诗序》,见[唐]杜甫著,[清]仇兆鳌注《杜诗详注》附编,中华书局,1979年,第2248页。

钱珝,起之曾孙也。起释褐校书,终尚书考功郎。珝官历中书舍人,掌纶诰,后坐累贬抚州司马。其江行绝句百首正赴抚时涂中所作也。珝有他文,载《英华》中云:"夏六月获谴佐郡,秋八月自襄阳浮舟而下。"今其诗有"润色非东里,官曹更建章""去指龙沙路,徒悬象阙心""岘山回首望,如别故乡人",及"好日当秋半,九日自佳节"等句。其官,其谪地,其经涂,其时日,无勿与珝合者,起无是也。后人重起名,借篇贻厥,为到公增美耳。①

胡氏的观点已为后人所接受,《全唐诗》卷七一二即据《唐音统签》,将《江行无题一百首》归在钱珝的名下。

二 鉴别资料真伪的意义

资料辨伪的意义主要在于有利于读书,有利于科研,也有利于正确地使用伪书,现分别述之如下:

1. 不辨真伪读书难通

明胡应麟云:"余读秦、汉诸古书,核其伪几十七焉。"② 清张之洞亦云:"一分真伪,而古书去其半。"③ 姚际恒《古今伪书考》云:"造伪书者,古今代出其人,故伪书滋多于世,学者于此真伪莫辨,而尚可谓之读书乎?是必取而明辨之,此读书第一义也。"所以读书必辨真伪。譬如《史记》,谁都知道是司马迁的著作,但是梁启超指出:

今本《史记》,不独太初天汉事盈篇累幅也,乃至记武帝后事者且不一而足,如:

(一)《酷吏传》载"杜周捕治桑弘羊昆弟子",事在昭帝元凤间(西纪前八十至七五),距武帝崩六年至十二年。

---

① [明]胡震亨:《唐音癸签》卷三二,古典文学出版社,1957年,第281页。
② [明]胡应麟:《四部正讹》下,见《少室山房笔丛》卷三二,上海书店出版社,2001年,第323页。
③ [清]张之洞:《輶轩语·语学·读书不必畏难》,见《张文襄公全集》,民国十七年(1928)新城王氏北京刊本。

(二)《楚元王世家》云:"地节二年中,人上书告楚王谋反。"宣帝地节二年(西纪前六八),距武帝崩十九年。

(三)《齐悼惠王世家》载:"建始三年,城阳王景卒,同年,菑川王横卒。"成帝建始三年(西纪前三十),距武帝崩五十七年。

(四)《将相名臣表》,武帝后续以昭、宣、元、成四帝,直至鸿嘉元年止。成帝鸿嘉元年(西纪前二十),距武帝崩六十七年。

右不过举数条为例,书中所记昭、宣、元、成间事,盖更仆难数,无论如何曲解,断不能谓太史公及见建始、鸿嘉时事。然而此诸条者,固明明在今本正文中,稍粗心读去,绝不能辨矣,吾侪据此等铁证,可以断言今本《史记》决非史公之旧,其中有一部分乃后人羼乱。①

梁启超将《史记》遭到后人羼乱的情况归纳为三类。第一类,原本缺亡而后人补作者;第二类,后人续撰者;第三类,后人故意窜乱者。梁启超最后指出:"以上所论关于《史记》真本之种种考证,多采自近人著作而略断以己意,其言颇繁重,或为读者所厌,吾所以不惮烦为此者,欲学者知今本《史记》非尽原文而已。着手读《史记》以前,必须认定此事实,否则必至处处捍格难通也。"②

2. 科学研究尤须辨伪

科研尤须辨伪。因为我们的科学研究必须建筑在真实可靠的资料的基础上。梁启超指出:"无论做那门学问,总须以别伪求真为基本工作。因为所凭藉的资料若属虚伪,则研究出来的结果当然也随而虚伪,研究的工作便算白费了。中国旧学,十有九是书本上学问,而中国伪书又极多,所以辨伪书为整理旧学里头很重要的一件事。"③关于这一点,后来郭沫若说得更清楚:"无论作任何研究,材料的鉴别是最必要的基础阶段。材料不够固然大成问题,而材料的真伪或时代性如未规定清楚,那比缺乏材料还要更加危险。因为材料缺乏,顶多得不出结论而已,而材料不正确便会得出错误的结

---

① 梁启超:《要籍解题及其读法》,见《饮冰室专集》之七十二,《饮冰室合集》,第23页。
② 同上书,第29页。
③ 梁启超:《中国近三百年学术史》,见《饮冰室专集》之七十五,《饮冰室合集》,第247页。

论。这样的结论比没有更要有害。"①例如有首《点绛唇》词:

> 蹴罢秋千,起来慵整纤纤手。露浓花瘦,薄汗轻衣透。　见客入来,袜刬金钗溜。和羞走,倚门回首,却把青梅嗅。

王仲闻指出:

> 此首别作苏轼词,见杨金本《草堂诗余》前集卷下。又作无名氏词,见《花草粹编》卷一、《续草堂诗余》卷上、《古今词统》卷四、《古今诗余醉》卷一二、《花镜隽声》卷七、《词汇》卷七、《同情集词选》卷四。别又误作周邦彦词,见《词的》卷二。赵万里辑《漱玉集》云:"案词意浅薄,不似他作。未知升庵何据?"按1959年出版之北京大学学生编写之《中国文学史》第五编第四章,断定此首为李清照作,评价颇高,恐未详考。②

王仲闻与赵万里分别从词的来源与词意两个方面判断此词可能并非李清照的作品是有道理的。李清照词皆自抒胸臆,细味此词却不符合这位大家闺秀的身份。大户人家的秋千一般在后花园,从"露浓"二字来看,蹴罢秋千的时间当在清晨,客人怎么会在清晨进入大户人家的后花园呢?此词后半阕化用唐韩偓《香奁集》中《偶见》一诗的后两句:"见客入来和笑走,手搓梅子映中门。"虽然描写如画,但并非李清照的自我写照,把此词的著作权归于李清照,并以此为例来分析李清照词的思想性和艺术性,当然得不出正确的结论,且有损李清照的形象。

3. 辨伪有利于确定资料的价值

辨伪的目的是确定资料的价值。当人们确定某些资料或资料的某些部分是伪造的之后,并不等于说这些作品毫无价值。相反,经过考证,弄清了资料的作者或时代,它们仍然是很有用的。陈寅恪曾指出:"然真伪者,不过相对问题,而最要在能审定伪材料之时代及作者,而利用之。盖伪材料亦有时与真材料同一可贵。如某种伪材料,若径认为其所依托之时代及作者之真产物,固不可也。但能考出其作伪时代及作者,即据以说明此时代及作

---

① 郭沫若:《十批判书》,见《郭沫若全集》历史编第二卷,人民出版社,1982年,第3—4页。
② 王仲闻:《李清照集校注》,人民文学出版社,1979年,第83页。

者之思想,则变为一真材料矣。"①顾颉刚也举例谈道:"我们辟《周官》伪,只是辟去《周官》与周公的关系,要使后人不再沿传统之说而云周公作《周官》。至于这部书的价值,我们终究承认的。要是战国时人作的,它是战国政治思想史的材料。若是西汉时人作的,它便是西汉政治思想史的材料。又如我们辟《左传》伪,也只要辟去《左传》与孔子的关系,使后人不再说'左丘明与孔子俱乘传如周,观百二十国宝书',以及'孔子作《春秋》,丘明为之《传》'等话。至于它的历史价值,文学价值,我们何尝不承认。"②

试以李陵《答苏武书》为例,信中说:"自从初降,以至今日。身之穷困,独坐愁苦。终日无睹,但见异类。韦鞲毳幕,以御风雨;膻肉酪浆,以充饥渴。举目言笑,谁与为欢?胡地玄冰,边土惨裂,但闻悲风萧条之声。凉秋九月,塞外草衰,夜不能寐,侧耳远听,胡笳互动,牧马悲鸣,吟啸成群,边声四起,晨坐听之,不觉泪下。嗟乎子卿,陵独何心,能不悲哉?"③此文四字为句,且多骈偶。唐人刘知几已指出:"李陵集有《与苏武书》,词采壮丽,音句流靡,观其文体,不类西汉人,殆后来所为,假称陵作也。迁史缺而不载,良有以焉。编于李集中,斯为谬矣。"④清人章学诚亦称:"李陵《答苏武书》,自刘知几以后,众口一辞,以为伪作。以理推之,伪者何所取乎?当是南北朝时,有南人羁北,而事类李陵,不忍明言者,拟此书以见志耳。"⑤故我们可以从这篇伪作中体会到此类人的心态。

三 资料辨伪的方法

辨伪可以从资料本身的内容、体裁、语言入手,也可以从资料的社会反映入手。总而言之,约有以下几种主要方法:

---

① 陈寅恪:《冯友兰中国哲学史上册审查报告》,见《金明馆丛稿二编》,第280页。
② 顾颉刚:《〈古史辨〉第四册序》,见《顾颉刚集》,中国社会科学出版社,2001年,第124—125页。
③ [汉]李陵:《答苏武书》,见[南朝梁]萧统编《文选》卷四一,第573页。
④ [唐]刘知几著,[清]浦起龙注:《史通通释》卷一八《杂说下》,世界书局,1936年,第9—10页。
⑤ [清]章学诚著,叶瑛校注:《言公下》,见《文史通义校注》内篇二,第197页。

1. 查目录

这种方法的主要任务是查一下书的源流。因为一部有价值的书多多少少会在目录中，或其他著作中有所反映。清王士禄云："凡古书源流,存亡真赝,《汉·艺文》《隋·经籍》降及郑《通志》、马《通考》诸书,可覆而按也。"①叶德辉也说："鉴别之道,必先自通知目录始。目录以钦定《四库全书总目》提要、阮文达元《揅经室外集》（原注：即四库未收书目,兹从全集原名）为途径,不通目录,不知古书之存亡,一切伪撰抄撮、张冠李戴之书,杂然滥收,淆乱耳目,此目录之学,所以必时时勤考也。"②

梁启超又将这种方法细分为五点：（1）从旧志不著录,而定其伪或可疑。（2）从前志著录,后志已佚,而定其伪或可疑。（3）从今本和旧志说的卷数、篇数不同,而定其伪或可疑。（4）从旧志无著者姓名,而定后人随便附上去的姓名是伪。（5）从旧志或注家已明言是伪书,而信其说。③ 试举一例,《直斋书录解题》卷一二著录《列仙传》二卷,并指出："汉刘向撰。凡七十二人。每传有赞,似非向本书,西汉人文章不尔也。"明胡应麟进一步分析道："《汉书·艺文志》刘向所叙六十七篇,止《新序》《说苑》《世说》《列女传》,而无此书。《七略》刘歆所定,果向有此书,班氏决弗遗,盖伪撰也。当是六朝间人因向传列女,又好神仙家言,遂伪撰托之。"④

利用目录以辨古书的真伪,当然也包括利用这些目录中已有的辨伪成果。在综合目录中,《四库全书总目》做了大量辨伪工作,特别值得我们注意。随着辨伪工作的深入开展,出现了一些专门从事辨伪的目录。明代宋濂的《诸子辨》可说是较早的一种。明胡应麟受到《诸子辨》的影响,撰成《四部正讹》。它将辨伪工作扩大到四部,并对辨伪工作进行了理论上的探讨与总结,因此既是一部辨伪目录,又是一部辨伪专著。清人姚际恒曾作《古今伪书考》,对九十一种古籍进行了辨伪。顾实又作了《重考古今伪书考》,翻姚的案。后来,黄云眉又作了《古今伪书考补正》,支持姚的观点。

---

① ［清］汪琬：《节孝先生传》,见《尧峰文抄》卷三四,清康熙辛未年（1691）西园书屋刊本。
② ［清］叶德辉：《藏书十约·鉴别二》,见［明］祁承㸁等《澹生堂藏书约（外八种）》,上海古籍出版社,2005年,第44页。
③ 梁启超：《古书真伪及其年代》,见《饮冰室专集》之一百四,《饮冰室合集》,第40—42页。
④ ［明］胡应麟：《四部正讹》下,见《少室山房笔丛》卷三一,第318页。

经过反复辩论后,许多问题明确了。此后搜集比较齐备的是张心澂的《伪书通考》。其书以书名为纲,对于某一部书的辨伪之说,先集中起来,然后广征博引其他各书中的有关材料,汇编成一部集大成的辨伪目录,共收书一千一百零四种。引书一一注明出处,或注明转引自某书,编者按语则附于各说之末,考证内容相当丰富,是一部很有用的辨伪工具书。仿《伪书通考》体例,香港学者郑良树又编著了《续伪书通考》,所收辨伪资料相当丰富。我们在辨别史料真伪时,理应查一查有关目录。出土文献中也有一些著作未被目录著录,但是这种情况毕竟是很少的,有些著作也不是很重要的。

当然,查目录也不是绝对的,因为编者受到目录收录范围与知见的限制,也不可能著录所有文献。如明人胡应麟指出:"南渡以还书多端临《通考》所未载者,余所见小说家如《西溪丛语》《癸辛杂识》等不下数十种。盖马氏所据大率本晁、陈二家,自余宋末诸人所著或未及行世,《通考》虽成于元世,其时兵革勋勤,无缘掇拾,今承平日久,故渐出人间,不得以为伪也。"① 历代出土文献中,有不少为已有目录所不载,也说明了这一点。

2. 查称引

这种方法的任务是查一下前人有没有提到过某书。如果无人称引,可定其伪或可疑。所称引的内容与传本不合,或传本没有,可定传本伪或可疑。所称引的诗文别题作者,可定其伪或可疑。书中称引后人作品,可定其伪或可疑。兹举一例,《四库全书总目》卷一九五著录《文章缘起》一卷,云:

> 旧本题梁任昉撰。考《隋书·经籍志》载任昉《文章始》一卷,称有录无书,是其书在隋已亡。《唐书·艺文志》载任昉《文章始》一卷,注曰:张绩补。绩不知何许人。然在唐已补其亡,则唐无是书可知矣。宋人修《太平御览》所引书一千六百九十种,挚虞《文章流别》、李充《翰林论》之类,无不备收,亦无此名。

编者通过查目录,探明了《文章缘起》的源流,又通过《太平御览》未引用《文章缘起》,从而判定任昉本书已亡,传本"疑为依托"。那么今本《文章缘起》是什么时代的产物呢?提要接着指出嘉祐时期的王得臣所写的《麈史》曾

---

① [明]胡应麟:《经籍会通》卷三,见《少室山房笔丛》,第39页。

提到《文章缘起》,"所说一一与此本合,知北宋已有此本。其殆张绩所补,后人误以为昉本书欤?"编者也是通过查称引,作出自己的判断的。

一些编纂较早的类书成篇成段地引用古书,并注明出处,也为后人辨伪提供了依据。例如明代出版的唐人小说集,往往改变原书名、作者,汪辟疆在校录《唐人小说》时,多据《太平广记》予以纠正,此举《甘泽谣·红线》为例,汪辟疆指出:"明刊《五朝小说》,载此篇,而下题杨巨源撰。《说荟》本之。其实此文,已收入《太平广记》一百九十五,下注出《甘泽谣》。则当署袁郊矣。明人刻书,不稽所出,妄题撰人,如此类者甚多。词人引用,遂多歧误。是小说虽属小道,固不可不订正也。"①

3. 查史实

这种方法的任务是查一下书中提到的历史事实,作者是否有可能遇到。如果某书提到作者身后发生的事,则可定其伪或可疑。因为任何史实都是由一定的人物在一定的时间和空间中发生的,所以我们可以从查人物、时间、地点、事件等四个方面着手。

首先看一看人们是怎样从查人物入手来辨伪的。陆游《跋孟浩然诗集》云:"此集有示孟郊诗。浩然,开元、天宝间人,无与郊相从之理,岂其人偶与东野同姓名邪?"②宋末严羽《沧浪诗话》进一步分析道:"孟浩然有《赠孟郊》一首,按东野乃贞元、元和间人,而浩然终于开元二十八年,时代悬远,其诗亦不似浩然,必误入。"③宋有《后山诗话》,旧题陈师道撰。此书在宋时已疑为依托之作。如方回列举了四条理由,其二谓:山谷少孤,后山皇祐五年癸巳生,少山谷八岁,必不识其父,而书中乃有"今黄亚夫"之语。④《四库全书总目》卷一九五著录了该诗话,指出《后山诗话》"谓苏轼词如教坊雷大使舞,极天下之工而终非本色。案蔡絛《铁围山丛谈》称雷万庆宣和中以善舞隶教坊,轼卒于建中靖国元年六月,师道亦卒于是年十一月,安能

---

① 汪辟疆:《唐人小说》,第317页。
② [宋]陆游:《跋孟浩然诗集》,见《渭南文集》卷三一,钱仲联、马亚中主编《陆游全集校注》第10册,第296页。
③ [宋]严羽著,郭绍虞校释:《沧浪诗话校释》,第240页。
④ [元]方回:《读后山诗话跋》,见《桐江集》卷三,故宫博物院辑《选印宛委别藏》,民国二十四年(1935)商务印书馆影印本。

预知宣和中有雷大使借为譬况"。郭绍虞说:"窃以为方回所举师道少山谷八岁必不识其父,与《提要》所举雷大使事,一为师道不及见,一为师道不能预知,此二证最坚强有力,铁案如山,不容翻矣。"①

接着我们再看看人们是怎样从查时间入手辨伪的。《四库全书总目》卷一四二著录《搜神后记》十卷,旧题晋陶潜撰。提要引明沈士龙跋云:"潜卒于元嘉四年,而此有十四、十六两年事。陶集多不称年号,以干支代之,而此书题永初、元嘉,其为伪托,固不待辨。"

《中国哲学史研究》1988 年第 1 期载新发现朱熹佚文《吴氏族谱序》:"吴氏之先,始于后稷,本轩辕氏之玄孙,至二十二世泰伯、四十一世季札,吴氏之为天下著姓,金枝玉叶之根,诚非他族可比。世称某公府君、夫人、郡君、县君者,惟吴、孔二氏之称,余姓人家并不敢妄冒僭称,亦未有如此邐邐相承数千年绵远之系,斯吴氏之谱,真可美而可尚也,于是乎序。宋庆元三年丁巳中秋日,新安朱熹撰。"束景南称:"末署'宋庆元三年丁巳中秋日新安朱熹撰。'宋人题跋无有自用'宋'者,朱熹文集中题跋多至数卷,亦绝无末署自称'宋'者,仅此便可见此序乃宋以后人所伪作。"②作伪的目的显然是利用朱熹的名声来提高吴氏家族在当地的地位。

《四库全书总目》卷一九三著录《明诗归》十卷、《补遗》一卷。提要云:

> 旧本题明钟惺、谭元春编。其邑人王汝南校刊。汝南又为之补缀。凡评语称钟曰、谭曰者,其原本。称补曰者,汝南所加也。然所录如钱秉镫《南从纪事诗》首称皇帝十四载仲冬月上弦,是崇祯辛巳岁也,考钟惺没于天启乙丑,元春亦以崇祯辛未旅卒,何从得秉镫辛巳之诗而评之!

据此可知《明诗归》至少有部分内容的责任者非钟惺和谭元春。黄宗羲编《明文海》卷四有一篇《秋夜绳床赋》,署名汤显祖。有人发现它如获至宝,以为"这项材料不仅可补传记、年谱中的空白,还可以订正谱表中某些记载的错误"。其实只要看它一句话,就足以断定作者不可能是汤显祖。"昔十一读《易》兮,七年鼎革。"此赋作者 18 岁时改朝换代,而明朝被推翻在汤氏

---

① 郭绍虞:《宋诗话考》,中华书局,1979 年,第 16—17 页。
② 束景南:《新发现朱熹佚文辨伪》,见《古籍整理研究学刊》1992 年第 6 期。

身后28年。①

　　下面我们再看看人们是怎样通过查地名来辨伪的。如《山海经》，刘歆说是佐禹治水的伯益作的，《隋书·经籍志》说是大禹作的。《四库全书总目》卷一四二著录此书，提要云："观书中载夏后启、周文王及秦汉长沙、象郡、徐暨、下隽诸地名，断不作于三代以上。殆周、秦间人所述，而后来好异者又附益之欤？"显然，编者是根据三代人不可能预知秦、汉地名而下此结论的。刘勰在《文心雕龙·明诗》篇已提到"辞人遗翰，莫见五言，所以李陵、班婕妤，见疑于后代也"。宋洪迈复云："《文选》编李陵、苏武诗，凡七篇。人多疑'俯观江汉流'之语，以为苏武在长安所作，何为乃及江汉？东坡云：皆后人所拟也。予观李诗云：'独有盈觞酒，与子结绸缪。''盈'字正惠帝讳，汉法触讳者有罪，不应陵敢用之，益知坡公之言为可信也。"②

　　最后我们再看一看前人是怎样通过查事件来辨伪的。梁启超曾举例道："《诗经》：'十月之交，朔日辛卯，日有食之，亦孔之丑。'经六朝、唐、元、清诸儒推算，知周幽王六年十月辛卯朔确有日食。中外历对照，应为西纪前七七六年，欧洲学者亦考定其年阳历八月二十九日中国北部确见日食。与前所举《胤征》篇日食异说纷纭者正相反。因此可证《诗经》必为真书，其全部史料皆可信。"③"如《商君书》有长平之战，乃商鞅死后七十八年之事，可知是书是长平之战以后的人做的。又如《庄子》说到'田成子杀其君十二世而有齐国'的话，自陈恒到秦灭齐恰是十二世，到庄周时代不过七八世。庄周怎么能知陈氏会有齐十二世呢？这可知那篇一定是秦、汉间的人做的，否则不致那么巧，又可知《庄子》虽然是真的，外篇却很多假的，必须细细考证一番。"④

　　还有一点值得注意。说是前人之书而又出现后代实行的典章制度，可定其伪或可疑。明宋濂《诸子辩》曾举一例：

　　　　《亢仓子》五卷，凡九篇。相传周庚桑楚撰。予初苦求之不得，及得之，终夜疾读，读毕叹曰："是伪书也，剽老、庄、文、列及诸家言而成之也。"其言曰："衰代以文章取士，则剪巧绮繢益至，而正雅典实益

---

① 参见景行之《独立不倚精益求精——徐朔方的学术道路》，见《文教资料》1996年第6期。
② [宋]洪迈：《容斋随笔》卷一四"李陵诗"，第185页。
③ 梁启超：《中国历史研究法》，见《饮冰室专集》之七十三，《饮冰室合集》，第88页。
④ 梁启超：《古书真伪及其年代》，见《饮冰室专集》之一百四，《饮冰室合集》，第45页。

藏。"夫文章取士,近代之制,战国之时无有也。其中又以"人"易"民",以"代"易"世"。世民,太宗讳也,伪之者其唐士乎。①

据启功介绍,陈垣在写纪念吴渔山的文章时,搜集了许多吴氏的书迹影印本,常找启功鉴定,"一次看到一册,画的水平不坏,题'仿李营邱',老师直截了当地告诉我说:'这册是假的!'我赶紧问什么原因,老师详谈:孔子的名字,历代都不避讳,到了清代雍正四年,才下令避讳'丘'字,凡写'丘'字时,都加'邑'旁作'邱',在这年以前,并没有把'孔丘''营丘'写成'孔邱''营邱'的。吴渔山卒于雍正以前,怎能预先避讳? 我真奇怪,老师对历史事件连年份都记得这样清,提出这样快! 在这问题上,当然和作《史讳举例》曾下的功夫有关,更重要的是亲手剪裁分类编订过那部《柱下备忘录》。所以清代史事,不难如数家珍,唾手而得。伪画的马脚,立刻揭露"。②

4. 查语言

语言是构成文章和书籍的材料,而语言又具有时代特征,因此我们能够通过查语言来判断书籍的真伪。查语言可从查文字、查词汇、查音韵、查语法、查语言风格入手,现举例如下。

查文字之例。如杨明照《〈文心雕龙·隐秀篇〉补文质疑》云:"补文使用的异字也是可疑之点。如'孈纤而俱妙'句的'孈'字,不仅'雅颂未闻,汉魏莫用'(《指瑕篇》语),其他的字书也不经见。反对'三人弗识,将成字妖'(《练字篇》语,下同),主张'缀字属篇,必须练择'的刘勰,岂能自违其言,臆造异字! 假如补文果真出自刘勰之手,而《文心雕龙》又非僻书,后来多收怪字、俗字的《广韵》《集韵》等书,何以都未收有这个'孈'字? 补文之不可信,这也是伪迹之一。"③

查词汇之例。词汇都是某一时代的产物,不可避免地要打上时代的烙印,因此可以通过查词汇来辨伪。如西周春秋时期的青铜器铭文都是"祖"与"妣"相匹配,"考"与"母"相匹配,战国以后"考"与"妣"相匹配,但是《尧

---

① [明]宋濂:《宋文宪公全集》卷三六,见《四部备要》集部明别集,中华书局,1920—1936 年。
② 启功:《夫子循循然善诱人》,见《励耘书屋问学记》,第 103 页。
③ 杨明照:《〈文心雕龙·隐秀篇〉补文质疑》,见《文学评论丛刊》1980 年 10 月第 7 辑。

典》中却有"百姓如丧考妣三载"的话,其写作年代就可想而知了。① 再如马叙伦《列子伪书考》曾指出:"《周穆王》篇记儒生治华子之疾,儒生之名,汉世所通行,先秦未之闻。"②仅抓住"儒生"一词,就把伪作《列子》的时代上限,断在汉代以后了。再譬如《孝经》记的是孔子和曾子问答之辞,有人说是曾子作的,有人甚至说是孔子作而传给曾子的。清人姚际恒辨之曰:"诸经古不系以'经'字,惟曰《易》、曰《诗》、曰《书》,其经字乃俗所加也。此名《孝经》,自可知非古,若去经字,又非如《易》《诗》《书》之可以一字名者矣。"③

查音韵之例。如胡念贻《宋玉作品的真伪问题》一文曰:"为什么说《文选》所载的五篇赋中,《对楚王问》可以断定不是宋玉的作品呢?……《对楚王问》通篇是散文,不曾用韵,文笔颇象《战国策》之类,当然不能称为'赋';而《汉书·艺文志》只载《宋玉赋》十六篇,可见宋玉没有散文流传,《对楚王问》也就不是他的作品。"④

查语法之例。如杨伯峻从汉语语法发展史的角度指出了《列子》是一部伪书,其结论如下:

> 第一,考察了"数十年来"这一说法,它不但和先秦的说法不合,也和两汉的说法不合,却和《世说新语》的某一说法相合。第二,又考察了"舞"字的两种用法,一种用法和两汉人的用法相同,一种用法甚至要出现于西汉以后。第三,又考察了"都"字作为副词,只是魏晋六朝的常用词。第四,又考察了"所以"的作为连词,绝不是先秦的"所以"的用法,而只是后汉以后的用法。第五,又考察了"不如"一语,也和先秦的"不如"不一样。这种用法,也只是汉朝才有的。……除掉得出《列子》是魏晋人的赝品以外,不可能再有别的结论。⑤

查语言风格之例。如《汉书·艺文志》诸子略杂家著录《大禹》三十七篇,注曰:"传言禹所作,其文似后世语。"梁启超分析道:"各时代之文体,盖有天然界画,多读书者自能知之。故后人伪作之书,有不必从字句求枝叶之

---

① 郭沫若:《释祖妣》,见《郭沫若全集·考古编》,科学出版社,1992年,第19—21页。
② 马叙伦:《列子伪书考》,见张心澂编著《伪书通考》,商务印书馆,1939年,第706页。
③ [清]姚际恒:《古今伪书考·孝经》,苏州文学山房木活字版印本。
④ 胡念贻:《宋玉作品的真伪问题》,见《中国古代文学论稿》,上海古籍出版社,1987年,第136—137页。
⑤ 杨伯峻:《杨伯峻学术论文集》,岳麓书社,1984年,第161页。

反证,但一望文体即能断其伪者。……如今本《关尹子》中有'譬犀望月,月影入角,特因识生,故有月形,而彼真月,初不在角'等语,此种纯是晋唐翻译佛经文体,决非秦汉以前所有,一望即知。"①他所讲的"文体",显然指语言风格。

5. 其他方法

辨伪的方法是多种多样的,除上述途径外,我们再将其他方法举要叙述如下:

(1) 查思想。梁启超曾指出:"各时代之思想,其进化阶段,自有一定。若某书中所表现之思想与其时代不相衔接者,即可断为伪。"②例如《列子·天瑞》篇有云:"死之与生,一往一反,故死于是者,安知不生于彼?"这与释氏轮回之说是一致的,然列子生活的时代,佛教著作远未传入中国,这段话当非出自列子之口。又《文选》卷二七录班婕妤《怨歌行》一首:"新裂齐纨素,皎洁如霜雪。裁为合欢扇,团团似明月。出入君怀袖,动摇微风发。常恐秋节至,凉风夺炎热。弃捐箧笥中,恩情中道绝。"刘勰《文心雕龙·明诗》篇已疑此诗非班婕妤作,近人逯钦立则从研究此诗寓意入手,证实了刘勰的看法。他说:"检咏扇之作,西汉綦罕,东汉作者,则约有四五家之多,然各家所撰,率以君子之用行舍藏者,为唯一之托喻,前后二百年中,殆无大异。"直到建安时期王粲《出妇赋》、西晋傅咸《扇赋》始别以见弃怀怨为托喻。惯以妇女情节纳入篇什之中,实邺下文士之特殊作风。"总上所述,合欢团扇之称咏,见弃怀怨之意境,悉可证其始于邺下文士,可知传行西晋之《怨歌》,亦必产生斯时。大抵曹魏开国,古乐新曲,一时称盛,高等伶人,投合时好,造为此歌,亦咏史之类也。殆流传略久,后人遂目为班氏自作。"③

(2) 查体裁。各种资料的体裁有一个历史发展过程,各种体裁都不能超越时代而出现。刘勰《文心雕龙·明诗》篇就已从体裁的角度对西汉李陵、班婕妤的五言诗提出了疑问:"至成帝品录三百余篇,朝章国采,

---

① 梁启超:《中国历史研究法》,见《饮冰室专集》之七十三,《饮冰室合集》,第87页。
② 同上。
③ 逯钦立:《汉魏六朝文学论集》,陕西人民出版社,1984年,第24—27页。

亦云周备,而辞人遗翰,莫见五言,所以李陵、班婕妤见疑于后代也。"严羽尝举一例:

> 杜集注中"坡曰"者,皆是托名假伪,渔隐虽常辩之,而人尚疑者,盖无至当之说以指其伪也。今举一端,将不辩而自明矣。如"楚岫八峰翠",注云:"景差《兰亭春望》:'千峰楚岫碧,万木郢城阴。'"且五言始于李陵、苏武,或云枚乘。汉以前五言古诗尚未有之,宁有战国时已有五言律句耶?观此可以一笑而悟矣。虽然,亦幸其有此漏逗也。①

某些作者可能擅长某些体裁,不擅长某些体裁,据此往往也能辨别真伪。如张乔《杨花落》载《全唐诗》卷六三九,和《全唐诗》卷三三三杨巨源的《杨花落》重出。这首诗的著作权应当属于杨巨源,因为:

> 张乔集全部诗作均为五律、七律、五七言绝句,只有少量几首五言古诗,写得很奇峭,但没有七言古诗如《杨花落》这种诗歌体式的。而杨巨源集子中,像《杨花落》同类的诗篇很多,如《大堤曲》《月宫词》《乌啼曲赠张评事》等,体用歌行,舒徐婉曲,辞采明丽。②

今人吴企明的这一分析还是颇中肯綮的。

(3)查来源。鉴别资料真伪还要考察其来源,即考察其原始出处和保存、流传的过程。以《聊斋志异》稿本为例。1955年文学古籍出版社影印时,《出版说明》只说:"是1948年东北的西丰解放后,检查土地改革工作时在一贫农家中发现的。"对此荣孟源谈道:"这很使人怀疑:蒲松龄是山东淄川人,其手稿为什么会到了辽宁西丰呢?后在金静庵《静晤室日记》中,看到他在1933年借阅《聊斋志异》手稿本的一段记载,才解决了这个疑问。原来蒲松龄的七世孙蒲国权由淄川移居沈阳万泉河侧,携来《聊斋志异》原稿八册和《聊斋文集》等物。在沈阳损失《聊斋志异》一半,仅存四册。其九世孙蒲英灏移居西丰县,所以又把原稿带到西丰。《聊斋志异》稿本的来源清楚了,就可以完全相信影印本确是蒲松龄的真迹。"③

---

① [宋]严羽著,郭绍虞校释:《沧浪诗话校释》,第233页。托名"坡曰"者,系指苏东坡《杜诗故事》一书。"渔隐"指胡仔《苕溪渔隐丛话》,该书《后集》卷八对《杜诗故事》做过辨伪工作。
② 吴企明:《唐音质疑录》,上海古籍出版社,1985年,第21—22页。
③ 荣孟源:《史料和历史科学》,人民出版社,1987年,第90—91页。

6. 综合考辨

为了叙述方便,我们将辨伪的方法条分缕析,实际上在辨伪时往往都是兼用几种方法进行综合考辨的。例如《四库全书总目》卷一七四著录《棠湖诗稿》一卷,旧本题宋岳珂撰。提要作者通过查目录发现"宋以来公私书目悉不著录,不知其所自来,珂序亦无年月",因而对该书产生了怀疑。接着通过查史实,又发现了新的疑点:"汴京图籍,尽入于金,史有明文,诗中乃云卷帙异书三十万,至今光采动奎星。所谓今者,何时也。"提要作者又将《棠湖诗稿》同岳珂的其他作品相对照,发现语言风格大不相同,提出:"褚摹兰亭,终存己法;苏和陶诗,不掩本色。珂《玉楮集》具存,其词与此迥殊,虽酷学唐人,未必遽失故步至于如此。"提要作者还检查了有关图书,发现"王建、王珪、花蕊夫人、宋徽宗、杨皇后诸家宫词,今或有不省为何语者。盖宫禁旧事,载籍不能备录,往往无征,此一百首则检点宋人说部,无不可注其端委,何珂之所述,尽今人所知也。"最后提要还探究了此书的来历:"昔厉鹗作《宋诗纪事》,凡鲍氏藏书,无不点勘。今所进本标识一一具存,独无一字及此书,则出在鹗后矣。疑鹗及符曾等七人尝合作南宋杂事诗,而其北宋杂事诗则未及成书,或遗稿偶存,好事者嫁名于珂耶!"

我们仅将辨别真伪的主要方法作了些介绍,可用于实践的辨伪方法当然不止于此,重要的是要在实践中加以综合运用。

作业:请在《全唐诗》中找一首重出诗确定其真伪。
实例:《答陆澧》诗不是张九龄所作/湛之

按:诗歌重出现象在诗歌总集与别集中非常普遍,确定重出诗的真正作者,是文学文献研究者的职责。本文首先从版本的比勘中发现并提出了问题,即《答陆澧》一诗在《全唐诗》中既在朱放的名下,又在张九龄的名下,"这就需要考证是张九龄所作还是朱放所作。"作者接着从考证陆澧、朱放、张九龄,以及与他们相关的人物的生活时代入手,最后得出结论:"张九龄卒于唐玄宗开元后期,而陆澧与朱放则为贞元、元和时人,相距有五六十年的时间。显然,这首《答陆澧》诗绝不可能出于张九龄之手,而只能是朱放之作。"如果我们现在利用《四库全书》电子版或其它古籍电子数据库做这个题目将更加方便。

《答陆澧》诗不是张九龄所作

湛之

中国社会科学院文学研究所编注的《唐诗选注》(北京出版社 1978 年 9 月出版),于张九龄名下选诗二首,一为《感遇》,即"江南有丹橘,经冬犹绿林"首,是为人们所熟知的,另一首是五绝《答陆澧》:"松叶堪为酒,春来酿几多?不辞山路远,踏雪也相过。"编注者在"说明"中云:"这首以诗代简回答朋友的诗,写得质朴自然,明白如话,和他集子中那些板滞的应制诗形成鲜明的对照,与《感遇》诗的表现手法也不同。"编注者显然想用这首诗来说明张九龄诗歌风格的多样性,但却没有想到,这首《答陆澧》诗并非张九龄所作。

张九龄的集子,新、旧《唐书》及晁、陈二志,都著录为二十卷,但均已亡佚,现在所见最早的张集,是明丘濬从内阁抄录并于成化九年刻于韶州的本子(也即《四部丛刊》影印的《唐丞相曲江张先生文集》)。这个集子并没有收《答陆澧》诗,而《全唐诗》卷四九张九龄名下收这首诗。但《全唐诗》卷三一五于朱放名下也收录此诗,题目与文字均相同。这就需要考证是张九龄所作还是朱放所作。

按符载《江陵陆侍御宅讌集观张员外画松石图》(《全唐文》卷六九〇)谓:"荆州从事监察御史陆澧字深源,洎令弟曰灞、曰润、曰淮,皆以文行颖耀当世。"符载另有《尚书比部郎中萧府君墓志铭》(同上卷六九一),记萧存于贞元十五年卒,并记其友人尚在人世者,其中即有"陆殿中澧",说此数人与萧存"投分许与,期于莫逆"。符载是大历、贞元、元和时人,《新唐书》卷一三九《房式传》载吏部郎中韦乾度语,云:"始式刺蜀州,刘辟构难,即谓辟曰:'向梦公为上相,仪卫甚盛,幸无相忘。'辟喜,以为祥。后辟发兵署牒,首曰辟,副曰式,参谋曰符载。"刘辟据成都反在元和元年正月,同年九月平,即公元 806 年。柳宗元有《贺赵江陵宗儒辟符载启》(世彩堂本《柳河东集》卷三五),其中说:"伏闻以武都符载为记室,天下立志之士,杂然相顾,继以叹息,知为善者得其归向,流言者有所间执。"又说:"夫以符君之艺术志气,为时闻人,才位未会,盘桓固久,中间因缘,陷在危邦。"柳宗元的这封书启作于元和元年以后,启中所谓"流言",所谓"陷在危邦",就是指刘辟据蜀反时,辟符载为其参谋而说的。符载既与陆澧有交往,可见陆澧也是贞元、元和时人。

另外,中唐时的一些诗人,也曾与陆澧有诗酬赠,如李嘉祐《送陆澧还吴中》、刘长卿《新安送陆澧归江阴》、严维《自云阳归晚泊陆澧宅》、卢纶《同耿湋宿陆澧旅舍》等,皆见于《全唐诗》。又据《元和姓纂》,陆齐望生渭、澧、润、淮等,而《宋高僧传》卷一七《神邕传》,载有贞元五年秘书省校书郎陆淮。这些材料,都可确切地证实陆澧生活于代宗、德宗时代,可能卒于宪宗元和时。

至于朱放呢,我们知道新、旧《唐书》没有为朱放立传,但《新唐书·艺文志》著录朱放诗下有云:"襄州人,隐居剡溪。嗣曹王皋镇江西,辟节度参谋。贞元初,召为拾遗,不就。"虽然记朱放事仅寥寥数语,但已可考知朱放的生活年代。据《旧唐书·德宗纪》,李皋为江西节度使、洪州刺史在建中三年十月至贞元元年四月。也就是说,约公元782年至785年间朱放在江西节度使幕。贞元初,唐朝廷曾一度拟召朱放授拾遗之职,梁肃《送朱拾遗赴朝廷序》(《文苑英华》卷七二五)云:"上将以道莅天下,先命大臣举有道以备司谏,故朱君长通有拾遗之拜。"就是指贞元初召为拾遗而言的。朱放字长通,可参见《唐才子传》。中唐时的一些诗人,与朱放也有交往,如皇甫冉《卖药人处得南阳朱山人书》、顾况《赠朱放》、严维《赠送朱放》、刘长卿《朱放自杭州与故里相使君立碑回因以奉简吏部杨侍郎制文》等诗,都可证实朱放也是代宗、德宗时人。

张九龄卒于唐玄宗开元后期,而陆澧与朱放则为贞元、元和时人,相距有五六十年的时间。显然,这首《答陆澧》诗绝不可能出于张九龄之手,而只能是朱放所作。

(《文史》第七辑,中华书局,1979年)

第八讲 治学方法举要

治学方法颇多，人们往往根据不同的学科，不同的课题，采用不同的治学方法，今摘要介绍如下：

一 考证

我们从事科研工作，最重要、最基础的工作，就是寻找可靠的证据，而考证的任务就是去寻找可靠的证据，因此考证也可以说是我们从事科研工作最重要、最基本的方法。

1. 什么是考证

胡适认为："'考据'便是'有证据的探讨'。"①又说："历史的考据是用证据来考定过去的事实。史学家用证据考定事实的有无、真伪、是非，与侦探访案，法官断狱，责任的严重相同，方法的谨严也应该相同。"②在我们看来所谓考证实际上就是寻找可靠材料来分析问题与解决问题。譬如孔子适周之年旧有四种说法：昭公七年(《水经注》)，昭公二十年(《史记·孔子世家》)，昭公二十四年(《〈史记〉索引》)，定公九年(《庄子》)。其正确的说法只可能有一种，阎若璩据《礼记·曾子问》里说孔子从老聃助葬恰遇日食一条，推出昭公二十四年夏五月乙未朔日食，故断定孔子适周在此年。这就是考证。③

---

① 胡适英文口述，唐德刚译注：《胡适口述自传》，见《胡适文集》第 1 册，第 295 页。
② 胡适：《考据学的责任和方法》，见《胡适文集》第 10 册，第 193 页。
③ 参见[清]阎若璩《尚书古文疏证》卷八第 120 条，见《景印文渊阁四库全书》经部书类。

我们从事文学研究当然经常需要考证,例如元代剧作家李行道写了一部公案戏《灰阑记》,说的是郑州大户马均卿,讨妓女张海棠为妾,生一子名寿郎。大老婆与衙门中赵令史有奸情,将丈夫毒死,又强称寿郎是自己亲生的儿子,张海棠不相让。包公审理此案,命人当堂画一灰阑,置寿郎于阑内,令马妻与海棠各持寿郎一手臂,言将寿郎拉出阑外者,即此子生母。海棠见寿郎痛苦哭号,不忍用力,寿郎被马妻拉出阑外。而包公却将寿郎断给了海棠,并惩处了马妻。有人说这一故事情节来源于犹太的所罗门断案故事,如《社会科学战线》1983 年第 1 期所载《〈灰阑记〉纵横谈》一文即持此说,其依据为《旧约全书·列王纪上》第三章中的一段文字。赵兴勤认为《圣经》原文为希腊文,四五世纪《圣经》全部译成拉丁文。十六世纪宗教改革运动前后,《圣经》逐渐译成各国文字,那是明代中叶以后的事了。而我国汉代人应劭所著《风俗通义》却记载了下面这个故事:

  颍川有富室,兄弟同居,两妇数月皆怀妊,长妇胎伤,因闭匿之。产期至,同到乳母舍。弟妇生男,夜因盗取之,争讼三年,州郡不能决。丞相黄霸出坐殿前,令卒抱儿,取两妇各十步,叱妇曰:"自往取之。"长妇抱持甚急,儿大啼叫,弟妇恐伤害之,因乃放与,而心甚怆怆,长妇甚喜。霸曰:"此弟子也。"责问乃伏。①

显然,《灰阑记》的故事的来源是我国汉代的《风俗通义》,而非明代以后传入我国的《圣经》。②

2. 考证简史

我国考证之学源远流长,《四库全书总目》于子部杂家类杂考之属案曰:"考证经义之书,始于《白虎通义》。蔡邕《独断》之类,皆沿其支流。至唐而《资暇集》《刊误》之类为数渐繁,至宋而《容斋随笔》之类动成巨帙。"③史学尤重考证,陈垣说:"考证为史学之门,不由考证入者,其史学每不可信。彼毕生盘旋于门,以为尽史学之能事者固非,不由其门而入者亦非

---

① [汉]应劭撰,吴树平校释:《风俗通义校释》,天津人民出版社,1980 年,第 423 页。
② 详见赵兴勤《〈灰阑记〉本事发微》,见《文献》1986 年第 3 期。
③ [清]永瑢等:《四库全书总目》,中华书局,1965 年,第 1032 页。

也。"①我国在史学研究中运用考证方法甚早。如《晋书·司马彪传》云："初,谯周以司马迁《史记》书周秦以上,或采俗语百家之言,不专据正经。周于是作《古史考》二十五篇,皆凭旧典以纠迁之谬误。彪复以周为未尽善也,条《古史考》中凡百二十二事为不当,多据《汲冢纪年》之义。"谯周三国时蜀人,司马彪晋初人,惜谯周、司马彪之书均佚。

现存裴松之《三国志注》有141则考证。如空城计,《蜀书·诸葛亮传》注云:"阳平在汉中,亮初屯阳平,宣帝(司马懿)尚为荆州都督,镇宛城,至曹真死后,始与亮于关中相抗御耳。魏尝遣宣帝自宛由西城伐蜀,值霖雨,不果。此之前后,无复有于阳平交兵事。"据此可知,诸葛亮在阳平所用的空城计是一个虚构的故事。② 再如嵇康死于哪一年,有两种说法,裴松之注考证道:

> 《本传》云康以景元中坐事诛,而干宝、孙盛、习凿齿诸书,皆云正元二年,司马文王反自乐嘉,杀嵇康、吕安。盖缘《世语》云康欲举兵应毌丘俭,故谓破俭便应杀康也。其实不然。山涛为选官,欲举康自代,康书告绝,事之明审者也。案《涛行状》,涛始以景元二年除吏部郎耳。景元与正元相较七八年,以《涛行状》检之,如《本传》为审。又《钟会传》亦云会作司隶校尉时诛康;会作司隶,景元中也。③

宋代考据学已趋于成熟,出现了一批考据成果,如司马光的《资治通鉴考异》。《四库全书总目》卷四七于该书提要云:"光既择可信者从之,复参考同异,别为此书。辨正谬误,以祛将来之惑。昔陈寿作《三国志》,裴松之注之,详引诸书错互之文,折衷以归一是。其例最善,而修史之家,未有自撰一书,明所以去取之故者。有之,实自光始。其后李焘《续通鉴长编》、李心传《建炎以来系年要录》,皆沿其义。虽散附各条之下,为例小殊,而考订得失则一也。"此外如吴缜的《新唐书纠谬》、彭叔夏的《文苑英华辨证》等。宋代不少笔记中也记录了考据成果,洪迈的《容斋随笔》堪称代表作。《四库全书总目》卷一一八于该书提要称其"辩证考据,颇为精确"。同卷《云谷杂记》提要复称:"洪迈《容斋随笔》,辩证名义,极称精核,为稽古者所资。"

---

① 李瑚:《我与魏源研究》,见张世林编《学林春秋》二编,第271页。
② 参见伍野春《裴松之的历史考证法》,见《古籍整理研究学刊》1992年第2期。
③ [晋]陈寿撰,[南朝宋]裴松之注:《三国志》卷二一,第607页。

到了清代考证成了学者们的主要研究方法。胡适谈了这种风气的形成过程:"中国这三百年的朴学成立于顾炎武同阎若璩;顾炎武的导师是陈第,阎若璩的先锋是梅鷟。陈第作《毛诗古音考》(1601—1606),注重证据;每个古音有'本证',有'旁证';本证是《毛诗》中的证据,旁证是引别种古书来说《毛诗》。如他考'服'字古音'逼',共举了本证十四条,旁证十条。顾炎武的《诗本音》同《唐韵正》都用同样的方法。《诗本音》于'服'字下举了三十二条证据,《唐韵正》于'服'字下举了一百六十二条证据。梅鷟是明正德癸酉(1513)举人,著有《古文尚书考异》,处处用证据来证明伪《古文尚书》的娘家。这个方法到了阎若璩的手里,运用更精熟了,搜罗也更丰富了,遂成为《尚书古文疏证》,遂定了伪古文的铁案。"①

3. 考证的基本要求

清汪廷珍云:"经史之学,与各项杂文不同,必有实证确凭方可定前人未定之案,正前人未正之误。若以空虚之理,或孤证偏词,遽为论断,且有乖于圣人好古阙疑之旨,虽学博笔劲,气坚力厚,足以压倒一切,究竟献酬群心,终不能使人人心折。其于学术,殊无所补,万一小有差失,为害转大。"② 梁启超,将正统派学风之特色归纳十条,前四条是:"凡立一义,必凭证据。无证据而以臆度者,在所必摈";"选择证据,以古为尚";"孤证不为定说。其无反证者姑存之,得有续证则渐信之,遇有力之反证则弃之";"隐匿证据或曲解证据,皆认为不德"。③ 这四条实际上也就是考证的主要特色与基本要求。

首先是一切凭材料说话。孔子就说过"无征不信"的话。④ 梁启超指出:"须知凡用客观方法研究学问的人,最要紧的是先彻底了解一事件之真相,然后下判断,能否得真相,全视所凭藉之资料如何。资料,从量的方面看,要求丰备;从质的方面看,要求确实。"⑤胡适致罗尔纲信云:"我近年教人,只有一句话:'有几分证据,说几分话。'有一分证据只可说一分话。有

---

① 胡适:《治学的方法与材料》,见《胡适文集》第 4 册,第 106 页。
② [清]汪廷珍:《又复阮甫书》,见《实事求是斋遗稿》卷四,清乾隆刻本。
③ 梁启超:《清代学术概论》十三,见《饮冰室专集》之三十四,《饮冰室合集》,第 34—35 页。
④ 《礼记·中庸》,见《礼记正义》卷五三,[清]阮元校刻《十三经注疏》,第 1634 页。
⑤ 梁启超:《中国近三百年学术史》,见《饮冰室专集》之七十五,《饮冰室合集》,第 61 页。

三分证据,然后可说三分话。治史者可以作大胆的假设,然而决不可作无证据的概论也。"①陈寅恪也说:"有一分史料讲一分话,没有史料就不能讲,不能空说。"②没有证据而妄加推测的现象,在学术论文中时或见之,如近人李长之在《西晋大诗人左思及其妹左芬》一文中说:"至于左芬的下落,我们更不清楚。可能她是在贾后残害杨皇太后时就已经死了,因为她是接近杨后的,……况且贾后又是忌刻狠毒的妇人,很可能左芬也死于此难了。这时是公元292年,距她入宫时已二十年,如果我们的推测合理,她大概死在四十岁左右。"③这段话均为推测之词,没有举出一个证据,因此作者的推论是不可信的,也是不可靠的。其实,当时有关左芬(棻)生平的原始资料《左棻墓志》已经出土。徐传武介绍道:

> 《左棻墓志》是1930年在河南省偃城以西十五里之蔡庄村一位姓鲍人家地中出土的,……正面……内容是"左棻字兰芝,齐国临淄人,晋武帝贵人也。永康元年三月十八日薨,四月廿五日葬峻阳陵西徼道内。"背面……内容是:"父熹字彦雍,大(太)原相弋阳大(太)守。兄思字泰冲。兄子髦字英髦。兄女芳字惠芳。兄女媛字纨素。兄子聪奇字骠卿,奉贵人祭祠。嫂翟氏。"

徐传武分析道:"《墓志》中明确记载了左棻逝世于永康元年(公元300年),比李长之先生推测的左棻卒年晚了八年之久;左棻享年也不是'四十岁左右',而应当是四十五岁左右。……另外,李先生推论左棻是'接近杨后'的,因而是被与杨后有隙的贾后害死的看法也是站不住脚的,因为在贾后害死杨太后的292年,左棻并没有死,而是又活了八年之久,……再者,史书等皆记载左思这位妹子名'芬',李长之论文因之,但据《墓志》,左思之妹乃作'左棻'。"④

其次是材料以古为尚。梁启超指出:"凡立一义,必凭证据。无证据而以臆度者,在所必摈。""选择证据,以古为尚。以汉唐证据难宋明,不以宋

---

① 罗尔纲:《煦煦春阳的师教》,见邓九平编《谈治学》,第354页。
② 王永兴:《怀念陈寅恪先生》,见张杰、杨燕丽编《追忆陈寅恪》,第204页。
③ 李长之:《西晋大诗人左思及其妹左芬》,见《国文月刊》1948年8月总第70期。
④ 徐传武:《〈左棻墓志〉及其价值》,见《左思左棻研究》,中国文联出版社,1999年,第73—74页。

明证据难汉唐;据汉魏可以难唐,据汉可以难魏晋,据先秦西汉可以难东汉。"①如前所说,资料越原始大体上也就越可靠。顾炎武说:"凡作书者莫病乎其以前人之书改窜而为自作也。班孟坚之改《史记》必不如《史记》也。宋景文之改《旧唐书》,必不如《旧唐书》也。朱子之改《通鉴》必不如《通鉴》也。至于今代而著书之人几满天下,则有盗前人之书而为自作者矣,故得明人书百卷,不若得宋人书一卷也。"②现代学者也十分强调使用原始资料,牟润孙在回忆陈垣的教学活动时说:"先师教学生作研究工作,最重要的是寻求史源,如果研究唐以前的历史,学生引了《资治通鉴》,他一定要问为什么不引正史,是否只见于《资治通鉴》而正史中没有?或者研究南北朝时期的历史,引用《南史》《北史》而不检对八书,他一定不通过。即使研究唐史,引《通鉴》而不检寻两《唐书》及别的书,又不说明那段材料确不见于两《唐书》《唐会要》《唐大诏令》《册府元龟》等书,也不能通过。"③赵光贤也举例谈道:

> 记得一次查一条故事,我走了"捷径",翻一下《辞源》,说见《说苑》,一查《说苑》,果有此条,即写见《说苑》某篇,自以为得计。先生看了说,不对。这条最早见于《吕氏春秋》,《吕氏春秋》在前,《说苑》在后,所以应写见于《吕氏春秋》某篇,不能用《说苑》。有一次,一位同学写了某条见于《辞源》,先生说不行。说自《康熙字典》以下,这类的字典辞典,只能供翻阅,不能引用。又说,古人的字典,比如《说文》,可以引用,因为许慎所见的书,大半亡佚了,我们见不到,因此《说文》对我们来说,就可看作有权威的出处。④

陈垣的告诫是非常重要的,因为辞典都是根据现有材料编写成的,在编写过程中难免出错,如黄云眉先生曾撰《康熙字典引书正误》刊于《金陵学报》第六卷第二期上,在前人检出所误2588条的基础上,又增检所误五六百条,而属于形音义切方面的错误尚不在内。《辞源》屡经修定,质量当然是很好的,但是也偶有错误,如1980年修订本《辞源》第二册第793页"孙奇

---

① 梁启超:《清代学术概论》十三,见《饮冰室专集》之三十四,第44页。
② 《亭林文集》卷二《钞书自序》,见《四部备要》集部。
③ 牟润孙:《励耘书屋问学回忆》,见《励耘书屋问学记》,第86页。
④ 赵光贤:《回忆我的老师援庵先生》,见《励耘书屋问学记》,第157页。

逢"条:"孙奇逢,清直隶容城人。字启泰,号锺元。明万历二十八年举人。晚年讲学于苏州的夏峰山,学者称夏峰先生。"《国朝先正事略》谈到孙氏"晚讲学苏门之夏峰,学者称夏峰先生","晚岁渡河,慕苏门百泉之胜,且为康节(宋邵雍)、鲁斋(元许衡)讲学地,水部郎马光裕奉以夏峰田庐,遂移家筑室"。但编者将"苏门"改成"苏州"却出了问题。林薇分析道:"苏门百泉,系指今河南辉县西北的苏门山,百泉为苏门山麓之名胜,夏峰是苏门山诸峰之一。因为百泉注入卫水,所以又称'卫源'。这是邵雍、许衡、孙奇逢的讲学之地,至今犹有百泉书院存焉。地点明明是在河南,与'苏州'风马牛不相及也。"①

同一种文献,版本越早往往越接近原貌。胡适曾举一例,《聊斋志异》的作者蒲松龄(1640—1715)活了76岁,但是石印本《聊斋文集》附有张元所作《柳泉蒲先生墓表》,其中记蒲松龄"卒年八十六",复查《国朝山左诗钞》所引墓表,及原刻碑文拓本均为76岁,则76岁是正确的,石印本所附墓表作86岁有误,可见文献多转手一次就多一次出错的机会。② 为了考证蒲松龄的生年,胡适还借阅了《聊斋全集》中的诗文,专门写了一篇文章《辨伪举例——蒲松龄的生年考》,对这个问题作了更深入的探讨,可以参看。③ 陈垣考证顺治皇帝剃度问题,也注意到了版本的差异,赵光贤介绍道:

> 先生读书得间,心细如发,如引康熙本《苟溪语录》卷三,苟溪塔铭载其临终偈语,有句云:"人人道你大清国里度天子。"先生说:这一个"度"字,透露了顺治剃发的消息,可谓一字千金,后刻本则改"度"为"见",原义遂被淹没。④

再次是孤证不为定说。有的人学风不严谨,抓住个别例证,加以引申曲解。立论往往是片面的,站不住脚的。殷孟伦曾批评道:"清末经今文派的学者多善附会。以《说文》中'朋''凤'同字而说'有朋自远方来'为'有凤'来者,有之;以《庄子》中'在宥'为'自由'一声之转者,有之。"还说现代学

---

① 林薇:《关于古籍整理和引用中存在的若干问题》,见《北京大学学报》(哲学社会科学版)1985年第6期。
② 参见胡适《校勘学方法论》,见《胡适文集》第5册,第109页。
③ 胡适:《辨伪举例——蒲松龄的生年考》,见《胡适文集》第5册,第261页。
④ 赵光贤:《回忆我的老师援庵先生》,见《励耘书屋问学记》,第160页。

者"以《说文》中'禹'训为虫而考证大禹为一条虫者,有之;以'墨''蛮'一声之转,'翟''狄'音近通假而考证'墨翟'即'蛮狄'实即印度人或阿拉伯人者,有之。"①这些大胆的观点均以个别资料为依据,因此难以得出令人心服的结论。例如《文学遗产》1981 年第 2 期上发表了唐圭璋的《读词续记》,其第 4 条为"郁孤台在赣州西北"。指出:《辞源》《中国古今地名大辞典》《辞海》等书,皆以为郁孤台在赣州西南,是不对的;郁孤台当在赣州西北。作者引用宋乐史《太平寰宇记》卷一○八,及乾隆二十一年刊本《赣县志》卷二《疆域志》,确证郁孤台的方位在赣州西北,而清《嘉庆重修一统志》卷三一一始误作在赣州西南,《辞海》诸书并沿《嘉庆重修一统志》之误。正如傅斯年所说:"史学家应该最忌孤证,因为某个孤证若是来源有问题,岂不是全套议论都入了东洋大海呢?"②所以要有多种证据才能得出较为可靠的结论。

一些著名的学者在探讨问题时,总要举出大量例证来说明自己的观点。如胡适指出:"顾亭林考证古音,他的方法极其精密,例如'服'字古音不读'服'音而读'逼'音,他为了考证这一字,立这一说,举出一百六十二个证据来证实。在他的著作里,立一说,必要证据,许多字的考证都是这样。"③

王念孙做校勘工作,也爱用丰富的资料来说明问题。我们在中学里曾学过一篇文章,题为《触詟说赵太后》,出自《战国策·赵策》,当中有一段话:"太后明谓左右:'有复言令长安君为质者,老妇必唾其面。'左师触詟愿见太后,太后盛气而揖之。"元吴师道说:"触詟,姚(宏)云:'一本无言字,史亦作龙。'案《说苑》(《敬慎》篇):'鲁哀公问孔子,夏桀之臣,有左师触龙者,谄谀不正。'人名或有同者,此当从詟以别之。"(《战国策校注》卷六《赵》)王念孙指出:"吴说非也,此策及《赵世家》,皆作'左师触龙言愿见太后',今本龙言二字误合为詟耳。太后闻触龙愿见之言,故盛气以待之,若无言字,则文义不明。"接着王念孙引《汉书·古今人表》《荀子·议兵》注、《太平御览·人事部》《荀子·臣道》《史记·高祖功臣侯者表》及《惠景间侯者表》等材料作了详细的论证,非常有说服力。④ 1973 年底在长沙马王堆

---

① 殷孟伦:《谈黄侃先生的治学态度和方法》,见程千帆、唐文编《量守庐学记》,第 41 页。
② 傅斯年:《史料论略(史学方法导论)》,见傅斯年《史料论略及其他》,第 31 页。
③ 胡适:《考证学方法之来历》,见《胡适文集》第 12 册,第 109 页。
④ [清]王念孙:《读书杂志·战国策第二·赵·触詟》,中国书店,1985 年,第 99 页。

三号汉墓出土的帛书《战国纵横家书》也作"触龙言愿见",从而证实了王说的正确。①

我们运用归纳法,孤证确实难以成立。我们在演绎与推理的时候,孤证不立的说法也不是绝对的。周勋初在谈到陈寅恪的治学方法时说:"他喜作假设,每用孤证,从一种提供可能性的例证推导出结论。"②但是他又指出:"陈氏当然也重归纳,注意排比材料,但时而根据个别材料进行推论,因此他的文章有的嫌根据不足,容易引起争论。"③总的看来,还是尽可能避免使用孤证,因为证据越充分就越有说服力。

现代学者在科研工作中也注意广泛收集资料来进行分析论证,郁贤皓曾举一例:

> 黄锡珪《李太白年谱》据《四六法海》和《古今图书集成》附录三篇文章,起初我也以此三文不类李白文风,且文中提到人物均与李白无涉,故疑非李白之作,但苦无根据。后细读独孤及《毗陵集》,发现有此三文,再将文中提到的人物逐个考证,证实均为独孤及之重要交游。又查《文苑英华》,始大悟《四六法海》和《古今图书集成》乃因《文苑英华》列此三文于李白文章之后而三文题下又缺列作者之名而误以为李白之作。④

作者通过多方考证,不仅找到了误以为李白所作的三篇文章的原作者,并且加以证实,而且还找出了致误之由,这就铸成了铁案。

此外,考证还要求不能隐慝、曲解、伪造证据。胡适说:"文字的材料是死的,故考证学只能跟着材料走,虽然不能不搜求材料,却不能捏造材料。从文字的校勘以至历史的考据,都只能尊重证据,却不能创造证据。"⑤又说:"文史科学、社会科学没有法子创造证据。我们的证据全靠前人留下来的;留在什么地方,我们就到什么地方去找。不能说找不到便由自己创造一

---

① 参见马王堆汉墓帛书整理小组编《战国纵横家书》,文物出版社,1976年。
② 周勋初:《陈寅恪的治学方法与清代朴学的关系》,见《古典文献研究》总第七辑,江苏古籍出版社,2004年。
③ 周勋初:《陈寅恪先生研究方法之吾见》,见《周勋初文集》第6册,第81页。
④ 郁贤皓:《我与唐代文史》,见张世林编《学林春秋》三编,第177页。
⑤ 胡适:《治学的方法与材料》,见《胡适文集》第4册,第110页。

个证据出来。如果那样，就是伪证，是不合法的。"①

伪造证据的现象，古已有之。三国时的王肃，为了在学术上战胜郑玄学派，伪造了《孔子家语》等书作为依据就是一个典型例子。《三国志·魏书·王肃传》称"肃好贾、马之学，而不好郑氏……集《圣证论》以讥短玄"。② 其《孔子家语序》云："郑氏学行五十载矣……然寻文责实，考其上下，义理不安，违错者多，是以夺而易之。……孔子二十二世孙有孔猛者，家有其先人之书。昔相从学，顷还家，方取已来，与予所论，有若重规叠矩。……予从猛得斯论，以明相与孔氏之无违也。斯皆圣人实事之论，而恐其将绝，故特为解，以贻好事之君子。"③对此，人们早有怀疑，《礼记》卷三八《乐记》孔颖达疏引马昭的话说："《家语》，王肃所增加，非郑所见。"④陈振孙也称该书"云博士安国所得壁中书也，亦未必然。其间所载，多已见《左氏传》《大戴礼》诸书云"。⑤ 朱彝尊引宋王柏《家语考》云："四十四篇之《家语》乃王肃自取《左传》《国语》《荀》《孟》、二戴《记》割裂织成之。孔衍之序，亦王肃自为也。"⑥《四库全书简明目录》卷九《孔子家语》提要云："《家语》虽名见《汉志》，而书则久佚。今本盖即王肃所依托，以攻驳郑学。"清臧琳还指出："尝疑《孔子家语》、孔安国《孔传》、《孔丛子》皆出于肃手，故其文往往互相祖述。盖三书皆托之孔氏，以希人之尊信，用以改郑说而伸己意，驳郑氏非而证己是者，无不于此取之，故三书即肃之罪案也。……恐后人不信其说，因托之《家语》以证之。复恐后人并疑《家语》为己所私定，故又著之《孔丛子》以证之。"⑦

宋代也有伪造证据的现象，顾颉刚尝举一例："《孟子疏》虽署着北宋孙奭的名字，但经朱熹的证明，这是一个邵武士人做了而假托于孙奭的，这人正和朱熹同时。他的书非常浅陋，有许多通常的典故也都未能解出，却敢把流行的传说写在里面，冒称出于《史记》。如《离娄》篇'西子蒙不洁'章，他

---

① 胡适：《治学方法》，见《胡适文集》第 12 册，第 143 页。
② 贾指贾逵，马指马融，郑指郑玄。
③ [三国]王肃注《孔子家语》卷首，清光绪十四年（1888）扫叶山房刊本。
④ 《礼记正义》卷三八《乐记》，见[清]阮元校刻《十三经注疏》，第 1534 页。
⑤ [宋]陈振孙：《直斋书录解题》卷九儒家类，上海古籍出版社，1987 年，第 269 页。
⑥ [清]朱彝尊：《经义考》卷二七八《王氏柏家语考》，中华书局影印本，1998 年，第 1418 页。
⑦ [清]臧琳：《经义杂记》卷八《相近于坎坛》，见[清]臧琳、臧庸辑《拜经堂丛书》，清乾隆嘉庆间武进臧氏同述观刊本。[清]孙志祖《家语疏证》将王肃所窃古书一一查出，其伪大明。

疏道:'案《史记》云:"西施每入市,人愿见者先输金钱一文。"'这便是《史记》上所没有的。这样著书,在学问上真是不值一笑。"①

　　清代著名学者也有篡改证据的毛病,牟润孙《励耘书屋问学回忆》云:"先师曾多次讲《廿二史札记》,要学生们用正史去核对,结果找出不少引书之误。先师盛赞冯桂芬的《说文段注考证》,认为冯氏能追根寻源,核对原书,找出段玉裁引书无心之误,以及段氏有意的改古书以就己说之谬,认为冯氏之作,大可为考证史源的人作示范之用。"②近人也存在着这一问题,蒋礼鸿曾举一例:

　　　　《乐府诗集》卷五十九所引的唐人刘商《胡笳曲序》说:"蔡文姬善琴,能为离鸾、别鹤之操。胡虏犯中原,为胡人所掠。入番为王后,王甚重之。武帝与邕有旧,敕大将军赎以归汉。胡人思慕文姬,乃卷芦叶为吹笳,奏哀怨之音。后董生以琴写胡笳声为十八拍,今之胡笳弄是也。"序中的董生是谁,有人以为是唐代著名琴师董庭兰,有一位名家则以为就是文姬归汉后所嫁的董祀,而序中"董生"前头应补上个"嫁"字。因为他老人家认为现传的《胡笳十八拍》曲辞确是蔡文姬所撰而不是像很多人那样认为的伪作(或拟作),如若不补这个"嫁"字,那么胡笳曲的琴谱就是"董生"所作而非文姬所作,"如果胡笳声都不是蔡文姬谱出的,那么《胡笳十八拍》的辞更不是蔡文姬作的了"。这就是所以要补字的原由。但是颇有疑窦。大凡校书补字,或者上下文有过这个缺文,或者见于别的书或类书所称引,才算有凭有据。现在补上这个字,两种根据都没有,仅因文姬曾嫁过董祀,这只能说是想当然的揣测,不能算作科学的论断。③

　　再如"苏轼的《江城子》(十年生死两茫茫)末句'料得年年肠断处,明月夜,短松冈。'注者引孟棨《本事诗》,说幽州衙将妻孔氏题诗云:'欲知肠断处,明月照松冈。'(《唐宋词选》,人民文学出版社,1981年,第128页;又见于《历代词萃》,河南人民出版社,1983年,第100—101页)可是复核一下

---

　　①　顾颉刚:《孟姜女故事的转变》,见《顾颉刚集》,第322页。[宋]朱熹:《朱子语类》卷一九云:"《孟子疏》乃邵武士人假作,蔡季通识其人。"见《景印文渊阁四库全书》本子部儒家类。
　　②　牟润孙:《励耘书屋问学回忆》,见《励耘书屋问学记》,第86—87页。
　　③　蒋礼鸿:《误校七例》,见《怀任斋文集》,上海古籍出版社,1986年,第134页。

孟棨的《本事诗》（征异第五），原诗下句作'明月照孤坟'。前面十句用'人''巾''因''人''尘''君'字押韵，可见改成'松冈'二字是没有根据的。两本书注释的引文相同，恐怕是沿袭旧说而未加复核"；"旧时的注家为了证明古人写诗文'无一字无来历'，甚至妄改古书，捏造典故，削足就履，这种做法实在是不足取的"。①

还有一点就是不应曲引文献，以证成己说。金毓黻说："近来作家往往胸中先持一成见，曲引古籍以证成其说，合则引用不惮其烦，不合则避而不谈，违史家实事求是之旨，吾所不取。窃谓陈氏治唐史最能通贯，且引证以明之，是以绩效炳然，诚近来史家之杰。"②

4. 考证的方法

明陈第在其《毛诗古音考》卷首《自序》中自称："惧子侄之学诗不知古音也，于是稍为考据，列本证、旁证二条。本证者《诗》自相证也，旁证者采自他也，二者俱无则宛转以审其音，参错以谐其韵。"胡适进一步解释道：

> 在音韵方面，顾亭林的方法是立一说，证一字，必要有证据。证据有两种，本证和旁证。如同证《诗经》字韵的古音，从《诗经》找证据，曰本证，从《老子》《易经》《淮南子》《管子》《楚辞》等书里的方韵来证《诗经》，曰旁证。这种方法在顾之前，有福建人陈第，作过一本《毛诗古音考》，就用了这种方法，是顾亭林的本师。③

可见，直接从研究对象中找证据来分析问题与解决问题，我们可称之为本证。汪辉祖所写《元史本证》颇受专家好评，钱大昕《元史本证序》云："兹专以本史参证，不更旁引，则以子之矛刺子之盾，虽好为议论者，亦无所置其喙。"④此书也颇受陈垣好评。牟润孙云："先师最称赞汪辉祖，认为他的《元史本证》作的好，以纪、传、表、志互相考证，不出本书之外，找出它本身自相矛盾之处，作者当无辞以自解。"⑤赵翼的《廿二史札记》也多用本证法，其

---

① 崔茅：《略谈古典文学注本的引证》，见《古籍整理出版情况简报》1984年第131期。
② 金毓黻：《静晤室日记》，辽沈书社，1993年，第7173—7174页。陈氏指陈寅恪。
③ 胡适：《考证学方法之来历》，见《胡适文集》第12册，第111页。
④ [清]钱大昕：《元史本证序》，见[清]汪辉祖《元史本证》，中华书局，1984年，第2页。
⑤ 牟润孙：《励耘书屋问学回忆》，见《励耘书屋问学记》，第87页。

《小引》云:"惟是家少藏书,不能繁征博采,以资参订,间有稗乘胵说与正史歧互者,又不敢遽诧为得间之奇。盖一代修史时,此等记载无不搜入史局,其所弃而不取者,必有难以征信之处,今或反据以驳正史之讹,不免贻讥有识。是以此编多就正史、纪、传、表、志中,参互勘校,其有抵牾处自见,辄摘出以俟博雅君子订正焉。"孙望研究元结也采用过这种方法。郁贤皓举例道:

> 如元结的生年,吴修《续疑年录》及吴荣光《历代名人年谱》并定为开元十一年,孙先生则根据元结《别王佐卿序》"癸卯岁,河南元结次山,年四十五",以及乾元二年写的《与韩尚书书》中"结所以年四十,足不入于公卿之门"等资料前后稽考,推定生于开元七年。并指出《续疑年录》的结论乃是从颜真卿的《元君表墓碑铭》及《新唐书》本传所谓大历七年卒时"年五十"推出的,其实此"五十"宜作"五十四"。证据充分,令人折服。①

再如中华书局1958年版《梨园按试乐府新声》卷上关汉卿【双调乔牌儿】套【碧玉箫】:"昏晚相催,日月走东西。"(3页)蒋礼鸿按:"昏晚应作昏晓。10页【双调新水令】套【豆叶黄】:'昏晓相催,断送了愁人多多少少。'可证。"②

另一种方法是从研究对象之外找证据来进行分析问题与解决问题,我们可称之为旁证。譬如《元典章》中称锦,一处名"纳尖尖",一处名"纳失失",全部《元典章》仅此两条。究竟称"纳尖尖",还是称"纳失失",只好在《元典章》之外找证据。《元史》卷七七《祭祀志》国俗旧礼条称:舆车用白毡青缘,纳失失为帷,覆棺亦以纳失失为之。卷七八《舆服志》冕服条称:玉环绶,制以纳石失。注:金锦也。又:履,制以纳石失。且《舆服志》中纳石失数见,则《元典章》称纳失失是对的,称纳尖尖是错的。③再如中华书局点校本《明史》卷二五八《成勇传》云:"成勇,字仁有,安乐人。"官大梁按:"'安乐'误,明代没有安乐这一县名,'安乐'应为乐安之误。乐安,隶山东

---

① 郁贤皓:《道德文章,垂范后学——纪念孙望先生逝世六周年》,见《文教资料》1996年第3期。
② 蒋礼鸿:《〈梨园按试乐府新声〉校记》,见《怀任斋文集》,第292页。
③ 参见陈垣《校勘学释例》卷六第43《校法四例》,中华书局,1959年,第147页。

青州府。徐作肃《偶更堂集·成御史传》《明清进士题名碑录》均云:成勇,乐安人。"①

在既无本证材料,又无旁证材料的情况下,我们还可以利用相关知识进行逻辑推理,不妨称之为理证。梁启超云:

> 旧说有"颜渊与孔子在泰山望阊门白马,颜渊发白齿落"之事,王充斥其伪。谓"人目断不能见千里之外"。又言:"用眼暂望,影响断不能及于发齿。"(《论衡·书虚》篇)此皆根据生理学上之定理以立言,虽文籍上别无他种反证,然已得极有价值之结论,此所谓理证也。②

例如中华书局点校本《元史》卷二六《仁宗本纪》载:延祐五年二月"王子诸王答失蛮部乏食,〔五〕敕甘肃行省给粮赈之"。校勘记〔五〕云:"'王子''诸王'同义重复,疑'王子'二字衍。"马寿千按:"'王子''诸王',并非重复,'王子'误,应作'壬子'。依照年、月、日叙述的顺序,五年二月后,当为某日,'壬子'即是某日。又据干支排列的顺序,壬子的前一日为辛亥,后一日为癸丑,再后为甲寅、乙卯。查原文,'壬子'条之前,恰为'辛亥,敕杭州守臣春秋祭淮安忠武王伯颜祠'。其后一日无记载,再后又恰是'甲寅,置宁昌府。乙卯,命中书省汰不急之役'。与干支排列顺序正合。因此,'王子'理应改为'壬子',校勘记〔五〕亦宜作相应的改正。"③

实际上人们考证时都是将本证与旁证乃至理证结合在一起进行的。举个例子说吧,明陈第认为"行"字,今有"杭""形"两音,古则绝无"形"者也。为了证明这一点,陈第找了《诗经》用韵的二十条本证材料,如《卷耳》:筐、行。《雄雉》:行、臧。《北风》:凉、雱、行。《大叔于田》:扬、行。《六月》:章、央、行。《沔水》:行、忘,等。又找了十七条用韵的旁证材料。如《易》之《坤彖》:类、疆、贞、行;《师六五》:行、当;《姤彖》:章、行。《左传》引《夏书》:方、行、纲、方。《离骚》:乡、行。曹植《夏桀赞》:王、行。陈第所收集的本证与旁证有力地证明了"行"字上古音仅读"杭",不读"形"。④

再如中华书局版《唐人绝句选》,选了许浑的《鹭鸶》诗:"西风淡淡水悠

---

① 官大梁:《〈明史〉校记三则》,见《史学月刊》1983年第5期。
② 梁启超:《中国历史研究法》,见《饮冰室专集》之七十三,《饮冰室合集》,第98—99页。
③ 马寿千:《〈元史〉校记一则》,见《史学月刊》1983年第1期。
④ [明]陈第:《毛诗古音考》卷一《行》,民国二十三年(1934)双流黄氏济忠堂刊本。

悠,雪点丝飘带雨愁。何限归心倚前阁,绿蒲红蓼练塘秋。"选者注云:"练塘,清澄无波的池塘。"徐俊不同意这种看法,分析道:

> 练塘为湖名,又称练湖,古称曲阿后湖,历代地理书均有记载,在今江苏丹阳县城西北。诗中"练塘"是确指,而非泛言。《水经注》云:"晋陵郡之曲阿县下,晋陈敏引水为湖,周四十里,号曰曲阿后湖。"《元和郡县图志》卷第二十五,江南道润州丹阳县下载:"练湖,在县北一百二十步,周回四十里。晋时陈敏为乱,据有江东,务修耕绩,令弟谐遏马林溪以溉云阳,亦谓之练塘,溉田数百顷。"《新唐书·地理志》云:"练塘周八十里。"《广舆记》也载:"(练湖)在丹阳,一名练塘。晋陈敏引水为湖,周一百二十里。唐永泰中,刺史韦损复修以溉田。"晚唐诗人张祜晚年爱丹阳曲阿池,筑室卜隐以终,其地即练湖。历代诗人咏写练湖的诗作也并不少见,张祜有《题丹阳永泰寺练湖亭》诗,元萨都剌则有几首如《练湖曲》之类的诗作,他的《宿丹阳普照院》诗云:"闭门三月听秋雨,酒醒丹阳客未归。明日新晴练湖去,藕花无数落红衣。"
>
> 许浑的这首《鹭鸶》诗,正如注者所言,是借鹭鸶形象寄托秋天的思乡之情。那么诗人的故乡在哪里呢?据史载,许浑确为润州丹阳人。诗人置身于他乡水滨,西风淡淡,湖水悠悠,于是想起了自己家乡丹阳练塘的绿蒲红蓼。练塘,是诗人心中故乡的象征。许浑的存诗中还有几首写练湖的诗,如《重游练湖怀旧》,其自序云:"余尝与故宋补阙次都秋夕游永泰寺后湖亭(一作游练湖亭),今复登赏,怆然有感。"《送王总下第归丹阳》诗则有"汴水月明东下疾,练塘花发北来迟"之句。①

作者首先通过大量具有权威性的旁证材料说明练塘为湖名,在今江苏丹阳县城西北,而非泛指。接着又分析了该诗的内容为思乡之作,而许浑就是丹阳人。然后又在许浑诗中找到了多处提到练塘的内证材料,从而有力地证明了自己的观点。

5. 考证的注意事项

考证需要千方百计地去找材料,还要对材料做出鉴别与判断,选择那些

---

① 徐俊:《〈唐人绝句选〉地名注商榷》,见《读书》1985年第2期。

最可靠又最能说明问题的材料来分析问题与解决问题,而不能一味地堆积材料,将观点淹没在材料之中。

首先是千方百计地找材料。因为材料的多寡决定了我们的研究水平。凡有成就的专家学者都在找材料方面下过苦功。如王鸣盛的《十七史商榷》可谓全史考订的代表作,而关键就在于他详细地占有了相关资料,其《十七史商榷序》云:

> 二纪以来,恒独处一室,覃思史事,既校始读,亦随读随校。购借善本,再三雠勘;又搜罗偏霸杂史,稗官野乘、山经地志、谱牒簿录,以暨诸子百家,小说笔记,诗文别集,释老异教;旁及于钟鼎尊彝之款识,山林冢墓,祠庙伽蓝碑碣断阙之文,尽取以供佐证,参伍错综,比物连类,以互相检照,所谓考其典制事迹之实也。①

再如王念孙为了证明《史记》"散鹿台之财"原文当作"散鹿台之钱",举了十条证据,除了三条来自《史记》《齐世家》《留侯世家》《殷本纪》外,其余七条证据分别来自《尚书》《群书治要》《逸周书》《管子》《淮南子》《吕氏春秋》《说苑》等书。②

通过考证收集到资料以后,还要对资料进行审查,正如胡适所说,我们至少要做到两点:"一要审查自己的证据可靠不可靠;二要审查自己的证据与本案有没有相干。"③对资料的审查要做到准确细致,稍不留心就会出现差错。例如玄奘出国留学的时间,依据释道宣的《续高僧传》和释慧立的《慈恩法师传》以及其他相关资料,都说是贞观三年八月,梁启超依据《新唐书·薛延陀传》中"值贞观二年突厥叶护可汗见弑"一句推论"非惟三年说不能成立,即二年说亦不能成立。何则? 二年八月后首涂,必三年五月乃抵突厥,即已不及见叶护也。吾至是乃大乐,自觉吾之怀疑有效,吾之研究不虚,吾所立'玄奘贞观元年首途留学'之假说殆成铁案矣!"④但是陈垣1924年10月在上海《东方杂志》第21卷第19期上发表了一篇题为《书内学院校慈恩传后》的文章,据《通典》《册府元龟》等书,指出:"三年说必不可推翻,

---

① [清]王鸣盛:《十七史商榷》卷首,《丛书集成初编》本,1936年。
② [清]王念孙:《读书杂志·史记第一·散鹿台之财》,第5—7页。
③ 胡适:《治学方法》,见《胡适文集》第12册,第146页。
④ 梁启超:《中国历史研究法》,见《饮冰室专集》之七十三,《饮冰室合集》,第77—79页。

元年说必不能成立也。""夫元年出游既不能见叶护矣,三年出游更何能见叶护? 是又不然。元年被杀者统叶护,法师所见者统叶护之子肆叶护也。"今录其结论如下:

> 贞观元年为统叶护被杀时代,贞观元、二年为俟毗与肆叶护争立时代,贞观三、四年为肆叶护统一西突厥时代;法师于三年秋出游,四年夏至素叶,所逢方事畋游戎马甚盛之叶护可汗,固少叶护非老叶护也。假定法师果元年出游,二年夏到素叶,则所见者正俟毗可汗。然是时俟毗方与肆叶护争国。素叶以西,皆附肆叶护,法师何能安然通过? 惟三年以后,肆叶护既统一西突厥,故法师得西行无阻。此又元年说不能立,三年说不可推翻之一铁证也。①

梁氏将时间和人物都弄错了,所得出的新结论当然也就站不住脚了。②

运用考证的方法,找材料固然困难,在撰写论著时取舍资料也不容易,因为人们好不容易搜集到的资料要割爱总有些舍不得。陈垣"主张搜集资料要全,但写成文章时,不必把所得材料都放在论文里,要有选择、有重点。要使用最能说明问题的材料。已引用了第一手材料就不要再用第二手材料了。要舍得割弃,他认为有些人就是'舍不得',文章里资料堆堆垛垛,重重复复,凡是找到的材料都舍不得不用,这样很不好"。③ 沙叶新曾经写过一篇评论钱锺书《宋诗选注》的文章,其中谈道:

> 钱先生的这个选本原是作为中国古典文学普及性的通俗读物出版的,而且钱先生选诗的标准之一是拒绝"学问的展览",可钱先生的序、评、注则是不经意地展览了自己的学问,古今中外,旁征博引,古文洋文,纷至沓来。比如,为了说明宋诗的"世态炎凉"和"市价涨落",钱先生仅在一则"注"中便引证了《古今诗删》、屠隆的《鸿苞集》、陈子龙的《陈忠裕全集》、袁宏道的《瓶花斋集》、陶望龄的《歇庵集》、谭元春的《东坡诗选》、黄宗羲的《明文授读》以及明代的戏曲小说《荷花荡》《鹦鹉洲》《金瓶梅》甚至清末的《小说时报》等十几条资料,前仆后继,汹涌

---

① 陈垣:《陈垣集》,中国社会科学出版社,2000 年,第 131、133、134 页。
② 赵光贤:《回忆我的老师援庵先生》,见《励耘书屋问学记》,第 155—156 页。
③ 刘乃和:《"书屋而今号励耘"》,见《励耘书屋问学记》,第 144 页。

澎湃。又如,为了说明宋代诗人的"偷语""偷意","向古人集中作贼",钱先生还指明意大利文艺复兴时期一些理论家也曾明目张胆地劝诗人向古典作品中去盗窃,并引用了当时代表性的言论。钱先生在一条言论的注解中,除了注明该言论的出处(作者姓名、生卒年月、外文书名、所在页码)之外,还又引申出另一些后世欧洲古典主义作家的相关资料,使人目不暇给,眼花缭乱。①

我们从这段评论中很难判断作者是在表扬,还是在批评钱锺书,大约兼而有之吧。钱氏在广泛而深入的收集资料方面足实令人钦佩,而这条注释所引资料也未免多了一点。

6. 大胆的假设,小心的求证

胡适说过:"科学方法只是'大胆的假设,小心的求证'十个字,没有证据只可悬而不断;证据不够,只可假设,不可武断,必须等到证实之后方才奉为定论。"②这是在中国传统的考据方法与杜威的实验主义相结合的基础上提出来的。他在1919年系统地总结过清代学者的治学方法,指出:"他们用的方法,总括起来,只是两点:(1)大胆的假设,(2)小心的求证。假设不大胆,不能有新发明。证据不充分,不能使人信仰。"③他在1919年还系统地介绍过实验主义,当然也涉及方法问题,直到1921年发表的《杜威先生与中国》,他对这个问题作了更加鲜明的表述:"实验的方法至少注重三件事:(一)从具体的事实与境地下手;(二)一切学说理想,一切知识,都只是待证的假设,并非天经地义;(三)一切学说与理想,都须用实行来试验过,实验是真理的唯一试金石。"④次年他又谈道:"实验主义自然也是一种主义,但实验主义只是一个方法,只是一个研究问题的方法。他的方法是:细心搜求事实,大胆提出假设再细心求实证。"⑤胡适的所谓科学方法,在求证的内容、证据、方法等方面超出了传统考证的范围,但是在强调实事求是、强调一切凭证据说话方面,两者又是一致的。胡适在文学研究中,即采用了这种方

---

① 沙叶新:《读改〈宋诗选注〉》,见《文汇报》1997年9月15日8版。
② 胡适:《介绍我自己的思想》,见《胡适文集》第5册,第519页。
③ 胡适:《清代学者的治学方法》,见《胡适文集》第2册,第302页。
④ 胡适:《杜威先生与中国》,见《胡适文集》第2册,第280页。
⑤ 胡适:《我的歧路》,见《胡适文集》第3册,第365页。

法,例如他在《〈红楼梦〉考证》中提出了一个大胆的假设:"曹雪芹即是《红楼梦》开端时那个深自忏悔的'我'!即是书里的甄、贾(真假)两个宝玉的底本!懂得这个道理,便知书中的贾府与甄府都只是曹雪芹家的影子。"①后来他在有关《治学方法》的讲演中又说:"我的假设是很平常的。《红楼梦》这本书,从头一回起,作者就说这是我的自传,是我亲自所看见的事体。我的假设就是说,《红楼梦》是作者的自传,是写他亲自看见的家庭。贾宝玉就是曹雪芹;《红楼梦》就是写曹家的历史。"②胡适认为小心的求证往往比大胆的假设还要重要,他说:"要大胆的提出假设,但这种假设还得想法子证明。所以小心的求证,要想法子证实假设或者否证假设,比大胆的假设还要重要。"③关于《红楼梦》研究,胡适也谈到了他的小心求证工作:

> 我先要考出曹雪芹于《红楼梦》以外有没有其他著作?他的朋友和同他同时代的人有没有什么关于他的著作?他的父亲、叔父们有没有什么关于他的记载?关于他一家四代五个人,尤其是关于他的祖父曹寅,有多少材料可以知道他那时候的地位?家里有多少钱,多么阔?是不是真正能够招待皇帝到四次?我把这些有关的证据都想法找了来,加以详密的分析,结果才得到一个比较认为满意的假设,认定曹雪芹写《红楼梦》,并不是什么微言大义;只是一部平淡无奇的自传——曹家的历史。④

胡适提出的科学方法产生了很大影响,季羡林说:"六七十年前胡适先生提出来的'大胆的假设,小心的求证',我认为是不刊之论,是放之四海而皆准的方针。古今中外,无论是社会科学,还是自然科学,概莫能外。"⑤

不过,对"大胆的假设,小心的求证"尚需作进一步的分析。首先,只有对某一领域具有高深的修养,方能提出有学术研究价值的假设。否则,提不出具有科学研究价值的假设。其次,"大胆的假设"的学术研究价值是不同的。此外,"大胆的假设"并不是都能得到证实,因此研究者对所提出的大

---

① 胡适:《〈红楼梦〉考证》,见《胡适文集》第 2 册,第 450 页。
② 胡适:《治学方法》,见《胡适文集》第 12 册,第 132 页。
③ 同上书,第 131 页。
④ 同上书,第 135 页。
⑤ 季羡林:《季羡林自传》,见《文献》1989 年第 2 期。

胆假设,有可能放弃,也有可能加以修正。

二　归纳法

考证重在收集与鉴别资料。此外,还要对资料进行科学的分析与归纳,从中得出正确的结论,乃至总结出一些规律,这是归纳法所要解决的问题,所以我们还要进一步讨论归纳法。

1. 什么是归纳法

所谓归纳法就是从一系列具体事实中概括出一般规律的方法。其特点是从个别到一般。胡适于 1921 年指出归纳法分三步走:

第一步,观察一些同类的"例"。

第二步,提出一个假设的通则来说明这些"例"。

第三步,再观察一些新例,看他们是否和假设的通则相符合。若无例外,这通则便可成立了;若有例外,须研究此项例外是否有可以解释的理由;若不能解释,这通则便不能成立;一个假设不能成立,便须另寻新假设,仍从第二步做起。①

华罗庚还在《数学归纳法》一书中举了一个通俗易懂的例子:

从一个袋子里摸出来的第一个是红玻璃球,第二个是红玻璃球,甚至第三个、第四个、第五个都是红玻璃球的时候,我们立刻会出现一种猜想:"是不是这个袋里的东西全部都是红玻璃球?"但是,当我们有一次摸出一个白玻璃球的时候,这个猜想失败了。这时,我们会出现另一种猜想:"是不是袋里的东西全都是玻璃球?"但是,当有一次摸出来的是一个木球的时候,这个猜想又失败了。那时,我们又会出现第三个猜想:"是不是袋里的东西都是球?"这个猜想对不对,还必须继续加以检验,要把袋里的东西全部摸出来,才能见个分晓。

例如,什么叫押韵?汉字用汉语拼音来分析,通常有声母和韵母,我们读一些作品,如卢纶的《塞下曲》:"月黑雁飞高,单于夜遁逃。欲将轻骑逐,大

---

① 胡适:《国语文法概论》,见《胡适文集》第 2 册,第 352 页。

雪满弓刀。"元稹的《行宫》:"寥落古行宫,宫花寂寞红。白头宫女在,闲坐说玄宗。"可能会得出这么一个结论:诗句中最后一个字的韵母相同即相互押韵。但是我们发现诗文中有些汉字的韵母不完全相同,读起来也很悦耳,如李白的《静夜思》"床前明月光,疑是地上霜。举头望明月,低头思故乡"中的光(guāng)、霜(shuāng)、乡(xiāng),以及杜牧《泊秦淮》"烟笼寒水月笼沙,夜泊秦淮近酒家。商女不知亡国恨,隔江犹唱后庭花"中的沙(shā)、家(jiā)、花(huā)。进一步分析,我们会发现有些字的韵母是由韵头、韵腹,或韵头、韵腹、韵尾组成的,前者如 ua、ia,后者如 iang、uang。只要韵腹、韵尾相同,韵头不同也押韵,于是我们会得出一个新的定义:诗句中最后一个字的韵母,或韵母中的韵腹、韵尾相同就叫相互押韵。但是,在词曲中,有些诗句中的字的韵母,或韵母中的韵腹、韵尾也是相同的,如苏轼《醉翁操》"琅然清圆谁弹,响空山无言"中的然(rán)、圆(yuán)、弹(tán)、山(shān)、言(yán),它们的韵腹与韵尾完全相同:应当也是相互押韵的。还有一些散文,为了读起来动听悦耳,实际也采用了押韵的手段。如相传是刘禹锡写的《陋室铭》:"山不在高,有仙则名;水不在深,有龙则灵。斯是陋室,惟吾德馨。苔痕上阶绿,草色入帘青。谈笑有鸿儒,往来无白丁。可以调素琴,阅金经,无丝竹之乱耳,无案牍之劳形。南阳诸葛庐,西蜀子云亭。孔子云:'何陋之有?'"其中的名(míng)、灵(líng)、馨(xīn,《广韵》:青韵)、青(qīng)、丁(dīng)、琴(qín,《广韵》:侵韵)、经(jīng)、形(xíng)、亭(tíng)中的韵腹与韵尾除个别字外,完全相同,显然相互押韵。所以上面的定义需要修改为:诗文中一些字的韵母,或韵母中的韵腹,或韵腹加韵尾相同,即彼此押韵。人们也能举出一些例外现象,如李益的《江南曲》:"嫁得瞿塘贾,朝朝误妾期。早知潮有信,嫁与弄潮儿。"王维的《九月九日忆山东兄弟》:"独在异乡为异客,每逢佳节倍思亲。遥知兄弟登高处,遍插茱萸少一人。"按惯例"期"与"儿"押韵,"亲"与"人"押韵,但它们的韵母并不相同。我们用普通话来读,这两首诗确不押韵,但是我们用上海话、苏州话把"儿"读成"nín",把"人"读"nín",这两首诗又都押韵了,而上海话、苏州话,这两个字的读法,恰好保留了古代的读音,所以上述后一个定义还是相当科学的。

2. 归纳法的种类

归纳法可以细分为简单枚举法、完全归纳法与科学归纳推理。我们观察到某类中许多事物都有某属性,而又没有观察到相反的事例,我们就作出结论:某类事物都有某属性。这就是简单枚举法。传说从前有个樵夫患头痛病,但因家贫,仍上山砍柴谋生。一次,他头痛得非常厉害的时候,不小心碰破了脚趾,出了一些血,但头不疼了。事有凑巧,第二次头痛得很厉害时,脚趾又碰破了,而且就在原处,结果头又不疼了。这引起了樵夫的注意,以后头疼难熬时,他就弄破脚趾的同一部位,头果然就不痛了。后来中医证明,这个部位是"大敦穴",确与头部有关。那位樵夫实际上用了简单归纳法。我们研究文学,当然也可以用简单归纳法,如白居易通过大量的事例,归纳出一个规律,凡有成就的诗人,他的生活道路都是不平坦的,尝云:"今之迍穷,理固然也。况诗人多蹇,如陈子昂、杜甫,各授一拾遗,而迍剥至死。李白、孟浩然辈,不及一命,穷悴终身。近日孟郊六十,终试协律。张籍五十,未离一太祝。"①"予历览古今歌诗,自《风》《骚》之后,苏、李以还,李陵、苏武始为五言诗。次及鲍、谢徒,迄于李、杜辈,其间词人闻知者累百,诗章流传者钜万。观其所自,多因谗冤遣逐,征戍行旅,冻馁病老,存殁别离,情发于中,文行于外。故愤忧怨伤之作,通计今古,什八九焉。世所谓文士多数奇,诗人尤命薄,于斯见矣。"②简单枚举法在训诂学中使用得比较多,今录一例:

    白居易《琵琶行》:"弦弦掩抑声声思,似诉平生不得志。"有的注解说:"声声思,一声声都含有哀怨的情思。"(十三校编《中国古代文学作品选》上册,页375)这是以情思释思字,未为确诂。思字古有忧、悲、哀、愁之义,声声思即是声声悲、声声哀。《诗·大序》:"亡国之音哀以思,其民困。"《文选》卷一九张华《励志》诗:"吉士思秋。"李善注云:"思,悲也。"《淮南子·缪称篇》:"春女思,秋士悲。"思、悲对文,则思即是悲。《文选》卷一八成公绥《啸赋》:"情既思而能反,心虽哀而不伤。"思、哀对文,则思即是哀。陈子昂《宿空舲峡青树村浦》:"客思浩

---

① 《与元九书》,见[唐]白居易著,谢思炜校注《白居易文集校注》卷八,第326页。
② 《序洛诗》,见[唐]白居易著,谢思炜校注《白居易文集校注》卷三三,第1949页。

方乱,州浦寂无喧。"思一作愁。(《全唐诗》册二,页912,中华书局1960年版)张说《南中别陈七李十》:"画鹢愁南海,离驹思北风。"(《全唐诗》册二,页952)愁、思对文,明思有愁义。李白《天马歌》:"愿逢田子方,恻然为我悲。"悲一作思。(《全唐诗》册三,页1684)李群玉《长沙紫极宫雨夜愁坐》:"春灯含思静相伴,夜雨滴愁更向深。"(《全唐诗》册九,页6599)思、愁对文,明思有愁义。《洛阳伽蓝记》卷一引北魏庄帝五言诗:"思鸟吟清松,哀风吹白杨。"思、哀对文,则思即是哀。凡此,均足证明思字古有悲、哀、愁、忧之义。但是思字的这一古义在现代汉语中已经消失,注家为思字的今义所惑,于是训"声声思"的思字为情思,又觉得未妥,复添哀怨二字以足其义,殊不知这样一来,却又犯了增字为释的毛病。究其致误之源,即在于训诂方面欠妥。①

简单枚举法的可靠性建立在所举事例的数量上,但是所举数量虽多可靠性也难免有例外,冯梦龙编《警世通言》有一篇《王安石三难苏学士》的故事,实际上讲了简单枚举法的局限。故事说有一天苏东坡去拜访宰相王安石,恰好王安石出去了。苏东坡在王安石的书桌上看到了一首咏菊诗的草稿,才写了开头两句:"西风昨夜过园林,吹落黄花满地金。"苏东坡心想,菊花耐寒,只会枯萎而不会落瓣,怎么会被秋风吹落呢?于是提笔续了两句:"秋花不比春花落,说与诗人仔细吟。"王安石见了,决心用事实教训一下苏东坡,将他贬为黄州团练副使。苏东坡在黄州住了将近一年,到了九月重阳,这一天大风刚停,苏东坡邀请好友陈季常到后园赏菊。只见菊花纷纷落瓣、满地铺金。这时他想起给王安石续诗的往事,才知道自己错了。这个故事当然不会实有其事,但是,在学术研究中运用简单枚举法,由于所依据的资料不全,而导致结论不够正确,也不乏其例,鲁国尧指出:

> 既然都同是采取归纳法,何以却有数种结论?答案是,诸家对宋词并没有作过穷尽式的研究,这是症结之一。他们择取名家词甚或是名家的名篇,必然是见仁见智,各执一辞。宋词用韵之复杂,令人目眩,而词韵书的编者对若干出现频率较高的通叶现象未能作出正确的分析,遂导致反复争辩,主要是15部词韵与19部之争。还有一重要原因,编

---

① 郭在贻:《训诂学》,湖南人民出版社,1988年,第26—27页。

著者是词学家或是词人,受诗韵和曲韵的影响很深,音韵学造诣却很浅,对方言也只有些朦胧而肤浅的认识而已,他们不能从语音历史的观点来研究宋词韵,故其书均有较多谬误。简言之,未能从音韵学的角度对全部宋词用韵作穷尽的归纳与合理的分析,清人之失在于此。……宋代无人编词韵书,宋词用韵并无功令可遵循。清人十几种词韵书虽然都声称是根据(或主要根据)宋词编成,但皆不能反映宋词用韵的真实面貌。①

针对简单枚举法的局限性,人们常注意使用完全归纳法。完全归纳法是由某类中每一事物都具有某属性,推出该类全部事物都具有该属性。吴小如称:

> 譬如我对《诗经》中"君子"一词究竟有无讽刺涵义,就有意识地进行过调查研究。而调查研究的结果,不仅《诗经》中所有用"君子"的地方,这个词不含贬义;甚至凡我读过的先秦古籍,其中所有用"君子"的地方,也无一处含贬义。这样我就自然而然得出一条结论:《诗·伐檀》中的"彼君子兮,不素餐兮"两句,一定不是诗人在讽刺统治者(或剥削者),而是在他理想中希望有个不素餐的统治者,"君子"在诗中还属"正面人物"。②

又《墨子·小取》篇云:"辟也者,举也物而以明之也。"毕沅于"举也"之"也"字下校曰:"此字疑衍。"王念孙指出:"也非衍字,也与他同,举他物以明此物,谓之譬。故曰辟也者,举他物而以明之也。《墨子》书通以也为他。"③再如陶渊明的《桃花源记》中有"落英缤纷"四个字,有人认为《桃花源记》一开始所要展现的是春光明媚、生机勃勃的场面,因此"落英"不是指花谢,而是指花开,其理由是"落"字有"始"的含义。郭在贻分析道:

> 落有始训,见于《尔雅》,乃先秦古义,时至南北朝,落字是否还有始义呢?至少从陶渊明的诗文来看,落字已无始义。我们统计了一下,

---

① 鲁国尧:《论宋词韵及其与金元词韵的比较》,见《鲁国尧自选集》,河南教育出版社,1994年,第137页。
② 吴小如:《积累与思考》,《书廊信步》,辽宁教育出版社,1995年,第240页。
③ [清]王念孙:《读书杂志·墨子杂志第四·小取·举也物而以明之也》,第104页。

落字在陶集中共出现八次,除"落英缤纷"一条不计外,其余七次均为坠落、陨落义,无一可作始解者。

　　《归园田居》:"误落尘网中,一去十三年。"

　　又:"常恐霜霰至,零落同草莽。"

　　《酬刘柴桑》:"门庭多落叶,慨然已知秋。"

　　《杂诗》:"落地为兄弟,何必骨肉亲。"

　　又:"寒风拂枯条,落叶掩长陌。"

　　《闲情赋》:"曲调将半,景落西轩。"

　　《晋故征西大将军长史孟府君传》:"有风吹君帽堕落。"

　　以上七例,落字作陨落、坠落解,灼然无疑。准此,《桃花源记》中的落字也不可能忽然变为始的意思。……宋人欧阳修《采桑子》词云:"群芳过后西湖好,狼藉残红,飞絮蒙蒙,垂柳阑干尽日风。"胡云翼注云:"狼藉残红——落花散乱。这句承接前句,有欣赏落英缤纷的意思。"(《宋词选》页28,中华书局1962年版)可见"落英缤纷"未必就不美,未必就"大杀风景"。由此可见:不从语言事实出发,单从文学赏析的角度进行主观臆测,所得结论往往不可靠。①

运用完全归纳法所推导出来的结论比用简单枚举法所推导出来的结论要全面可靠一些,所以学者们主张采用穷尽式的方法来搜集证据,当然对于一些面广量大的问题,采用完全归纳法往往是很困难的,有时甚至是不可能的。

　　还有一种科学归纳推理,它所依据的是对象和属性之间的内在的、必然的联系。例如,考察铜、铁、铅、锌等金属受热之后的变化,发现它们受热后体积都要膨胀,如果进一步找出受热和体积膨胀之间的必然联系——即受热后分子运动加速,从而导致金属构体的分子与分子之间的距离扩大,最后引起整体上的体积膨胀,这样再得出"一切金属受热后体积都要膨胀"的结论,就是科学归纳推理。王念孙、王引之父子研究文言虚词就使用了这一方法。《经传释词》第九曾云:"《诗·终风》曰:终风且暴,毛《传》曰:终日风为终风。《韩诗》曰:终风,西风也。此皆缘词生训,非经文本义,终犹既也,

---

① 郭在贻:《训诂学》,第119—120页。

言既风且暴也。"王念孙父子认为"终"字相当于"既"字,"终……且……"是递进关系,这就道出了这一句式的本质属性,用这一结论分析同样句式的其他诗句也就迎刃而解了。如作者认为《燕燕》曰"终温且惠",言既温且惠也。《北门》曰"终窭且贫",言既窭且贫也。《伐木》曰"终和且平",言既和且平也。①

3. 归纳法的运用

考证与归纳法是相辅相成的。考证强调做学问要有实事求是的精神,强调一切凭材料说话,强调上天入地地去搜集资料。而搜集资料后,要想得出科学的结论,这就需要运用归纳法。梁启超在1920年谈道:"夫吾固屡言之矣,清儒之治学,纯用归纳法,纯用科学精神。此法此精神,果用何种程序始能表现耶?第一步,必先留心观察事物,觑出某点某点有应特别注意之价值。第二步,既注意于一事项,则凡与此事项同类者或相关系者,皆罗列比较以研究之。第三步,比较研究的结果,立出自己一种意见。第四步,根据此意见,更从正面旁面反面博求证据,证据备则渐为定说,遇有力之反证则弃之。凡今世一切科学之成立,皆循此步骤,而清考证家之每立一说,亦必循此步骤也。"②

近人用归纳法也颇多创获,如张相著《诗词曲语辞汇释》就采用了归纳法,作者有憾于诗词曲中的一些特殊语词表面上看起来很通俗,但解释起来却非常困难,又没有专门的工具书可资利用,于是他就从有关诗词曲的著作中大量收集例证。然后"综合各证,得其解释,则假定为一义。一义不足概括,则别求解释,复假定为他义。……采掇所及,往往有列证至十余或更以上者"。③ 就文学研究而言,如闻一多在《说鱼》中对我国写鱼的诗进行了广泛搜集,通过分析归纳,发现鱼象征着爱情,诗中往往"以'鱼'代替'匹偶'或'情侣'"。例如有首昆明民歌云:"大河涨水白浪翻,一对鲤鱼两分散。只要少郎心不死,那怕云南隔四川。"显然诗中的一对鲤鱼即指一对情侣;"正如鱼是匹偶的隐语,打鱼、钓鱼等行为是求偶的隐语"。例如有首琼崖

---

① [清]王引之:《经传释词》卷九《终》,江苏古籍出版社,2000年,第86页。
② 梁启超:《清代学术概论》十七,见《饮冰室专集》之三十四,《饮冰室合集》,第45页。
③ 张相:《诗词曲语辞汇释·叙言》,中华书局,1977年,第1页。

民歌云:"钓鱼钓到正午后,鱼未食饵心勿操。日头钓鱼鱼见影,有心钓鱼夜昏头。"显然诗中的钓鱼既指求偶;并"以烹鱼或吃鱼喻合欢或结配"。① 此文产生了相当大的影响。

三　综合研究法

我们的研究课题,不可避免地要涉及方方面面,综合利用各相关学科的知识来从事科研工作,不仅是有益的,而且也是必要的。

1. 什么是综合研究法

所谓综合研究法就是综合运用相关学科知识进行研究的方法。姜亮夫说:"最近,我写《楚辞通故自序》说到了一些治学方法,我综合了一切社会科学来写'屈原赋',颇有游刃自如之乐。综合研究,不正是现代科学成就的主要方法吗？社会科学也得综合研究。"②

其实我们写学术论文,哪怕是分析一首诗,往往都需要采用综合研究的方法。譬如唐人张继的《枫桥夜泊》,此诗的诗题与诗句均有异文,这就涉及文献学知识。此诗中的"乌"与"江枫"作何解释,这就涉及语言学乃至生物学知识。此诗中的"枫桥""寒山寺"等地名,显然涉及地理学知识。此诗之所以成为写愁的代表作,显然与作者生平和时代背景密切相关,这就涉及史学知识。这首诗好在什么地方,要说出个道理来,显然需要掌握文艺理论知识。③ 所以我们在写学术论文时,应当自觉地运用综合研究方法。

2. 为什么要进行综合研究

傅衣凌说:"我一向以为史学研究是各种知识的总和,章学诚的'六经皆史'论,是有一定道理的。"④其实哲学社会科学的各个领域的研究工作,都要涉及各种知识,我们在第四讲"怎样读书"中"泛读"一节,已经讨论过这个问题,主要因为文学研究不可避免地要同其他学科发生这样或那样的

---

① 闻一多:《说鱼》,见《闻一多全集》第3册,第233—244页。
② 姜亮夫:《姜亮夫自传》,见《文献》1980年第4辑。
③ 参见徐有富《重读〈枫桥夜泊〉》,见《诗学问津录》,第100—101页。
④ 傅衣凌:《我是怎样研究中国社会经济史的》,见《傅衣凌治史五十年文编》,第43页。

关系。我国向有文史哲不分的传统。随着学术研究的深入发展,以及人类认识能力的局限性,原来的综合性学问被细分为文学、史学、哲学、语言学等等。如前所说,我们的研究对象不可避免地会涉及许多学科,我们在进行文学,或史学,或哲学研究时,应当具有整体意识,并兼用相关学科知识。

"因为在历史上,无论是一种风尚、一个流派、一部著作的形成、发展和变化,都是纷糅交错地呈现出来的,后人当然可以分别从文、史、哲等不同角度作探讨,但若能进行综合的研究,也就可以理解得更全面、更深入。我国历史上出现过许多博大精深的学者,都是沿着文史不分的道路而攀登学术高峰的。"① 钟敬文指出:"每门科学的对象都有它一定的范围、界限,那种科学本身也是如此。但是,每种科学的对象和那种科学本身,又和周围其他科学对象或紧或松的联系着。作为一位科学工作者,只是熟悉专业的东西是不够的。他必须注意那些跟自己专业有比较密切关系的科学对象及其科学本身。这是一般的规律。"② 姜亮夫还在《我是怎样摸索进入人文科学这一行道的》中,谈到只有开展综合研究才能把问题谈深谈透:

> 要证实一件事物的全体所需要的知识,是非常广阔的,凡此事物有关的科学,你都得用到,这就是所谓"综合"。要综合一切有关学科,才能说明某一个学科。譬如,我不满意我的《屈原赋校注》,就是因为未曾使用一切语言、历史、风习、民风、民族、地理、博物、生理、氏族社会、政治、哲学乃至天文、物理、化学等等许多知识,细细引入,以详释各词语。于是,后来我尽量引进,尽量发挥,改写成为《楚辞通故》。我更感觉我综合的能力,仍不够得很。联想到司马迁、班固的《史记》《汉书》两书,包括了一切学问;《说文》《尔雅》也是天文、地理、音乐、博物无所不包。③

下面我们就举一个具体的例子,钟敬文谈道:

> 我国古典神话中的女娲,她的社会的、文化的主要功绩,是用泥土

---

① 周勋初:《文史探微·后记》,见《周勋初文集》第3册,第229页。
② 钟敬文:《扩大知识面——学习与专业有密切关系的科学》,见邓九平主编《谈治学》,第415页。
③ 姜亮夫:《我是怎样摸索进入人文科学这一行道的》,见邓九平主编《谈治学》,第372—373页。

造人、用石块补天和用芦灰止洪水等。她是一个母系时代的大女神,这是大家现在容易想到或承认的。但是她用泥土造人和用石块补天等活动,跟当时的社会事象到底有什么密切关系?关于这点,有的同志往往只简单地把它归于原始人奇诡的幻想。有些同志虽然多少接触到当时的事象,但说的颇为模糊。其实,我们如果具有一定的原始社会史(或原始文化史)和现代民族志、民族学等的知识,这种问题是可以比较解说得清楚的。原始社会中的母系(或母权)时代,在考古学上正是所谓"新石器时代"。制陶术是这个时期的技术特征之一。而在陶器制造的初期(像农业发明的初期一样),它的制造者正是女性。神话里的女娲用泥土捏作人,是这时期女性们实际生产技术活动,在"人类发生问题"解答上的类推的应用。神话中的幻想就是在那样现实的基础上诞生出来的。①

鲁迅早就说过:"大可以看看各样的书,即使和本业毫不相干的,也要泛览。譬如学理科的,偏看看文学书,学文学的偏看看科学书,看看别个在那里研究的究竟是怎么一回事。这样子,对于别人、别事,可以有更深的了解。"②

3. 文学研究的主要相关知识

(1) 文献学知识。首先是目录学知识,在第二讲"怎样查资料"中,我们已经介绍了目录在资料检索方面的作用,其实目录在资料保存方面的作用也十分明显,譬如南朝总集现存《文选》《玉台新咏》两种,不足以反映当时总集发展的盛况。我们查《隋书·经籍志》集部总集类,就著录了107部2213卷,通计亡书共249部5224卷。其中有包括各种体裁的总集,如《文章流别集》41卷、《集林》181卷等;又有单一体裁的总集,如《赋集》92卷、《诗集》1100卷、《乐府歌诗》20卷、《回文诗》8卷、《碑集》29卷等;有某类作者的总集,如《妇人集》20卷、梁有《妇人集》30卷、梁又有《妇人集》11卷等;有某类题材的总集,如《齐谶会诗》17卷、《魏晋宋杂祖饯谶会诗集》21部143卷等。由此可见,总集在南朝得到了蓬勃的发展,《文选》《玉台新

---

① 钟敬文:《扩大知识面——学习与专业有密切关系的科学》,见邓九平主编《谈治学》,第416—417页。
② 鲁迅:《读书杂谈》,见《鲁迅全集》第3卷,第439页。

咏》是当时总集的杰出代表。

由于书目对书的内容和形式进行了描述,通常的著录项目有书名、篇卷、作者、版本、附注、提要等。这些著录项目都能为人们进行学术研究提供重要的依据。如"陶潜集,梁有五卷,隋有九卷,唐乃有二十卷"。① 陶潜集在目录中著录的卷数不断增多,正说明陶诗随着时间的推移越来越受到重视。目录不仅保存了极有价值的史料,而且也反映了人们对各类学术的看法。有的提要实际上就是书评,如明高儒《百川书志》于《初唐诗》提要称:"初唐诗如池塘春草,又如未放之花,含蓄浑厚,生意勃勃,大历以后锄而治之矣。"②可谓言简意赅,准确生动。

还有些提要尽可能地辑录相关资料,可以省去读者翻检之劳。元代马端临的《文献通考·经籍考》就是这么做的。明末藏书家祁承㸁谈道:"其编摩采辑之功,精且详矣。余每遇嗜书之癖发不可遏,即取《通考》翻阅一过。亦觉快然。庶几所谓过屠门而大嚼者乎。"③后来谢启昆的《小学考》、朱彝尊的《经义考》、张心澂的《伪书通考》等都采用了这种方法,所以我们在收集资料时,翻一下此类书目提要当然是大有好处的。

甚至书目中类目的设置也能够反映各类学术的发展状况,如朱自清在谈到诗文评时指出:"诗文评的系统的著作,我们有《诗品》和《文心雕龙》,都作于梁代。可是一向只附在总集类的末尾,宋代才另立文史类来容纳这些书。这文史类后来演变为诗文评类。著录表示有地位,自成一类表示有独立的地位,这反映着各类文学本身如何发展,并如何获得一般的承认。"④再如杂曲歌词在封建社会长期受到鄙视,由于发展迅速,首先在一些私家目录中取得了一席之地,如《遂初堂书目》集部有杂曲类,《直斋书录解题》《文献通考·经籍考》集部有歌词类。《四库全书》集部设词曲类,将其置之卷末,其类序云:

  词曲二体在文章、技艺之间,厥品颇卑,作者弗贵,特才华之士以绮语相高耳,然三百篇变而古诗,古诗变而近体,近体变而词,词变而曲,

---

① [宋]郑樵:《校雠略·阙书备于后世论》,见《通志》卷七一,第833页。
② [明]高儒:《百川书志》卷一九,上海古籍出版社,2005年,第294页。
③ [明]祁承㸁:《藏书训略》,见祁承㸁等《澹生堂藏书约(外八种)》,上海古籍出版社,2005年,第23页。
④ 朱自清:《诗言志辨·序》,见《朱自清古典文学论文集》,第187—188页。

层累而降,莫知其然。究厥渊源,实亦乐府之余音,风人之末派。其于文苑,同属附庸,亦未可全斥为俳优也。今酌取往例,附之篇终。

书目的总序与类序,通常要做辨章学术、考镜源流的工作,对我们从事学术研究,参考价值尤大。如《汉书·艺文志·诗赋略》序实际上是一部中国周代至西汉时期的诗歌发展简史。再如在不少人的心目中,道家思想带着消极保守的色彩,主张无为,是没落奴隶主阶级思想的反映。但是《汉书·艺文志》道家类序却认为:"道家者流盖出于史官,历记成败存亡祸福古今之道,然后知秉要执本,清虚以自守,卑弱以自持,此君人南面之术也。"看来道家是旨在总结统治经验与领导艺术的,他们主要不是要无为,而是要无为而治,是要有所不为而有所为。汉朝前期运用黄老之术还是相当成功的。

其次是版本学知识。首先我们读书治学应当注意选择可靠的版本,例如郭沫若的《女神》,1921年8月的初版本和1928年的修改本就有很大的不同。有的同志说郭沫若"五四"时期已经是一名"具有初步共产主义思想的知识分子",依据的就是1928年的修改本。其实在初版本中,《匪徒颂》并无对马克思、恩格斯的歌颂(原句是对罗素、哥尔栋这两个资产阶级人物的歌颂),《巨炮之教训》也没有"为阶级消灭而战"等字样(原句是"为自由""为人道""为正义"而战)。因此,要真正考察"五四"时期郭沫若的思想实际,我们当然只能依据《女神》的初版本。[①]

后来出现的版本也不是毫无用处,我们将作者一部作品的不同版本加以比较,就会发现作者在思想内容和写作水平方面的变化情况。例如在艾青1953年版《诗论》的《诗与时代》中有下面一段话:"目前中国新诗的主流,是以自由的崇高的,素朴的散文,扬弃了脚韵与格律的封建羁绊,作为形式。"[②]这段话在新版《诗论》中改成了:"目前中国新诗的主流,是以自由的、素朴的语言,加上明显的节奏和大致相近的脚韵,作为形式。"[③]加以比较,我们会发现,作者原先对脚韵与格律采取了完全否定的态度,修改后则对"明显的节奏和大致相近的脚韵"采取了肯定的态度。艾青是主张诗的

---

① 严家炎:《现代文学研究方法答问》,见《求实集》,北京大学出版社,1983年,第31页。
② 艾青:《诗论》,新文艺出版社,1953年,第243页。
③ 艾青:《诗论》,人民文学出版社,1980年,第161页。

散文美的,他在以《诗的散文美》为题的一篇文章中说:

> 我在一家印刷厂的墙上,看见一个工友写给他同伴的一张通知:
> "安明!
> 你记着那车子!"
> 这是美的,而写这通知的也该是天才的诗人。①

读了,我们感到有点莫名其妙。觉得他强调诗的散文美强调得有点过了头。在新版中,最后这句话改成了:"而写这通知的应是有着诗人的秉赋。"②从两个版本的比较中,我们可以看出艾青的诗论随着时间的推移,也在起变化,变得更加符合中国新诗的实际情况。再如鲁迅《为了忘却的记念》中有两句诗,手稿原作:"眼看朋辈成新鬼,怒向刀边觅小诗。"后来将"眼"改为"忍","边"改为"丛"。这两字之改更加生动地说明了当时白色恐怖的严重性,从而深刻地表现了作者的爱与憎。③

研究版本也便于我们了解某部书的出版史与学术研究史,如郭绍虞曾对陶渊明集的版本源流作过仔细的考辨,指出:"陶集版本,遂可区为若干时期。大抵梁以前为陶集之传写时期,宋以前为补缉时期,宋代则为校订时期,而南宋已开注释之风,故入元遂为注释时期。明代则为评选时期,清代则为汇集与考订时期。先后源流,灼然可寻,即当时治学精神之影响所及,亦不难于此数期中窥测明之。"④

版本与政治、经济、文化密切相关,也是学术研究的重要内容。如杜甫的集子在北宋前期并不受重视,苏舜钦称:"杜甫本传云:有集六十卷,今所存者才二十卷,又未经学者编缉,古律错乱,前后不伦,盖不为近世所尚。坠逸过半,吁,可痛闵也。"⑤后经王洙、王安石、王琪整理,直到嘉祐四年(1059)终于在苏州出了《杜工部集》。南宋出了编年本、注释本、集注本、评点本、伪本。表明杜集越来越受重视。李纲分析其原因道:"时平读之,未见其工,迨亲更兵火丧乱,诵其词如出乎其时,犁然有当于人心,然后知为古

---

① 艾青:《诗论》,新文艺出版社,1953年,第227页。
② 艾青:《诗论》,人民文学出版社,1980年,第60页。
③ 许广平:《鲁迅先生怎样对待写作和编辑工作》,见《人民日报》1961年3月27日。
④ 郭绍虞:《陶集考辨》,见《照隅室古典文学论集》,上海古籍出版社,1983年,第262页。
⑤ [宋]苏舜钦:《题杜子美别集后》,见[唐]杜甫著,[清]仇兆鳌注《杜诗详注》卷末《附编》,第2238页。

今绝唱也。"①

这种现象在现代文学作品中也是普遍存在的。巴金在《一篇序文》中谈到中华人民共和国成立后责任编辑要求删改《家》的情况：

> 他的理由似乎是：一切为了宣传，凡是不利于宣传的都给删去，例如在地上吐痰、缠小脚等等等等。他的意见我全部接受。大段大段地删除，虽然我自己也感到心疼，但是想到我的小说会使人相信在中国不曾有过随地吐痰和女人缠脚的事，收到宣传的效果，我的民族自尊心也似乎得到了满足，而且英译本早日出版，还满足了我的虚荣心。此外，我还有一张护身符："政治标准第一"嘛。我在双百方针发表前交出了删改本，英译本则在反右运动后出版，我害怕犯错误是可以理解的。但作为一个作家，不爱护自己的作品，却拿它来猎取名利，这也是一件可耻的事。②

文学研究受到政治影响在"文化大革命"中表现得尤为突出。刘大杰的《中国文学发展史》即是一例。此书上册1941年出版，下册1949年出版。中华人民共和国成立后经过修改，分上、中、下三册于1957年、1962年印行。作者在上海人民出版社1973年版的《前言》中说："在无产阶级文化大革命中，我受到了深刻的阶级斗争和路线斗争的教育。学术领域里对于资产阶级思想的批判，使我进一步认识到在本书中所存在的一些历史唯心主义观点，现在我又作了一些修改。"修改后的《中国文学发展史》充塞着所谓的评法批儒内容。如"柳宗元与古文运动"一章"古文运动及其分野"一节云：

> 在古文运动中形成了两派的斗争。一派是革新，一派是保守。前派较富于尊法非儒的精神，后派则强调"征圣""宗经"的传统。这两派同样提倡散文，反对骈体；同样强调内容，反对浮艳，但他们的政治态度和文学内容是不同的。两派的对立，形成革新与保守、唯物与唯心、法家思想与儒家思想在古文运动中的斗争。

这显然是对历史事实做了极为荒谬的涂抹。同时，他对作家也做了很不公

---

① [宋]李纲：《校定杜工部集序》，见[唐]杜甫著，[清]仇兆鳌注《杜诗详注》卷末《附编》，第2246页。
② 巴金：《一篇序文》，见《病中集》，人民文学出版社，1984年，第17页。

正的评价。如其评论韩愈,不仅取消了他的诗歌在文学史上的贡献,而且对他的散文也妄加贬损,甚至还进行了人身攻击,如云:

> 韩愈在写《论佛骨表》时,似乎理直气壮;一到潮州,就上表求情,并以封禅谀帝。后来又祭鳄鱼,宣扬迷信思想。这都说明,他为了要升官发财,到了不择手段的地步。《旧唐书》本传说他:"观诸权门豪士,如仆隶焉,瞪然不顾。"这真是笑话。……韩愈不但爱官如命,也爱钱如命。……刘禹锡《祭韩吏部文》说:"公鼎侯碑,志隧表阡;一字之价,辇金如山。"可见其稿酬之高。韩愈在这方面利用他的官名、文名,在死人身上赚到了不少的钱。

从1973年版《中国文学发展史》中,我们可以清楚地看到十年浩劫不仅扼杀了正常的文学研究,而且也严重败坏了文风。

通过版本的比较有时也能解决一些学术上的问题,譬如李白的《登金陵凤凰台》究竟是"一水中分白鹭洲",还是"二水中分白鹭洲"?我们查了一下《四部丛刊》本《分类补注李太白诗》(宋杨齐贤集注,元萧士赟补注)之《登金陵凤凰台》,作"一水中分白鹭洲";再查明刊本《唐翰林李白诗类编》卷一二之《登金陵凤凰台》,作"一水中分白鹭洲";再查清聚锦堂刊本清王琦《李太白文集辑注》卷三六之《登金陵凤凰台》作"一(一作二)水中分白鹭洲";再查清刊民国辛未年(1931)绵阳补印本清李调元、邓在珩编《李太白全集》卷五作"二水"。从版本的演变情况看,原诗当作"一水"。"一水",即长江,白鹭洲原为长江中的一个小岛,在今江东门白鹭村一带。据《金陵古今图考》记载,此洲东吴时逐渐形成,唐时绿树成荫,繁花似锦,白鹭翔集,宋时已与江岸连成一片。凡洲都在一水之中,称"二水中分白鹭洲"为想当然的误改。

再次是校勘学知识。所谓校勘就是改正书面材料上由于种种原因而形成的字句篇章上的错误,使之恢复或接近本来面目。它的主要任务是给科学研究提供可靠的文本。例如伦敦藏斯坦因五五四〇号敦煌卷子,抄写了《山花子》四行。王重民《敦煌曲子词集》、任二北《敦煌曲校录》、饶宗颐《敦煌曲》都收录了这一首绝妙好词,但是都缺了两个字,现录之如下:

> 去年春日长相对,今年春日千山外。落花流水东西路,难期会。
> 西江水竭南山碎,忆得终日心无退,当时只合同携手,悔□□。

后来潘重规到伦敦借出原卷、仔细辨认,发现"悔"字下正中尚有两点,他分析道:"写本使用标点符号的惯例,不但两点'··'表示重文,有时一点也表示重文。……可见这一句是'悔悔悔'三个字。……南宋朱淑真有名的《生查子》词,以'去年元日''今年元日'两两对比,正是此词'去年春日''今年春日'的翻版。陆放翁有名的《钗头凤》,在'一怀愁绪,几年离索',无可奈何之余,不禁吐出了'错!错!错!'的哀音,文情体态,不正是《山花子》'悔!悔!悔'的同调吗?失去了这个精彩的结尾,玉缺便不成其为完璧了!"[①]

再如那首被称为是李白写的《菩萨蛮》词:

平林漠漠烟如织,寒山一带伤心碧。暝色入高楼,有人楼上愁。
玉阶空伫立,宿鸟归飞急。何处是归程,长亭连短亭。

这首词有一个矛盾,上片说"有人楼上愁",显然人在楼上;下片却说"玉阶空伫立",显然人又站在楼下。但是既然是在望归程,而且还看到了"长亭连短亭",则下片中的人也应当站在楼上。如何解决这个矛盾呢,就需要校勘学知识。浦江清分析道:

"玉梯空伫立",通行本作"玉阶"。《湘山野录》及黄昇的《绝妙词选》均作"玉梯",是原本。后人或因为"梯"字太俗,改为"玉阶"(《尊前集》已如此),颇有语病。第一,玉阶是白石的阶砌,楼上没有阶砌,除非此人从楼上下来,步至中庭,这是不必需的,我们看下半阕所写的时间和上半阕是一致的。第二,"玉阶"带来了宫词的意味,南朝乐府中有"玉阶怨"一个名目,内容是宫怨,而这首词的题旨却不是宫词或宫怨。……"梯"字并不俗,唐诗宋词中屡见之。刘禹锡诗:"江上楼高十二梯,梯梯登遍与云齐。人从别浦经年去,天向平芜尽处低。"周邦彦词:"楼上晴天碧四垂,楼前芳草接天涯,劝君莫上最高梯。"这两处是以梯代层,十二梯犹言十二层,最高梯犹言最高层也。用"玉梯"者,卢纶诗"高楼倚玉梯,朱槛与云齐";李商隐诗"楼上黄昏望欲休,玉梯横绝月如钩";丁谓《凤栖梧》中"十二层楼春色早,三殿笙歌,九陌风光

[①] 潘重规:《敦煌词话》四《完整无缺的山花子曲子调》,台北,石门图书公司,1981年,第34—35页。

好,堤柳岸花连复道,玉梯相对开蓬岛";姜白石《翠楼吟》:"玉梯凝望久,叹芳草萋萋千里。"……他说"玉梯空伫立"和后来姜白石的"玉梯凝望久"一样,是活用,不是真的伫立在什么梯子上弄成不上不下的情景。其实这"玉梯"是举部分以言全体,举"梯"以言楼,犹之举"帆、橹"以言舟,举"旌旗"以言军马。他说"玉梯空伫立"等于说"楼中空伫立"。①

清初词人朱彝尊编《词综》卷一收录此词,该句作"玉梯空伫立",并于"玉梯"下附注"一作阑干",也可以说明这一点。

(2)语言学知识。我们治学整天同文字打交道当然离不开语言学知识,文字、音韵、训诂、语法、修辞都要懂一点。顾炎武指出:"读九经自考文始。考文自知音始,以至诸子百家之书,亦莫不然。"②戴震曰:"经之至者,道也;所以明道者,其词也。……由文字以通乎语言,由语言以通乎古圣贤之心志,譬之适堂坛之必循其阶,而不可以躐等。"③治经如此,治语言文学当然更是这样。

甲、文字学知识。汉字字型出现过甲骨文、金文、小篆、隶书、楷书、草书、行书,以及俗书、异体字、繁简字等种种复杂的情况。这些不同形体的字在文献中都会有所反映,我们从事学术研究当然离不开文字学知识。比如有位研究生投稿,将引文中的"㠯"字改成了"目"字,一位老编辑纠正过来了。但是这位研究生在看校样时,又把"㠯"字改成了"目"字。这位老编辑给那位研究生写了封信,批评他:"目不识㠯。""㠯"实际上是"以"字的古体字。如果我们懂一些文字学知识,就会纠正文献中的文字错误,或对文献做出合理的解释。如古代汉语中常用通假字,不了解这一点往往会对文献中的字误释误改。

1964年5月,中国文字改革委员会编印《简化字总表》,作为使用简化字的规范,共收2236个简化字。1977年12月,中国文字改革委员会又公布了《第二次汉字简化方案》(草案),造成了简化字使用的混乱。1986年6月,国务院批准了国家语委《关于废止〈第二次汉字简化方案(草

---

① 浦江清:《浦江清文录》,人民文学出版社,1989年,第117页。
② [清]顾炎武:《答李子德书》,见《亭林文集》卷四,《四部备要》集部。
③ [清]戴震:《古经解钩沉序》,见《戴东原集》卷一〇,清宣统二年(1910)渭南严氏刊本。

案)》和纠正社会用字混乱现象的请示》,从此《第二次汉字简化方案(草案)》被停止使用。1986年10月根据国务院批示由国家语言文字工作委员会重新发表了《简化字总表》,共收2235个简化字及14个简化偏旁。2013年6月5日,国务院公布了《通用规范汉字表》,该表确定现代通用规范汉字8105个,为现代汉字字形的标准化提供了依据。然而需要注意的是,书面材料在繁体字转化为简化字及简化字转化为繁体字的过程中,往往会出现一些讹误。

如同恕《榘庵集》卷一二《寿赵翁九十》诗前两句:"正大天興事不遺,白閒春染黑絲絲。"第二句里的"閒"字,《全元诗》的初校者把它看作"閑"的异体,并依现行规范化的汉字,改"閒"作"閑"。李知文指出:"'閒'字在这里有其特定的读音与释义,可改作现在规范化的'間'(间),读 jiān,如果写成'閑'(闲),则音义俱失,变得不可解了。'白閒春染黑絲絲',谓赵翁心有春意,精神愉快,白发的间隙中生出纤细的黑发,意即越活越年轻。"①

乙、音韵学知识。我们在实际生活中离不开音韵学知识。赵俪生在《我和顾炎武研究》一文中举例说:

在我家乡,有个村庄叫于姑庄,另一个村庄叫赵姑庄,我们从小认为这村庄里大概有个什么妇女的事迹可传,因而命名的吧。读了顾的《(音学)五书》,才得知"家"古读曰"姑",那两个村庄原来就是于家庄和赵家庄,真是恍然大悟了。再如一友人住无锡顾桥下,你把"下"读作"夏",问地方人士问不出结果,必曰"顾桥户",地方人才顿然知晓,而《(音学)五书》中写明"下"古读曰"户"。这都是古音在现代社会中之遗存。②

我们读书也离不开音韵学知识。例如贺知章的《回乡偶书》:"少小离乡老大回,乡音无改鬓毛衰。儿童相见不相识,笑问客从何处来?""衰"字是个异读字,有"shuāi"和"cuī"两种读音,这首诗常被选入教科书,一般都读为"cuī"。读"cuī"和第一句"回"押韵了,但是与第四句"来"字不押韵。而按照绝句押韵的要求,应当是第二句、第四句的最后一个字押韵。所以

---

① 李知文:《略论校异文与校是非》,见《古籍整理出版情况简报》1988 年第 197 期。
② 赵俪生:《我和顾炎武研究》,见张世林编《学林春秋》初编,朝华出版社,1999 年,第647 页。

"衰"字在这里应当读"shuāi"而不应当读"cuī"。

人们常用音韵学知识来从事科学研究工作。如《岑参集校注》(上海古籍出版社1981年版)有《武威春暮闻宇文判官西使还已到晋昌》诗,其首二句依《四部丛刊·岑嘉州诗》作:"片云过城头,黄鹂上戍楼。"并注曰:"片云,宋本(即宋刊8卷本,今存4卷)、《文苑英华》、明抄本作'片雨',《全唐诗》作'岸雨'。'云过城头'表明'雨欲来',故下有'黄鹂上戍楼'句。"王刘纯按:

> 此诗为五言律诗。律式为首句仄起入韵式,前四句格律为:"仄仄仄平平,平平仄仄平。平平平仄仄,仄仄仄平平。"故其首句第二字必为仄声,与下句"鹂"平声相对。"云"字属平声,显然与诗律不合。《全唐诗》作"岸雨",平仄虽合,但语意难解,故当依宋本、《文苑英华》、明抄本作"片雨"。片雨,犹阵雨。亦因阵雨骤至,故下句有"黄鹂上戍楼"之语。"片雨",在岑诗中屡见:《晚发五溪》诗云:"江村片雨外,野寺夕阳边。"又《登嘉州凌云寺作》诗云:"回风吹虎穴,片雨当龙湫。"①

蒋礼鸿也谈到过这个问题,他举例道:

> 例如史达祖《梅溪词》里一首咏春雪的《东风第一枝》,里面有"怕凤鞾挑菜归来,万一灞桥相见"的句子,有一个本子作"凤鞵",鞵就是鞋字,鞾就是靴字,这两个字从意义上说都说得过去,究竟哪一个对呢?研究词曲的人告诉我们:鞾字对,鞵字不对。原来词和曲中间有所谓"短柱韵",即一句句子里几个小的停顿的地方用同一个韵,这样唱起来念起来很好听。鞾、菜、来正是用的同一个韵;"怕凤鞾挑菜归来"正和上半首里"料故园不卷重帘"一句的地位相同。那里园、卷、帘三个字也是用同一个韵。②

丙、训诂学知识。做学问离不开训诂学知识,顾洪曾介绍过他父亲顾颉刚在1973年写的一则读书笔记,"对于省吾先生关于《孟子》一书记载《尚书》逸文'有攸不惟臣,东征,绥厥士女'的新解释备加赞赏。于先生说'妥'为'绥'之初文,与'孚'(俘)字在甲骨文中一象以爪擒女,一象以爪擒

---

① 王刘纯:《〈岑参集校注〉的几个问题》,见《河南大学学报》(社会科学版)1985年第5期。
② 蒋礼鸿:《校勘略说》,见《怀任斋文集》,第108页。

子,故均系俘虏之义;则'缓厥士女'乃缚系壮年男女以为奴隶,和旧训'安抚士女'之义恰恰相反,足见周公东征之残酷。父亲评价道:'此真是大发现。'历来被美化的一段历史应当重写了"。① 再如宋周邦彦《黄鹂绕碧树》词有"争如盛饮流霞,醉偎琼树?"一句,其中"盛饮流霞",汲古阁本《片玉集》作"剩引榴花",孰是孰非? 近代著名词家郑文焯校曰:"'盛饮流霞'汲古作'剩引榴花'四字,并以音近讹。"蒋礼鸿按:

> 汲古本是也。凡作盛饮流霞之本者,以为此四字言盛饮酒也。彼特不知剩字之义,又不知榴花之为酒耳。唐宋以剩为多,说见张相《诗词曲语辞汇释》及余《敦煌变文字义通释》,无烦举证。白居易《咏家酝》诗云:"犹嫌竹叶为凡浊,始觉榴花不正真。"榴花为酒名灼然无疑。凡美成之言饮酒,如下卷二页前《锁阳台》云:"别时无计,同引离觞。"十二页后《瑞鹤仙》云:"有流莺劝我,缓引春酌。"上卷三十四页前《丹凤吟》"痛饮浇酒",元本作痛饮浇愁酒,余既以愁字必不可少,著之本条之下矣;乃若痛饮痛引,以《锁阳台》《瑞鹤仙》校之,则亦引字为是。彼三引字,与此阕剩引字而为四,其语出于古之引满。《汉书·叙传》云:"引满举白。"又杜甫《晚宴左氏庄》诗:"看剑引杯长。"其义皆同。然则剩引榴花,字字可解,字字允惬,且榴花与琼树相对切,而乃谓为讹文,得乎? 大鹤未知俗语剩之为多,于榴花又失考,遂踵前人之谬;校词虽细事,犹有甚难者在夫!②

丁、语法学知识。读古书也会遇到语法问题。如《史记·鲁仲连传》云:"鲁仲连曰:'吾将使秦王烹醢梁王。'新垣衍怏然不悦曰:'嘻嘻!亦太甚矣,先生之言也!'"王若虚校曰:"多'先生言'字。必欲存之,当在'太甚'字上。"③洪诚指出:"王若虚不懂感叹句谓语先出为古今语言同有之例,所以妄云'先生之言也'为冗复而欲删之,不删就要把它提前。《史记》这段文字出于《战国策·赵策》,不是司马迁自造的语言。"④

---

① 顾洪:《关于顾颉刚先生读书笔记的特色》,见顾潮编《顾颉刚学记》,第456—457页。
② 蒋礼鸿:《大鹤山人校本〈清真词〉笺记》,见《怀任斋文集》,第290页。
③ [金]王若虚:《史记辨惑》七,见《滹南遗老集》卷一五,《四部丛刊》初编,商务印书馆,1922年。
④ 洪诚:《训诂学》,江苏古籍出版社,1984年,第156页。

标点古书也与语法知识密切相关,中华书局上海编辑所 1961 年版点校本宋人笔记《挥麈录》之《挥麈余话》卷二中有一段话:"昔柳柳州云:'辨如孟轲,渊如庄周,壮如李斯,明如贾谊,哀如屈原,专如扬雄。'柳州之论古人,以一字到,今不可移易。('之论'原误作'论之')"吕叔湘指出后面那句话应当标点为"柳州之论古人以一字,到今不可移易"。① 显然标点者对古汉语中做状语的介词结构可以放在动宾结构之后还不习惯。

对古代白话文的校勘,也同样存在着语法问题,项楚《〈五灯会元〉点校献疑三百例》五十五云:

和尚恐某甲不实邪?(二三一页)校记:"邪,原作'那',据续藏本改。"按原本"那"字不误,"那"是疑问语气词,本书习见,如二六〇页:"曰:'虽在彼中,且不曾上他食堂。'师曰:'口喝东南风那。'"四四八页:"师曰:'汝实不会那!'曰:'学人实不会。'""那"下皆应改问号。三〇四页:"你不肯我,那但装香来。"亦应以"那"属上,作:"你不肯我那?"②

戊、修辞学知识。如清郭麟云:"曹子建《箜篌引》:'生存华屋处,零落归山邱。''生存''零落'偶字也,宋本作'生在',疑误。"③他从对偶的角度指出宋本可能有错,而《晋书·谢安传》云:"羊昙者,太山人,知名士也,为安所爱重。安薨后,辍乐弥年,行不由西州路。尝因石头大醉,扶路唱乐,不觉至州门。左右白曰:'此西州门。'昙悲感不已,以马策扣扉,诵曹子建诗曰:'生存华屋处,零落归山丘。'恸哭而去。"《晋书》成书于唐初,所见较为原始,郭麟所校与之暗合,当是正确的。再如人民文学出版社本《西游记》第一回中有一段话:"参老天,拜菩萨;扯葛藤,编草袜;捉虱子,咬又掐;理毛衣,剔指甲。"其中"咬又掐"三字,张书绅《新说西游记》乾隆刻本及光绪石印本作"咬圪蚤"。对此,梅季认为以上所引"全是动宾词组,独'咬又掐'为动词并列,显然不相对,张本校改是"。④

(3)史学知识。文史不分家,我国自古就有知人论世的传统。《孟

---

① 吕叔湘:《标点古书不可掉以轻心》,见《文献》1982 年第 13 辑。
② 项楚:《〈五灯会元〉点校献疑三百例》,见《古籍整理出版情况简报》1987 年第 172 期。
③ [清]郭麟:《灵芬馆诗话》卷八,见《灵芬馆集》,清嘉庆二十一年(1816)刊本。
④ 梅季:《〈西游记〉校点注问题商榷》,见《古籍整理出版情况简报》第 184、185 期。

子·万章下》:"颂其诗,读其书,不知其人,可乎?是以论其世也……"章学诚说:"不知古人之世,不可妄论古人文辞也。知其世矣,不知古人之身处,亦不可以遽论其文也。"①鲁迅也说过:"我总以为倘要论文,最好是顾及全篇,并且顾及作者的全人,以及他所处的社会状态,这才较为确凿。"②而在这方面鲁迅的《魏晋风度及文与药及酒之关系》堪称代表作。缪钺研究文学与历史都取得了令人瞩目的成就,他曾介绍过自己的成功经验:

> 我治学经常运用文史结合的方法,触类旁通,互相印证,涉猎既广,探索渐深。譬如,我因为讲授魏晋南北朝的诗歌与骈文,就进而深入研究这一时期的历史;因讲授杜甫诗,就对唐代前期历史下了一番工夫;因研究元好问的诗文,而更熟习金元间的史实;因研究杜牧的生平及其作品,而博览有关中晚唐的史书。通过熟习历史,知人论世,对于古代作家与作品更能深入理解,阐发其深情微旨,甚至对于诗中个别词句,亦常能根据当时史事与典制而补正前人注解之疏误。我在讲授或研究历史时,联系文学作品,探索当时人们的"心声",对问题常有深刻而新颖的看法。③

知人论世反映在诗歌研究方面就是以史证诗。王国维《文学小言》云:"由其世知其人,由其人以逆其志,则古诗虽有不能解者寡矣。"传《诗》者为《诗》作序就已经采取了以史证《诗》的方法,朱自清指出:

> 《小序》每篇一条,大约是大、小毛公作的。以史证诗,似乎是《小序》的专门任务;传里虽也偶然提及,却总以训诂为主,不过所选取的字义,意在助成序说,无形中有个一定方向罢了。可是《小序》也还是泛说的多,确指的少。到了郑玄,才更详密的发展了这个条理。他按着《诗经》中的国别和篇次,系统的附合史料,编成了《诗谱》,差不多给每篇诗确定了时代;《笺》中也更多的发挥了作为各篇诗的背景的历史。以史证诗,在他手里算是集大成了。④

---

① [清]章学诚著,叶瑛校注:《文德》,见《文史通义校注》内篇三,第278—279页。
② 鲁迅:《"题未定"草(七)》,见《鲁迅全集》第6卷,第430页。
③ 缪钺:《缪钺自述》,见高增德、丁东编《世纪学人自述》第二卷,第376页。
④ 朱自清:《经典常谈·〈诗经〉第四》,见《朱自清古典文学论文集》,第629页。

为了帮助人们了解作者和时代背景,还出现了《本事诗》《本事词》《三国两晋十六国诗文纪事》《南北朝隋诗文纪事》《唐诗纪事》《辽诗纪事》《宋诗纪事》《金诗纪事》《元诗纪事》《明诗纪事》《清诗纪事》一类著作。如孟棨《本事诗序》云:"诗者,情动于中而形于言。故怨思悲愁,常多感慨。抒怀佳作,讽刺雅言,著于群书,虽盈厨溢阁,其间触事兴咏,尤所钟情,不有发挥,孰明厥义?因采为《本事诗》。"此举一例:

> 宁王曼(当作宪)贵盛,宠妓数十人,皆绝艺上色。宅左有卖饼者妻,纤白明媚。王一见注目,厚遗其夫取之,宠惜逾等。环岁,因问之:"汝复忆饼师否?"默然不对。王召饼师,使见之,其妻注视,双泪垂颊,若不胜情。时王座客十余人,皆当时文士,无不悽异。王命赋诗,王右丞维诗先成:"莫以今时宠,宁忘昔日恩。看花满眼泪,不共楚王言。"(《本事诗·情感第一》)座客无敢继者。王乃归饼师,以终其志。(《唐诗纪事·王维》所加)

该诗题《息夫人》,典出《左传·庄公十四年》:"蔡哀侯为莘故,绳息妫以语楚子。楚子如息,以食入享,遂灭息,以息妫归。生堵敖及成王焉。未言,楚子问之,对曰:'吾一妇人,而事二夫,纵弗能死,其又奚言。'楚子以蔡侯灭息,遂伐蔡。秋,七月,楚入蔡。"①未读《本事诗》,我们会把这一首诗当作咏史诗,对于它的写作原因是不清楚的,读了以后,我们不仅了解了它的写作缘起,而且对它的现实意义,有了更清晰的把握。清人吴乔《围炉诗话》卷一云:"唐人诗意不必在题中,如右丞《息夫人怨》云:'莫以今时宠,能忘旧日恩。看花满眼泪,不共楚王言。'使无稗说载其为宁王夺饼师妻作,后人何从知之!"②可见,了解写作背景对我们理解文学作品是非常必要的。

为作家与诗人编制年谱当然也是出于这方面的考虑。一些高质量的诗歌注释工作,也都是联系作者行事与时代背景来进行的,如冯浩《玉谿生诗笺注发凡》云:"说诗最忌穿凿,然独不曰'以意逆志'乎?今以'知人论世'之法求之,言外隐衷,大堪领悟,似凿而非凿也。"③王鸣盛《李义山诗文集笺注序》也盛赞道:

---

① 《春秋左传正义》卷九,[清]阮元校刻《十三经注疏》,第 1771 页。
② 郭绍虞编选:《清诗话续编》,上海古籍出版社,1983 年,第 495 页。
③ [唐]李商隐著,[清]冯浩笺注:《玉谿生诗集笺注》,上海古籍出版社,1979 年,第 822 页。

盖义山为人,史氏所称与后儒所辨,均为未得其中。注之者倘非贯穿新、旧《唐书》,博观唐、宋人纪载,参伍其党局之本末,反覆于当时将相大臣除拜之先后,节镇叛服不常之情形,年经月纬,了然于胸,则恶能得其要领哉? 若先生之所注,信乎其能如是矣! 是虽不过一家之言,而已有关于史学。①

近人在以史证诗论文方面朝前迈进一大步的,当推陈寅恪。程千帆谈道:

　　解释诗歌的背景,前人如钱牧斋注杜诗,他已注意历史的背景了。但是把背景挖掘得那么深,每一首诗搞得那么具体,那陈寅恪的《元白诗笺证稿》,就具有创新的意义,在方法论上有新的贡献。因为他对白居易的新乐府、《长恨歌》、元稹《连昌宫词》等的历史背景考证得非常详细,以前还没有一个古典诗歌的注家象他那样做过。②

除程先生所提到的几篇作品外,陈寅恪所撰之《桃花源记旁证》《韦庄秦妇吟校笺》《读哀江南赋》《论再生缘》等论文也都是以史证诗论文的典范。陈文多为长篇巨制,今仅录其《元白诗笺证稿》第四章"艳诗及悼亡诗"所附《读莺莺传》之要点为例:

　　莺莺传为微之自叙之作,其所谓张生即微之之化名,此固无可疑。(112 页)韩昌黎集贰肆监察御史元君妻京兆韦氏夫人(即微之元配)墓志铭略云:"仆射〔韦夏卿〕娶裴氏皋女,皋父宰相耀卿。夫人于仆射为季女,爱之,选婿得今御史河南元稹。"(115 页)据元白之诗意,俱以一梦取譬于莺莺之因缘,而视为不足道。复观昌黎之志文,盛夸韦氏姻族之显赫,益可见韦丛与莺莺之差别,在社会地位门第高下而已。然则莺莺所出必非高门,实无可疑也。(115 页)若莺莺果出高门甲族,则微之无事更婚韦氏。惟其非名家之女,舍之而别娶,乃可见谅于时人。盖唐代社会承南北朝之旧俗,通以二事评量人品之高下。此二事,一曰婚。二曰宦。凡婚而不娶名家女,与仕而不由清望官,俱为社会所不齿。此类例证甚众,且为治史者所习知,故兹不具论。但明乎此,则微之所以作莺莺传,直叙其自身始乱终弃之事迹,绝不为之少惭,或略讳

---

① 同上书,第818页。
② 程千帆:《关于治学方法》,见《治学小言》,第13页。

者,即职是故也。其友人杨巨源李绅白居易亦知之,而不以为非者,舍弃寒女,而别婚高门,当日社会所公认之正当行为也。否则微之为极热中巧宦之人,值其初具羽毛,欲以直声升朝之际,岂肯作此贻人口实之文,广为流播,以自阻其进取之路哉?①

陈寅恪称"其艳诗则多为其少日之情人所谓崔莺莺者而作"。② 元稹在爱情与政治前途的矛盾中,毅然舍弃爱情,在感情上也理所当然地受到了惩罚。那剪不断理还乱的少年恋情,常常萦绕在他的脑际,使之悔恨莫名。如大家所熟悉的《刘阮妻二首》之二:"芙蓉脂肉绿云鬟,罨画楼台青黛山。千树桃花万年药,不知何事忆人间?"再如《忆事》:"夜深闲到戟门边,却绕行廊又独眠。明月满庭池水渌,桐花垂在绣帘前。"导致诗人难以入眠的往事,似与最后一句诗有关。我们在他的集子中,找到了一首题为《桐花落》的诗,写女主人绣了一幅桐花孔雀图,后几句是"我爱看不已,君烦睡先著。我作绣桐诗,系君裙带著。别来苦修道,此意都萧索。今日竟相牵,思量偶然错"。

以史证诗论文已为大家所普遍接受,反过来也可以以诗证史。《四库全书总目》卷一六《韩诗外传》提要已指出《韩诗外传》已经注意"引《诗》以证事"。钱谦益注杜诗即采取了这种方法,郝润华著《〈钱注杜诗〉与诗史互证方法》(黄山书社,2000 年)专门探讨了这一问题,可参看。陈寅恪以史证诗的同时,也注意到了以诗证史的问题,他在课堂上曾经说过:"如将唐诗加以有系统之研究,可以成为极好之史料。例如清人杨锺羲的《雪桥诗话》,从诗题中察知若干掌故,可补正史之不足。"③"陈先生列举了唐诗可证史的几个方面:1. 纠正历史上记载的错误;2. 说明历史的真相;3. 别备异说;4. 互相证发;5. 增补阙漏。他认为唐诗咏事者甚多,年月事例具体,往往可提供确切的史料,校正史籍记载的讹误。"④过去蔡尚思在南京国学图书馆读书时不看诗词集,有失偏颇。

严耕望颇注意以诗证史,他谈道:"我把诗篇当作史料。唐代诗学发达,文人对于一切事物喜欢以诗篇发之,朋友通讯,更是经常以诗代文,所以

---

① 陈寅恪:《元白诗笺证稿》,生活·读书·新知三联书店,2001 年,第 116—117 页。
② 同上书,第 84 页。
③ 石泉、李涵:《听寅恪师唐史课笔记一则》,见张杰、杨燕丽编《追忆陈寅恪》,第 267 页。
④ 胡守为:《陈寅恪先生的考据方法及其在史学中的运用》,见《学术研究》1980 年第 4 期。

一部《全唐诗》寓含的史料极其丰富,研究唐史,这部书无疑为史料宝库之一。我这十几年来写唐代交通问题,引用诗篇作证之处,估计当在一千条以上。"①仅举一例,岑仲勉先生《中外史地考证·前言》云:"汉、唐在玉门西,未见驿传之记载。"他认为玉门以西到了元代才开始置驿传。其实,唐代玉门以西早已置驿,严耕望所举例证中就有唐诗,如岑参《武威送刘单判官赴安西行营便呈高开府》诗:"曾到交河城,风土断人肠。塞驿远如点,边烽互相望。"②

史地不分家,我们还要强调一下地理知识。钱仲联举例说:"由于涉猎古地理书,在补注鲍参军诗《岐阳守风》时,可以根据《古逸丛书》本《太平寰宇记》的记载,指出'岐阳'是'阳岐'的倒文,地在湖北石首县,是鲍照从临海王刘子顼到江陵时所必经,而旧注所说指陕西岐山或岐水之阳是错的,因而可以辨明旧注以为鲍照到过陕西的臆说。"③王之涣的《凉州词》,通行本作"黄河远上白云间,一片孤城万仞山。羌笛何须怨杨柳,春风不度玉门关"。竺可桢从地理学的角度提出了不同的看法,受到了周培源的肯定。周培源介绍道:

> 竺老还把自然科学引入了版本校勘学的领域。例如,王之涣《凉州词》:"黄沙直上白云间,一片孤城万仞山。羌笛何须怨杨柳,春风不度玉门关。"他考证说,这是很合乎凉州以西玉门关一带春天情况的。玉门关是古代通往西域丝绸之路的必经之地,唐朝开元时代,写边塞诗的诗人,对于安西、玉门关一带春天几乎每天日中都要刮起黄沙、直冲云霄的情况是熟悉的。但后来不知在何时,王之涣《凉州词》第一句便被改成"黄河远上白云间"。到如今,书店流行的唐诗选本,统沿用改过的句子。实际上黄河和凉州及玉门关谈不上有什么关系。竺可桢同志这番考证,比起一般的考证更进一步,更带有科学性,所以更有说服力。④

翻开地图,玉门关与黄河相距甚远,确实关系不大。就版本而言,《文苑英

---

① 严耕望:《治史答问》,第 27 页。
② 严耕望:《治史经验谈》,第 38 页。
③ 钱仲联:《钱仲联教授谈治学》,见《文教资料》1994 年第 4 期。
④ 周培源:《自学成才要有文化知识》,见《文史知识》1982 年第 5 期。

华》《唐诗纪事》等许多较早的本子仍作"黄沙直上白云间",如叶景葵云:

> 诗句有一字沿讹,为后人所忽略者。如王之涣《凉州词》"黄河远上白云间",古今传诵之句也。前见北平图书馆新得明铜活字本,"黄河"作"黄砂",恍然有悟。盖本作"沙",讹作"河",草书形近之故。今检此本亦作"沙",所据必为善本。向诵此诗即疑"黄河"两字与下三句皆不贯串。此诗之佳处,不知何在?若作"黄沙",则第二句"万仞山"便有意义,而第二联亦字字皆有着落。第一联写出凉州荒寒萧索之象,实为第三句"怨"字埋根,于是此诗全体灵活矣。①

可能会有人认为作者为了表达自己的思想感情,在作品中所提到的地名是可以不符合实际情况的,最突出的例子要算苏轼的《念奴娇·赤壁怀古》与《前赤壁赋》。大家都知道赤壁之战爆发于乌林(今湖北嘉鱼东北),而苏轼被贬所在的黄州不是当年的战场,关于这一点,苏轼是清楚的,所以他在词中说:"故垒西边,人道是三国周郎赤壁。"而在赋中说,客曰:"西望夏口,东望武昌,山川相缪,郁乎苍苍,此非孟德之困于周郎者乎?"把地点弄错了的责任都归之于别人,而自己则借题发挥,以抒发自己的感情。那么王之涣的《凉州词》是否也属于这种情况呢?答曰:"非也。"苏轼故意把地点弄错了是为了更好地抒发自己的感情,甚至不弄错就无法抒发自己的感情。而《凉州词》的主题在一个"怨"字,"黄沙直上白云间,一片孤城万仞山",充分地表现了边塞的荒寒景象,守边将士长期生活在这里得不到春风的眷顾,自然会产生忧怨之情,这也是可以理解,令人同情的。如改成了"黄河远上白云间",守边将士生活在如此壮丽的景色中,若产生幽怨之情,人们就不易理解,不太同情了。

(4)心理学知识。文学是写人的,特别是写人的内心世界。因此心理学知识对于我们研究文学作品是必不可少的。我们在第一讲"怎样选题"中,已经介绍过闻一多运用弗洛伊德的学说将《诗经》研究提高到一个崭新的水平。心理学中还有一个流行学说就是马斯洛的需要层次论。他认为人的需要的最高层次是实现自我价值。如果用这个观点分析文学作品可能会得出一些不同的结论。譬如人们爱把宋代词人分成婉约、豪放两派,豪放派

---

① 叶景葵:《卷庵书跋》,古典文学出版社,1957年,第173页。

的代表人物是苏轼,其代表作便是《念奴娇·赤壁怀古》。其实这首词貌似豪放,实际上却表达了其自身价值无法实现的悲哀情绪。苏轼二十刚出头就考取了进士,享有很高的文名,官也升得很快,后因反对王安石变法,主动要求外放,即便如此他对自己仍充满信心,有诗为证。《沁园春·赴密州,早行,马上寄子由》下片云:

> 当时共客长安,似二陆初来俱少年。有笔头千字,胸中万卷,致君尧舜,此事何难!用舍由时,行藏在我,袖手何妨闲处看。身长健,但优游卒岁,且斗樽前。

但是,苏轼在湖州因乌台诗案被捕,差点掉了脑袋,出狱后被贬至黄州任团练副使,遭编管,已经是四十七岁的人了。《论语·子罕》篇提到孔子的几句名言:"后生可畏,焉知来者之不如今也。四十、五十而无闻焉,斯亦不足畏也已。"苏轼面对被编管的现实,感到自己的岁数又大了,自己的理想难以实现,这才心灰意冷,写了这首词。用周瑜的风流倜傥、雄姿英发来反衬自己早生华发,一事无成。在当时的情况下,苏轼是豪放不起来的。

(5)自然科学知识。文学作品总是以客观世界来表现人的主观世界。因此自然科学知识越丰富也就越有助于对文学作品的理解与研究。陆玑有《毛诗草木鸟兽虫鱼疏》二卷,郑樵《通志·昆虫草木略一·序》也谈到了生物知识对研究《诗经》的作用,指出:

> 夫诗之本在声,而声之本在兴,鸟兽草木乃发兴之本,汉儒之言诗者既不论声,又不知兴,故鸟兽草木之学废矣。若曰关关雎鸠,在河之洲,不识雎鸠,则安知河洲之趣,与关关之声乎?凡雁鹜之类,其喙褊者,则其声关关。鸡雉之类,其喙锐者,则其声鷟鷟,此天籁也。关鸠之喙似凫雁,故其声如是,又得水边之趣。①

近人已注意运用自然科学知识来分析文学作品。如韩愈《李花赠张十一署》,首二句云:"江陵城西二月尾,花不见桃惟见李。"杨万里有《读退之李花诗》序云:"桃李岁岁同时并开,而退之有'花不见桃惟见李'之句,殊不可解。因晚登碧落堂,望隔江桃、李,桃皆暗而李独明,乃悟其妙。"诗云:"近红暮看失燕支,远白宵明雪色奇。花不见桃惟见李,一生不晓退之诗。"

---

① [宋]郑樵:《昆虫草木略一·序》,见《通志》卷七五,第865页。

此外,他在《东园晴步二首》之二中还提到:"浅暖疏寒十日晴,桃花红暗李花明。"看来他确实经常在琢磨这个问题。程千帆特撰《韩诗〈李花赠张十一署〉篇发微》,用光学原理解释了"花不见桃惟见李"的现象,光线由赤橙黄绿青蓝紫七色组成,全部反射则为白色。其余六色被吸收,只有红色反射则为红色。红为部分反射之单色光,故反射力弱,因此显得暗;白为全体反射之复色光,故反射力强,因此显得强。傍晚时分,光线较弱,便出现了"花不见桃惟见李"现象。文章最后还说:"夫科学所以格物,文学所以状物,二者若不相谋。然必格物之术愈工,则状物之精愈显,是又足以相成。故近世言批评者,往往借助于自然社会诸科学,未尝暧昧于一家之言而自画也。"①

再如,杜甫《曲江二首》其二中有两句诗:"穿花蛱蝶深深见,点水蜻蜓款款飞。"宋代理学家程颐批评道:"某素不作诗,亦非是禁止不作,但不欲为此闲言语。且如今言能诗无如杜甫,如云:'穿花蛱蝶深深见,点水蜻蜓款款飞。'如此闲言语道出做甚!"②我们查了一下科普读物,方知蝴蝶交配、补充营养和产卵都要靠到处飞舞去寻找机会。雌蝴蝶性成熟以后,首先要经过交配才能产卵。可是,世界这么大,蝴蝶又这么小,上哪儿去找配偶呢?……未交配的雌蝶能从腹部末端一对腺体中产生出一种叫做性信息激素的挥发性物质,它对雄蝶有强烈的引诱作用。随着雌蝶翅膀快速扇动,性信息激素的气味扩散到空中,并随风飘散开来,雄蝶一闻到这种气味,马上会追踪而来,找到雌蝶。一种雌蝶的性信息激素只对同种雄蝶起作用,它的引诱效率极高,极微量的激素就能吸引几公里远的雄蝶。有人认为我国台湾南投浦里镇每年7月下旬成千上万只蝴蝶形成的蝶虹,以及云南大理蝴蝶泉每年5月数不清的蝴蝶聚会的奇景,也都是性信息激素招引的结果。相比之下,蝴蝶补充营养就容易多了。大多数蝴蝶以花蜜为食,它们在花间飞舞,找到自己喜欢的花,就用它们的虹吸式口器探花吸蜜,补充维持生命活动的能源。③ 蜻蜓点水的目的也是为了在水面上产卵。杜甫也许不懂得这些生物学知识,由于诗人观察事物细致入微,又善于用文字表现自己观察

---

① 程千帆:《韩诗〈李花赠张十一署〉篇发微》,见《程千帆全集》第8卷,第490页。
② [宋]程颢、程颐:《二程全书·语录》卷一一,清光绪三十四年(1908)澹雅局刊本。
③ 参见王国忠等《新编十万个为什么·动物卷》,广西科学技术出版社,1992年,第197—198页。

的结果,所以能做到与科学道理暗合。

又《东坡志林》云:"子美'白鸥没浩荡',言灭没于烟波间耳。宋敏求谓鸥不解没,改作波字,便觉神气索然。"今人周振甫也不同意宋敏求的看法,指出:"杜甫的《奉赠韦左丞丈二十二韵》诗,写鸥鸟在浩渺无边的万里烟波之中飞翔,没有谁能够驯服它,写出了广阔的境界,写出了鸥鸟自由自在地飞翔。'没'指灭没,消失。写白鸥的消失,才能显出万里烟波的广阔。这个'没'不是钻进水里的意思。改成'白鸥波浩荡',显不出白鸥的自在飞翔。所以毫无精神了。这样一改,意义也全变了。"①宋敏求的错误原因在于缺乏生物学知识。因为波浪容易将鱼从水下卷出水面,鸥鸟追逐波浪的目的是为了找鱼,一旦发现了目标,它是会钻入水中去捕鱼的。周振甫的分析似也未注意到白鸥为捕鱼而在波浪上盘旋,一旦猎物出现即钻入水中捕获的特点。鸥鸟一般不会像雄鹰或大雁那样会在天空中渐飞渐远,最终消逝的。

再如杜甫《羌村三首》其一云:"柴门鸟雀(当作鹊)噪,归客千里至。"(《杜诗详注》卷五)仇兆鳌注云:"……陆贾《新语》:乾鹊噪而行人至。"仇氏认为"雀"字应改为"鹊"字,并且引用了一条材料证明自己是正确的。其实也是只知其一,不知其二。杜甫住的是茅屋或草堂,茅屋与草堂是麻雀做窝的地方。从这首诗的首二句"峥嵘赤云西,日脚下平地"可知,杜甫到家的时间是傍晚,也正是鸟雀栖息在茅屋周围的树上叽叽喳喳叫着准备回窝的时候,"柴门鸟雀噪"一句准确而生动地描写了农村薄暮时的情景,是不能改动的。

四 比较研究法

比较研究也是一种人们经常使用,并且卓有成效的方法,下面我们再专门探讨一下比较研究法。

1. 什么是比较研究法

比较研究法就是将两个以上有某些共同之处的研究对象放在一起进行比较研究,以便更好地揭示它们的内容与特色。元遗山《中州集》卷九《拟

---

① 周振甫:《诗词例话·精警》,中国青年出版社,1962年,第318页。

栩先生王中立六首》序云:"予尝从先生学,问作诗究竟当如何?先生举秦少游《春雨》诗云:'有情芍药含春泪,无力蔷薇卧晚枝。此诗非不工,若以退之'芭蕉叶大栀子肥'之句校之,则《春雨》为妇人语矣。破却工夫,何至学妇人?"后来他还专门写了一首论诗绝句:"'有情芍药含春泪,无力蔷薇卧晚枝。'拈出退之《山石》句,始知渠是女郎诗。"看来这位先生运用比较研究的方法给元好问留下了深刻的印象,也产生了很好的效果。

　　比较研究法实际上是要我们用发展的、辩证的相互联系的眼光去看问题。胡适曾介绍过杜威的历史的方法:"历史的方法——'祖孙的方法'。他从来不把一个制度或学说看作一个孤立的东西,总把他看作一个中段,一头是他所以发生的原因,一头是他自己发生的效果;上头有他的祖父,下面有他的子孙。"①顾颉刚也说:"后来听了适之先生的课,知道研究历史的方法在于寻求一件事情的前后左右的关系,不把它看作突然出现的。老实说,我的脑筋中印象最深的科学方法不过如此而已。"②胡适的那段话着眼于纵向比较,顾颉刚的话兼顾"前后左右"就更加全面了。

　　我国使用比较研究法甚早,《世说新语·言语》篇云:"谢太傅(安)寒雪日内集,与儿女讲论文义,俄而雪骤。公欣然曰:'白雪纷纷何所似?'兄子胡儿(谢朗)曰:'撒盐空中差可拟。'兄女(谢道蕴)曰:'未若柳絮因风起。'公大笑乐。"谢道蕴自信自己的比喻要比谢朗强。两相比较也确实如此。盐除颜色与雪相似外,其余没有任何相似之处,而且生活中也没有撒盐空中的现象。但因风而起的柳絮恰好能够表现雪花飘飘的轻盈神态,况且这一比喻来自生活,能够唤起人们美好的想象。锺嵘撰《诗品》就已经普遍使用比较研究法了。其《总序》云:"昔九品论人,《七略》裁士,校以宾实,诚多未值。至若诗之为技,较尔可知,以类推之,殆均博弈。"③所以他将汉至齐梁时代一百多位诗人分成上、中、下三品。今天看来不一定都十分正确,譬如将陶渊明列为中品,将曹操列为下品就有失公允,但是也反映了当时一些人的诗学批评标准。其比较研究法还表现在对三十六家作品的渊源作了探索,譬如称三国魏陈思王植:

---

① 胡适:《杜威先生与中国》,见《胡适文集》第 2 册,第 280 页。
② 顾颉刚:《自序》,见《古史辨》第 1 册卷首。
③ 陈延杰:《诗品注》,人民文学出版社,1961 年,第 3 页。

> 其源出于《国风》。骨气奇高,词采华茂,情兼雅怨,体被文质,粲溢今古,卓尔不群。嗟乎,陈思之于文章也,譬人伦之有周孔,鳞羽之有龙凤,音乐之有琴笙,女工之有黼黻。俾尔怀铅吮墨者,抱篇章而景慕,映余辉以自烛。故孔氏之门如用诗,则公幹升堂,思王入室,景阳潘、陆,自可坐于廊庑之间矣。①

你可能不完全同意锺嵘的看法,但是你不能否认锺嵘的看法是经过认真比较得出的。此外,锺嵘还采用横向比较的方法,指出一些诗人之间的差异,譬如他称王粲"方陈思不足,比魏文有余",②称陆机"气少于公幹,文劣于仲宣",③称张协"雄于潘岳,靡于太冲",④称左思"虽野于陆机,而深于潘岳"⑤等等。直到今天比较研究的方法仍然是学者们乐于采用的,如沈祖棻的《唐人七绝诗浅释》就是采用的这种方法,她将一些在题材、主题、语言风格、写作技巧等各方面相近或相反的作品放在一起,加以比较,她认为这样做"不仅可以增加兴趣,而且对于培养我们的欣赏与写作的能力,也有帮助"。⑥ 例见附录。

2. 比较研究法的作用

鲁迅说过:"比较是医治受骗的好方子。乡下人常常误认一种硫化铜为金矿,空口是和他说不明白的,或者他还会赶紧藏起来,疑心你要白骗他的宝贝。但如果遇到一点真的金矿,只要用手掂一掂轻重,他就死心塌地:明白了。"⑦有比较才有鉴别,通过比较能够更好地认识研究对象的本质与特点。陈寅恪的《元白诗笺证稿》就采用了比较研究的方法,尝自称:"今世之治文学史者,必就同一性质题目之作品,考定其作成之年代,于同中求异,异中见同,为一比较分析之研究,而后文学演化之迹象,与夫文人才学之高

---

① [南朝梁]锺嵘著,陈延杰注:《诗品注》,第 20 页。"公幹"为刘桢字,"景阳"为张协字,"潘、陆"为潘岳、陆机并称。
② 同上书,第 22 页。
③ 同上书,第 24 页。
④ 同上书,第 27 页。
⑤ 同上书,第 28 页。
⑥ 沈祖棻:《唐人七绝诗浅释·引言》,第 33 页。
⑦ 鲁迅:《且介亭杂文·随便翻翻》,《鲁迅全集》第 6 卷,第 139—140 页。

下,始得明了。否则模糊影响,任意批评,恐终不能有真知灼见也。今请仍以比较之研究论乐天之琵琶引。"①通过比较他得出如下结论:"盖乐天之作此诗,亦已依其同时才士,即元微之,所作同一性质题目之诗,即琵琶歌,加以改进。今取两诗比较分析,其因袭变革之词句及意旨,固历历可睹也。后来作者能否超越,所不敢知,而乐天当日实已超越微之所作,要为无可疑者。至乐天诗中疑滞之字句不易解释,或莫知适从者,亦可因比较研究,而取决一是。斯又此种研究方法之副收获品矣。"②具体来说,元稹的《琵琶歌》作于元和五年(810),白居易的《琵琶行》作于元和十一年(816),后者受到了前者的影响。就主旨而言,"则微之盛赞管儿之绝艺,复勉铁山以精进,似以一题而兼二旨。虽二旨亦可相关,但终不免有一间之隔。故不及乐天之一题一意之明白晓畅也"。就写作动机而言,"乐天此诗自抒其迁谪之怀,乃有真实情感之作。与微之之仅践宿诺,偿文债者,大有不同。其工拙之殊绝,复何足怪哉"。③

徐凝写过一首绝句《庐山瀑布》:"虚空落泉千仞直,雷奔入江不暂息。今古长如白练飞,一条界破青山色。"唐范摅《云溪友议》卷中"钱塘"条说过一个故事,大意是白居易初到杭州担任刺史,诗人徐凝、张祜登门拜访,都希望在乡贡中获得首荐,遂试《长剑倚天外赋》《余霞散成绮》诗,试讫解送,以凝为元,祜其次耳。张祜不服气,说自己诗写得好,白居易解释道:"你没有写出徐凝'今古长如白练飞,一条界破青山色'这样的诗句。"后来在人生的道路上,徐凝顺利,张祜不顺利,都与这次乡试有关。宋人王谠的《唐语林》卷三《品汇》门,以及计有功的《唐诗纪事》卷四一"徐凝"条,都转载了这则故事,因此产生了较大的影响。但是也有不同看法,宋神宗元丰七年(1084),苏轼从黄州移汝州,过九江时,游览了庐山。《东坡志林》卷一《记游庐山》云:

> 仆初入庐山,山谷奇秀,平生所未见,殆应接不暇,遂发意不作诗。……是日,有以陈令举《庐山记》见寄者,且行且读,见其中云徐凝、李白之诗,不觉失笑。旋入开元(应作先)寺,主僧求诗,因作一绝

---

① 陈寅恪:《元白诗笺证稿》,第46页。
② 同上书,第47页。
③ 同上书,第49页。

云:"帝遣银河一派垂,古来唯有谪仙词。飞流溅沫知多少,不与徐凝洗恶诗。"

后来苏轼将此诗收入集中,又加了个很长的题目做了说明:《世传徐凝瀑布诗云"一条界破青山色",至为尘陋。又伪作乐天诗称羡此句,有"赛不得"之语。乐天虽涉浅易,然岂至是哉?乃戏作一绝》。李白与徐凝的诗水平究竟如何,不妨作个比较,程千帆特地写了一篇论文《关于李白和徐凝的庐山瀑布诗》,今录其要点。"李诗的第一句写山,山名香炉峰,山头云气笼罩,很像香烟,诗人极其活跃地联想到香炉在烧香时要生烟的事实,从而创造了这个形容在阳光之下云霞环绕的天半高峰的绝妙比喻。""'紫烟'之喻,当是受了晋释慧远《庐山记》中'气笼其上,则氤氲如香烟'的启发,却比原作远为生动鲜明。"而且"第一句描写了香炉峰,陪衬了瀑布水"。徐诗未着力写山,只提到"青山色",显得一般化。李诗"第二句描写了诗人自己的活动,使人们有可能想像他那种登高望远、遗世独立、精神与天地相往来的风貌,从而大大地扩张了诗的容量。对比之下,就不能不使人感到徐诗四句纯属客观描写的单调,显出其诗中无我的缺点"。"第三四句写瀑,以银河作比,也正因为银河是天界所固有,从地面望上去,它永远是个弧形,像是要落下来。这样,以银河欲落之假象来比拟瀑布下泻之真相,就显得非常贴切。(案:而且写出了瀑布位置之高,水量之大)徐诗以白练飞比瀑布之下落,以雷声比瀑声之响亮,当然是可以的。但是,用白练将青山单一的颜色界破,有什么意义呢?在自然界和人类社会生活中又有什么根据呢?对于'雷奔'之后接以'入江',也可以提出同样的疑问。由此可见,李诗中用来比拟的和被比拟的事物形象,是有机地结合着的,而徐诗则恰恰相反,由于想像缺乏生活现象作为根据,所以用来比拟的和被比拟的事物形象就不能不是拼凑起来的,因而也不能不给人以一种朴拙乃至于'尘陋'的印象了。"另外,李诗的比喻是创造性的,因而给人留下了新鲜而深刻的印象,而徐诗的比喻是继承前人的,所以给我们留下的印象是一般化的。《水经注》云:"悬流飞瀑……望之连天,若曳飞练于宵中矣。"这段话或为徐凝所本,但是郦道元写得生气勃勃,而徐凝写得平平常常。通过比较,很快就显示出了二诗的优劣。①

如果我们对一位作家不同时期的作品加以比较,往往能清晰地展现他的生活轨迹与心路历程。譬如李清照爱乘舟出游,并且见诸笔端。其一为《如梦令》:

> 常记溪亭日暮,沉醉不知归路。兴尽晚回舟,误入藕花深处。争渡、争渡,惊起一滩鸥鹭。

这首小令着重描写了作者在藕花深处争渡时惊起鸥鹭齐飞的生动画面。通过对人争渡、鸟齐飞的动态描写。我们可以体会到诗人少女时代所洋溢着的青春活力。其二为《一剪梅》:

> 红藕香残玉簟秋,轻解罗裳,独上兰舟。云中谁寄锦书来?雁字回时,月满西楼。　花自飘零水自流,一种相思,两处闲愁。此情无计可消除,才下眉头,却上心头。

如果同上面所引的《如梦令》比较一下,就会发现两者有明显的不同:上次是夏天,荷花开得很茂盛;这次是秋天,荷花已经开败了。上次一个人出游,没有考虑独不独的问题;这次还是一个人出游,特别强调了一个"独"字,也就是说丈夫应当同自己一道出游,却因故未能做到这一点。上次见到的是鸥鹭,这次见到的是据说能够传信的大雁。上次出游,一门心思用在玩上;这次出游,心思没有专门用在玩上,而是用在思念丈夫上面,甚至想到丈夫也在思念自己。上次玩过了,驾舟出游活动也就结束了;这次玩过了,还在感叹"花自飘零水自流",自己的花样年华正在消逝,而且相思之情一直到月满西楼时都无法排除,以至于"才下眉头,却上心头。"我们从这首词中不难体会到,诗人少妇时代丈夫不在家时的孤独感。其三为:

> 风住尘香花已尽,日晚倦梳头。物是人非事事休,欲语泪先流。
> 闻说双溪春尚好,也拟泛轻舟。只恐双溪舴艋舟,载不动许多愁。

上阕首句写盛开的繁花受到狂风的袭击已委身于尘土,次句写日色已高,头犹未梳,可见百无聊赖,忧愁之深。三、四两句点明一切悲苦的由来,都是"物是人非"。而这种"物是人非",又绝不是偶然的、个别的、轻微的变化,

---

① 程千帆:《关于李白和徐凝的庐山瀑布诗》,见《程千帆全集》第 8 卷,第 235—248 页。

而是一种极为广泛的、剧烈的、带有根本性的、重大的变化,无数的事情、无尽的痛苦,都在其中,故以"事事休"概括。所以虽有话要说,眼泪却早已扑簌簌地流了下来。双溪在金华城南,由东港、南港汇合而成,是著名的风景区。下阕写诗人本来也想乘舟出游,由于忧愁太沉重了,所以再也没有心情乘舟游览双溪了。我们从中可以体会到晚年的李清照由于国破家亡,内心是多么的孤独与痛苦。

3. 怎样运用比较研究法

首先,当然是尽可能多地收集可供比较研究的材料。胡适曾指出:"第一步:积聚些比较参考的材料,越多越好。"①他还举例分析过这个问题:"研究歌谣,有一个很有趣的法子,就是'比较的研究法'。有许多歌谣是大同小异的。大同的地方是他们的本旨,在文学的术语上叫做'母题'(motif)。小异的地方是随时随地添上的枝叶细节。往往有一个'母题'从北方直传到南方,从江苏直传到四川,随地加上许多'本地风光';变到末了,几乎句句变了,字字变了,然而我们试把这些歌谣比较着看,剥去枝叶,仍旧可以看出他们原来同出于一个'母题'。这种研究法,叫做'比较研究法'。"通过比较,可以看出:"(1)某地的作者对于母题见解之高低。(2)某地的特殊的风俗,服饰,语言等等——所谓'本地风光'。(3)作者的文学天才与技术。"最后他强调指出:"现在搜集歌谣的人,往往不耐烦搜集这种大同小异的歌谣,往往向许多类似的歌谣里挑出一首他自己认为最好的。这个法子是不很妥当的。第一,选的人认为最好的,未必就是最好的。第二,即便他删的不错,他也不免删去了许多极好的比较参考的材料。"②所以尽可能多地收集相关材料,是开展比较研究的基础。

其次,用于比较研究对象,应当具有大致相同、大致对等的可供比较的条件。胡小石认为:"既名之曰比较,必定先要定出一种公共的标准,若标准不同,便无所用其比较了。李、杜二人,倒有比较的可能性:因同为诗人,同为盛唐时诗人,且同为后世所宗仰而在文学史上占极重要的位置的诗

---

① 胡适:《国语文法概论》,见《胡适文集》第 2 册,第 356 页。
② 胡适:《歌谣的比较的研究法的一个例》,见《胡适文集》第 3 册,第 630—636 页。

人。"①所以他写了一篇《李杜诗之比较》的论文,主要是采用横向比较的方法。目的在于说明两者的差异与各自的特点。今录其结论部分为例。

  李守着诗的范围,杜则抉破藩篱。李用古人成意,杜用当时现事。李虽间用复笔,而好处则在单笔;杜的好处,全在排偶。李之体有选择,故古多律少;杜诗无选择,只讲变化,故律体与排偶都多。李诗声调很谐美,杜则多用拗体。李诗重意,无奇字新句,杜诗则出语惊人。李尚守文学范围,杜则受散文化与历史化。从《古诗十九首》至太白作个结束,可谓成家;从子美开首,其作风一直影响至宋、明以后,可云开派。杜甫所走之路,似较李白为新闻,故历代的徒弟更多。总而言之,李白是唐代诗人复古的健将,杜甫是革命的先锋。②

  后来,郭沫若以《李白与杜甫》为题写成了一部书,总的来说采用了横向比较的方法,文中也采用了纵向比较的方法。纵向比较,重点在于研究事物的发展变化。因协助永王璘举事失败,李白被流放夜郎,郭沫若分析道:

  在近于绝望的心境中,忽然在半途遇到大赦,李白的高兴是可以想见的。在他的诗歌创作中,这时又来了一个高潮。有名的七绝《早发白帝城》(一作《白帝下江陵》或《下江陵》),唐人绝句的杰作之一,便是他兴致飞飏的绝好的表现。

  朝辞白帝彩云间,千里江陵一日还。
  两岸猿声啼不住,轻舟已过万重山。
  …………
  通过江水的湍急浩荡,充分表现了心情的欢快激昂。这和遇赦前不久的《上三峡》,形成了南北两极。

  三朝上黄牛,三暮行太迟。
  三朝又三暮,不觉鬓成丝。

  诗是从古歌谣的"朝见黄牛,暮见黄牛。三朝三暮,黄牛如故"脱胎而来。但古歌谣只言舟行的迟缓,李白诗则增加了流窜的愁苦。水行的快加上心境的快活,水行的慢加上心境的消沉。都是同性质的东

---

① 胡小石:《李杜诗之比较》,见《胡小石论文集》,上海古籍出版社,1982年,第107页。
② 同上书,第114页。

西相加,各自起了成倍的合力作用。①

最后,从相同之点出发,寻求两个或两个以上研究对象的不同之点,是使用比较研究法的关键所在。研究对象的相同之点是比较的基础。而找出研究对象的不同之点才是比较研究的重点。周勋初谈道:"如果我们选择'比较研究'的课题,应该考虑'求其同不如求其不同'。例如,求苏轼兄弟之同,不如求其不同;求鲁迅兄弟之同,不如求其不同。这样的研究课题将会更有意义,便于读者去掌握,去领会。王安石的文章峭刻拗折,这与他的性格和修养有关。王安石《读孟尝君传》《读柳宗元传》诸文,苏轼恐未能为;苏轼《前赤壁赋》《后赤壁赋》诸文,王安石亦难相比。这是王安石与苏轼的不同。"②通过比较,将彼此间不同之点充分展现出来,能给读者留下详明而深刻的印象,也更有说服力。

唐人描写思妇的诗虽然很多,但作者一般都精思独悟,不屑苟同。下面我们就举三首主题相仿、题材类似的唐诗为例。其一为姚月华的《怨诗二首》之一:

> 春水悠悠春草绿,对此思君泪相续。
> 羞将离恨向东风,理尽秦筝不成曲。

为什么"理尽秦筝不成曲"呢?因为她心在思君,不在理筝。其二为王涯的《秋夜曲》:

> 桂魄初生秋露微,轻罗已薄未更衣。
> 银筝夜久殷勤弄,心怯空房不忍归。

为什么"银筝夜久殷勤弄"呢?因为她害怕空房独宿,长夜难眠。其三为崔公远的《独夜词》:

> 晴天霜落寒风急,锦帐罗帏羞更入。
> 秦筝不复续断弦,回身掩泪挑灯立。

为什么"秦筝不复续断弦"呢?因为她已经控制不住自己的感情掩泪而立了。

这三首诗中的女主人理筝时的表现各不相同,但都同样显示了思妇内

---

① 郭沫若:《李白与杜甫》,人民文学出版社,1971年,第77—78页。
② 周勋初、余历雄:《师门问学录》,第32页。

心的寂寞和空虚。很难说这样处理好,那样处理就不好;应当这样写,不应当那样写。正是写作方法上的差异性,才充分证明了唐诗的创造性与永久的魅力。

作业:请采用比较研究的方法写一篇学术短文。
实例:张祜《咏内人》浅释/沈祖棻

张祜《咏内人》浅释
沈祖棻

禁门宫树月痕过,媚眼惟看宿燕窠。
斜拔玉钗灯影畔,剔开红焰救飞蛾。

古人称皇宫为大内,内人即宫女。本篇通过极其精妙的艺术构思,深刻地展现了一位宫女的内心世界。

起句写时间,而由这位宫女眼中所见月光的移动来显示。月亮的影子先是投射到宫门上,然后越过了宫门;再投射到宫内的树上,又越过了宫树;终于投射到这位宫女的住室之内了。这时,当然已经夜深。次句写人物。夜色沉沉,万籁俱寂,别人或已入梦,她却无法成眠。在月痕灯影里,一双娇媚的眼睛不看别处,惟独盯着梁上已经睡了的燕子的窝巢。从这一双媚眼里,我们难道看不出,她是深感于自己的孤独,远不及双宿双飞的燕子吗?后半将对人物的描写由静态转为动态。这时,她忽然看到一只飞蛾,扑向灯焰,眼见得这无知的小生命由于追寻虚幻的光明即将把自己断送了,于是她迅速地拔下斜插在头上的玉钗,将已被火舌卷住的飞蛾救了出来。这只飞蛾的经历,难道不也就是她自己的经历吗?她入宫之时,可能认为那是升入天堂,前途无限光明;而入宫以后,才知道已经陷入地狱,前途是无边的黑暗。但飞蛾还有她来救,而她又有谁来救呢?诗篇只作客观描写,然而这位女奴隶悲惨的命运和痛苦的灵魂,却已从她凝视燕窠和救飞蛾这两个具体动作中极其生动而又准确地被展现了出来。它体现了作者高贵的人道主义精神,同时也体现了作者精湛的艺术技巧。

张祜写这位内人对扑火飞蛾的同情,实质上是写他对千千万万类似飞蛾的宫女的同情。在雍陶的《和孙明府怀旧山》诗中,我们也可以看到同样的写法。

> 五柳先生本在山,偶然为客落人间。
> 秋来见月多归思,自起开笼放白鹇。

明府是县令的美称。作者的一位姓孙而官居县令的友人,在职期间,怀念故乡,写了一首诗,他便和了一首。在这首和诗中,他描写了孙明府自己深感身受官职的拘束,不得自由自在,因此有还乡之思,而由人及物,想到自己所养白鹇,关在笼中,也必然有同感,因此打开笼子,将它放了。

前两句以著名的隐士和诗人陶渊明比拟孙明府。陶渊明住宅前面有五棵柳树,因此自己取了一个别号,叫做五柳先生。他曾经一度出任彭泽县令。因为不习惯于遵守官场礼节,很快就辞官归隐了。这两句是说孙某之出任明府,也不过是偶然的事,终究还是会如陶渊明一样,弃官归隐的。第三句写其见月思归。月挂中天,千里可共,故对月而思异地或家乡的月下亲友,乃是人情之常。在古典文学中,已成为一个传统的意象。在前面读过的许多诗中,已经屡见,所以这一句乃是平淡无奇的常语,但接以末句,由于自己思乡,起而开笼放鸟,构思出人意外。这就连平淡的上句也显得非如此写不可了。这里写孙某对白鹇的同情,为它设身处地着想,事实上也是写孙某同情他自己和作者也同情孙某。

《红楼梦》第三十六回写贾蔷买了一个会串戏的雀儿给龄官解闷,问她:"好不好?"龄官反而生了气,她说:"你们家把好好儿的人弄了来,关在这牢坑里学这个,还不算,你这会子又弄个雀儿来,也干这个浪事!你分明弄了来打趣形容我们,还问'好不好'!"从这支极小的插曲中可以看出,曹雪芹对于人,阶级的人的心理理解得多么透彻。不用说,这支插曲对于我们理解诗人们"救飞蛾"和"放白鹇"的描写大有启发。

(《唐人七绝诗浅释》,上海古籍出版社,1981年,第217—219页)

第九讲　论文写作方法

学术研究的成果只有写成论文,方能体现它的学术价值,并产生一定的社会影响。下面我们就讨论一下学术论文的写作方法。论文通常是由论点、论据通过论证组成的,标题也是论文不可缺少的部分,现分别述之。

一　关于标题

论文的标题是论文的名称,也就是论文的标志。它是论文重要的组成部分,可以说没有论文是不设标题的。一篇论文最先与读者见面的就是标题,作者与编辑无不重视对标题的推敲。程千帆曾说过:"前几天,一个研究生问我一个问题,我到现在也回答不出。那是杜甫的《游何将军山林十首》中的'绿垂风折笋,红绽雨肥梅'二句,此游在夏天,全组诗都写夏景,怎么忽然写起春景来了。我翻遍了旧注,包括日本著名汉学家吉川幸次郎的《杜甫诗注》,也没有解决这个问题,我只好承认我不懂。"[①]我通过研究发现这两句诗写的也是夏景,于是写了篇文章,题目就是《绿垂风折笋,红绽雨肥梅》,文章发表后,我惊喜地发现,题目被改为《夏风"折笋",夏雨"肥梅"》,[②]这一改真起了画龙点睛的作用。

标题在通常情况下都高度概括了论文的主要内容,如汪辟疆的《唐人小说在文学上之地位》、向达的《论唐代佛曲》、王季思的《传说中的曹操和

[①] 程千帆:《教学、科研密切结合,促进教材建设——在南京大学全校教材建设经验交流会上的讲话》,见《高教研究与探索》1983年第2期。

[②] 徐有富:《夏风"折笋",夏雨"肥梅"》,见《中国社会科学报》2014年11月21日。

舞台上的曹操》。有的论文还强调了论文的主旨,如周勋初的《罗根泽在三大学术领域中的开拓》,"开拓"二字突出了罗根泽在诸子学、中国文学批评史、中国文学史领域的新贡献,这显然也是论文的写作目的。

有些论文题目除概括主要内容外,还点明了主要论点,如李嘉言的《〈诗经〉"肜管"为红兰说》、王运熙的《汉武始立乐府说》。

有些论文题目除概括主要内容外,还介绍了研究方法,如胡适的《〈水浒传〉考证》、胡小石的《李杜诗之比较》、吴新雷的《曹雪芹家庙万寿庵遗址的新发现——附考水月庵遗址》。

有些论著题目除概括主要内容外,还交代了著作方式,如游国恩的《楚辞注本十种提要》、郭绍虞的《明代文人结社年表》、程千帆的《张若虚〈春江花月夜〉集评》等。

论文通常只有一个标题,上面的例子大都属于这种情况。也有在主标题外再加一个副标题的,如周勋初的《新材料的利用和旧学风的扬弃——读王国维〈殷卜辞中所见先公先王考〉》《以诗证史的范例——读陈寅恪〈韦庄秦妇吟校笺〉》,这两篇文章的副标题均为研究对象,主标题均为研究对象的意义与价值。书评往往采用主标题加副标题的方法。因为不加副标题,读者不知道评论何书。

标题应当准确、简洁、明了。上面所举的标题都准确地概括了论文的主要内容,除个别论文题目长一点外,都很简洁明了,使读者一目了然,留下深刻印象。

二 关于论点

本节将讨论什么是论点,论点在论文中的位置,论点应符合哪些要求。

1. 什么是论点

论点是论文中需要证实的观点。有的论点比较简洁,如程千帆《读诗举例·小与大》的论点:"文艺作品总是从个别显示一般,即小见大,这是典型化的基本方式之一。"①《杜诗伪书考·苏轼:〈老杜事实〉》的论点:《老杜

---

① 程千帆:《读诗举例·小与大》,见《程千帆全集》第 8 卷,第 156 页。

事实》为"宋人假东坡名所注杜诗"。① 有的则比较长,如程千帆《读诗举例·曲与直》的论点:"诗每以含蓄、曲折取胜,而有些直抒胸臆,一空依傍的作品,也同样富于诗意,具有极大的艺术魅力,能够表达人类生活中最美好的感情,列入诗林杰作之中而毫无愧色。总之,是不能一概而论,否则,蒙受损失的将不是诗人而是读者。"②有的论文可能有好几个论点,如罗根泽的《绝句三源》,全文分六个部分,第一部分是"前人的解说",算是提出问题。第二部分是"六朝的绝句",其论点为"六朝实在已有命名绝句的诗歌"。第三部分是"名称的源于联句",第四部分是"体裁的源于歌谣",第五部分是"格律的源于调声对偶",这三个小标题分别都是各个部分的论点。第六部分是"三点补充",又补充了三个论点:甲、在绝句三源中,体裁源于歌谣起决定作用;乙、七言绝句源于七言歌谣,同时又是五言绝句的扩展;丙、绝句不是截取的律诗四句,相反的律诗倒是绝句的扩展四句。③ 还有的论文有一个中心论点,再将中心论点分成若干个分论点。朱自清有本书叫《诗言志辨》,书中第一篇文章为《诗言志》。在该书《序》中有一句话:"只谈诗论,'诗言志'是开山的纲领。"这句话可视为上述论文的中心论点,为了说清这个问题,全文又分成"献诗陈志""赋诗言志""教诗明志""作诗言志"等四个部分,这四个小标题实际上就是全文的四个分论点。把四个分论点讲清楚了,也就等于将"诗言志"是我国诗论的开山纲领这个中心论点讲清楚了。

2. 论点在论文中的位置

刘熙载《文概》说:"揭全文之指,或在篇首,或在篇中,或在篇末。"④可见,论点在文章中的位置并不是固定的。

论点要求醒目,在论文中应占有比较突出的位置,有的在题目中,如游国恩的《木兰辞非唐人作》⑤、黄永武的《色彩是诗人心情的反映》⑥。

---

① 程千帆:《杜诗伪书考》,见《程千帆全集》第 8 卷,第 471 页。
② 程千帆:《读诗举例·曲与直》,见《程千帆全集》第 8 卷,第 150 页。
③ 罗根泽:《绝句三源》,见《罗根泽古典文学论文集》,第 210—232 页。
④ [清]刘熙载:《艺概》卷一,上海古籍出版社,1978 年,第 40 页。
⑤ 游国恩:《居学偶记》,见《游国恩学术论文集》,中华书局,1989 年,第 567 页。
⑥ 黄永武:《色彩是诗人心情的反映》,见《诗与美》,台北,洪范书店有限公司,1984 年,第 59 页。

有在篇首的。有的论文开门见山,在第一自然段就提出了论点,如程千帆《读诗举例·同与异》的开头即云:"景与情之间的关系还经常表现为情同景异,或者景同情异。于以见主观的精神活动与客观的自然界或社会生活之间各种复杂的关系。"①

有的则稍作迂回引出论点,其原因有的是为了引人入胜,如程千帆《张若虚〈春江花月夜〉的被理解和被误解》第一自然段云:

> 在古代传说中,卞和泣玉和伯牙绝弦是非常激动人心的。它们一方面证明了识真之不易,知音之难遇;而另一方面,则又表达了人类对真之被识,音之被知的渴望,以及其不被识不被知的痛苦的绝望。当一位诗人将其心灵活动转化为语言,诉之于读者的时候,他是多么希望被人理解啊!但这种希望往往并不是都能够实现的,或至少不都是立刻就能够实现的。有的人及其作品被湮没了,有的被忽视了,被遗忘了,而其中也有的是在长期被忽视之后,又被发现了,终于在读者不断深化的理解中,获得他和它不朽的艺术生命和在文学史上应有的地位。②

程先生有着长期被误解并渴望理解的经历,因此他对人生与诗歌创作中的此类现象有着特别深刻的体会,他的这段学术论文写得像一段抒情散文一样,具有感染力。而本文的真正论点则在第二自然段:

> 在文坛上,作家的穷通及作品的显晦不能排斥偶然性因素所起的作用,这种作用,有的甚至具有决定性。但在一般情况下,穷通显晦总是在一定的历史社会条件下发生的,因而是可根据这些条件加以解释的。探索一下这种变化发展,对于文学史实丰富复杂面貌形成过程的认识,不无益处。本文准备以一篇唐诗为例,研究一下这个问题。③

还有的论文在提出论点前可能绕一个比较大的弯子,如钱锺书的《通感》,其第一自然段说:"中国诗文有一种描写手法,古代批评家和修辞学家似乎都没有理解或认识。"从而引起了读者对他文章的重视。第二自然段接着说:

---

① 程千帆:《读诗举例·同与异》,见《程千帆全集》第 8 卷,第 154 页。
② 程千帆:《张若虚〈春江花月夜〉的被理解和被误解》,见《程千帆全集》第 8 卷,第 193 页。
③ 同上。

宋祁《玉楼春》有句名句："红杏枝头春意闹。"李渔《笠翁余集》卷八《窥词管见》第七则别抒己见，加以嘲笑："此语殊难著解。争斗有声之谓'闹'；桃李'争春'则有之，红杏'闹春'，余实未之见也。'闹'字可用，则'炒'（同'吵'）字、'斗'字、'打'字皆可用矣！"同时人方中通《续陪》卷四《与张维四》那封信全是驳斥李渔的，虽然没有提名道姓；引了"红杏'闹春'实未之见"等话，接着说："试举'寺多红叶烧人眼，地足青苔染马蹄'之句，谓'烧'字粗俗，红叶非火，不能烧人，可也。然而句中有眼，非一'烧'字，不能形容其红之多，犹之非一'闹'字，不能形容其杏之红耳。诗词中有理外之理，岂同时文之理、讲书之理乎？"也没有把那个"外之理"讲明白。

这就进一步引起我们阅读下去的兴趣。作者接着又引用了大量有关"闹"字的中外例证，然后才提出了自己的论点："用心理学或语言学的术语来说，这是'通感'（synaesthesia）或'感觉挪移'的例子。在日常经验里，视觉、听觉、触觉、嗅觉、味觉往往可以彼此打通或交通，眼、耳、舌、鼻、身各个官能的领域可以不分界限。颜色似乎会有温度，声音似乎会有形象，冷暖似乎会有重量，气味似乎会有体质。"①但是一般的论文不宜采用这样的方法，因为其论点容易淹没在论述之中，使读者不易觉察。

还有的先作必要的解释，再提出论点。如拙作《陶渊明政治倾向辨证》的开头不得不对有关陶渊明政治倾向的两种针锋相对的观点先作个简要的介绍，然后才能进行辨证。《宋书·隐逸传》称陶渊明"自以曾祖晋世宰辅，耻复屈身后代，自高祖王业渐隆，不复肯仕"。持这种观点的主要有沈约、萧统、朱熹、陈寅恪等。梁启超说："当时士大夫浮华奔竞，廉耻扫地，是渊明最痛心的事。他纵然没有力量移风易俗，起码也不肯同流合污，把自己人格丧掉。这是渊明弃官最主要的动机，从他的诗文中到处都看得出来。若说所争在什么姓司马的姓刘的，未免把他看小了。"②持这种观点的主要有方东树、朱自清、罗根泽、袁行霈等。我在第二段明确提出了自己的观点："本文认为沈约所说合乎历史事实。"③接下去就围绕着这个论点展开了论述。

---

① 钱锺书：《通感》，见《七缀集》，第64页。
② 梁启超：《陶渊明》，见《饮冰室专集》之九十六，《饮冰室合集》，第3—4页。
③ 徐有富：《陶渊明政治倾向辨证》，见《诗学问津录》，第74页。

有在篇末的。宋人李涂《文章精义》说:"文字有终篇不见主意,有结句见主意者,贾谊《过秦论》'仁义不施,而攻守之势异也',韩退之《守戒》'在得人'之类是也。"贾谊的《过秦论》(上)通篇回顾了秦朝兴亡的过程,文章的最后采用设问的方式引出本文的论点:"秦以区区之地,致万乘之权,招八州而朝同列,百有余年矣。然后以六合为家,崤、函为宫,一夫作难而七庙堕,身死人手,为天下笑者,何也?仁义不施,而攻守之势异也。"

还有的论文提出论点,又在结论中补充说明,因而相得益彰的。如程千帆的《古典诗歌描写与结构中的一与多》。作者在第一节,先谈了对立统一规律中一与多既是一对哲学范畴,也是一对美学范畴和一种艺术手段。接着便提出了本文的论点:"有才能的、善于向生活学习的文学艺术家们有鉴于此,就不能不在其创作中注意并追求整齐中的变化,平衡、对称与不平衡、不对称之间的矛盾统一,并努力使这种表现为数量及质量的差异并存于一个和谐的整体中,从而更真实、更完美地反映出生活的多样性和复杂性。这也就是一与多的对立(对比、并举)作为表现方式之一在古典诗歌的描写与结构中广泛存在的原因。"①作者接着从古典诗歌描写与结构两个方面论述了这个观点,最后得出了五点结论:

  第一,作为对立统一规律的诸表现形态之一,一多对立(对比、并举)不仅作为哲学范畴而被古典诗人所认识,并且也作为美学范畴、艺术手段而被他们所认识,所采用。第二,一与多的多种形态在作品中的出现,是为了如实反映本来就存在于自然及社会中的这一现象,也是为了打破已经形成的平衡、对称、整齐之美。在平衡与不平衡、对称与不对称、整齐与不整齐之间达成一种更巧妙的更新的结合,从而更好地反映生活。第三,在一与多这对矛盾中,一往往是主要矛盾面,诗人们往往借以表达其所要突出的事物。第四,一与多虽然仅是数量上的对立,但也每在其中同时包含着其他一对或数对矛盾,因而能够表现更为丰富的内容。第五,也有的一多对比或并举只限于显示不同事物在数量上的差异,双方并不存在互相依存的关系,但运用得合适,也能使不相干的事物发生联系,表达了诗人丰富的联想,也同样能给人以艺术上的满足。②

---

① 程千帆:《古典诗歌描写与结构中的一与多》,见《程千帆全集》第8卷,第94—95页。
② 同上书,第115页。

还有的论文在论述的过程中,以不尽相同的语言,从不同的角度层层深入地重申自己的论点。例如程千帆《论唐人边塞诗中地名的方位、距离及其类似问题》,作者首先提出了一个问题:"在某些诗篇(其中包括了若干篇边塞诗的代表作品)里所出现的地名,常常有方位、距离与实际情况不相符合的情况。"①接着就对这一现象进行了分析。在行文的过程中,作者提出了自己的看法:"唐代诗人们之所以不顾地理形势的实际,使其作品中的地名出现互不关合的方位或过于辽远的距离的情况,很显然地是为了要更其突出地表现边塞这个主题。"②接着,作者又从艺术的真实与生活的真实的关系的高度谈了自己的看法:"艺术的真实是根源于生活的真实的,所以在创作中,作家们应当尊重历史和生活的真实。但是艺术又并非自然和历史、社会的机械的翻版,它不可能,也没有必要一点一滴地都符合生活真实及科学要求。只有并不拘于现实中部分事实的真实性,才能够获得更高级、更集中的典型性。"③而在论及细节与典型之间的关系时,作者进一步指出:"细节一般应当是真实的,但它也是可以虚构的。在真实的细节无助于使自己的作品达到更高级、更集中、更富于典型性的情况下,作家们保留虚构某些'反常'的,或者'错误'的细节的权利,以便保证它在整体上达到这个目的。"④从而使我们对这个问题有了全面的认识。

论文的选题、标题、论点是不尽相同的。譬如"君子子"作何解释,这是选题。《君子子解》是论文的题目。"君子子者,贵人之子也"则是俞樾所写《君子子解》这篇论文的论点。

3. 对论点的要求

论点要力求正确,不正确当然就立不住脚。如胡应麟《诗薮》内编近体下论绝句云:"六朝短古概曰歌行,至唐方曰绝句。"罗根泽指出:"这是胡氏的根本错误,六朝实在已有命名绝句的诗歌。以今所知,最早的要算《玉台

---

① 程千帆:《论唐人边塞诗中地名的方位、距离及其类似问题》,见《程千帆全集》第 8 卷,第 170 页。
② 同上书,第 179 页。
③ 同上书,第 180 页。
④ 同上书,第 182 页。

新咏》卷十所载的《古绝句四首》。"① 由于闻见有限，人们的认识水平也受时代的局限，所以有些论点不够正确，甚至是完全错误的，属正常现象。常言道说有容易说无难，我们提出的论点应当准确，不要轻易说一概否定的话。因为只要人们找到一条证据就推翻了你的观点。如岑仲勉在《中外史地考证前言》中说："汉唐在玉门西未见驿传之记载。"严耕望指出："岑先生意谓玉门以西到了元代才开始置驿传。其实唐代玉门以西早已置驿，而且史料极多。"接着他举了五个例子，其第四个例子说："《沙州都督府图经》有大批驿馆材料，记常乐县至沙州敦煌县有南北两驿道，馆驿凡十五个之多；又记常乐至伊州驿道有驿名八个，并说明各驿间相去若干里若干步。（罗振玉编《鸣沙石室佚书》本）"②

论点还要明确。我们写论文不仅要表达自己的观点，而且更重要的是要使读者接受自己的观点。只有自己的观点明确，才能让读者了解你的观点；只有将自己的观点表达明白，读者才比较容易接受你的观点。以其昏昏，使人昭昭是不行的。例如在讨论《孔雀东南飞》时，有些论著对焦仲卿"既予以完全的充分的肯定，如说焦仲卿没有表现出丝毫的动摇，态度始终是坚定的，接着却又予以否定，如说他在斗争之初表现不够坚强等等"。③ 这种说法前后矛盾，使人难以理解。所以我们写文章一定要明确自己的中心论点是什么，文章分几个部分，每个部分主要说明什么问题，都要心中有数，最好用小标题将各部分内容概括出来，这样不仅有利于写作，也有利于阅读。论点不能转移或偷换。

三 关于论据

本节将讨论什么是论据，论据的类型，以及对论据的要求。

1. 什么是论据

论据是用来证明论点的依据。例如《全唐诗》本白居易《梦行简》："天

---

① 罗根泽：《绝句三源》，见《罗根泽古典文学论文集》，第212页。
② 严耕望：《治史经验谈》，第39页。
③ 李嘉言：《焦仲卿的性格懦弱么？》，见《李嘉言古典文学论文集》，上海古籍出版社，1987年，第167页。

色妍和水色鲜,闲吟独步小桥边。池塘草绿无佳句,虚卧春窗梦阿怜(一作连)。"①此诗最后一字究竟是"怜"还是"连"?有人认为:

> 作"连"是。阿连即谢惠连。《南史·谢方明传》:"[谢方明]子惠连,年十岁能属文,族兄灵运嘉赏之,云:'每有篇章,对惠连辄得佳语。'尝于永嘉西堂思诗,竟日不就,忽梦见惠连,即得'池塘生春草',大以为工"。白行简乃白居易弟,用此典正恰到好处。如果作"阿怜"则无所指了。从诗律看,"连"为"先"韵,既是平声,也与"边"相押,亦无忤。②

文中"作'连'是"是论点,作者所举《南史·谢方明传》中的那段话就是论据。

中国有句古话叫言必有据,我们提出论点必须用论据加以证明,没有论据加以证明的论点是没有说服力的。《韩非子·显学》篇云:"无参验而必之者,愚也;弗能必而据之者,诬也。"③《读书杂志》曾展开过一次关于中国古史的讨论,胡适写了篇《古史讨论的读后感》,指出:

> 这一次讨论的目的是要明白古史的真相。双方都希望求得真相,并不是顾(颉刚)先生对古史有仇,而刘(掞藜)先生对古史有恩。他们的目的既同,他们的方法也只有一条路:就是寻求证据。只有证据的充分与不充分是他们论战胜败的标准,也是我们信仰与怀疑的标准。④

可见,论点是否成立,是否被读者认同,关键要看论据是否充分,并具有说服力。胡适还说过:"有一分证据说一分话。"⑤所以,写论文最重要的任务是找证据。

2. 论据的类型

论据通常有以下几类资料:就论据的来源而言,一是来自文献调查,一

---

① [清]彭定求等编:《全唐诗》第13册,第5015页。
② 管锡华《校勘古籍的一个新途径——运用典故校勘〈全唐诗〉〈全宋词〉举例》,见《古籍整理研究学刊》1991年第6期。
③ 《韩非子》卷一九《显学》,见浙江书局辑《二十二子》,上海古籍出版社,1986年,第1185页。
④ 胡适:《古史讨论的读后感》,见《胡适文集》第3册,第79页。
⑤ 胡适题辞,见《胡适文集》第10册卷首。

是来自社会调查。在文献调查中,通常可以直接利用文献原文的有关部分。我们可以运用已有的为人们普遍接受的较为权威的观点,例如谈论诗歌的抒情特点时,人们常用锺嵘《诗品·总论》中的一段话:

> 动天地,感鬼神,莫近于诗。……若乃春风春鸟,秋月秋蝉,夏云暑雨,冬月祁寒,斯四候之感诸诗者也。嘉会寄诗以亲,离群托诗以怨。至于楚臣去境,汉妾辞宫,或骨横朔野,魂逐飞蓬;或负戈外戍,杀气雄边;塞客衣单,孀闺泪尽;或士有解佩出朝,一去忘返,女有扬蛾入宠,再盼倾国;凡斯种种,感荡心灵,非陈诗何以展其义?非长歌何以骋其情?故曰:"诗可以群,可以怨。"

再如《明皇杂录》的作者,有两种说法,一个是郑处诲,一个是赵元一。那么该书的著作权究竟属于谁呢?王国良写了《〈明皇杂录〉的作者与版本问题》分析了这个问题。作者认为该书的著作权应当属于郑处诲,为了证明这一点,论文举了许多依据:"《新唐书·艺文志》、郑樵《通志》、《中兴馆阁书目》、晁公武《郡斋读书志》、陈振孙《直斋书录解题》、马端临《文献通考》都记载撰人是郑处诲。《旧唐书》卷一五八云:'处诲方雅好古,且勤于著述,撰集至多。为校书郎时,撰次《明皇杂录》三篇,行于世。'《新唐书》卷一六五也说:'先是,李德裕《次柳氏旧闻》,处诲谓未详,更撰《明皇杂录》,为时盛传。'"此外,作者还在《明皇杂录》中找到两条材料,其写作时间与郑处诲生活时间一致,与赵元一生活时间不一致。从而得出以下结论:"从正史的记载,并以本书做佐证,我们有理由确信:《明皇杂录》是大和九年左右,郑处诲在秘书省做校书郎时所完成的作品。"① 正因为作者用正史与一些重要目录为依据,因此所得出的结论也是令人信服的。

我们也可以直接运用有关事实作为例证,比如余冠英写过一篇题为《吴声歌曲里的男女赠答》,他认为"在《吴声歌曲》里这类诗却不少见,似乎一向不曾有人留心过"。为了说明这个问题,最好的办法是把吴声歌曲里的男女赠答诗找出来,作者正是这么做的,试举一例:

> 男:金瓦九重墙,玉璧珊瑚柱,
> 　　中夜来相寻,唤欢闻不顾。

---

① 王国良:《〈明皇杂录〉的作者与版本问题》,见《书目季刊》第12卷第4期。

> 女：欢来不徐徐,阳窗都锐户,
> 　　耶婆尚未眠,肝心如椎橹。①

前诗是男子埋怨责备的口吻,后者是女子的回答。对时间的早晚有截然不同的看法,是心理作用造成的。男子希望与意中人早点会面,所以时间尚早,但是在他看来,已经是半夜三更了。而那位女子,害怕与意中人约会被父母发现,因此希望晚一点,所以时间已经不早了,在她看来,太阳还没有下山。正因为将这两首诗看作赠答诗,才能让我们体会到恋爱中的男女这种复杂而微妙的心理。

当然我们也不一定直接运用文献原文,而是运用对文献资料进行分析归纳的结果,譬如统计数字。如朱自清《陶诗的深度——评古直〈陶靖节诗笺定本〉》谈道：

> 从《古笺定本》引书切合的各条看,陶诗用事,《庄子》最多,共四十九次,《论语》第二,共三十七次,《列子》第三,共二十一次。……这里可以看出古先生爬罗剔抉的工夫,而《列子》书向不及《庄子》烜赫,陶诗引《列子》竟有这么多条,尤为意料所不及。沈德潜说："晋人诗旷达者征引《老》《庄》,繁缛者征引班、扬,而陶公专用《论语》。汉人以下宋人以前,可推圣门弟子者渊明也。"照本书所引,单是《庄子》便已比《论语》多,再算上《列子》,两共七十次,超过《论语》一倍有余。那么,沈氏的话便有问题了。②

再举一例,"唐代女诗人普遍爱用五绝、七绝这种比较短小的诗歌形式来表达自己的思想感情,例如在薛涛现存的 89 首诗中(包括有疑义的),五绝占 12 首,七绝占 71 首。而在鱼玄机现存的 51 首诗中,七绝占 15 首,五律占 11 首,七律占 17 首,六言诗占 2 首,五言排律占 3 首,七言排律占 3 首,且各体皆工"。③ 这些统计数字清楚地表明鱼玄机的文学修养要高出于同时代的女诗人。可见统计数字也是很能说明问题的。

对文献资料的分析归纳的途径是多方面的,当然不会仅仅局限于统计

---

① 余冠英：《吴声歌曲里的男女赠答》,见《古代文学杂论》,中华书局,1987 年,第 190 页。
② 朱自清：《陶诗的深度——评古直〈陶靖节诗笺定本〉》,见《朱自清古典文学论文集》,第 568 页。
③ 徐有富：《论鱼玄机》,见《诗学问津录》,第 111 页。

数字。例如程千帆《张若虚〈春江花月夜〉的被理解和被误解》一文在分析张若虚《春江花月夜》被误解的情况时,依据《旧唐书·经籍志》《新唐书·艺文志》均未著录张若虚集,而判断"他的著作,似乎在唐代就不曾编集成书";依据明高棅《唐诗品汇》卷三七将他列入"有姓氏,无字里世次可考九人"中的一人,而指出"他的生平,后人所知无多";依据唐、宋、元的总集只有《乐府诗集》收录的情况,而分析道:"这篇杰作虽然侥幸地因为它是一篇乐府而被凡乐府皆见收录的《乐府诗集》保存下来了,但由宋到明代前期,还是始终没有人承认它是一篇值得注意的作品,更不用说承认它是一篇杰作了。""再就诗话来加以考察,则如胡仔《苕溪渔隐丛话》前后集、魏庆之《诗人玉屑》,何文焕《历代诗话》所收由唐迄明之诗话二十余种,郭绍虞《宋诗话辑佚》所收诗话三十余种,均无一字提及张若虚其人及此诗。诗话中最早提到他和它的,似是成书于万历十八年(1590)的胡应麟《诗薮》",这就充分地说明了张若虚和他的《春江花月夜》直到明代前期受误解和不被重视的情况。从中可见程先生在行文中虽未直接引用原文,但都是以文献资料作为依据的。①

如前所说,论据除来自文献调查外,也可来自社会调查。如民歌民谣往往能反映老百姓的真实思想,从中能够充分地了解社会风气。下面我们就举一首近代民谣为例:"泥瓦匠,住草房;纺织娘,没衣裳;种田的,吃米糠;磨面的,吃瓜秧;炒菜的,光闻香;卖盐的,喝淡汤;编凉席的睡光床,抬棺材的死路旁。"这首民谣鲜明地揭示了,封建社会的广大劳动人民由于受到残酷的剥削,过着饥寒交迫的生活的极端不合理性。

3. 对论据的要求

胡适提议:"凡做考证的人,必须建立两个驳问自己的标准:第一要问,我提出的证人证物本身可靠吗?这个证人有作证的资格吗?这件证物本身没有问题吗?第二要问,我提出这个证据的目的是要证明本题的那一点?这个证据足够证明那一点吗?第一个驳问是要审查某种证据的真实性。第

---

① 程千帆:《张若虚〈春江花月夜〉的被理解和被误解》,见《程千帆全集》第 8 卷,第 193—209 页。

二个驳问是要扣紧证据对本题的相干性。"①胡适的意思是证据应当一要可靠,二要适用。

(1)论据要可靠。就论据的可靠性而言,首先要做到真实。如果证据不真实,那么论点也就站不住脚了。清崔述谈道:

> 近世小说,有载孔子与采桑女联句诗者,云:"南枝窈窕北枝长,夫子行陈必绝粮;九曲明珠穿不过,回来问我采桑娘。谓七言诗始此,非柏梁也。夫柏梁之诗,识者已驳其伪;而今且更前于柏梁数百年,而托始于春秋。嗟夫!嗟夫!彼古人者,诚不料后人之学之博之至于如是也。"②

将近世小说当成可信的史料,并据以判定七言诗的起源,当然是犯了常识性错误。即使相传为汉武帝时作的柏梁台联句诗,前人已指明其系伪托,据以研究七言诗的起源也是不可靠的。清顾炎武说:"汉武《柏梁台诗》,本出《三秦记》,云是元封三年作。而考之于史,则多不符……盖是后人拟作,剽取武帝以来官名,及《梁孝王世家》乘舆驷马之事以合之,而不悟时代之乖舛也。"③顾氏着重指出了两点:一、根据《史记》《汉书》的记载,元封三年正当梁平王襄在位之时,而梁平王两次入朝都不在元封三年。二、《柏梁台》联句诗每句所注明的作者官名或姓名,其中有七个官名是在元封三年之后武帝太初元年(前104)才更定的。因此断定该诗必然是后人拟作。其实现存最早的文人七言诗是东汉张衡的《四愁诗》,但每一段的第一句都夹有"兮"字,不夹"兮"字的文人七言诗要以曹丕的《燕歌行》为最早了。以虚假资料从事科研工作,现代也不乏其例。如:

> 在1996年3月13日《中华读书报》上,曾担任郭沫若秘书二十余年的王廷芳著文指出,不止一个人引用谷辅林和张启莲合著、黄河出版社1993年出版的《郭沫若与安娜》一书中郭沫若与郭安娜的往来书信,但这些书信是谷、张二位根据郭沫若在1925年所写的小说《落叶》加工创造出来的。王廷芳为此在1995年写信给谷辅林,谷复信承认

---

① 胡适:《考据学的责任与方法》,见《胡适文集》第10册,第196页。
② [清]崔述:《考信录提要》卷上,清道光二年(1822)刊《崔东壁遗书》本。
③ [清]顾炎武:《日知录》卷二一"柏梁台诗",见《景印文渊阁四库全书》子部杂家类。

"那十几封信全是我根据《落叶》艺术加工创造的"。①

其次,我们引用人家的观点,还应全面了解原文的含义,不能为了说明自己的观点而断章取义,甚至曲解人家的本意。鲁迅先生曾批评道:"最能引读者入于迷途的是'摘句',它往往是衣裳上撕下来的一块绣花,经摘取者一吹嘘或附会……读者没有见过全体,便也被他弄得迷离惝恍。"②他还以陶渊明为例,作过分析:"就是诗,除了论客所佩服的'悠然见南山'之外,也还有'精卫衔微木,将以填沧海,形天舞干戚,猛志固常在'之类的'金刚怒目'式,在证明着他并非整天整夜的飘飘然。这'猛志固常在'和'悠然见南山'的是一个人,倘有取舍,即非全人,再加抑扬,更离真实。"③如有篇题为《宋诗怎样一反唐人规律》的文章说:"唐人重抒情,宋人主议论。"④为了证明这一点,作者引用了邵雍的一段话:"诗大率溺于情好也。噫!情之溺人也甚于水。"这段话引得不完整。邵雍完整的意思是:"近世诗人,穷戚则职于怨憝,荣达则专于淫佚。身之休戚发于喜怒,时之否泰出于爱恶,殊不以天下大义而为言者,故其诗大率溺于情好也。噫!情之溺人也甚于水。"⑤而这段话恰好说明宋人同唐人一样,也是非常喜欢运用诗歌来抒发自己的感情的。可见断章取义,曲解原文的含义,也就不能做到真实可靠。

再次,我们还要仔细体会原文的含义,不要误会原文而加以引用。如严耕望谈到他"看到一位研究唐宋史的日本名家,引用李白《系寻阳上崔相涣》诗'邯郸四十万,一日陷长平',作为唐代邯郸县人口殷盛的证据;不知此句是用战国时代秦赵长平之战,秦大胜坑赵卒四十二万的典故"。⑥

其实中国学者也有误会原文而用作证据的现象,如谢文利《诗歌美学》有云:"'李杜文章在,光焰万古存'(韩愈),'生不愿封万户侯,但愿一识韩荆州'(李白)。这字里行间,蕴蓄着对诗仙、诗圣和文起八代之衰的韩愈的何等强烈的赞誉之情。"刘世南分析道:

---

① 徐庆凯:《核对引文,谈何容易!》,见《编辑学刊》1996年第3期。
② 鲁迅:《"题未定"草(七)》,见《鲁迅全集》第6卷《且介亭杂文二集》,第425页。
③ 鲁迅:《"题未定"草(六)》,见《鲁迅全集》第6卷《且介亭杂文二集》,第422页。
④ 苏者聪:《宋诗怎样一反唐人规律》,见《武汉大学学报》(哲学社会科学版)1979年第1期。
⑤ [宋]邵雍:《序》,见《伊川击壤集》卷首,民国间上海涵芬楼影印本。
⑥ 严耕望:《治史经验谈》,第74页。

这里有两个问题:(一)韩愈的《调张籍》是"李杜文章在,光焰万丈长",作者改为"万古存",大约是想到文天祥《正气歌》的"是气所磅礴,凛烈万古存"了。著书为文似不宜如此粗浮。(二)李白说的"韩荆州"是韩朝宗,唐玄宗开元年间任荆州大都督府长史,《新唐书》卷一一八本传称其"喜识拔后进","当时士咸归之",谢君竟误认为韩愈。试问李白盛唐人,韩愈中唐人。李白卒于公元762年,后六年(768)韩愈始生,李白怎能写诗(其实那两句是当时游士编的顺口溜)表达自己对韩愈的"强烈的赞誉之情"呢?①

仔细体会原文的含义,还表现在标点上。引文中标点有误,就说明作者没有正确理解原文。例如,某出版社出版的《菜根谭》中有这样几句话:"青天白日的节义自暗室,屋漏中培来,旋乾转坤的经纶从临深,履薄中操出。"其实,这几句话应该这样标点:"青天白日的节义,自暗室屋漏中培来;旋乾转坤的经纶,从临深履薄中操出。"胡渐逵分析道:

> 这几句话中的"暗室屋漏"和"临深履薄"两个成对的典故均出自《诗经》。前者语出《诗·大雅·抑》:"相在尔室,尚不愧屋漏。""屋漏"指古代室内西北角施小帐之处,"不愧屋漏"即喻不在暗中做坏事,起坏念头;"临深履薄"语出《诗·小雅·小旻》:"战战兢兢,如临深渊,如履薄冰。"后因以"临深履薄"喻谨慎戒惧。知此含义,然后以骈偶律其句式,就会将这几句话点断正确。②

此外,论据还应做到准确无误,文字不要出现差错。否则你的论据就不能反映原文的真实面貌。我们在引文时稍不留心就会出现差错。就拿书名来说,貌似简单,粗心大意而又懒于翻检目录或参考书,也会出现各种各样的问题。如汪少华《书名须慎辨》云:

> 岳麓书社《历代社会风俗事物考》(尚秉和著)1991年点校本的书名标点失误不少,兹就观览所及,举例如下:
> (1)作者书名连缀不能分辨,书名割裂不全。如:陆深《河汾燕闲录》误标为陆深河《汾燕闲录》(269页)。

---

① 刘世南:《论注释、引证与标点》,见《古籍整理研究学刊》1993年第6期。
② 胡渐逵:《古籍整理释例》,岳麓书社,1995年,第174页。

(2) 不识书名而割裂,误入引文。如:《论语比考谶》误标为《论语》:"比考谶,……"(181页)

(3) 书名与篇名割裂,篇名误为引文。如:《管子·弟子职》误标为《管子》:"弟子职,……"(80页)

(4) 书名割裂,首字误为时代而失标。如:《梁四公记》误标为梁《四公记》(417页)。

(5) 著作时代限定语溢标为书名。如唐人《志怪录》误标为《唐人志怪录》(304页)。按《志怪录》有晋祖台之、唐陆勋、明祝允明三家,此处所引出自唐人陆勋所著,为分别彼此,故予以限定。

(6) 不识书名简称而溢标,混作者与书名为一书。如:朱子《集注》误标为《朱子集注》(390页)。按:此处上文引《楚辞》注并明言出自朱子《集注》,与王逸注异,则此《集注》指朱熹《楚辞集注》无疑。

(7) 书名简称误为叙述语而失标。如《通俗》失标(37页)。按:此处《通俗》即服虔《通俗文》,为《经典释文》所引(详见《十三经注疏》中华版494页上)。

(8) 书名简称误为时代而失标。如:《后汉·邓晨传》误标为后汉《邓晨传》(305页)。

(9) 篇名简称误为人名而失标。如:《焦仲卿》诗(或《焦仲卿诗》)误为焦仲卿诗(327、404页)。按:《焦仲卿》诗即指《焦仲卿妻》(详郭茂倩《乐府诗集》)、《古诗为焦仲卿妻作》(详徐陵《玉台新咏》),作者不知为谁,故不可不加书名号。

(10) 形讹失校,篇名误为引文。如《周礼·内竖》误标为《周礼》:"内监……"(287页)按:"监"为"竖"之误。

(11) 不识篇名而失标。如《周礼·内宰》淳制注云:"淳幅广,制幅长,天子巡狩,制币丈八尺,淳四靷。"(425页)按:《天子巡狩》当标。郑玄注云:"玄谓淳制,《天子巡狩礼》所云'制币丈八尺,纯四靷'与?"孙诒让《周礼正义》:"《天子巡狩礼》,盖《礼》古经逸篇之一。"(卷一三)

(12) 书名失标。如:《仓颉篇》(123页)、《僮约》(133页)。按:前者是教育学童识字的字书,李斯著;后者是王褒的俳谐之文,均当标书名号。

(13) 不识泛指而误标为书名。如唐人杂句:"红裙妒杀石榴花"

"新换霓裳月色裙""白妆素袖碧纱裙",误标为:《唐人杂句》:"红裙妒杀石榴花,新换霓裳月色裙,白妆素袖碧纱裙。"(64 页)按:此三句分别出自万楚《五日观妓》、王建《霓裳词十首》之六、白居易《江岸梨花》。①

我们如果发现文献中有错误,在引用时应当指出,以免以讹传讹。钱锺书《谈艺录》之六十九云:"理之在诗,如水中盐,蜜中花,体匿性存,无痕有味,现相无相,立说无说,所谓冥合圆显者也。"②这段话的意思是诗中之理的最完美的表现形式是将理藏于形象之中。但是其中的"蜜中花"应当是"花中蜜",因为花显然有体有痕有相,不符合作者的要求,只有"花中蜜"才是体匿性存,无痕有味的。因此我们在引用这段话谈诗的理趣时,应当作必要的说明。

下面我们再强调一下所引资料直接用原文的重要性。为了保证证据真实可靠,我们要尽可能地做到直接引用原文,而不要从其他人的论著中转引。顾炎武早就指出了这一点:"凡引前人之言,必用原文。"③但是,我们有些人学风不够严谨,为了节省时间,或者受到条件的限制,找不到原文,人们常会转引别人的资料,即使是一些名家也在所难免。但是,转引别人的材料容易出现错误,而且这是非常普遍的现象。刘乃和谈到陈垣"写《史讳举例》时,因是为钱大昕诞生二百周年纪念日而作,仓促成书,有些材料就是转引于钱氏,未及细检原书,不免有些错处。该书木刻雕版时,虽有所发现,但已不及改刻,因此 1958 年科学出版社重印时,他让我将全书引文一一检对,他说:'以钱氏之精,尚且错简、脱落、谬误甚多,用其他人的引文,就更应亲自动手,勤查勤找了,这是省事不得的'"。④

我们再举一个由于转引人家的材料而一误再误的例子。耿清珩、翟清福考证:钱穆《先秦诸子系年》引汤聘尹的《史稗》以及王世贞的《读书后》,都是从清人梁玉绳的《史记志疑》转引的。《史记志疑》中有一段话说:"王世贞《读书后》辨之曰。"钱穆不知道王世贞书名是《读书后》,又没有经过查阅,在《系年》中引用这段话时,加上"说"字,成了"王世贞《读书后辨》说之

---

① 汪少华:《书名须慎辨》,见《古籍整理研究学刊》1998 年第 1 期。
② 钱锺书:《谈艺录》,中华书局,1984 年,第 231 页。
③ [清]顾炎武:《日知录》卷二〇"引古必用原文",见《景印文渊阁四库全书》子部杂家类。
④ 刘乃和:《"书屋而今号励耘"》,见《励耘书屋问学记》,第 143 页。

曰"。郭沫若《十批判书》引用这段话时,也不知道王世贞的书名,因而把《读书后》改为《读书后记》。余英时也不知道王世贞的书名《读书后》,他一方面跟着郭沫若将书名改为《读书后记》,一方面又说《十批判书》抄袭《先秦诸子系年》。①

上面的例子还告诉我们,转引他人的资料会以讹传讹。这是因为他人在引用资料时可能会出现错误。

这些错误可能是疏忽造成的,这种现象在古书中是非常普遍的。如钱大昕批评道:"朱国祯《涌幢小品》三十二卷,好谈掌故,品题人物,不为刻深之论,盖明季说部之佳者。至于援引古书,多有差误。如张彪称其妻为'乡里',见《南史》,而误以为杨彪。王文公父名益,而误以为盖。'止谤莫如自修',魏司空王昶语,见《三国志》,而误以为《文中子》。"②再如张舜徽《广校雠略》卷四《搜辑佚书论五篇·古人援引旧文不可尽据》举例云:"'致远恐泥',子夏之言也,班固以为出孔子。'其进锐者其退速',孟子之言也,李固以为出《老子》。孟子以孔子所谓'生事之以礼,死葬之以礼,祭之以礼'为曾子。"③严耕望也举过一个典型的例子:

> 《舆地纪胜》——庆元府卷《风俗形胜目》引《隋书》(地理志)《会稽郡》下云:"市埒二京,人杂五方,俗类京口,东通吴、会,南接江湖,西连都邑。"照这条看来,这条内容是述隋代会稽郡的风俗。宋代明州庆元府就是隋代会稽郡的东部。但检视《隋书·地理志》的原文,这是综述古扬州风俗的一段。原文是:"丹阳旧京所在……市廛列肆,埒于二京,人杂五方,故俗颇相类。京口东通吴、会,南接江湖,西连都邑。"这是述丹阳(今南京)与京口(今镇江),不是会稽郡。王象之引来作为庆元府的风俗,这是大误。(也就是断章取义致误之一例。)吴会是吴郡与会稽郡的简称,若述会稽郡,何以说"东通吴、会,南接江湖"? 故若盲目引用此段,岂非笑话!④

---

① 耿清珩、翟清福:《一桩学术公案的真相——评余英时〈郭沫若抄袭钱穆著作考〉》,见《中国史研究》1996年第3期。
② [清]钱大昕:《十驾斋养新录》卷一四《涌幢小品》,江苏古籍出版社,2000年,第298页。
③ 张舜徽:《广校雠略》,第107页。
④ 严耕望:《治史经验谈》,第60—61页。

今人游国恩等主编之《中国文学史》说:"王粲是'七子'中成就最高的作家,《诗品》称他为'七子之冠冕'。"①其实这句话不出自《诗品》,而出自《文心雕龙·才略》篇。

这些错误也可能是删节原文造成的,引书者各取所需,将自己认为不必要的词句删去,应当说是正常现象。但是古代著书撰文,通常不用标点符号,因此被删去的部分,作者无法表明,读者也难以发现。直到普遍使用标点符号以后,有的学者仍然主张不用省略号,如陈垣先生。他的学生说:"援庵师甚不赞成引用史料以……符号,表示删省。曾说:'史学家竟不敢删省前人之文。如何能自成一家之言!'所以陈先生在《南宋初河北新道教考》《明季滇黔佛教考》《清初僧诤记》中有省略而无改动。因为援庵先生认为他是在写历史,只要注明根据何在,就尽到史家的责任,删掉不必要的字句,是史家应作的事。"②因此,如以为引文同原书一模一样那就错了。如钱大昕《卢氏群书拾补序》云:

  抱经先生精研经训(博极群书),自通籍以至归田,铅椠未尝一日去手。奉廪修脯之余,悉以购书。遇有秘钞精校之本,辄宛转借录。家藏图籍数万卷,(皆)手自校勘,精审无误。(凡所校定,必参稽善本,证以它书,即友朋后进之片言,亦择善而从之,洵有合于颜黄门所称者。)自宋次道、刘原父、(贡父、楼大防)诸公,皆莫能及也。③

括号内是被省略的部分,如果从校勘学的角度看,被省略的部分,恰恰是最重要的内容。如果我们按照《藏书纪事诗》转引这段材料,那就贻误读者了。

这些错误也可能是檃栝原文造成的。古人引文有檃栝原文之例,如陈澧《东塾未刊遗文·引书法示端溪书院诸生》云:"所引之书,其说甚长者,当择其要语,或不必直录其文而但浑括其意,如孔《疏》引郑《注》有云'郑以为者',此亦引书之一法。"④桂馥云:"古人引经,略举大义,多非原文。如

---

① 游国恩、王起、萧涤非、季镇淮、费振刚:《中国文学史》,第215页。
② 牟润孙:《从〈通鉴胡注表微〉论援庵先师的史学》,见《励耘书屋问学记》,68—69页。
③ [清]钱大昕:《卢氏群书拾补序》,见《潜研堂文集》卷二五,江苏古籍出版社,1999年,第402页。
④ 张舜徽:《文献学论著辑要》,陕西人民出版社,1985年,第414页。

《宋书·彭城王义康传》引《诗》'兄弟虽阋,不废亲也。'引《书》'九族既睦,可以亲百姓。'《说文》引《书》'洪水浩浩。'此岂《诗》《书》之本文哉。今人多据《书》《传》所引以增改经文,虽曰治经,实乱经也,可不慎乎?"①下面我们就举一个櫽栝原文的例子。《太平御览》卷六一九引《唐书》曰:"开元十九年命有司写《毛诗》《礼记》《左传》《文选》各一部,以赐金城公主,从其请也。"《旧唐书》卷一九六《吐蕃列传》原文却作:"吐蕃使奏云:'公主请《毛诗》《礼记》《左传》《文选》各一部。'制令秘书省写与之。"应当说《太平御览》对原文的概括很简洁,但是《旧唐书》的原文说了求书、写书、颁书的具体过程,史料价值更高一些。

  这些错误也可能是断章取义造成的,可能是误会原文造成的,若不核对原文,常会以讹传讹。如唐圭璋指出:"明清人引宋人轶事往往有误,盖因明清人自由剪裁宋人载记,字句俱不符原文,故引用宋人说词之语必须用宋人第一手资料。明人误引宋人书,清人又误引明人书,展转沿讹,贻害不浅。"②他本人就有过这方面的教训,其《宋词三百首笺注》于岳飞《满江红》词引沈雄《古今词话》云:

  《话腴》曰:武穆《收复河南罢兵表》云:"莫守金石之约,难充溪壑之求;暂图安而解倒悬,犹之可也,欲远虑而尊中国,岂其然乎?"故作《小重山》云:"欲将心事付瑶琴,知音少,弦断有谁听?"指主和议者。又作《满江红》,忠愤可见。其不欲等闲白了少年头,可以明其心事。

《话腴》是《藏一话腴》简称,有位学生写信给唐圭璋询问:如果《藏一话腴》的作者南宋人陈郁确实说过岳飞"又作《满江红》,忠愤可见",就可以证明岳飞写过《满江红》,但遍查各种版本的《藏一话腴》,却均不见上述那一些话,此是何故? 唐圭璋接信后,复检原书,发现《宋词三百首笺注》所引沈雄《古今词话》中的那段文字确实存在着混淆不清的毛病。"《话腴》曰:武穆《收复河南罢兵表》云:'莫守金石之约,难充溪壑之求;暂图安而解倒悬,犹之可也,欲远虑而尊中国,岂其然乎?'"为《藏一话腴》的原文,其他的话都是沈雄的发挥之词。唐圭璋一方面回信加以说明订正,另一方面又专门在

---

① [清]桂馥:《札朴》卷七《匡谬》"引经",清光绪九年(1883)长洲蒋氏心矩斋刊本。
② 唐圭璋:《读词三记》,见《南京师范学院学报》(社会科学版)1982年第4期。

《读词五记》一文中写了题为《〈话腴〉无论岳飞词语》一则文字,公开认错,并以此指点后学云:"由于沈雄引《话腴》与己意不加分别,以致使后人误以为沈雄语亦《话腴》中所有。如《历代诗余》卷一一七、《词林纪事》卷九、《词苑萃编》卷一三,俱以讹传讹,未加辨正。实际《话腴》中并无论岳飞《小重山》及《满江红》语,余昔亦沿误。"复云:"惟《藏一话腴》非僻书,《适园丛书》即有之,如一查检,即可辨明沈雄以来诸书不察之误。由此亦可见沈雄《古今词话》《历代诗余》《词林纪事》《词苑萃编》所引宋人之书,必须查考宋人原始资料,决不可信清人之误引。"①

即使别人的引文不误,我们在转引时稍有疏忽也会出现问题。郭在贻说他"看到过一篇研究楚辞的论文,文中引到马其昶的《屈赋微》一书,肯定是从马茂元先生的《楚辞选》一书转引来的,马先生称马其昶为'先大父',这位作者也跟着称'先大父',可见他根本不懂得'先大父'是什么意思"。②

(2)论据要适用。以上谈的是论据的真实可靠性,下面再谈谈论据的适用性。真实可靠是我们运用论据的前提,适用与否是我们运用论据的落脚点。我们在运用论据时,应当注意代表作家的代表作品。无论是对是错,我们是赞成还是反对,他们或它们都具有代表性与说服力。郑欣谈到"岑仲勉也是一位大师级的学者,著述等身,学问极其渊博,尤以治隋唐史著名。……岑师在课堂上给我们传授治学之道说:'射人先射马,擒贼先擒王。进行讨论和商榷也得找名家,这样才有影响。'陈寅恪是研究隋唐史的头号名家,他的许多观点就顺理成章地成了岑师在课堂上批判的对象"。③

但是中华文明,毕竟是千千万万人经过世世代代的努力,共同创造的。因此我们要注意运用一切现有成果来为我们的科学研究服务。有的人虽然不大有名,但是他所作出的判断反映了实际情况,而且又很能说明问题,当然也是可以而且应当引用的。例如我们现在图书的目录通常都在前面,而早期图书的目录可能在书的后面。卢文弨就谈到过这个问题,指出:"《史记》《汉书》书前之有目录,自有版本以来即有之,为便于检阅耳。然于二史之本旨,所失多矣。夫《太史公自序》,即《史记》之目录也;班固之《叙传》,

---

① 参见杨海明《回忆唐圭璋先生二三事》,见钟振振编《词学的辉煌——文学文献学家唐圭璋》,南京大学出版社,2001 年,第 63—64 页。
② 郭在贻:《回顾我的读书生活》,见《文史知识》1988 年第 9 期。
③ 郑欣:《忆陈寅恪师》,见《文史哲》1996 年第 6 期。

即《汉书》之目录也。乃后人……误认书前之目录,即以为作者所自定,致有据之妄訾謷本书者。"①卢文弨的论述对说明早期古书目录在书后的现象当然是大有好处的。文学研究也如此,吴组缃论述宋元话本小说时从罗晔《醉翁谈录·小说引子》里选用了"春浓花艳佳人胆,月黑风寒壮士心"两句诗,指出:"其中所说的'佳人胆'与'壮士心',基本概括了宋元话本小说的主要内容,也反映了当时社会的主要现实问题。……'佳人胆'的对立面是封建礼教的压迫;'壮士心'的对立面是封建政治的压迫。"②

谈到资料的适用性的问题时,还要做到不要因人废言。如陈寅恪的学生"石泉(原名刘适)最初于1946年找到黄濬(秋岳)所著《花随人圣庵摭忆》一书之后,感到其中保存了不少珍贵的史料,因而多有称引。后为燕大一位老先生看到,大不以为然,说此人是抗战初期已被枪决的汉奸,他的作品岂能引用。石泉把这话报告陈师后,陈师明确答复:只要有史料价值,足以助我们弄清问题,什么材料都可用,只看我们会不会用,引用前人论著,不必以人废言。后来在1962年,陈师在广州中山大学任教时,曾托人带口信,向石泉借用此书,石泉随即寄去了"。③

在谈到资料的适用性的问题时,还要注意不要只收集能够说明自己观点的材料,而忽略否定自己观点的材料。应当说否定自己观点的材料也与自己的课题密切相关。如果收集到与自己观点不一致的材料,我们就应该修正或者放弃自己的原有观点,否则我们将会得出错误的结论。如庄季裕《鸡肋编》卷中云:"昔汴都数百万家,尽仰石炭,无一家燃薪者。今驻跸吴越,山林之广,不足供樵苏。"有位国际知名的日本学者依据这条资料,并引用了不少史料作为辅证,说明石炭(即煤)是北宋京师开封府一般人民生活中的主要燃料,认为这是一次燃料革命。严耕望指出:"庄季裕这条笔记的主旨或许在说临安燃料的困难情况,缅怀往日的汴京,比对之下,不免有所夸张与虚美。其实北宋汴京的燃料恐怕仍以薪柴为主,至少薪柴与石炭参半。"

---

① [清]卢文弨:《钟山札记》卷四,见[清]阮元辑《皇清经解》,清道光九年(1829)广东学海堂刊本。
② 吴组缃、沈天佑:《宋元文学史稿》,北京大学出版社,1989年,第232页。
③ 石泉、李涵:《追忆先师寅恪先生》,见张杰、杨燕丽编《追忆陈寅恪》,社会科学文献出版社,1999年,第258页。

接着他从《宋史》《宋会要》、宋人文集中引了八条材料说明了这一点。①

四 关于论证

有了论点、论据,如何利用你的论据证明你的论点是正确的,这就需要论证。在论证之前,我们最好先将相关资料编个索引。该索引应当包括文献名称、页码、内容提要或关键词语。这样,我们在写作时检索资料就方便多了,将使用过的资料划去,也避免了重复使用相关资料。

1. 论证方式

(1) 正面阐述。进入写作阶段,首先我们应当考虑一下论证方式。在通常情况下,研究者会采用正面阐述的方式将心得体会表达出来。试以胡小石《南京在中国文学史上的地位》一文为例。全文分六节。第一节提出论点,"严格言之,南京文学之最高发展,实为东晋以下南朝时期之诸代。而以后来之南唐为其尾声。盖以有创造性之事实言之,当如此也。愚意中国文学,及其有关诸方面,真正在南京本地创成者,以次数之,可有下列诸事:(一)山水文学。(二)文学教育,即文学之得列入大学分科。(三)文学批评之独立。(四)声律及宫体文学"。第二、三、四、五节,就上面四点分别论述之。第六节指出了南京文学的特点:"南京在文学史上可谓诗国。尤以在六朝建都之数百年中,国势虽属偏安,而其人士之文学思想,多倾向自由方面,能打破传统之桎梏,而又富于创造能力,足称黄金时代,其影响后世至巨。"并且还补充说明了南唐以后南京文学的特出成就:"明末清初之历史戏剧《桃花扇》本事,殆全出于此地。清代二大小说,一为曹雪芹之《红楼梦》,一为吴敬梓之《儒林外史》。前之作者少年住南京,其书即以金陵为背景,后者为南京寓公,其书专以讽刺当时在南京之知识分子的弱点为主题。以不及详论,请俟异日。"②

(2) 反驳。某个问题,你不同意前人的某个观点,可采用反驳的方式进

---

① 严耕望:《治史经验谈》,第41—43页。
② 胡小石:《南京在中国文学史上的地位》,见《胡小石论文集》,上海古籍出版社,1982年,第138—146页。

行论述。有的学者似乎特别喜欢写论战文章,邓广铭可以算作一个例子:"他一辈子都在进行学术论战,用陈智超的话来说,就是'写作六十年,论战一甲子'。实际上邓先生的学术论战还不止六十年的历史。他写于1935年的第一篇学术性文章《评〈中国文学珍本丛书〉第一辑》就是论战文字,而1997年在病床上写成的最后一篇论文《再论〈辩奸论〉非苏洵所作——兼答王水照教授》,也仍然是一篇论战文字。在他病重住院期间,曾对女儿谈到他的论战风格:'我批评别人也是为了自己进步。我九十岁了,还在写文章跟人家辩论,不管文章写得好坏,都具有战斗性。'"①

首先,可以反驳对方的论点。胡适鉴于"今之治诸子学者,自章太炎先生以下,皆主九流出于王官之说",特撰《诸子不出于王官论》予以反驳。其要点如下:第一,"刘歆以前之论周末诸子学派者,皆无此说也"。第二,"九流无出于王官之理也"。"其最谬者,莫如以墨家为出于清庙之守。夫以'墨'名家,其为创说,更何待言?墨者之学,仪态万方,岂清庙小官所能产生?"第三,"《艺文志》所分九流,乃汉儒陋说,未得诸家派别之实也。古无九流之目,《艺文志》强为之分别,其说多支离无据。如晏子岂可在儒家,管子岂可在道家?管子既在道家,韩非又安可属法家?""知汉人所立'九流'之名之无征,则其九流出于王官之说不攻而自破矣"。②

下面我们再举一个例子。缪钺写过一篇文章,题为《〈三国志〉的书名》。文章首先介绍了对方的论点:"西晋陈寿所撰记述魏、蜀、吴三国史事之书,名曰《三国志》,当时人即是如此称呼,千载相承,并无异议。但是近来通行的标点本《二十四史》中的《三国志》,在'出版说明'中,忽然提出新说:魏、蜀、吴三书本是各自为书,到了北宋雕板,始合为一种,改称《三国志》。"接着反驳道:

> 这个论断是不符合历史事实的。
>
> 陈寿之书,虽分别称为《魏书》《蜀书》《吴书》,但是合为一书,则称《三国志》。自西晋、东晋、南北朝以至唐初,都是如此,并非至北宋雕板时始加"《三国志》"之名。兹举例说明之。

---

① 刘浦江:《一代宗师》,见张世林编《学林往事》,朝华出版社,2000年,第1245—1246页。
② 胡适:《诸子不出于王官论》,见《胡适文集》第2册,北京大学出版社,1998年,第180—186页。

《晋书·陈寿传》：

元康七年，病卒，时年六十五。梁州大中正、尚书郎范頵等上表曰："……臣等按，故治书侍御史陈寿作《三国志》，辞多劝诫，明乎得失，有益风化……愿垂采录。"于是诏下河南尹、洛阳令就家写其书。

范頵等是陈寿同时人，他们上书于晋惠帝，已称陈寿所著书为《三国志》，可见这是当时人公认的名称（也许就是陈寿自己拟定的书名），不然，他们不会在上书于皇帝时这样随便说的。再看，常璩《华阳国志·陈寿传》：

寿乃鸠合三国史，著魏、吴、蜀三书六十五篇，号《三国志》。

常璩是东晋时人，亦称陈寿所著书为《三国志》。

此后，沈约《宋书·裴松之传》说："元嘉三年……上使注陈寿《三国志》"云云；北齐魏收《魏书·毛修之传》说："（崔）浩……每推重之，与共论说，言次遂及陈寿《三国志》"云云。可见南北朝时人亦均称陈寿所著书为"《三国志》"。

唐初所修《隋书·经籍志》卷二史部正史类，明确著录：

《三国志》六十五卷，晋太子中庶子陈寿撰。

在正史类叙论中又说："晋时，巴西陈寿删集三国之事，唯魏帝为纪，其功臣及吴、蜀之主并皆为传，仍各依其国，部类相从，谓之《三国志》。"又一次明说陈寿之书"谓之《三国志》"。

此外，《隋书·经籍志》又著录：

《论三国志》九卷，何常侍撰。

《三国志评》三卷，徐爰撰。

并附记：

梁有《三国志序评》三卷，晋著作佐郎王涛撰，亡。

诸书作者皆是晋及南北朝时人，亦皆称陈寿所著书为《三国志》。

刘知几《史通·正史》篇也说："至晋受命，海内大同。著作陈寿乃集三国史，撰为《国志》，凡六十五篇。"所谓"《国志》"者，亦即《三国志》之简称也。

由以上所举诸证，可以明显看出，自西晋、东晋、南北朝以至唐初，都称陈寿所著书为《三国志》，怎么能说是北宋人始"改称《三国志》"呢？

标点本《三国志》是广泛通行之书,"出版说明"中这个小的疏失,可能引起读者的误解,故明辨之。①

其次,可以反驳证据,证据不可靠,论点也就立不住脚了。王季思与萧涤非曾打过一场笔墨官司。萧涤非认为汉乐府《东门行》"充分体现了人民反压迫、反剥削的斗争精神"。先将萧涤非所录原词抄之如下:

出东门,不顾归。来入门,怅欲悲。盎中无斗米储,还视架上无悬衣。拔剑东门去,舍中儿母牵衣啼:"他家但愿富贵,贱妾与君共铺糜。上用仓浪天,故下当用此黄口儿。""今非咄行,吾去为迟。白发时下难久居。"

而王季思认为:这首古词,《乐府诗集》曾引《乐府解题》加以说明,原文如下:

古词云:"出东门,不顾归。入门怅欲悲。"言士有贫不安居者,拔剑将去,妻子牵衣留之,愿共铺糜,且曰:今时清不可为非也。

"根据《乐府解题》的说明,古词在妻子牵衣相留的话里,肯定还有'今时清不可为非'的内容,而现在只留下'今非'两个字。《乐府诗集》还记录了晋乐的《东门行》,分作四解即四段演唱",其中有"今时清廉,难犯教言,君复自爱莫为非"数句。所以他接着说:

按照上面的校勘,对《东门行》这首古乐府,或者在"今非"二字之间加删节号,注明有脱文。或者改"今非"二字为"今时清廉,难犯教言,君复自爱莫为非",注明根据晋乐所奏增补,都可以说明问题。而现在所有的古典文学选本或文学史,包括我最近看到的十三校合编选本在内,没有一本不是以误传误的。

萧涤非认为"这一增改,几乎要改变汉民歌的性质",专门写了一篇文章《〈东门行〉并不存在'校刊'问题——答王季思先生》,而王季思又写了一篇《〈东门行〉的校点和评价问题——答萧涤非先生》。可见学者们对论据也是十分重视的。②

---

① 缪钺:《〈三国志〉的书名》,见《读书》1983年第9期。
② 王季思:《不要以误传误》《〈东门行〉的校点和评价问题》,见《玉轮轩古典文学论文集》,中华书局,1982年,第233—245页。

下面再举一个例子,朱自清的论文《王安石〈明妃曲〉》开头说:"王安石《明妃曲》二首,颇受人攻击,说诗中'人生失意无南北','汉恩自浅胡自深'两句有伤忠爱之道。"接着分别引用了对方论点作了反驳,其要点是"人生失意无南北"是家人的安慰之词,家人怒,而身当其境的明妃并没有怒,正见其忠厚之致。"汉恩自浅胡自深"是沙上行人所说的安慰话,全篇只是以琵琶的悲怨见出明妃的悲怨。而明妃本人则是眼看飞鸿,心不在胡而在汉的。文章最后说:"王深父、范冲之说,都只是断章取义,不顾全局,最是解诗大病。今写此短文,意不在给诗中的明妃及作者王安石辩护,只在说明读诗解诗的方法,藉着这两首诗作个例子罢了。"①

(3)正面阐述与反驳兼而有之。例如《明史·李自成传》载,清顺治二年,"自成走延宁、蒲圻,至通城,窜于九宫山"。胡静首先说:"延宁一名,查《明史·地理志》《寰宇通志》及《读史方舆纪要》,皆无踪影。"从而否定了《明史》的说法。接着又提出了自己的观点,并且作了论证:"'延宁'为'咸宁'之误,即今湖北咸宁县。延宁、咸宁音近而误。据《绥寇纪略》卷九:'自成将东下,遇风雹,乃以四月二十四日改由金牛、保安走咸宁、蒲圻,过通城九宫山。'《湖北通志》卷六九:'自成走咸宁、蒲圻至通城,窜九宫山。'光绪十一年重修《武昌县志》卷八:'流贼李自成主武昌,谋夺舟南下,改由金牛、保安,走咸宁、蒲圻过通城。'即是咸宁误为延宁的确证。"②

2. 论证方法

接着我们应当考虑一下论证方法。论证方法说到底就是按照什么样的顺序将你的论点、论据通过论证组织起来。能够按自然顺序最好尽量按自然顺序,譬如年谱、诗文系年、版本源流考之类的论著通常按时间顺序组织材料,这样既做到脉络清楚,又能使读者很快了解传主的生活与创作道路,或某种图书的出版史与研究史。如宋人吕大防编的《杜工部年谱》《韩吏部文公集年谱》一般被视为年谱的嚆矢,作者于此二书《自记》云:"予苦韩文、杜诗之多误。既雠正之,又各为年谱,以次第其出处之岁月,而略见其为文之时,则其歌时伤世,幽忧切叹之意,粲然可观。又得以考其辞力。少而锐,

---

① 朱自清:《王安石〈明妃曲〉》,见《朱自清古典文学论文集》,第429—432页。
② 胡静:《〈明史·李自成传〉勘误一则》,见《史学月刊》1984年第4期。

壮而肆,老而严,非妙于文章,不足以至此。"作者通过编年谱,清楚地认识到了杜诗风格变化的轨迹。

再如我们要研究李清照的感情发展历程,最好将李清照的诗词以时间为序排排队。她有一首《如梦令》词:"常记溪亭日暮,沉醉不知归路。兴尽晚回舟,误入藕花深处。争渡、争渡,惊起一滩鸥鹭。"这首小令着重描写了在藕花深处争渡时导致鸥鹭齐飞的生动画面。透过对人争渡、鸟齐飞的动态描写,我们可以体会到作者在少女时代所洋溢着的青春活力。她还有一首更加有名的《如梦令》词:"昨夜雨疏风骤,浓睡不消残酒。试问卷帘人,却道海棠依旧。知否、知否?应是绿肥红瘦。"这首词妙在一段对话非常符合人物身份。因为惜花,所以清照担心海棠花遭到夜间风雨的袭击,一见到卷帘的婢女就急切地问:"海棠怎么样了?"而婢女却没有这份闲心思来专门注意海棠,所以随便说了句:"还是老样子。"这完全不符合清照的想象,所以她又迫不及待地道出"知否、知否?应是绿肥红瘦"两句,使人觉得口气宛然。细玩词意,我们会发现这首词虽也表现了作者对大自然的热爱,但是当中含有有身份的少妇的闲适情调,与担心青春消逝的淡淡哀愁。下面我们再看一首李清照四十多岁时在南京写的《临江仙》:"庭院深深深几许?云窗雾阁常扃。柳梢梅萼渐分明,春归秣陵树,人老建康城。　感月吟风多少事,如今老去无成。谁怜憔悴更凋零,试灯无意思,踏雪没心情。"柳梢匀绿,梅萼试红的早春又来临了,但是清照再没有心思去游玩。这完全不符合李清照的性格特征。动乱的社会现实,作为时代背景,给这首词抹上了一层悲凉的底色。词中竟出现了两个"老"字,可见时代与年龄在清照心灵中留下的创伤是多么深刻。最后我们再读一首李清照晚年写的《声声慢》:"寻寻觅觅,冷冷清清,凄凄惨惨戚戚。乍暖还寒时候,最难将息。三杯两盏淡酒,怎敌他、晚来风急?雁过也,正伤心,却是旧时相识。　满地黄花堆积,憔悴损,如今有谁堪摘?守着窗儿,独自怎生得黑?梧桐更兼细雨,到黄昏、点点滴滴。这次第,怎一个愁字了得?"这首词写作者在经历了国破家亡之后,时序使人难以忍受,景物又使人感到凄楚,清照生活在苦难的煎熬之中,人生最宝贵的时间,成了她难以度过的无边苦海。我们按时间顺序,对李清照的几首词略作分析,她的感情历程就十分清晰地展现在我们的面前。

不能按自然顺序组织的材料,当然得按逻辑顺序去组织,而这种逻辑顺序却有待于作者去发现。为了有助于发现这种逻辑顺序,我们不妨将收集到的资料先分类排比一下。我们在生活中可能有这样的体会,自己的衣服虽然不少,但是有时又找不到适合的衣服。于是有的人干脆把自己的衣服彻底清理一遍,分成"保留""过时""转卖""送慈善机构""送亲朋好友""修改""未决定""当作纪念永久保存""将来有一天或许会穿"等几类,把"保留"的衣服放在衣柜里,这样找起来就方便了。再如我们经常在街边上看到卖塑料制品的,各种货物摆了一大片。其实这么多货物实际上只要一辆三轮车就拉来了。有次我观察摊主收摊子,将大桶里套中桶,再套小桶;将大盆子里套中盆,再套小盆,再套塑料碗;大淘米箩里套中淘米箩,再套小淘米箩;将塑料椅子摞在一起;将塑料凳子摞在一起;将塑料搓衣板摞在一起……再用几个大纸箱子一装,码在三轮车上就行了。可见分类对我们的生活、工作大有帮助。有的课题较为复杂,资料较为丰富,不妨先分若干大类,在某些大类里再分若干小类。各类材料之间存在着先后关系,或者是并列关系。即使是并列关系,我们也可以从某个角度将它们分出一个先后来。做完了这项工作,论文的逻辑顺序大致也就显山露水了。比如我们研究唐诗中的妇女形象,不妨将《全唐诗》及其《补编》从头到尾读一遍。把涉及妇女的诗全抄成卡片。然后分成后妃、公主、宫女、仕女、商人妇、女道士、妓女、劳动妇女等类。其中后妃可以分成得宠后妃、失宠后妃两小类。而有些表现闺怨的诗很难判断女主人的身份,可以单独设离妇一类,下辖游子妇、征人妇、商人妇三小类。

  为了更好地论述自己的观点,为了便于读者接受,我们还可对资料内在的逻辑顺序作适当的调整,譬如采用倒叙的手法,譬如先兜一个圈子再引入正题,譬如在顺叙的过程中插叙一段论述。

  引述论据的方式不尽相同,有人喜欢直接将原材料录入文中,其优点是增加了引文的可信程度,也提高了论文本身的史料价值,有些材料对读者有参考价值,也为读者提供了资料线索,减少了读者翻检资料之劳,问题是将原材料恰到好处地插入文中并做到行文流畅也不是一件容易的事,有些原材料很长,剪裁起来也很困难。有人喜欢将原材料用自己的话加以转述,其优点是容易做到行文流畅,其缺点是读者看不到原文,减少了引文的可信程度,因为若非与自己的研究工作密切相关,读者通常是不会去一一复核原文的。而且人们引文的目的是为了说明自己的观点,你的转述是你对引文的理解。是否完全符合资料的原意，还要打一个问号，所以我们认为为了增加论据的说服力，应当尽可能地保留史料的原始面貌，直接引用原文，在实在难以直接引用原文的情况下，也可采用转述的方式，但是仍应尽可能地直接引用原文中的关键性词句。

五　关于引文注释

引文注释是论文写作态度与写作水平的鲜明标识，也是论文写作不可或缺的环节，下面就专门谈一下论文注释问题。

1. 引文注明出处的意义

古人素有引书注明出处的传统。余嘉锡指出：

> 引书必著卷数者，为其便于检查，且示有征也。自以帛写书而后有卷数，若用简策之时则但有篇章耳。书之篇第往往移易，故同一书而次序不同；若但引其篇第，无以知其为某篇也。举其篇名，则便于检查矣。故引篇名，犹之引卷数也。《左传》《国语》引《书·盘庚》《泰誓》之类，往往举其篇名，至引《易》而举某卦之某爻，引《诗》而举某诗之几章，则更细矣。此自相传之古法，不始于六朝唐人也。①

引文注明出处的显著优点是便于读者了解资料来源，便于复检原文。《四库全书总目》卷三六于元张存中撰《四书通证》提要云："今核其书，引经数典，字字必著所出。""大概征引详明，于人人习读不察者，一一具标出处，可省检阅之烦，于学者亦不为无补矣。"②

正因为引文注明出处便于读者复检原文，所以《四库全书总目》卷一三六《御定骈字类编》提要还指出注明引文出处要准确而细致："引书必著其篇名，引诗文必著其原题，或一题而数首者，必著其为第几首。"③

清人章学诚还强调要注意引文的原始性，指出："考证之体，一字片言，必标所出。所出之书，或不一二而足，则必标最初者。最初之书既亡，则必

---

① 余嘉锡：《读已见书斋随笔·引书记书名卷数之始》，见《余嘉锡论学杂著》，第643页。
② ［清］永瑢等：《四库全书总目》，第300页。
③ 同上书，第1157页。

标所引者。乃是慎言其余之定法也。书有并见,而不数其初,陋矣。引用逸书而不标所出,罔矣。"①清人王鸣盛还谈道:"予所著述,不特注所出,并凿指第几卷某篇某条,且必目睹原书。"②

引文注明出处还能展现作者的治学态度、学术水平、占有资料的多寡,以及所引资料的价值与可靠程度。正如清章学诚《文史通义》内篇《史注》所说:"诚得自注以标所去取,则闻见之广狭,功力之疏密,心术之诚伪,灼然可见于开卷之顷,而风气可以渐复于质古,是又为益之尤大者也。"③

清人陈澧还专门写了《引书法示端溪书院诸生》探讨引文问题,一共讲了十条意见,其第一条云:"前人之文,当明引不当暗袭。《曲礼》所谓'必则古昔',又所谓'毋剿说'也。明引而不暗袭,则足见其心术之笃实,又足征其见闻之渊博。若暗袭以为己有,则不足见其渊博,且有伤于笃实之道。明引则有两善,暗袭则两善皆失之也。"其第七条云:"引书必见本书而引之。若未见本书而从他书转引者,恐有错误,且贻诮于稗贩者矣。或其书难得,不能不从他书转引,宜加自注云:不见此书,此从某书转引,亦笃实之道也。若其书已亡,自当从他书转录,然亦必须注明所出之书也。"④

胡适《赵万里〈校辑宋金元人词〉序》云:"辑佚书必须详举出处,使人可以复检原书,不但为校勘文字而已,并且使人从原书的可靠程度上判断所引文字的真伪。清朝官书如《全唐文》与《全唐诗》皆不注出处,故真伪的部分不易辨别。例如同为诏敕,出于《大唐诏令集》的,与出于契嵩改本《六祖坛经》的,其可靠的程度自然绝不相同;若不注明来历,必有人把伪作认为史料。万里先生此书每词注明引用的原书,往往一首词之下注明六七种来源,有时竟列举十二三种来源,每书又各注明卷数。这种不避烦细的精神,是最可敬又最有用的。"⑤

胡适强调了辑佚书应当详细注明出处,其实所有的学术论著都应当详细而准确地注明出处。其好处除胡适所说可以有利于读者复核原文,判断资料真伪与可靠程度外,还能使论文建立在可靠资料的基础上,有利于培养

---

① [清]章学诚著,叶瑛校注:《说林》,见《文史通义校注》内篇四,第349—350页。
② [清]王鸣盛:《十七史商榷》卷九八,《丛书集成初编》本,商务印书馆,1936年。
③ [清]章学诚著,叶瑛校注:《史注》,见《文史通义校注》内篇三,第239页。
④ [清]陈澧:《引书法示端溪书院诸生》,见张舜徽《文献学论著辑要》,第413—414页。
⑤ 胡适:《赵万里〈校辑宋金元人词〉序》,见《胡适文集》第5册,第501页。

作者严谨踏实的学风。这样做也能反映作者有关本课题研究工作的起点,所占有资料的多寡、深浅与新鲜程度,同时也为读者提供了资料线索,为读者继续研究提供了方便。这样做还能够明确科研成果的归誉,使读者能够清楚地看到,有关本课题,前人已经取得了哪些成绩,作者新的贡献在何处。这样做也有利于对作者、论文,以及发表论文的期刊的学术水平进行评价。

总的来说,引文注释是衡量论文作者的学术态度、学术水平、资料占有情况等的客观标志。所以我国教育部社会科学委员会2004年6月22日讨论通过的《高等学校哲学社会科学研究学术规范(试行)》明确规定"引文应以原始文献和第一手资料为原则。凡引用他人观点、方案、资料、数据等,无论曾否发表,无论是纸质或电子版,均应详加注释。凡转引文献资料,应如实说明"。

2. 引文注释存在的问题

引文有直接引用与间接引用两种方式。直接引用是直接引用原文,并且用引号将所引原文括起来。凡直接引用的文字,只能省略,不能改写。省略部分用省略号或其他方式标明,也可以将两段以上带有引号的直接引文连接在一起,而将省略部分跳过。间接引文则对所引原文作了改动,因此不能用引号。古人引文不像今人那么严格,又无现代完备的标点符号系统,所以多为间接引用,不过也要加以说明。如章学诚所说:"如恐嫌似剿袭,则于本文之上,仍标作者姓名,以明其所自而已。至标题之法,一仿《史》《汉》之例。《史》《汉》引用周秦诸子,凡寻常删改字句,更不识别,直标'其辞曰'三字领起。惟大有删改,不更仍其篇幅者,始用'其略曰'三字别之。若贾长沙诸疏是也。今所援引,一皆仿此。"①

古人虽然强调了引文应当注明出处,但他们的引文方式却不够规范。这种现象一直延续到现代。周勋初说:

> 当我们阅读王国维、陈寅恪等名家的论文时,不能直接从他们的论文中摘引他们的"引文"。他们有时候只是断取,或概括大意,甚至是

---

① [清]章学诚著,叶瑛校注:《修志十议》,见《文史通义校注》外篇三,第846页。

部分改写,并非原书的文字。在他们的那个时代,还承清人遗风,并没有像我们今天这样严格的学术规范,这一点应该是可以理解的。胡适、傅斯年等人已接受了西方学界的学术规范,与我们今天的情况较为相近。①

鉴于以上情况,我们在引用其他论著中的资料时,一定要注意核对原文,否则会出现以讹传讹的问题,同时也反映你的学风是不严谨的。周勋初尝举一例:"以前,我在撰写《中国文学批评小史》时,起初就从陈寅恪的论文中直接摘引张籍写给韩愈的书信,后来核对原文,才发现陈寅恪的论文中是将张籍写给韩愈的两封信(《上韩昌黎书》《上韩昌黎第二书》)合成了一段文字来论述。幸好我能及时发现,及时改正,要不然险些就出洋相了。这是一个很好的教训。"②

现在有些论著在引文注释方面还存在着不少问题,如颜亨福编《常用文言实词讲解》,作者在《前言》中说:"为了给中学语文教师备课提供参考材料,同时也为帮助语文爱好者和中学生学习古典文学,我们编写了这本讲解文言实词的工具书。"但是这本书无页不错,在引文方面的明显错误就有200多处,约有以下几种类型:

一是引文有误。如30页"吾毕力平险",应是"吾与汝毕力平险"。40页"氓之蚩口",应是"氓之蚩蚩"。

二是引文出处有误。如55页"小人有母……"的出处不是《战国策》,应是《左传·隐公元年》。60页"折戟沉沙……"的出处不是"杜甫《赤壁怀古》",应是杜牧的《赤壁》。

三是引文作者有误。如《盐铁论》的作者是桓宽,但是书中一会儿是桑弘羊写的,一会儿又成了晁错的作品。

四是所注引文出处过于笼统。如一些引文所注的出处是《尚书》《三国志》《齐民要术》《红楼梦》等,叫人如何查对。

五是相同的出处却注上不同的题名,如同一本书的出处分别注《尚书》和《书经》,同一篇文章的出处,分别注《孙膑》《孙膑吴起列传》《孙子吴起列传》。

六是注释格式不统一。如《三国志·蜀书·诸葛亮传》竟有七种不同

---

① 周勋初、余历雄:《师门问学录》,第150—151页。
② 同上书,第151页。

的注释格式。①

同时,我们还要注意引文的原始性,周勋初指出:"撰写论文引用前人观点时,要注意两点:(1)要引用第一个提出这种观点者之成果;(2)要引用首出的单篇论文,不要转引后出的书。""后出的书只应作为论点的补充说明。"②我们引用观点如此,引用材料也要这样,尽可能引用原始出处,引用后人转引的相关资料,要注意其发生了哪些变化,原因何在。

3. 引文注释方式

引文注释方式约有四种:一种是文中夹注,这是我国图书传统的注释方式,我们打开一些古书就会发现,正文通常用大字,而注释通常用小字作双行直接附在正文后面。古书难懂,这种方式将正文与注释紧密结合在一起,给读者阅读古籍提供了方便。现代图书文字多采用横排,于是注释也采用单行,用与正文同号字或小号字,置于圆括号之中,置于引文或其他需要注释的文字之后。其优点是作注便利,正文与注释联系紧密,不易出现张冠李戴的现象;其缺点是行文累赘,读起来不够流畅。

一种是尾注,即将注释集中置于论文的末尾,这是国外学术论著普遍采用的方式。其优点是保证了行文的简洁流畅,能够集中反映作者的资料占有情况,其缺点是一边看论文,一边翻阅注释有点麻烦,有些粗心的作者容易出现张冠李戴的错误,即论文中的注释序号与文末的注释不相符合。发表于写给专业人员看的较为严格的学术刊物上的论文多采用这种注释方式。

一种是脚注,即将注释置于引文当页的地脚,用略小于正文的字排版。其优点是保证了行文的简洁流畅,便于读者立即找到引文出处,免除了翻检之劳,也避免了注释序号与注释不相符合的现象。其缺点是不易集中反映作者的资料占有情况,占用版面较多。学术专著多采用这种注释方式。现行学术期刊也多改用这种注释方式。

还有一种是将引文出处融入行文之中不再专门标出,其优点是既避免

---

① 详见仲平《文言错讲　实词误解——评〈常用文言实词讲解〉》,见《中国出版》1984年第5期。
② 周勋初、余历雄:《师门问学录》,第76页。

了学术论文的统一模式,行文又显得较为流畅;其缺点是不易准确细致地注明出处,也不易了解作者占有资料的情况,写给普通读者看的较为通俗的学术论著,多采用这种注释方式。此外容易找到的常见资料也多采用这种方式交代出处,以免引文注释过多的现象。

4. 引文注释格式

关于引文注释及参考文献的著录格式,中华人民共和国新闻出版行业标准 CY/T121—2015《学术出版规范 注释》、中华人民共和国新闻出版行业标准 CY/T122—2015《学术出版规范 引文》、中华人民共和国国家标准 GB/T 7714—2015《信息与文献 参考文献著录规则》曾作过明确规定,可以参考。

参考文献要求先专著后论文,按一定顺序,如按作者姓名的汉语拼音顺序,正文中引用的文献出现的先后顺序,论著的学术分类,作者生卒年等来排列。现在参考文献目录排列普遍存在的问题是著录项目不完全,著录格式不规范,没有按一定顺序排列。

不论采取何种格式,一定要做到注释项目完全、注释格式统一。关于注释的序号位置,目前有两种处理方式:一是将注释序号置于引文最后一个标点符号之前,一是将注释序号置于引文最后一个标点之后。我们认为第一种方式不够科学,也难以统一。譬如直接引文的最后一个标点符号是引号,而注释序号不是引文,理应置于引号之后。而采用第二种方式就既科学又统一了。当然引文注释的序号究竟采用什么样的方式,置于什么位置。这要看投稿对象的规定与惯例。我们应当按照投稿对象的规定,以及该投稿对象的范文来做好引文注释工作。

还有人主张第一次征引某种资料时,必须在注释中备列作者之姓名,作品之名称,其作品之册、卷、页码、出版地、出版日期等全部信息,而于此后再征引同一资料时,则可予以简化,如用"见注×""见第×章注×"之办法。应当说这也不是一个好方法,因为要找第一次征引某种资料的地方,往往挺麻烦。

六　关于投稿

投稿是学术论文完成后，产生社会效益的不可缺少的程序。为了让学术论文更好地产生社会效益，我们还要研究一下投稿问题。关于投稿，我们要注意以下环节：

1. 对论文质量进行评估

论文写好后，要对论文的质量进行评估，有何创见，有何新材料，重要程度如何，是否达到了发表水平，还有哪些缺点？自己可以先权衡一下。甚至需要过一段时间再来审视一下。李渔说得好："文章出自己手，无一非佳，诗赋论其初成，无语不妙。迨易日经时之后，取而观之，则妍媸好丑之间，非特人能辨别，我亦自解雌黄矣。此论虽说填词，实各种诗文之通病，古今才士之恒情也。"①此论颇有道理，因为文章刚写时，一般都代表了作者当时的水平，而且作者又处于兴奋状态，所以难以客观对自己的作品作出准确的评价，过了一段时间，作者的心情平静下来，找到或联想到更多的资料，或在与师友的交谈中获得了一些新的启发，因此容易作出较为客观的评价。

如果自己拿不准，可以请老师或朋友提供意见。白居易曾说："凡人为文，私于自是，不忍于割截，或失于繁多。其间妍蚩，益又自惑。必待交友有公鉴无姑息者，讨论而削夺之，然后繁简当否，得其中矣。"②论文写好以后，请人提意见，实在是正常的现象。周勋初说："临文把笔，常是战战兢兢，生怕于此积累不足，出现不应有的错误。因此，总是想把文章多请一些专家看看，匡我不逮。为此先后得到过洪诚、孙望、程千帆、郁贤皓等多位先生的帮助。"③那么请哪些人看呢？柴德赓《陈垣先生的学识》一文曾谈到陈垣常说："写了一篇文章，一定要请人看看，要给三种人看：老师辈、朋友辈和学生。"④

---

① [清]李渔：《宾白第四·文贵洁净》，见《闲情偶寄》卷一，陕西人民出版社，1998年，第44页。
② 《与元九书》，见[唐]白居易著，谢思炜校注《白居易文集校注》卷八，第328页。
③ 周勋初：《我与传统的文史之学》，见《周勋初文集》第7卷，第379页。
④ 柴德赓：《陈垣先生的学识》，见《励耘书屋问学记》，第39页。

陈垣将论文给人看的目的,是要人提批评意见,而不是讲好听的话。柴德赓先生说:

> 我作为他的学生,近几十年来他发表的东西都是看过的。看了他的文章不能白看,一定要提意见。有时候晚上他叫人送来了稿子,并说:"我是心急的,明天早上就想知道结果。"那你晚上就一定要鼓鼓干劲,替他看,并且要查对材料,提出意见。有些学生第一次不知道这情况,看过以后只讲好,讲要向老师学习。那陈先生就会说:"下次不给你看了,怎么看了会没有意见呢?近身人看了不提,何必一定要等印好了再提。"所以他送来了稿子,我们总是要吹毛求疵给他提一些意见。他常说:"只要找出个标点错,就好;[发现]有字抄错,小好;[发现]有引文错了,那是大好。"从这可以看到陈先生是非常谦虚的。①

而学生在求学期间,写了篇论文请导师或其他老师、同学看一看,提提意见,可以说是非常正常的,是有百益而无一害的。

2. 作出是否投稿的判断

论文的质量经过评估后,应当作出是否投稿的判断。如果论文尚不成熟就暂时放一放,顾炎武指出:"著述之家最不利乎以未定之书传之于人。……马文渊有言:良工不示人以璞。今世之人速于成书,躁于求名,斯道也,将亡矣。"②如果你的论文不成熟就拿出去发表,一方面是命中率不高;另一方面即使发表了,所产生的影响也可能不太好。陈垣指出:"写学术文章,不可不力求慎重,对一个问题没研究成熟,就拿出去发表,将来极可能有悔其少作之感。"③

许多优秀的作品都是反复修改的结果。宋人何薳称:"欧阳文忠公作文既毕,贴之墙壁,坐卧观之,改正尽善,方出以示人。"④学术论文也应当反复修改。严耕望在《治史经验谈》中介绍道:"至于我写新的论文,如唐代交

---

① 柴德赓:《陈垣先生的学识》,见《励耘书屋问学记》,第39页。
② [清]顾炎武:《与潘次耕书》,见《亭林文集》卷四,《四部备要》集部。
③ 牟润孙:《励耘书屋问学回忆》,见《励耘书屋问学记》,第85页。
④ [宋]何薳:《作文不惮屡改》,见《春渚纪闻》卷七,《丛书集成初编》本,商务印书馆,1936年。

通诸篇,往往改来改去,满纸糊涂,几不能自辨,只得易稿誊正,又可能再改。即如这本小册,并非严格的学术性论文,但再稿完成后,仍随时拿出改订不下四五十次,或删削,或增补,或几个字,或数百字不等,因此有一部分必得易作三稿四稿。"①而且文章的修改应当在发表之前,发表以后修改的机会就少了。因为事过境迁,你忙于其他工作,无暇顾及已发表论文的修改工作。同时,你的论文已经产生了社会影响,你就是想修改也不是一件容易的事,通常情况下报刊是不会在短时期内发表你的修改稿的。

学术论著的修改与诗文的修改,虽然有所不同,但是字斟句酌,反复推敲,则是一样的。据陈垣的学生回忆,陈垣曾一再强调:

> 写文章可以发表,但又不能急于发表。要反复推敲,甚至把它放置一个时期。他说:"文章要多置时日。""文章须三四次易稿。我作文章至少七八次易稿。"他是广东人,常举广东做红木桌椅为例说:"做得容易,打磨则更费时日。"他对文字的要求也很严格,认为,"文章要精炼,不要有废词,要做到一字不可增,一字不可减。一本书也是这样"。②

学术论文和文学作品在语言的运用方面的要求是不同的,学术论文凭材料说服人,词达而已,越简洁越好。文学作品要靠形象感动人,因此写得越具体、越生动越好。蔡尚思也在《陈垣先生的学术贡献》一文中说:

> 他多次亲自劝我,不要学习韩文,而要学习《日知录》式的文字,这就是写作只求通达不求文采,要少而精不要多而美,要史实不要哲论。他曾对我说:"文学家不善著史书,如欧阳修是文人不是史家,所以他写的《新五代史》是借史作文,有许多浮词。写作应当象顾炎武的《日知录》,一字一句能够表达就不要再写出第二个字第二句话。"我觉得陈师的著作在文字上真象顾炎武那些朴学家考证学家的简洁。③

鲁迅指出:"写完后至少看两遍,竭力将可有可无的字、句、段删去,毫不可惜。"④将可有可无的字、句、段删去,论文的价值也就突显出来了。

---

① 严耕望:《治史经验谈》,第131页。
② 李瑚:《励耘书屋受业偶记》,见《励耘书屋问学记》,第117—118页。
③ 蔡尚思:《陈垣先生的学术贡献》,见《励耘书屋问学记》,第23页。
④ 鲁迅:《答北斗杂志社问》,见《二心集》,《鲁迅全集》第4卷,第364页。

3. 研究投稿对象并投稿

如果你认为论文已经达到了发表水平,还要研究与选择投稿对象。学术论文的投稿对象主要是学术期刊。所谓期刊是指每年至少出两期,每周至多出一期,版式基本相同,且装订成册的连续出版物。它包括周刊、旬刊、半月刊、月刊、双月刊、季刊、半年刊。所谓核心期刊是指刊载某学科文献密度大、转载率、引文率及利用率相对较高,代表该学科现有水平和发展方向的期刊。要了解我国期刊与核心期刊的大致情况,可参看北京大学图书馆主持的研究项目成果《中文核心期刊要目总览》。该刊现已由北京大学出版社出版至第八版(2017年版)。要注意期刊的研究评价单位所确定的核心期刊是不尽相同、不断变化的,可利用检索工具在网上查到各学科现行的核心杂志名称。要选准投稿对象,还要进一步了解期刊的宗旨、内容范围、出版频率、读者对象等。了解的方法是看期刊的版本记录页、稿约通知、设置了哪些栏目,发表了哪些文章,再深入研究一两篇文章,注意其行文方式、字数、引文注释格式,是否需要内容提要、作者介绍、注明关键词等。待选准了投稿对象后,就应当严格按照该刊物的论文格式,将论文打印好或抄好或以电子版的形式寄出。如系手抄的稿子,字迹一定要工整,让审稿和排版的人看清楚每一个字。不论是打印稿还是手抄或电子版的稿子都要认真校对,消灭每一个错字。如果错字很多,字写得乱七八糟,是会影响编辑对你稿件水平的评价的。还要注意不能一稿两投,更不能一稿多投。

4. 要不怕失败

投稿的结果主要有两个,一是发表,或修改后发表,这就不用说了,另一个结果是不发表。应当说投稿失败是正常现象。分析失败的原因主要有两个,一个是你的论文达不到发表的水平,你当然要努力提高论文的质量;一个是你的论文达到了发表水平,但是不合某个刊物的宗旨或不合某个编辑的口味,你不妨再次将稿子投给第二家、第三家,甚至第四家。一位作家说过,当你投稿失败了九十九次,你还有投稿第一百次的勇气,你才会获得成功。只要你不怕失败,相信成功一定会属于你。

《中华人民共和国著作权法》第三十三条明确规定:"著作权人向报社、期刊社投稿的,自稿件发出之日起十五日内未收到报社通知决定刊登的,或者自稿件发出之日起三十日内未收到期刊社通知决定刊登的,可以将同一作品向其他报社、期刊社投稿。双方另有约定的除外。"当你逾期未收到用稿通知,你不妨考虑做出新的努力。

作业:请写篇读书一得。
实例:亲口嚼来味方甘/谭书旺

按:这篇作业强调了读原著,强调了直接引用原文。这都是科学研究的关键之处,我们在前面都已经说过了,但是学生们并没有记住,或者记住了并没有这样做。要把课堂上老师讲的东西变成学生们自己的东西,还要靠学生们自己在实践中所获得的成功经验或失败教训,这就是《亲口嚼来味方甘》告诉我们的道理。

亲口嚼来味方甘
南京大学中文系1998级硕士研究生　谭书旺

在写一篇关于训诂学的论文时,为了说明训诂对理解文章思想内容的重要性,我想起了清代学者戴震的一句名言可以作为论文的论据,于是就信手取来放在文章的开头:但这句话并非直接取自戴震的原文,而是从姚孝遂先生为黄德宽、陈秉新的《汉语文字学史》所写的序中转引来的。

文章交给导师高小方先主审阅后,高先生严肃地对我说:"引用古人的文章一定要尽最大努力引用原文,并且注明出处。只有原文不存在时才能转引,否则就是治学中的偷懒行为,写出的论文也是没有分量的。你一定要找出戴震这句话的原文,并注明它的出处。"

听了高先生的教诲,我心里想,难道这些大家所引的话还会有错吗?再说那些大教授的文章里也并未注明这句话的出处,您让我到哪里去找啊?但碍于师命难违,就借了一本《戴震集》回家啃了起来。

一页、两页、三页,戴震文集里的好东西还真不少。"就算找不到那句话,这工夫也不白花。"我心里想。看着看着,不禁入了迷。谁知,功夫不负有心人,在戴震的《与是仲明论学书》里,我终于找到了那句话的原文——"经之至者道也;所以明道者,其词也;所以成词者,字也。由字以通其词,由词以通其道,必有渐。"对照姚先生所引——"经之至者道也;所以明道者辞也;所以明辞者字也。必由字以通其辞,由辞以通其道。"我发现二者竟有多处出入。我兴奋地把原文的出处一字不差地抄下,放入我的文章中,并把这一发现告诉了高先生。他告诉我:"你这才刚刚尝到用第一手材料的甜头,只有第一手材料才最有说服力。"

是啊!"事非经过不知难,食不入口不觉甜。道听途说不足信,亲口嚼来味方甘。"兴奋之余,我竟然吟出这么一首打油诗,也算是读书一得吧!

第十讲　治学态度

学术研究是否能作出突出成绩与治学态度密切相关,譬如要有恒心,要认真,要有学术道德,要谦虚等,现略述如下:

一　要有恒心

《周易·家人》云:"君子以言有物而行有恒。"《荀子·劝学篇》也说:"不积跬步,无以至千里;不积小流,无以成江海。骐骥一跃,不能十步;驽马十驾,功在不舍。锲而舍之,朽木不折;锲而不舍,金石可镂。"古人的这些名言,都反复强调了想做成任何事情,都必须要有恒心。现代著名学者陈垣也经常对学生们说:"天下无难事,有志者成之;天下无易事,有恒者得之。"[①]意思是做学问先要下决心,然后再持之以恒地去做,最后一定能获得成功。治学与文学创作不同,文学创作需要才华,没有才华很难写出感人至深的作品。治学需要恒心,只要工夫用足了,总会或多或少取得一点成绩。所以治学特别强调要有恒心。《荀子·劝学篇》云:"真积力久则入,学至乎没而后止也。"鲁迅先生在1936年病重期间还说过:"中国没有肯下死功夫的人。无论什么事,如果继续收集材料,积之十年,总可成一学者。即如最简便而微小的旧有花纸之搜集,也可以观测一时的风尚习惯,和社会情形的一般。"[②]常言道,"板凳要坐十年冷,文章不写半句空"也强调了这一点。

首先,许多有价值的著作都是长期,甚至毕生努力的结果。《旧唐书·

---

① 刘乃和:《"书屋而今号励耘"》,见《励耘书屋问学记》,第138页。
② 许广平:《片段的记录》,见《许广平忆鲁迅》,第419页。

经籍志上》云:"昔马谈作《史记》,班彪作《汉书》,皆两叶而仅成。"可见《史记》是司马谈、司马迁父子,《汉书》是班彪及其子女班固、班昭两代人共同努力的结果。欧阳修、宋祁修《新唐书》花了 17 年时间;司马光及其写作班子撰《资治通鉴》花了 19 年时间。清严可均校辑《全上古三代秦汉三国六朝文》花了 27 年时间,近人逯钦立辑校的《先秦汉魏晋南北朝诗》,在明冯惟讷《诗纪》的基础上,又花了 24 年才辑校而成的。可以说凡是在学术研究中作出成就来的都是持之以恒的结果。下面,我们就举一个具体的例子。《唐圭璋自传》谈道:"我在辑宋人词的同时,也辑金、元人词。每日在教课之余,往往从早到晚到龙蟠里图书馆看丁丙八千卷楼的善本词书。那时,只要付二角钱就可以在馆里吃顿午饭。我吃过午饭又工作到傍晚。这样,经过多年的辑录工作,宋、金、元词的资料已经辑成。后来因为分量较多,就决定先抽出《全宋词》付印,金元词留待以后再说。"①他在《我学词的经历》一文中,又作了详细的介绍:

  钩沉表微,贵有恒心。我辑《全宋词》《全金元词》,早在抗日战争前就已开始。《全宋词》的编纂起自 1931 年,分四步进行:①综合诸家所刻词集;②搜求宋集附词;③汇列宋词选集;④增补遗佚。旁采笔记小说、金石方志、书画题跋、花木谱录、应酬翰墨及《永乐大典》诸书,统汇为一编。1935 年,三次印出《全宋词目录》,分发全国各地,广泛征求意见。并先写成六十家词跋尾,发表在《江苏国学图书馆年刊》上,后又写成四十种词跋尾,发表在《制言》上,作为准备工作。1937 年,全书初稿完成,送交上海商务印书馆排印。因抗战开始,至 1939 年出版二十册线装书,计辑两宋词人约一千多家,词二万余首。由于当时条件限制,书中还存在不少缺点。二十年后的 1959 年,我准备重新修订,但由于当时我患类风湿关节炎,不能进行这项工作,由我推荐王仲闻先生为我修订。1965 年重印出版。计增补词人二百四十余家,词一千六百余首。最近孔凡礼先生又从清初季沧苇所藏明抄本《诗渊》增补宋词四百多首。《词话丛编》1937 年出版,收词话六十种。四十年后又重新修

---

① 唐圭璋:《自传及著作简述》,见钟振振编《词学的辉煌——文学文献学家唐圭璋》,第 5 页。

订,增二十五种,共收词话八十五种。①

可见,唐圭璋辑《全宋词》《词话丛编》,都前后经过了数十年的努力。

即使是一篇学术论文也得要花许多时间去收集资料、阅读资料、分析资料,然后才能写成。梁启超谈到他"曾欲研究中国与印度文化沟通之迹而考论中国留学印度之人物。据常人所习知者,则前有法显,后有玄奘,三数辈而已。吾细检诸传记,陆续搜集,乃竟得百零五人,其名姓失考者尚八十二人,合计百八十有七人"。② 接着他又说:

> 其目的不过求出一断案曰"六朝唐时中国人留学印度之风甚盛"云尔。断案区区十数字,而研究者动费一年数月之精力,毋乃太劳?殊不知凡学问之用科学的研究法者,皆须如是;苟不如是,便非科学的,便不能在今世而称为学问。且宇宙间之科学,何一非积无限辛劳以求得区区数字者?达尔文养鸽莳果数十年,著书数十万言,结果不过诒吾辈以"物竞天择,适者生存"八个大字而已。然试思十九世纪学界中,若少却此八个大字,则其情状为何如者?③

就拿我写的一篇书评《读〈百衲本二十四史校勘记〉》来说,我要把已出版的《百衲本二十四史》前四史《校勘记》至少认真看一遍,把自己所需要的材料编一个索引;我要把张元济写的《校史随笔》找来看一遍,因为校勘二十四史成果的精华都集中在里面,而且有精彩的分析和论证;我还得把张元济著《涉园序跋集录》(顾廷龙编,古典文学出版社,1957年)、《张元济傅增湘论书尺牍》(商务印书馆,1983年)、《张元济书札(增订本)》(张树年、张人凤编,商务印书馆,1997年)、《张元济日记》(河北教育出版社,2001年)读一遍,这些书可以为我们提供当年张元济领导大家校勘和出版《百衲本二十四史》的背景材料和细节;我还得将《张元济年谱》(张树年主编,商务印书馆,1991年)、《近代出版家张元济(增订本)》(王绍曾著,商务印书馆,1995年)看一看,从中我们可以比较系统、完整地了解张元济的生平事迹。此外,我还读了《中国现代出版史料乙编》(张静庐编,中华书局,1955年)

---

① 唐圭璋:《我学词的经历》,见《文史知识》1985年第2期。
② 梁启超:《中国历史研究法》,见《饮冰室专集》之七十三,《饮冰室合集》,第64页。
③ 同上书,第65—66页。

等有关背景资料,以及《中国古代史籍校读法》(张舜徽著,上海古籍出版社,1962年)等有关评论资料。这些资料有些是人家送的,有的是自己买的,有的是向图书馆或私人借的,将这些材料读一遍,再把书评写出来,总得要一两个月时间吧。不想花时间,又想写出高质量的学术论著来,这几乎是不可能的。

做学问需要钻故纸堆,常常是非常寂寞的。姚名达在《中国目录学史·自序》中说:"当名达之写此稿也,如独入古墓,如长征沙漠,趱程愈远而痛苦愈深,废然思返者数矣。况又箪瓠屡空,典质俱尽。而又不愿苟且,初未因腹馁而漫剪报纸法令以充篇幅而图速成。当斯时也,有人焉济以干粮,煦以慈爱,俾其精神复振,有进无退,乃克有成,斯诚不可以不纪。"①所以做学问还得有甘于寂寞,不怕吃苦的精神。王钟翰谈道:在抗日战争期间,陈寅恪左眼突患视网膜剥离症,艰苦备尝,一日见告:"我之目疾非药石所可医治者矣!因龆龄嗜书,无书不观,夜以继日。旧日既无电灯,又无洋烛,只用小油灯,藏之于被褥之中,而且四周放下蚊帐以免灯光外露,防家人知晓也。加以清季多有光纸石印缩印本之书,字既细小,且模糊不清,对目力最有损伤。而有时阅读,爱不释手,竟至通宵达旦。久而久之,形成了高度近视,视网膜剥离,成为不可幸免之事了!"先生语毕,不胜感慨系之!②唐圭璋的学生郁贤皓教授,谈到他的李白研究以及《唐刺史考》的写作过程时说:

> 当时所能采取的唯一办法,就是"以勤补拙"。勤读书,勤查资料,用笨办法。不惜花费大量劳动,遍稽现存典籍,包括史书、总集、别集、类书、笔记、姓氏书、地志、方志、佛藏、道藏、石刻题跋等等,特别是充分利用新出土的唐人墓志。当时各博物馆都不肯将收藏的墓志拓片公开给人看,所以,我除了阅读南京、上海、北京三大图书馆所藏石刻拓片外,还多次到洛阳关林、西安昭陵、开封博物馆等地去查看陈列的数千方石刻墓志。其中陈列在关林的石刻最多,但因室内光线太暗,我只得用手电筒照着逐一细看,前后用了一个多月时间才看完。当时看得连腰都直不起来,还因淋雨加饥寒而生了一场大病。我之所以要这样做,

---

① 姚名达:《自序》,见《中国目录学史》,商务印书馆,1957年,第3页。
② 王钟翰:《陈寅恪先生杂忆》,见张杰、杨燕丽《追忆陈寅恪》,第251页。

目的是想尽可能把资料网罗齐备。这好比是捉鱼,聪明人常用垂钓的办法就能钓到大鱼,而笨拙的人只能靠竭泽而得鱼。我就是用后一种办法。①

甘于寂寞的意思是心甘情愿地从事寂寞的治学活动,还有一个意思是能将安安静静地读书治学视为非常快乐的事。方一新在《训诂专家郭在贻》一文中介绍道:"在贻师出生于一个农民的家庭。幼年丧父,家境贫寒,在哥哥的资助下念完了小学、中学。57年负笈江南,考入杭州大学中文系。61年毕业后,留在杭大语言文学研究室工作(后转到中文系任教),给姜亮夫先生当助手。年轻时代的郭在贻,勤奋好学,毅力过人。白天工作,晚上挑灯夜读,直至深夜。天天如此,乐而忘疲。用他自己的话来说:'夜阑人静之时,一卷在手,独对青灯,觉得人生的乐趣盖无过于此了。'(《回顾我的读书生活》,《文史知识》1988年第9期)在姜老的指导下,在贻师把清代小学名家段玉裁的《说文解字注》通读了几遍,并连带阅读了一大批与段注有关的训诂专著,作了大量的笔记。这为他的学术研究活动打下了坚实的基础。收在《训诂丛稿》中的《说文段注》研究5篇,就是在这一时期写成的。""十年动乱期间,在贻师凭着对学术执着追求的信念,冒着风险开始了对楚辞的研究。他逐一研读了杭大和浙江省图书馆所收藏的楚辞研究专著,运用文字、音韵、训诂等多方面知识,征之以书面文献和考古材料,对楚辞中聚讼纷纭、迄无定谳的数十条词语作了考释,写出了力作《楚辞解诂》。"②

恒心还表现在受到打击,遇到挫折时,有一种坚忍不拔的毅力。例如在"文化大革命"中,广大知识分子都受到了冲击,仍有不少人在极其困难的条件下做出了成绩,张舜徽就是一个突出例子,他谈道:

> 不久,我被赶进了一间破旧的澡堂,屋子低矮而阴湿,真是夏如蒸笼冬如冰。我仍忍气吞声,埋头苦干。白天虽挨批斗,晚上争取时间,努力写作。主要是伏案整理平生尚未发表的丛稿。天热,就在桌旁放一盆冷水,把湿毛巾垫在胳膊下;汗流入眼睛,就用毛巾擦一下再写。天冷,手冻僵了,就在暖水袋上捂一下,继续写下去。雨天房子漏水,就

---

① 郁贤皓:《我与唐代文史》,见张世林编《学林春秋》三编,第173—174页。
② 方一新:《训诂专家郭在贻》,见《古籍整理研究学刊》1989年第3期。

用面盆接住;水从室外灌进屋里,就整天穿上胶鞋写作。每晨四点起床,晚上睡的很晚。就是这样,经过十年苦干,整理出了一大批研究成果。这一大批研究成果,共有三百七十多万字。……特别是其中《说文解字约注》,有二百多万字,单就誊写清稿而言,也花了三年半的时间,竟写秃了五十多支大小毛笔。①

再如程千帆"从小最大的野心就是当个教授"。② 1957年程千帆45岁,时任武汉大学中文系教授,正是出成果的黄金时期,可惜被打成了右派。此后的18年,他在资料室抄了几年卡片,其余的大部分时间都在农场劳动。用他自己的话说,就是"自己最适当的做学问的年龄,全给放牛放掉了"。③但是他"只要有机会就做自己的工作,很多比较细致的工作都是那时做的。比如校王安石的诗,批《杜诗镜铨》"。④ 1977年其妻沈祖棻因车祸去世,同年7月程千帆奉命退休。1978年8月程千帆被匡亚明请到南京大学中文系当教授,程先生说:"我离开武汉到南京,真可以说是落荒而走,几乎一无所有,家破人亡。"⑤他还说:"我到了南大,有一个很大的愿望,但是没有完全做到,就是要把武汉大学去放牛的二十年时间抢回来。现在虽然也出了十几本书,但是比我所想象的还是要少些。"⑥《荀子·劝学篇》云:"学至乎没而后止。"前辈不少杰出学者都做到了这一点。

王利器自称:"我读书,不管已知的或未知的,我都锲而不舍,天天生活于此,实践于此,乐而忘返,痴若着迷,一旦把未知的又变为已知,那种境界,拿我亲身的体会来打个比方:只有爬上八达岭,才能把长城内外,一览无遗;只有登上排云殿,才能把颐和园的湖光山色,都收来眼底。"⑦裘锡圭感到"做学问有点像跑长跑。初跑长跑的人,跑到简直透不过气来的时候,会感到自己好像再也跑不下去了。然而如果能咬咬牙硬挺着继续跑,透不过气

---

① 张舜徽:《自强不息,壮心未已》,见《浙江日报》编辑部编《学人谈治学》,浙江人民出版社,1982年,第244页。
② 程千帆:《劳生志略》,见《程千帆全集》第15卷,第33页。
③ 同上书,第34页。
④ 同上书,第32页。
⑤ 同上书,第39页。
⑥ 同上书,第40页。
⑦ 王利器:《王利器自述》,见高增德、丁东编《世纪学人自述》第四卷,第211页。

的感觉一般会有所缓解,往往就能跑到终点。只要你的方向和方法没有大问题,'坚持就是胜利'。"①前辈学者,在科学研究的道路上锲而不舍、永攀高峰的精神是永远值得我们学习的。

二 要认真

陆桴亭说:"天下事是认真人做。"②从事科研工作尤需认真,而且认真二字应当贯穿于写作的每一个环节,首先要从收集资料开始。程千帆指出:"必须注重亲自搜集第一手的材料。对于他人引用的材料,必须核实。陈援庵先生的《史源学杂文》在这方面给了我们很好的榜样。以拾取别人搜集的现存材料为满足,只能证明自己的懒惰和不负责任。懒惰和不负责任不能产生科学。"③凡在学术上做出成绩的人,都不辞劳苦地收集过资料;凡有价值的书,作者都在认真收集材料方面下过苦功。唐圭璋谈到过他的同门友任中敏住在南京国学图书馆抄书的情况:"中敏住龙蟠里图书馆时,夜深屋漏,雨滴不止,他撑伞遮雨,坚持抄书。有一次,曾往苏州,住吴梅先生家楼上百嘉室阅书,终日不下楼,抄完所藏善本曲籍,才下楼拜别。此事吴先生常与我言,使我深受感动,决心向他学习。"④唐圭璋本人收集资料也是非常认真的,例如他辑《全宋词》用过宋陈景沂编的《全芳备祖》。有人据《全芳备祖》校《全宋词》,发表文章说《全宋词》遗漏了许多首。广东的杨宝霖看到批评文章后,经过复查,给唐圭璋写信道:"应该确切地说,只遗漏了一首,即《全芳备祖》前集卷七《海棠》门中刘处静的《烛影摇红》(蜀锦华堂)。"即使是一首,唐圭璋也作了认真的复查,俞润生介绍道:

> 唐老接信后,立即查对。在《全宋词》第四册第 2942 页上,有这首《烛影摇红》,但作者为翁元龙。唐老戴着老花眼镜,指着书对我说:"是这一首。"《全宋词》作者小传云:"云龙字时可,号处静,四明人。"一经核对,只剩下"翁"与"刘"两个姓不同了。

---

① 裘锡圭:《我和古文字研究》,见张世林编《学林春秋》三编,第 460 页。
② [清]陆桴亭:《思辨录辑要》卷三一,《丛书集成初编》本。
③ 程千帆:《詹詹录》,见《治学小言》,第 42 页。陈援庵即陈垣,《史源学杂文》即《陈垣史源学杂文》。
④ 唐圭璋:《唐圭璋自述》,见高增德、丁东编《世纪学人自述》第一卷,第 375—376 页。

　　　　唐老为了核实这一个字,特地委托曹济平先生去南京图书馆查所藏《全芳备祖》。查完之后,曹先生告诉唐老,《全宋词》无误。

　　　　但唐老还是不放心,他要我搀扶他到南师大图书馆古籍室去看一看北京图书馆藏《全芳备祖》的复印件。那天,天色灰蒙,秋风微起,凉意很浓。我劝唐老不必亲自查看,他执意不肯,说:"我不放心!"

　　　　他在南京师大图书馆古籍室查看到北图本复印件后,才放心地说:"抄本不同,北图本作'刘处静',南图本作'翁元龙'。同是一首词。《全宋词》没有遗漏!"①

　　这个例子告诉我们,当年唐圭璋利用《全芳备祖》时是何等仔细,连一首宋词都没有遗留;他对待批评意见又是何等认真,连一首词、一个字也不放过,还要拖着带病的身体亲自查对。

　　如果我们不认真收集有关资料,或者收集到有关资料而未认真阅读,那么就很难得出正确的结论。如伯希和《交广印度两道考》卷上《陆道考》云:"唐以前中国人开拓云南与东京(今河内)交通事,今尚无迹可寻。六世纪初年之《水经注》似未言及此。"严耕望按:"《水经注》三七《叶榆水注》记汉代由交趾(今河内)通益州郡(今滇池东宜良县)的水陆道有两段一百余字,可谓相当详悉。又《汉书》《三国志》《华阳国志》也都有这条路的史料。伯氏没有详考古籍,就说无迹可寻,又未详看《水经注》,就说'未言及此',这都是轻下否定断语的毛病。"②

　　所以我们要认真阅读和领会文献。陈寅恪说:"吾人今日可依据之材料,仅为当时所遗存最小之一部,欲借此残余断片,以窥测其全部结构,必须备艺术家欣赏古代绘画雕刻之眼光及精神,然后古人立说之用意与对象,始可以真了解。所谓真了解者,必神游冥想,与立说之古人,处于同一境界,而对于其持论所以不得不如是之苦心孤诣,表一种之同情,始能批评其学说之是非得失,而无隔阂肤廓之论。"③例如,武则天重视佛教,为什么呢?陈寅恪考证,敦煌卷子《大云经》中有女身受命为转轮圣王成佛之教义,武氏因

---

　　① 俞润生:《唐老晚年生活片段》,见钟振振编《词学的辉煌——文学文献学家唐圭璋》,第156页。
　　② 严耕望:《治史经验谈》,第37—38页。
　　③ 陈寅恪:《冯友兰中国哲学史上册审查报告》,见《金明馆丛稿二编》,第279页。

此得以颁行天下,作为自己受命为天子的符谶。① 陈氏结合当时之社会背景,洞察当时之时代真相,从而将敦煌卷子《大云经》的史料价值挖掘出来。

如果我们不认真地阅读和领会文献,在使用或分析文献时往往就会出错。如洪迈曾批评过白居易,其《容斋三笔》卷六"白公夜闻歌者"条云:"白乐天《琵琶行》,盖在浔阳江上为商人妇所作。而商乃买茶于浮梁,妇对客奏曲,乐天移船,夜登其舟与饮,了无所忌。岂非以其长安故倡女,不以为嫌邪?"又《容斋五笔》卷七"琵琶行海棠诗"条云:"白乐天《琵琶行》一篇,读者但羡其风致,敬其词章,至形于乐府,咏歌之不足,遂以谓真为长安故倡所作。予窃疑之。唐世法网虽于此为宽,然乐天尝居禁密,且谪官未久,必不肯乘夜入独处妇人船中,相从饮酒,至于极弹丝之乐,中夕方去。"陈寅恪分析道:

> 然诗云:"移船相近邀相见。添酒回灯重开宴。千呼万唤始出来,犹抱琵琶半遮面。"则"移船相近邀相见"之"船",乃"主人下马客在船"之"船",非"去来江口守空船"之"船"。盖江州司马移其客之船,以就浮梁茶商外妇之船,而邀此长安故倡从其所乘之船出来,进入江州司马所送客之船中,故能添酒重宴。否则江口茶商外妇之空船中,恐无如此预设之盛筵也。且乐天诗中亦未言及其何时从商妇船中出去,洪氏何故臆加"中夕方去"之语?盖其意以为乐天贤者,既夜入商妇船中,若不中夕出去,岂非此夕径留止于其中耶?读此诗而作此解,未免可惊可笑。②

今人也有误会原文的现象,如马茂元写的《古诗十九首初探》是一本很好的学术著作,但是当中有这么一句话:"东汉文人五言诗有主名的而又是可靠的仅班固《咏史》一篇。"③这句话的依据显然是锺嵘《诗品·总论》中的这么一句话:"东京二百载中,惟有班固《咏史》,质木无文。"这句话的含义与马茂元的论断还是有差别的,因为《诗品》所提到的写五言诗的东汉文人除班固外,尚有秦嘉夫妇、郦炎和赵壹。如果我们翻一下《先秦汉魏晋南北朝诗》之类的总集,则更多。我们在运用资料时一定要认真核实原文,尽量做

---

① 陈寅恪:《武曌与佛教》,见《金明馆丛稿二编》,第164—174页。
② 陈寅恪:《元白诗笺证稿》,第53页。
③ 马茂元:《古诗十九首初探》,陕西人民出版社,1981年,第14页。

到不要转引或单凭自己的记忆,因为我们的记忆往往是不可靠的,如同书还说:"刘勰所谓'仅有班固《咏史》',是就存录的作品而言的。"①从我们上面的引文可知,说这句话的人是锺嵘,不是刘勰;原文是"惟",也不是"仅"。

要认真写作,做到一丝不苟。陈寅恪的侄儿陈封雄介绍陈寅恪的写作情况时说:"他习惯于熬夜写文章,写完又一再改动,有时睡在床上一两个小时以后,又突然爬起来开灯将已写好的论文改动几个字。有时文稿已经付排,他还要从印刷厂取回来作些改动,足见他对工作一丝不苟。"②

对论著要认真修改不断完善。陈寅恪在课堂上曾说:"我作的三本书:《略论稿》《述论稿》《笺证稿》,都叫稿,就是准备以后还要改。"③事实上他也是这么做的,他的一位学生谈道:

> 我保存的与陈大师有关系的珍贵物品,是1950年岭南大学中国文化研究室出版的陈大师所著《元白诗笺证稿》。这本书珍贵之处不仅在于它是初版,还在于本书中的一些排印错误都用墨笔作了更正,在本书有些页的天头上写了不少字,书中还粘贴许多写满字的纸条,这些字都是关于本书内容的补充。据我粗略统计,补充较多的有15处,约5000字左右。从字迹看,一小部分系油印,大部分应是陈大师的助手黄萱的手书墨迹。蝇头小楷,工整秀丽。我找出1955年由文学古籍刊行社出版的《元白诗笺证稿》与此书相核对,发现此书就是文学古籍刊行社据以排印的《元白诗笺证稿》的底本。1955年出版的《元白诗笺证稿》经过这次修订增补,较之初版本是更周密、更充实了。④

此外,他还把自己的论文集称为《金明馆丛稿初编》《金明馆丛稿二编》。他的论文虽然不称稿,也是要经过认真甚至反复修改的。如他写《韦庄秦妇吟校笺》花了八年时间,文中谈到过这一点:"戊辰(1928)之春,俞铭衡(即俞平伯)君为寅恪写韦端己秦妇吟卷子,张于屋壁。八年以来,课业余暇,偶一讽咏,辄若不解,虽于一二字句稍有所校释,然皆琐细无关宏旨。

---

① 马茂元:《古诗十九首初探》,第15页。
② 陈封雄:《卌载都成断肠史——忆寅恪叔二三事》,见张杰、杨燕丽编《追忆陈寅恪》,第440页。
③ 蔡鸿生:《"颂红妆"颂(节录)》,见张杰、杨燕丽编《追忆陈寅恪》,第302页。
④ 郑欣:《忆陈寅恪师》,见《文史哲》1996年第6期。

独端己此诗所述从长安至洛阳及从洛阳东奔之路程,本写当日人民避难之惨状,而其晚年所以讳言此诗之由,实系于诗中所述从长安达洛阳一段经过。此点为近日论此诗者所未详,遂不自量,欲有所妄说。"①文后编者附注云:"陈寅恪先生关于秦妇吟一诗的校笺,先后发表过数次:读秦妇吟,清华学报第拾壹卷肆期;秦妇吟校笺,一九四〇年昆明刊本,系据前文增订改名。秦妇吟校笺旧稿补正,一九五〇年岭南学报拾卷贰期;韦庄秦妇吟校笺,一九八〇年上海古籍版寒柳堂集收录,续有补正。"

就学术论著而言,写作认真与否要看是否详细而准确地注明引文出处。认真还表现在要尽可能地消灭稿件中的错字病句,我们发现有的学生投出去的稿件,一篇数千字的论文有几十个错字病句,像这样的稿件当然很难被采用。分析其错误原因,绝大部分都是疏忽造成的。

三 要有学术道德

黄侃常说:"学问之道有五:一曰,不欺人;二曰,不知者不道;三曰,不背所本;四曰,为后世负责;五曰,不窃。"②这些都涉及治学态度问题,就学术道德而言,"不窃"二字最值得我们重视。

学风问题最重要的是不剽窃他人的研究成果,由于受到名利的诱惑,自己又没有能力著书撰文,最省事而又最有效的方法就是剽窃他人成果,这种现象古已有之,顾炎武指出:"晋以下人则有以他人之书而窃为己作,郭象《庄子注》,何法盛《晋中兴书》之类是也;若有明一代之人,其所著书,无非窃盗而已。"③钱大昕进一步解释道:"向秀注《庄子》,郭象窃之。郗绍著《晋中兴书》,何法盛窃之。姚察撰《汉书训纂》,后之注《汉书》者隐没名字,将为己说。顾宁人谓有明一代之人所著书无非盗窃,语虽太过,实切中隐微深痼之病。"④

而今学风浮躁,剽窃之风越演越烈,如浩力《必须遵守学术规范》一文谈到四川人民出版社 1995 年出版的"强国之梦"丛书,共十本,"总序"称之

---

① 陈寅恪:《寒柳堂集》,第 125 页。
② 殷孟伦:《谈黄侃先生的治学态度和方法》,见程千帆、唐文编《量守庐学记》,第 44 页。
③ [清]顾炎武:《日知录》卷一八"窃书",见《景印文渊阁四库全书》子部杂家类。
④ [清]钱大昕:《十驾斋养新录》卷一八"诗文盗窃",第 395 页。

为是关于中国近代史的"学术著作"。"然而,丛书中的某些'著作',无视学术规范,实际上是改编或拼装他人的学术成果。这种不规范和不道德的行为,在我们的历史研究领域以至整个学术界和出版界,似乎形成一种风气,近年更有逐渐蔓延的趋势。"其中《实业之梦——张謇传》从基本观点到具体材料,大都采自章开沅的《开拓者的足迹——张謇传稿》,"几乎没有增加什么新的学术内容,其实就是依据章著改编而成"。他如《洋务之梦——李鸿章传》主要抄自苑书义《李鸿章传》(人民出版社,1991年)。"《李传》正文共384页,计25.5万字。根据初步核对,其中抄自苑著《李鸿章传》的正文内容共计100余页,超过全书篇幅的四分之一。苑著中由于校对原因而出现的错误,《李传》也是照抄照录。为了遮掩抄袭的痕迹,《李传》采用了一些并不新鲜的手法:其一,将原文的字句稍加改动,将原文的引文译作白话。……其二,将原文的部分章节加以压缩,重新组合。……其三,将原文的段落顺序予以颠倒,重新排列。"①

这种抄袭之风也蔓延到学位论文的写作中,杨玉圣专门写了一篇题为《"博士论文"与"文抄公"》的文章,其中谈道:

> 这里不妨先看两个实例。一是中国社会科学院研究生院几年前的一篇题为《论美国国际地位的历史趋向》的博士论文(后由河南大学出版社于1992年出版),其中关于美国教育的论文多系抄袭中国社会科学院美国研究所研究员杨达洲先生的有关文章。二是山东大学近期的一篇博士论文——《现代化战略与模式选择》(山东人民出版社1996年版),其中第14—15页论述当代现代化运动的实质、第20页对世界发展的实际进程要比马克思设想的要复杂得多的论述、第177—178页对现代化的不同制度模式的论述等,均直接抄袭自北京大学历史学系教授罗荣渠著《现代化新论》有关部分;第65—68页论述马克思、恩格斯现代化思想的部分,主要是剽窃自山东大学社会学系教授吴忠民著《中国社会发展论》一书所附专论《马克思恩格斯的现代化思想》一文。就博士论文而言,从选题论证、收集材料,到构架、写作、修改,再到论文评议、答辩,最后授予学位,这原本都是一丝不苟、严格训练和培养高级

---

① 浩力:《必须遵守学术规范》,见《历史研究》1997年第2期。

人才的关键环节。然而,即便这样严肃的学术事业,如今也终于开始变得至少是愈来愈不严肃了。很能说明问题的例子是,这些存在显而易见的抄袭、剽窃行为的所谓"博士论文",居然一再堂而皇之地"过关斩将":不仅在一群教授的眼皮子底下顺利通过评议和答辩、光明正大地获得博士学位,而且还由正经的出版社当作正经的所谓"学术著作"而"隆重推出"。这一幕幕十足的滑稽剧中难道不无几分"悲壮"的意味?这难道不是一种值得特别引以为警惕的非学术现象吗?①

剽窃终归是会被发现的,清人江藩指出:"安知我能剽之窃之,而人不能发之捕之乎?我所读之书,人人必读,我所未读之书,人之已读者正多;倘事剽窃,欺人乎?实欺己耳!"②随着查重软件反剽窃系统的普及,剽窃现象的识别将会变得越来越容易。

就学术论著而言,除不能将他人科研成果据为己有外,还要注意不重复前人的科研成果。顾炎武说:"凡作书者莫病乎其以前人之书改窜而为自作也。"③所以他写《日知录》时,将先人已有的心得体会削去,钱大昕撰《廿二史考异》也是这么做的,其《序》云:"予弱冠时,好读乙部书。通籍以后,尤专斯业。自《史》《汉》,迄《金》《元》,作者廿有二家,反覆校勘,虽寒暑疾疢,未尝少辍,偶有所得,写于别纸。丁亥岁,乞假归里,稍编次之。岁有增益,卷帙滋多。戊戌,设教钟山,讲肆之暇,复加讨论,间与前人暗合者,削而去之;或得于同学启示,亦必标其姓名,郭象、何法盛之事,盖深耻之也。"④这也成了优良的传统。今人曹道衡云:

> 十多年前,我读《北堂书钞》,见到卷一百五十七引了晋代张华的诗句"清晨登陇首",又见范文澜同志的《〈文心雕龙〉注》中提到《诗品》引用此句而未知所出,就自认为创获,写成札记加以发表。后来阅读郭绍虞先生主编的《中国历代文论选》,才知道这个问题,早在"文化大革命"以前,就由前辈学者解决了,因此后来拙文结集出版时,就将此条删去。这个例子既说明我自己读书不博,也说明了我平时对前人

---

① 杨玉圣:《"博士论文"与"文抄公"》,见《中华读书报》1996 年 11 月 20 日。
② [清]江藩:《经解入门》卷六"不可剽窃旧说第四十",清光绪十四年(1888)刊本。
③ [清]顾炎武:《钞书自序》,见《亭林文集》卷二,《四部备要》集部。
④ [清]钱大昕:《廿二史考异序》,见《潜研堂文集》卷二四,第 389 页。

研究成果缺乏必要的了解。①

防止抄袭,培养严谨的学风最有效的方法是详细注明引文出处。这样做的好处是,一方面交代了自己立论的依据,一方面也肯定了他人的研究成果,同时又为其他人继续研究提供了信息。我们在前文已经详细地谈到过这个问题,可参阅。有些学术著作只是笼统地列了一个参考文献目录,没有注明每条引文的出处也是不严肃、不诚实、不科学的。裘锡圭在评论蔡镜浩著《魏晋南北朝词语例释》(江苏古籍出版社,1990年)时说:

> 作者在前言中说:"在撰写过程中还参考了前人及时贤的不少论著,因体例及篇幅的限制,未能逐条作说明……"我们觉得对这样一部专著来说,不逐条说明所参考的论著,恐怕不是妥当的办法。这使读者失去了进一步研究有关问题的线索,并且使他们弄不清究竟哪些意见是作者自己的创见。②

而且,我们在引文时,还应当注意引用最原始的材料,张舜徽云:"读书有得,前人已有先我而言者,则必舍己从人,称举前人之说。若此说前人已有数人言及者,则必援引最先之说,所以尊首创之功也。学术乃天下之公器,有得之言,本不必皆自我出。人之言善,我必尊之信之,若己有之,亦即为公非为私之意。"③顾颉刚曾写给史念海一幅中堂:"宁可劳而不获,不可不劳而获。以此存心,然后乃有事业可言。"④我们也应当记取这句话。

当然,还得要有严格的规章制度作保证,在这方面外国的一些做法值得借鉴。美籍华人吴森说:"1963年我应聘于密苏里州立大学当专任讲师的时候,每一位新聘的教员都收到校方一封公文,标题为《对学术上的不诚实的处理政策》(Policy Governing Academic Dishonesty);对学生的论文和报告的(诈欺),都制定很严厉的处理办法。轻者(缺少注脚)予以打零分,重者(抄袭别人文章)予以开除。至于在美国各大学执教的学者们,由于当学生时已训练有素,加以在法律上有严格的规定,一般而言,都规规矩矩写自己

---

① 曹道衡:《序》,见刘跃进《中古文学文献学》卷首,江苏古籍出版社,1997年。
② 裘锡圭:《读〈魏晋南北朝词语例释〉》,见《文教资料》1993年第6期。
③ 张舜徽:《清人笔记条辨》卷三《岭云轩琐记续选》条辨,第128页。
④ 史念海:《史念海自述》,见高增德、丁东编《世纪学人自述》第四卷,第295页。

的文章。"①

此外,论及学术道德,还要有敢于坚持真理的勇气。1929年清华国学研究院的同学为王国维立纪念碑,陈寅恪所撰碑铭有云:"先生之著述,或有时而不章。先生之学说,或有时而可商。惟此独立之精神,自由之思想,历千万祀,与天壤而同久,共三光而永光。"②在敢于坚持真理方面一个特出例子是马寅初。他在1957年7月5日的《人民日报》上发表了《新人口论》,文章内容包含下面这样一些小标题:我国人口增殖太快,我国资金积累得不够快,从工业原料方面着想亦非控制人口不可,为促进科学研究亦非控制人口不可,就粮食而论亦非控制人口不可。他最后指出:"实行计划生育是控制人口最好最有效的办法,最重要的是普遍宣传避孕,切忌人工流产。"这种看法日后看来是完全正确的,但在当时似乎不符合毛泽东的观点。1958年4月15日毛泽东在《介绍一个合作社》一文中说:"我国在工农业生产方面赶上资本主义大国,可能不需要从前所想的那样长的时间了。除了党的领导之外,六亿人口是一个决定的因素。人多议论多,热气高,干劲大。从来也没有看见人民群众象现在这样精神振奋,斗志昂扬,意气风发。"③1958年7月1日,康生跑到北京大学作报告,斥问:"听说你们北大出了个'新人口论'的作者姓马。这是哪家的马啊?是马克思的马吗?是马尔萨斯的马吗?我看是马尔萨斯的马!"其实,马寅初在《新人口论》中就批判过马尔萨斯的观点,指出:"马尔萨斯说人口按几何级数增加,即由一增加到二、四、八、十六、三十二、六十四……而食物是按算术级数增加,如一、二、三、四、五、六、七……过了几代,人口增加太多,粮食不够吃了,因此产生疾病、瘟疫,甚至战争,人民大批死亡,人口锐减,至此人口数量才能与粮食供应相平衡。这样世界经常处于恶性循环中,人类的前途非常黯淡。马尔萨斯'人口论'于1798年出版,当时正值工业革命以后,社会经济发生根本性的变动,工人们大量失业……他的人口理论无异乎告诉工人们说,工人们的普遍贫困,不是政府之过,主要是由于人口增加太快,而粮食增加太慢引

---

① 吴森:《哲学教育改进之我见》,见《比较哲学与文化》第1册,台北,东大图书有限公司,1978年,第272—273页。
② 陈寅恪:《清华大学王观堂先生纪念碑铭》,见《金明馆丛稿二编》,第246页。
③ 毛泽东:《介绍一个合作社》,见《毛泽东著作选读》(甲种本),人民出版社,1965年,第381页。

起的。这种论调是他'人口论'的出发点,也就在这一点上他根本错误了。""我则从提高农民的劳动生产率,从而提高农民的文化和物质生活水平出发。"1960年1月4日,马寅初被迫辞去北京大学校长职务,被罢免了全国人大常委职务,也被剥夺了发表文章的权利。但是他在同年写的《附带声明》一文中说:"我虽年近八十,明知寡不敌众,自当单身匹马,出来应战,直至战死为止,决不向专以力压服不以理说服的那种批判者们投降。"他还说道:"在论战很激烈的时候,有几位朋友力劝退却,认一个错了事,不然的话,不免影响我的政治地位。他们的劝告,出于诚挚的友爱,使我感激不尽;但我不能实行。我认为这不是一个政治问题,是一个纯粹的学术问题。学术问题贵乎争辩,愈辩愈明,不宜一遇袭击,就抱'明哲保身,退避三舍'的念头。相反,应知难而进,决不应向困难低头。……因为我对我的理论有相当的把握,不能不坚持,学术的尊严不能不维护,只得拒绝检讨。"[1]1979年9月11日,党中央正式批准了北京大学党委《关于为马寅初先生平反的决定》,指出:"1955年以后,马寅初先生发表的《新人口论》的观点是正确的,许多主张是可行的,他认为国民经济计划要综合平衡,各部门应有计划按比例的发展,也是正确的。1958年对马寅初先生的点名批判是错误的。1959年由于反革命分子康生的插手,在北大对马寅初先生进行大规模批判,并迫使他离开北大,更是极端错误的。在对马寅初先生的错误批判中,强加给他的许多政治帽子纯属诬蔑不实之词,应当一律予以推倒。党委决定为马寅初先生彻底平反,恢复名誉。"9月15日北京大学党委书记周林向他宣读了北京大学为马寅初先生平反的决定,同时宣布了《教育部关于任命马寅初为北京大学名誉校长的通知》。[2]

四　要谦虚

《尚书·大禹谟》:"满招损,谦受益,时乃天道。"学问之大犹如海洋,你再聪明,再有学问,也不过在海边上拾得一枚贝壳而已。你还应当看到,任何人在学术上取得的成就都是时代的产物,都是许多人相互影响、共同努力

---

[1] 马寅初:《附带声明》,见邓九平《谈治学》,第42—44页。
[2] 郑心一:《马寅初先生传略》,见《文教资料》1986年第5期。

的结果,而不要把功劳只记在自己一个人的名下。应当说,顾颉刚对古史辨派的形成起了组织领导作用,而他在《古史辨》第一册《自序》中却认为古史辨派的形成是时代的产物,并将功劳记在大家的头上:

> 要是不遇见子水和太炎先生,我就是好学,也不会发生自觉的治学的意志。要是不遇见孟真和适之先生,不逢到《新青年》的思想革命的鼓吹,我的胸中积着的许多打破传统学说的见解也不敢大胆宣布。要是北京大学中不征集歌谣,我也不会因写录歌谣而联带得到许多的风俗材料而加以注意。要是我没有亲见太炎先生对于今文家的痛恨,激动我寻求今文学著述的好奇心,我也不会搜读《孔子改制考》,引起我对于古史的不信任的观念。要是我不亲从适之先生受学,了解他的研究的方法,我也不会认识自己最近情的学问乃是史学。要是适之、玄同两先生不提起我的编集辨伪材料的兴趣,奖励我的大胆的假设,我对于研究古史的进行也不会这般的快速。要是我发表了第一篇文字之后没有刘楚贤先生等把我痛驳,我也不会定了周密的计划而预备作毕生的研究。要是我不到北京大学研究所国学门服务,没有《歌谣周刊》等刊物替我作征求的机关,我要接近民众的材料也不会这样的容易。总括一句,若是我不到北京大学来,或是孑民先生等不为学术界开风气,我的脑髓中虽已播下了辨论古史的种子,但这册书是决不会有的。①

做学问应当虚心向专家甚至自己的晚辈、学生求教。李斯《谏逐客书》说得好:"太山不让土壤,故能成其大;河海不择细流,故能就其深。"可以说所有大学问家,都能虚心向学有所长的人学习。如唐圭璋先生的学生王步高谈起一件往事:"80年代中叶,日本的水原渭江教授来信向唐先生求教,并寄来他的《敦煌舞谱》等著作,还约定不久将来南京拜会唐先生。唐老很认真地阅读了这些论文,他对我说:'说实话,对敦煌舞谱等我不大懂,南大有个高国藩先生,他是研究敦煌学的,可惜我去不了他家,你能不能替我把这些论文送给他看看,方便时,让他到我这里来一趟,把我不懂的地方给我讲讲。'我去了当时才是讲师的高国藩先生家,把唐老的话一一告诉他。高国藩先生激动得几乎掉下眼泪,他决计想不到,这样一位名满天下的大师竟

---

① 顾颉刚:《自序》,见《古史辨》第1册卷首。

会来向他求教。"①

做学问要谦虚首先表现在不知者不道。一部中国学术史反反复复强调了这一点。如《论语·为政》:"子曰:由,诲女,知之乎?知之为知之,不知为不知。是知也。""子张学干禄,子曰:多闻阙疑,慎言其余,则寡尤。多见阙殆,慎行其余,则寡悔。言寡尤,行寡悔,禄在其中矣。"司马迁《史记·三代世表》序云:"疑则传疑,盖其慎也。"许慎《说文解字·叙》:"其于所不知,盖阙如也。"王国维在写给柯绍忞儿子的信中说:"考释古文字以阙疑为第一要诀。"(《中国历史文献研究集刊》第一集所刊之《观堂书札》)如前所述,黄侃也常说:"不知者不道。"②

在这方面,不少学有所成的前辈学者为我们做出了榜样。例如,新中国成立后学界曾讨论过鉴真和尚是否失明的问题,陈垣写过一篇短文,他认为:"鉴真失明事,《宋高僧传·鉴真传》不载,仅元开撰《唐大和上东征传》说了一句。后人说他失明,都是根据这一句话,应该找他同时或当时人的话来作参考,方能释疑。这篇仅六百字的短稿,却思考研究了几个月。一九六三年七月十三日初步定稿,曾于十月十四日寄给他一个朋友商量,但是终因感到论据尚不足,且鉴真和尚国际国内影响大,对这问题还要慎重从事、仔细考核,所以终不拟发表。"③

再如中国青年出版社委托吴组缃教授为《历代小说选》写一篇前言。"可他却思索了许久也没有动笔。有人问起时,他说:'要么不写,要写,就要给人以营养。'后来,他写了上万字,毛笔楷书写得工工整整,可是迟迟没有拿出来。有一天,反复地翻看之后,突然撕掉,扔进了纸篓,有人感到非常惋惜。他说:'宁可不要前言,也不能把粗制滥造的东西拿给读者。'"④

如果强不知以为知,就会出差错。吴小如《怀念游国恩先生》云:"有一次我委托游老的另一位学生去查阅并标点一篇材料。这位同志由于没有看懂原文,竟擅自把书上的一个字改动了。游老当即找到我和这位同志,当面

---

① 王步高:《唐门立雪二三事——纪念唐圭璋师逝世10周年》,见钟振振编《词学的辉煌——文学文献学家唐圭璋》,第134页。
② 殷孟伦:《谈黄侃先生的治学态度和方法》,见程千帆、唐文编《量守庐学记》,第44页。
③ 刘乃和:《"书屋而今号励耘"》,见《励耘书屋问学记》,第146页。
④ 安峰:《贵在一个"真"字——记吴组缃教授的治学精神》,见江溶、乔默编《怎样学习语言文学》,中国青年出版社,1983年,第58页。

郑重告诫我们,要随时谦虚谨慎,不能强不知以为知。"①

写文章,特别是写反驳的文章,措辞要心平气和。林昌彝《砚桂绪录》卷一三云:"学者稍能著书,略有心得,动辄骂人,此恶习也,毛西河为最。近代著述诸人,多患此病,有志者勿效尤焉。昌彝述《三礼》书三百万言,未尝骂人一语。"钱大昕《答王西庄书》云:

> 得手教,以所撰述于昆山顾氏、秀水朱氏、德清胡氏、长洲何氏间有驳正,恐观者以诋诃前哲为咎。愚以为学问乃千秋事,订讹规过,非以訾毁前人,实以嘉惠后学。但议论须平允,词气须谦和,一事之失,无妨全体之善,不可效宋儒所云:"一有差失,则余无足观"耳。郑康成以祭公为叶公,不害其为大儒;司马子长以子产为郑公子,不害其为良史。②

治学还要不自以为是,能虚心听取别人对你文章的批评意见。陈垣在上课的时候说:"天下的学问极多,如公园中百花开放一样,每个人都可以各自根据个人的兴趣深求,不必与天下尽同,也不必要求人家非与自己相合不可。"他曾批评顾炎武以儒家以外的思想为异端,后来又有人认为顾炎武的思想是异端,"这样互相指斥为异端,岂能得了?"③陈垣对别人所提的意见总是从善如流。"如他很久就怀疑徐光启《徐氏庖言》的'庖'字可能是'危'或'卮'字之误,理由是:'庖言'两字无出处,而'卮言'出《庄子》;《咫进斋丛书》乾隆四十三年违碍书目实作'卮言'。有一次《光明日报》社记者找他谈别的文章,他谈起这个问题,记者同志请他写成文章,他写了《关于徐光启著作中一个可疑的书名》,在一九六二年六月二日刊出。刊出次日,就收到有关方面来信,解释庖言系'代庖之言',且根据一九三三年自巴黎国立图书馆摄回所藏本显微胶片确作庖言。他看后经过研究,认为所说有理,便立刻接受,说'可疑之点,得到解答,可作定论',并且把这件事作为校勘学的理校法不如对校法稳当又找到了一个证明。在六月九日《光明日报》上作了答复。尽管他原来所提两点理由是很有力的,但也并没有轻下结论,说'庖言'应作'卮言',而是提出可疑,一经有关方面说明,马上认为

---

① 吴小如:《怀念游国恩先生》,见《书廊信步》,第124页。
② [清]钱大昕:《答王西庄书》,见《潜研堂文集》卷三五,第603页。
③ 李瑚:《励耘书屋受业偶记》,见《励耘书屋问学记》,第131页。

可作定论。"①

唐圭璋也复如此,其学生王兆鹏回忆道:"唐师虚怀若谷,从善如流,从不自以为是。《文学遗产》杂志1989年第5期发表了一篇批评《全金元词》校勘失误的文章,唐师见到后,认为写得好,准备有机会修订时采纳,并对我说:'后人应比前人高明,这样学术才能发展进步。别人的批评应当接受,即使批评不尽当,我们也应该听取,择善而从。我现在老了,又多病,看书比较吃力,但有生之年,还是要多读点书,尽量减少些失误。'"②

作业:写一篇学术论文。
实例:杜甫《江村》诗心说 /张伯伟

按:我上"治学方法与论文写作"课,按照系里的规定还要请几位教授以自己的一篇论文为例,现身说法,谈谈该篇论文是怎么写出来的。张教授所提供的这篇论文是他在读硕士研究生的时候发表的,似乎与同学们靠得更近一些。为了写这篇论文,作者先从目录学入手,收集了20多种杜诗注本,再将诸家对这首诗的理解归纳成三种意见:比兴说、自乐说、感喟说。作者依据我国传统的"知人论世"理论,首先考订了这首诗的写作年代,并考察诗人所处的时世、诗人的生活道路及其性格特征等等,进而对诗歌本身的结构、描写加以分析。作者在此基础上对这首诗的理解提出了一个新的观点:这首诗"以描写家庭天伦之'乐'以寄寓仕途坎凛之'恨'"。并用大量的本证材料与旁证材料论证了这一观点。这篇论文在选题,查资料,分析归纳与考证等诸多方面给我们以启发。不过我以为张教授的这篇论文未免求之过深,因为安史之乱,杜甫长期过着颠沛流离的生活,所以渴望过安定的生活也是人之常情,一旦由于老朋友严武的帮助,在成都浣花溪草堂过上了他所希望的安定生活,喜悦之情溢于言表也是非常正常的事,杜甫这一时期写了不少快乐的诗都说明了这一点,我们就不在这儿细加讨论了。我说这段话的目的是再次强调读书治学要有怀疑精神,怀疑的对象包括自己的朋友和老师。

---

① 刘乃和:《"书屋而今号励耘"》,见《励耘书屋问学记》,第146—147页。
② 《深切怀念唐圭璋先生》,《词学的辉煌——文学文献学家唐圭璋》,第76页。

杜甫《江村》诗心说

南京大学中文系教授、博士生导师　张伯伟

阅读作品,尤其是阅读古代作品,首先遇到的问题就是理解。而理解尤其是诗的理解,它往往不仅意味着理解文字本身的含义,更重要的是理解它的"言外之旨"。因此,把握作者的"诗心"又成为理解作品的关键。刘勰在《文心雕龙·序志》中指出:"夫文心者,言为文之用心也。"而本文所谓的"诗心"也就是"为诗之用心也"。用现代文艺理论的术语来说,即创作心理。

传统的文学批评,在涉及对作者诗心的探索时,往往易于出现两种相反相成的弊病:或抓住片言只语而妄为指测,或无视作者深意而皮相貌取。这两种弊病,从历来对杜甫七律《江村》诗的阐释中可以清楚地看到。诗曰:

> 清江一曲抱村流,长夏江村事事幽。自去自来梁上燕,相亲相近水中鸥。老妻画纸为棋局,稚子敲针作钓钩。但有故人供禄米,微躯此外更何求?(仇兆鳌《杜诗详注》卷九)

这首诗,没有古奥的字句,也没有冷僻的典故,但是从宋代开始,历来对它的注解、诠释却众说纷纭。究其症结所在,主要是由说诗方法上的局限所导致,今先将诸说简介如次,并略加评论:

比兴说。持这一说法的人往往抓住诗中"老妻画纸为棋局,稚子敲针作钓钩"一联大做文章,指名坐实,极意穿凿。如释惠洪《天厨禁脔》卷中说:

> 妻比臣,夫比君。棋局,直道也。针合直而敲曲之,言老臣以直道成帝业,而幼君坏其法。稚子,比幼君也。

陈郁《藏一话腴》乙集卷上不同意惠洪之说,同时,又采取了与之完全相同的方法以说此诗。他说:

> 此盖言士君子宜以直道事君,而当时小人反以直为曲故也,觉范(惠洪)今以妻比臣,稚子比君,如此,则臣为母,君为子,可乎?何不察物理人伦至此耶?

还有的人认为:

> 老妻以比杨妃,稚子以比禄山。盖禄山为妃养子。棋局,天下之喻也。妃欲以天下私禄山,故禄山得以邪曲包藏祸心。(《分门集注杜工部诗》卷七师古注引)

三种意见虽各有不同,但在方法上都是主观臆断、唯心所欲的。用这种方法得出的结论,自然是靠不住的。所以,师古驳斥说:

> 老妻、稚子乃甫之妻子,甫岂肯以己妻子而托意于淫妇人与逆臣哉?理必不然。如《进艇》诗云:"昼引老妻乘小艇,晴看稚子浴清江。"则将何所比况乎?(同上)

正由于此,元代以后,这种说法就不再有人提及了。

自乐说。从现有的资料来看,首先标举此说的是宋人葛立方。元、明、清以来,这一说法始终占主导地位。葛氏的《韵语阳秋》卷一〇说:

> 老杜《北征》诗云:"经年至茅屋,妻子衣百结。恸哭松声回,悲泉共幽咽。平生所娇儿,颜色白胜雪。见爷背面啼,垢腻脚不袜。"方是时,杜方脱身于万死一生之地,得见妻儿,其情如是。洎至秦中,则有"晒药能无妇,应门亦有儿"之句。至成都,则有"老妻忧坐痹,幼女问头风"之句。观其情惊已非《北征》时比也。及观《进艇》诗,则曰"昼引老妻乘小艇,晴看稚子浴清江",《江村》诗,则曰"老妻画纸为棋局,稚子敲针作钓钩"。其优游愉悦之情,见于嬉戏之间,则又异于在秦、益时矣。

很明显,"自乐说"在方法上避免了"比兴说"的臆测,而从诗人境遇的变化中来看诗人对妻子、儿女的描写是较为合理的,所以,宋代的许多注家在驳斥了"比兴说"的穿凿后,都采用了"自乐说"(参见蔡梦弼《杜工部草堂诗笺》卷一八、《分门集注杜工部诗》卷七及王十朋《王状元集百家注编年杜陵诗史》卷一二等)。元、明以来,不少注家还对"自乐说"作了进一步解析。如仇兆鳌指出:

> 江村幽事,起中四句。梁燕属村,水鸥属江,棋局属村,钓钩属江,所谓"事事幽"也。末则江村自适,有与世无求之意。(《杜诗详注》卷九)

"自乐说"与"比兴说"相比,当然更接近于杜甫的"诗心",但由于持此说者较多地注意了字面上的意思,而忽略了言外之意,因此,"自乐说"捕捉到的诗心只能是部分的。与前者相较而言,"比兴说"未免求之过深,"自乐说"则似乎探之稍浅。

感喟说。金圣叹首倡此说。其《唱经堂杜诗解》卷二指出:

> "老妻"二句,正极写世法险巇,不可一朝居也。言莫亲于老妻,而此疆彼界,抗不相下;莫幼于稚子,而拗直作曲,诡诈万端。……中四句,从来便作长夏幽事,言老妻弈棋,稚子钓鱼,丈人无事,徜徉其间,真大快活。殊不知可以日日弈棋、钓鱼,不可日日画纸、敲针,试取通篇一气吟之便见。……然则纸本白净无彼我,针本径直无回曲,而必画之、敲之,作为棋局钓钩,乃恨事,非幽事。而从来人闷闷,全不通篇一气吟,遂误读之也。

此外,汪灏及黄汉臣的意见也接近于这种看法(《树人堂读杜诗》卷九),只是不如金圣叹说得那么绝对而已。李文炜《杜律通解》卷三引黄氏语曰:

> 味"自去自来"二句,觉与作缘者惟梁上之燕,水中之鸥,此外则老妻、稚子而已。然则厚禄故人、同学少年,其交情盖鸥燕之不若也。

指出《江村》的诗心是憾恨、感喟,这一结论是前人所未发的,但是,"感喟说"者在论证过程中,似乎也多少有些重蹈了"比兴说"者的旧辙。比如金圣叹对"老妻"一联的解析,把生活中可能出现的实境说成"世外险巇",让杜甫把自己的娇子看成"诡诈万端",很明显是说者强加上去的。李渔在《闲情偶寄》卷三中指出:"圣叹之评《西厢》,其长在密,其短在拘。拘即密之已甚者也。"移之以评金圣叹对《江村》诗的解析,也是大致不错的。

分析一首诗,把握其诗心,我认为应该经过一个由外到内,再由内到外的过程。所谓"由外到内",指的是从"知人论世"开始,考订一首诗的写作年代,并考察诗人所处的时世、诗人的生活道路及其性格特征等等,进而对诗歌本身的结构、描写加以分析。强调这一点的重要性在于,任何一部作品,其内容与形式是浑然一体、密不可分的。换句话说,诗人写什么决定了他怎样写,而从其怎样写中也可以考察他写什么。"知人论世"的方法仅仅解决了诗人"写什么"的心理背景,而西方继"社会历史学派"而起的"新批评派",则把作品与作者的关系完全割裂开来,孤立地研究作品的结构、意象、隐喻等属于"怎样写"的问题。所以,作为文学批评来说,这二者合之则双美,分之则两伤;所谓"由内到外",指的是分析了一首诗的结构与描写以后,进而把它与以前或同时作品中类似的描写加以对照。因为任何文学作品都不是孤立的现象,而就诗人来说,他不仅处在文学艺术的发展史中,也处在意识的发展史中。诗人的内心深处积淀着悠久而广阔的社会心理,而通过较多作品中相同描写所反映出的相同意识的分析比较,我们就能对那个社会的集体意识有所了解,并能加深对这一首诗的体会。下面,我试图依据这一顺序分析杜甫《江村》的"诗心"。

这首诗通常认为是上元元年(760)夏天杜甫居成都浣花溪草堂时所作,这是可信的。杜甫在乾元元年(758)腊月底到达成都以后,较之过去陷长安、奔行在以及华州弃官、入秦州、发同谷的一连串乱离流亡情况来说,生活已相对稳定些。但能否据此就可以用"优游愉悦"(《韵语阳秋》语)四字来概论呢?事实不尽如此。杜甫客居成都,最初并无俸禄,只是靠朋友的帮助来维持生活:"故人供禄米,邻居与园蔬。"(《酬高使君相赠》)而这种施舍又并无保障。与《江村》诗作于同年之夏的《狂夫》诗,其中"厚禄故人书断绝,恒饥稚子色凄凉"二句,正是生活中另一面的真实而直接的反映。所以,即使在表面上,杜甫也有"昼引老妻乘小艇,晴看稚子浴清江"(《进艇》)的愉悦(何况这种愉悦,也还是杜甫面对长安"北望伤神坐北窗"后无可奈何的排遣),但更多的与更内在的,却是"强将笑语供主人,悲见生涯百忧集。入门依旧四壁空,老妻睹我颜色同"(《百忧集行》)的生活。退一步说,即使这种寄人篱下的生活能够勉强度日,但对于一个向来"自谓颇挺出"(《奉赠韦左丞丈二十二韵》)、"窃比稷与契"(《自京赴奉先县咏怀五百字》),同时又有着"性豪业嗜酒,嫉恶怀刚肠"(《壮游》)的鲠直狂放的个性的人来说,也并非一件乐意的事情。

但是,杜甫的个性中尚有另一面值得注意,就是他的坚忍。他所挟持的目标高远——"致君尧舜上,再使风俗淳"(《奉赠韦左丞丈二十二韵》),造就了他对现实的悲苦和世间的坎坷具有过人的负荷力和忍耐力。他的一生中,虽然就个人而言,颠沛流离;就国家而言,天翻地覆,但他却没有像其他一些诗人一样,在天宝之乱发生以后,便尽可能使自己和现实的距离保持得更远一些。他始终没有忘记一个老儒的责任,始终关怀着国家的命运。他在武侯祠堂前洒下的不甘沉沦、抗拒寂寞的泪水(《蜀相》),正可说明这一点。作于同一年的《出郭》《散愁》也是如此。但这一切,只能是他内心的向往,不能也不可能付诸行动。从主观上来说,他向往着诸葛武侯的事业,而从客观上来看,他却连生存的起码条件都难以保障。这种混杂着自怜自爱而又自怨自艾的复杂心情,就构成了杜甫写作此诗的心理背景。因此,"自乐说"认为《江村》诗是杜甫自述"退休之乐"(《杜诗言志》卷七)、"亦安分以终余年而已"(《杜律通解》卷三)的说法不免片面。我们只有联系杜甫当时的境遇和心态,才能真正捕捉到《江村》的"诗心"。

从这首诗的描写来看,第七句是理解全篇的关键。需要指出的是,此句诸本有作"多病所需惟药物"。关于这一问题,前贤已有论述,仇兆鳌《杜诗详注》卷一引李天生云:

> 少陵七律百六十首,惟四首叠用仄字,如《江村》诗,连用局、物二字,考他本"多病所须惟药物"作"幸有故人分禄米",于局字不叠矣。……可见"晚节渐于诗律细",凡上尾仄声,原不相犯也。

这是从韵律上着眼分析。仇兆鳌又从意思上进一步指出:

> 且禄米分给,包得妻子在内。(《杜诗详注》卷九)

今人萧涤非《杜甫诗选注》也同意此论,并引朱瀚语曰:

> 通首神脉,全在第七句,犹云"万事俱备,只欠东风",与"厚禄故人书断绝"参看。若作"多病所须惟药物",意味顿减,声势亦欠稳顺。

朱瀚此说甚为透彻。从全篇来看,"但有故人供禄米"与"多病所须惟药物"二句,其意思实际上并无很大差别(仇兆鳌之说颇为勉强),倒是在意味上大有区分。意思的了解可以通过冷静的思考而后作出理智的判断,意味的体会只能通过反复地吟咏讽诵以达到,正是在反复涵咏的过程中,读者的心灵与诗人的心灵在某一刹那间达到了不期而遇的融合,使相去千载的心灵完全默契。诗语之妙,即在于此等处意味深长。所以,钟嵘指出:"使味之者无极,闻之者动心,是诗之至也。"(《诗品·序》)

从这首诗的结构来看,第七句也同样值得注意。明人王昌会《诗话类编》卷二"论起承转合"条指出:

> 且以律诗论之,首句是起,二句是承。中二联则衬贴题目,如经义之大讲。七句则转,八句则合耳。

从创作的角度看,起承转合是一种基本结构,但拘泥于第几联第几句则未必如此。所以王士禛说:"起承转合,章法皆是如此,不必拘定第几联第几句也。"(《师友诗传续录》)理解一首诗的关键在转句,《江村》诗的转句正在第七句。如《围炉诗话》卷二亦指出:"一者首联为起,中二联为承,第七句为转,第八句为合,如杜诗之《江村》是也。"前六句极写江村幽事,七句笔锋一转,如截奔马,八句冷语作收,使人回味无穷。字面是"但有故人供禄米",字外却是对可能"断禄米"的不安以及对凭借"供禄米"以度日的不平;言内是"微躯此外更何求",言外却是有所求而不可能求,不甘如此而又不能不如此。《江村》诗就是这样一种复杂心情的曲折表现。

以表现家庭天伦之"乐"以寄寓仕途坎凛之"恨",这不仅是古代作品中颇为普遍的文学现象,同时还有着广阔的社会心理背景。就杜甫以前的六朝诗赋而言,鲍照的《拟行路难十八首》和江淹的《恨赋》是颇为典型的例子。如鲍照诗云:

> 弃置罢官去,还家自休息。朝出与亲辞,暮还在亲侧。弄儿床前戏,看妇机中织。自古圣贤尽贫贱,何况我辈孤且直。(钱仲联《鲍参军集注》卷四)

又如江淹赋:

> 至乃敬通(冯衍)见抵,罢归田里,闭关却扫,塞门不仕。左对孺人,顾弄稚子。(《文选》卷一六)

古来士人以官为业,故不能不重仕宦,往往是等到罢官归田后,方有闲暇来体味家庭之"乐",而在这种"乐"的掩盖下却常常是难掩的仕途不达之"恨"。《江村》中老妻一联的描写正可作如是观。封建时代的批评家难免看不到这一点,乃至造成种种误解和曲解。就拿以上所引的鲍照诗来说,陈祚明就批评道:"'朝出'四句,写得真可乐。"(《采菽堂古诗选》卷一八)张玉毂也认为此数句"写出罢官归家,正多乐事"(《古诗赏析》卷一七)。沈德潜则痛斥道:"家庭之乐,岂宦游可比,明远乃亦不免俗见耶?"(《古诗源》卷一一)在今天看来,鲍照所写的是"恨"而不是"乐"是很清楚的。但从前人的批评中却可以得到反面的启示:家庭之乐非宦游可比是封建时代颇为普遍的士人心理。

文学作品的理解是一个历史的过程,而正确的理解有待于正确的方法。"工欲善其事,必先利其器。"(《论语·卫灵公》)因此为了发展我们当前的文学批评,对传统文学研究方法作一番检讨是不可或缺的。而在认识传统的基础上,如何吸取各种新的方法对它进行补充和拓展,则是一项更为重要的任务。

1983 年 7 月于日不知斋

(原载《南京大学学报》1986 年语言文学研究生专刊)

参考书目举要

（略依作者姓名音序排列）

B

卞孝萱.唐传奇新探[M].南京:江苏教育出版社,2001.

C

陈平原.中国现代学术之建立[M].北京:北京大学出版社,1998.

陈寅恪.寒柳堂集[M]//陈寅恪.陈寅恪集.北京:生活·读书·新知三联书店,2001.

陈寅恪.金明馆丛稿初编[M]//陈寅恪.陈寅恪集.北京:生活·读书·新知三联书店,2001.

陈寅恪.金明馆丛稿二编[M]//陈寅恪.陈寅恪集.北京:生活·读书·新知三联书店,2001.

陈寅恪.隋唐制度渊源略论稿;唐代政治史述论稿[M]//陈寅恪.陈寅恪集.北京:生活·读书·新知三联书店,2001.

陈寅恪.元白诗笺证稿[M]//陈寅恪.陈寅恪集.北京:生活·读书·新知三联书店,2001.

程千帆.程千帆全集[M].石家庄:河北教育出版社,2001.

程千帆.治学小言[M].山东:齐鲁书社,1986.

程千帆,唐文.量守庐学记:黄侃的生平和学术[G].北京:生活·读书·新知三联书店,1985.

陈垣.陈垣集[M].北京:中国社会科学出版社,2000.

陈垣.励耘书屋丛刻[M].北京:北京师范大学出版社,1982.

陈智超.励耘书屋问学记:史学家陈垣的治学[G].北京:生活·读书·新知三联书店,1982.

E

傅斯年.史料论略及其他[M].沈阳:辽宁教育出版社,1997.
傅衣凌.傅衣凌治史五十年文编[M].北京:中华书局,2007.

G

高增德,丁东.世纪学人自述[G].北京:北京十月文艺出版社,2000.
巩本栋.程千帆沈祖棻学记[G].贵阳:贵州人民出版社,1997.
顾潮.顾颉刚学记[G].北京:生活·读书·新知三联书店,2002.
顾颉刚.顾颉刚集[M].北京:中国社会科学出版社.2001.
顾颉刚.古史辨:第一册[G].上海古籍出版社,1982.
顾颉刚.孟姜女故事研究集[M].北京:上海古籍出版社,1984.
顾炎武.日知录[M]//景印文渊阁四库全书.台北:台湾商务印书馆,1983-1986.

H

胡适.胡适文集[M].北京:北京大学出版社,1998.
胡小石.胡小石论文集[M].上海:上海古籍出版社,1982.
黄侃.黄侃论学杂著[M].上海:上海古籍出版社,1980.

J

贾馥,吴玉廉.文明的脚步:南大中文系社会文化田野调查集[G].南京:南京大学中国语言文学系,2001.
江溶,乔默.怎样学习语言文学[G].北京:中国青年出版社,1983.
金岳霖.形式逻辑[M].北京:人民出版社,1979.

L

梁启超.饮冰室合集[M].北京:中华书局,1936.
刘知几.史通通释[M].浦起龙,释.上海:上海古籍出版社,1978.
柳曾符,柳佳.劬堂学记[G].上海:上海书店出版社,2002.
鲁国尧.鲁国尧自选集[M].郑州:河南教育出版社,1994.
鲁迅.鲁迅全集[M].北京:人民文学出版社,1981.
罗根泽.罗根泽古典文学论文集[M].上海:上海古籍出版社.1985.

N

南京大学中文系教学委员会.南京大学中文系本科学生论文选集(1978—1998)
　　[G].南京:南京大学出版社,1999.
南京大学文学院教学委员会.南京大学文学院本科学生论文选集(1999—2007)[G].
　　南京:南京大学出版社,2008.

Q

钱大昕.嘉定钱大昕全集[M].南京:江苏古籍出版社,1997.
钱锺书.谈艺录[M].北京:中华书局,1984.
钱锺书.管锥编[M].北京:中华书局,1986.
钱锺书.宋诗选注[M].北京:人民文学出版社.1958.
钱锺书.七缀集[M].北京:生活·读书·新知三联书店,2002.

S

沈祖棻.沈祖棻全集[M].石家庄:河北教育出版社,2001.

T

唐圭璋.宋词四考[M].南京:江苏古籍出版社,1985.
唐圭璋.词学论丛[M].上海:上海古籍出版社,1986.

W

汪辟疆.汪辟疆文集[M].上海:上海古籍出版社,1988.
汪辟疆.唐人小说[G].上海:上海古籍出版社,1978.
汪辟疆.目录学研究[G].上海:华东师范大学出版社,2000.
王国维.王国维遗书[M].上海:上海古籍书店,1983.
王国维.古史新证[M].影印本.北京:来薰阁,1935.
王鸣盛.十七史商榷[M].北京:商务印书馆,1959.
闻一多.闻一多全集[M].武汉:湖北人民出版社,1993.
吴新雷.中国戏曲史论[M].南京:江苏教育出版社,1996.
吴新雷,黄进德.曹雪芹江南家世丛考[M].哈尔滨:黑龙江教育出版社,2000.

X

徐有富.郑樵评传[M].南京:南京大学出版社,1998.

徐有富,徐昕.文献学研究[M].南京:江苏古籍出版社,2002.

徐有富.中国古典文学史料学[M].南京:南京大学出版社,2008.

徐有富.诗学问津录[M].北京:中华书局,2013.

Y

严耕望.治史经验谈[M].台北:台湾商务印书馆,1981.

严耕望.治史答问[M].台北:台湾商务印书馆.1985.

严耕望.钱穆宾四先生与我[M].台北:台湾商务印书馆,1992.

杨玉圣.书的学术批评[G].沈阳:辽宁大学出版社,1998.

余嘉锡.四库提要辨证[M].北京:中华书局,1980.

余嘉锡.余嘉锡文史论集[M].长沙:岳麓书社,1997.

Z

章学诚.文史通义校注[M].叶瑛,校注.北京:中华书局,1997.

张杰,杨燕丽.追忆陈寅恪[G].北京:社会科学文献出版社,1999.

张杰,杨燕丽.解析陈寅恪[G].北京:社会科学文献出版社,1999.

张舜徽.广校雠略[M].北京:中华书局,1963.

张舜徽.清人文集别录[M].北京:中华书局,1963.

张舜徽.清人笔记条辨[M].北京:中华书局,1986.

张舜徽.爱晚庐随笔[M].武汉:华中师范大学出版社,2005.

张舜徽.讱庵学术讲论集[M].武汉:华中师范大学出版社,2008.

张世林.学林春秋:初编[G].北京:朝华出版社,1999.

张世林.学林春秋:二编[G].北京:朝华出版社,1999.

张世林.学林春秋:三编[G].北京:朝华出版社,1999.

张世林.学林往事[G].北京:朝华出版社,2000.

张心澂.伪书通考[M].北京:商务印书馆,1957.

浙江日报编辑部.学人谈治学[G].杭州:浙江人民出版社,1982.

郑良树.续伪书通考[M].台北:台湾学生书局,1984.

郑樵.通志[M].北京:中华书局,1987.

钟敬文.钟敬文民间文学论集:上册[M].上海:上海文艺出版社,1982.

钟敬文.钟敬文民间文学论集:下册[M].上海:上海文艺出版社,1985.

钟振振.词学的辉煌:文学文献学家唐圭璋[G].南京:南京大学出版社,2001.

周勋初.周勋初文集[M].南京:江苏古籍出版社,2000.

周勋初,余历雄.师门问学录[M].南京:凤凰出版社,2004.
朱自清.朱自清全集[M].南京:江苏教育出版社,1988.
朱自清.朱自清古典文学论文集[M].上海:上海古籍出版社,1981.

后 记

南京大学中文系素有注重研究方法的传统,打开《汪辟疆文集》我们首先见到的就是《读书举要》《工具书之类别及其解题》《读书说示中文系诸生》等一组文章。正如程千帆在该书"后记"中所说:"前两篇开列要籍,后一篇指示读法,都属读书指导一类。""汪老师学识极为渊博,又是一位目录学专家,所举图书和对它们所加评论,现在看来,都还非常中肯;其对治学途径的阐述,尤多自道甘苦、深造有得之言,足供今天研究古代学术的参考。"先师程千帆先生指导研究生,特别注意传授研究方法,给我们开《专业文献选读书目》,谈怎样读书;送给我们卡片,谈怎样写读书笔记;发给我们《论文习作简例》《校对符号用法》,谈怎样写学术论文;对我们的论文精批细改,教我们如何鉴别与使用材料,培养我们严谨、细致、求实的学风。此外,他还就治学方法问题,应约专门写了一些文章,举行过一些讲座,发表过一些谈话。这些文章与谈话记录结集成了一本《治学小言》,读者都觉得获益匪浅。1987 年,周勋初先生承担了高等学校哲学社会科学博士学科点专项科研基金项目"现代学者治学方法研究",并于 1993 年出版了他的研究成果《当代学术研究思辨》。周先生还为研究生开了相关课程,从周先生与莫砺锋先生指导的博士生郝润华于 2000 年出版的博士论文《〈钱注杜诗〉与诗史互证方法》中,略可窥见该课程的作用与效果。

从 1995 年秋季开始,我为中文系的硕士研究生上"治学方法与论文写作"课,从 2001 年秋季开始,我同时为中文系的本科生上"治学方法与论文写作"课。课程的目的是培养学生的创新意识与科研能力,同时让学生了解论文写作要求与学术研究规范,并让学生在选题、收集资料、社会调查、鉴别资料、论文写作等方面得到初步训练。因此,就课程内容而言,我必须对治学方法的诸方面，进行较为系统、全面的介绍，尽可能地用实例来分析问题，而不作空泛的议论。我们在讲述的时候，将一些喜欢谈论治学方法的大家，如梁启超、王国维、陈垣、黄侃、胡适、陈寅恪等的著作及事迹作为征引的主要对象。因为来听课的主要是南京大学的学生，上课以南京大学的老师作为例子，他们听起来可能会觉得亲切一些。所以我们在课堂上经常提到黄侃、柳诒徵、胡小石、汪辟疆、罗根泽、程千帆、周勋初等前辈学者的教诲。教人做菜，自己最好也做出几道菜来，所以我在教学的过程中也难免献丑，讲一点自己写作的经验与教训。"治学方法与论文写作"是一门实践性很强的课程，自然要让学生做课外作业与开展课堂讨论，所以每讲之后都附有作业题与思考题，并附录了一些实例，以便同学们借鉴。不少实例都是学生们的作业。

程千帆先生为我开过一些学术范文目录，并翻阅过我为新加坡硕士学位研究生班写的教材《治学方法论》，夸奖我写得很具体。我在上课之初，曾向周勋初先生讨得《当代学术研究思辨》一书作为重要参考资料，卞孝萱先生、吴新雷先生、鲁国尧先生等所惠赐的图书使我获益匪浅。徐雁平同志向我推荐了严耕望《治史三书》等相关文献丰富了我的教学内容，一些听课的进修教师、研究生、本科生，不断鞭策我，希望我尽快将教案写成书早日出版，由于张伯伟、解玉峰老师的关照，使本讲义有机会列为南京大学教材建设项目。还有南京大学出版社的金鑫荣同志一再关心此书的写作情况，对我当然也是很大的鼓励。我对关心本书写作的同志，在此一并表示感谢。

有关本课题的资料特别丰富，已有资料难以遍读，新材料又层出不穷，由于本人水平有限，又没有充裕的时间来细心打磨，只好就此杀青，以便广泛征求意见。我坚信此课程一定会在研究生、本科生中普遍开设，后来人在课程建设与教材建设方面一定会比我做得好。

徐有富
2002 年 12 月 15 日

修订本后记

此书原名《治学方法与论文写作》,为南京大学创建世界高水平大学资助项目教材,出过两版,印过数次。北京大学出版社曾将此书和我主编的《中国古典文学史料学》申报普通高等教育"十一五"国家级规划教材,结果仅后者获得了通过。前者虽未获批准,北京大学出版社仍表示愿意出版,由于我与南京大学出版社订的出版合同未到期,只好作罢。如今该书出版合同早已到期,于是我旧事重提,希望将此书修订再版,想不到竟得到北京大学出版社慨然允诺。

这次修订,我将书名改为《学术论文写作十讲》,因为全书十讲,大都是谈论文写作的,只有一讲为"治学方法举要",而治学方法也是学术论文写作题中应有之义。我原先还想在书名中加上"讲义"二字,由于担心人们误以为是初稿,所以没有加。为了引起读者的兴趣,我特别注意通过实例来说明问题,这也是本书的一个特点。

该书出版后,我在天头、地脚、行间加了不少批语,写不下的还采用了贴浮签的办法。这些批语有些是纠正原文文字讹误的,有些是增加新的内容的,有些是调换一些书证的。这次修订,充分参考了这些批语,在内容上做了不少更新与订误工作,我还特别注意加上了电子文献检索和利用方面的内容。此外,我就闻见所及,参考了本书出版以来的一些新出的有关著作,这在修订本中也有所体现。

关于引文注释,原书在行文中提到作者和篇名以后,在脚注中就不再著录了,因此,脚注格式显得不够统一。这次修订,我们对引文注释作了统一格式的工作,不厌其烦地著录了作者、题名等项目,我们还对不少引文进行了复核,一些常见经典文献依通行本未再出注。因此修订本的脚注显得比较准确、细致而统一,颇便参考与利用。

  修订本显然在原有的基础上朝前迈进一大步,不过由于本人水平有限,书中难免存在这样或那样的缺点与错误,我们期待着批评指正。徐丹丽女士对本书选题给予了大力支持,责任编辑徐迈女士从审稿到编辑出版的各个环节,都付出了辛勤的劳动,特别是校正了不少文字讹误,并提出了一些修改建议,李仁惠同学又采用与原文对校的方法,校出了许多不易发现的失误,特借此机会向她们致以诚挚的谢意!

徐有富
2019 年 8 月于问津阁